国 之 魂 魄

泰山

泰山是有灵魂的。
是中华民族优秀精神的象征。
季羡林先生称之为"国之魂魄，民之肝胆"

泰山全景

岱庙坊

中天归云

泰山日出

望人松

天地广场

经石峪

唐摩崖石刻

本书简介

————————————————————————————————

　　泰山是有灵魂的。中国当代学界泰斗季羡林先生称之为"国之魂魄，民之肝胆"，它的灵魂就是中华民族的灵魂，它是中华民族优秀精神的象征。

　　此书以导游带客人游泰山的形式带领读者完成了泰山六日游。六天的旅游，六个章节，似层层剥笋，终于将读者带进了泰山那令人心灵震撼的魂魄深处。

　　此书介绍了泰山的形成、形貌、地质、植被、动物等自然状况和泰山古代各种文化现象及主景区内几乎所有的景点——共计700多处峰、岭、溪谷及古建筑、石刻、馆藏文物、古树名木……并由之引出了数百位与泰山有关的古今人物及百余首（篇）诗文。

　　此书行文夹叙夹议，语言生动，深入浅出，充满激情。又由于文中加进了作者与客人的对话，就好似有了一条贯穿全书的情节主线，增强了可读性。

　　展卷读之，人们将会发现一座以前所不曾知晓的无比伟岸、瑰丽，令人感叹不已的泰山。

　　书末，作者还对泰山导游提出了自己的见解。

目录

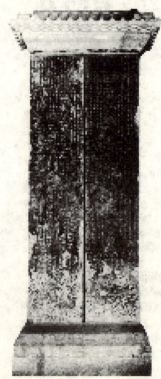

一、游览前的对话

朋友们，欢迎您到泰安来。

接下来的几天大家将随我游泰山。刚才有朋友问我泰山好玩吗，我不知道该如何回答这个问题。我想先来问问大家，泰山在您的心中是什么样的。

——泰山是世界遗产，很高大雄伟。自古就受到中国人颂扬。

对，还有呢？

——泰山主要是文化厉害，可能最主要的是皇帝都到这里来干那个什么？封、封……就是祭祀泰山？所以泰山就了不起了，泰山的文化大概就是以帝王文化为主吧。

有点对，皇帝是到泰山来祭天祭地。泰山上下留下了大量的帝王活动的遗迹，但是泰山文化的本质并不是帝王文化。请那位朋友再说说。

——泰山最著名的神是碧霞元君，民间称泰山老奶奶，保佑天下平安。

这是百姓心中的愿望。

——泰山有索道，交通很发达，上下山很方便。

没错，还有什么？

——还有……反正泰山的知名度很高，从小学到中学语文课本中有好多篇是关于泰山的，中国人几乎没有不知道泰山。

说得对，就像中国人几乎没有一个不知道孔子，对孔子说过的话也多少知道一点，譬如"学而时习之"，"有朋自远方来"等等，但是对孔子深邃的思想知道的人大概就不多了。泰山也是这样的，我们都知道它很了不起，但究竟了不起在何处，知道的人恐怕也是不多的。

1

——是啊，古人就说过"有眼不识泰山"、"一叶障目不见泰山"，为什么会这样呢？我们以前去过张家界、黄山风景名胜区，还有武夷山什么的，风景美极了，一看就喜欢，泰山不是这样吗？

这个问题很难一言两语说清楚。还是接着上面的例子说吧，您说的那些山的确很美，它们就像西施，第一眼就会令人感到惊叹，而泰山却不是这样。仍拿孔子打个比方，关于孔子有一个典故叫"万仞宫墙"，说是孔子的"大美"被高大的宫墙遮挡着，一般人看不透，而了解了孔子的人却说他与他的思想是"仰之弥高，钻之弥坚"，对他无比崇拜。我们游泰山也是这样，要领略泰山的美，需穿过高大的"宫墙"，不但要"仰之"，还要适当地"钻之"，只有这样，我们才会识得泰山的真面目。另外，泰山的自然美绝不亚于国内其他任何风景名胜区，只因它的文化光环过分眩目了，以至"月明星稀"，自然风光在人们的心目中被放到了第二位，但是只要我们深入到大山之中，我们就一定能够感受到泰山不同寻常的自然美。

——是吗？你的意思是说我们在泰山还要钻研钻研、考察考察，上它一课？

不是的，当然仍然是旅游，只不过我们的泰山之游并不是停留在浅层次的物质与感官的层面上，游泰山是要过一过脑子的，就好比读书，是更高层次的精神享受。

——你这样一说我就更不明白了。古人在信息不发达的时代，讲究读万卷书，行万里路。如今信息时代了，一切都可以在电视、互联网上看到，当代旅游不就是"吃住行游购娱"六要素吗？吃吃喝喝玩玩乐乐，买点东西，消费消费而已，怎么还那么复杂？你的意思无非是想说泰山好，我们是搞自然科学的，从事化工材料研究，对历史文化了解得并不太多，但是，只要泰山真的好，我们肯定也会喜欢它的。

还是让泰山来说话吧。我相信大家走进大山，最终都会爱上它的，我说的是"爱"上，其中包含着敬仰、向往、思念，而不仅仅是"喜欢"——您笑？您不信？——好吧，我早晚会让朋友们回答这个问题的。

——你还是个挺叫真的导游呢。行，我们记住这句话了，等着你的提问。

谢谢！那么，就请随我走向大山吧。

第一天

游岱庙、蒿里山、灵应宫

朋友们，此刻，我们的位置在泰安城通天街的北端。通天街是一条古老的街道，因直通泰山南天门而得名。与通天街垂直的这条宽阔的马路叫东岳大街，长约15公里，横贯泰安城东西。我们面对的这座小庙叫遥参亭，小庙北面是岱庙，继续北去，走过红门路就是古老的泰山登山盘道了。

古代泰山有6条登顶的路，而秦始皇、唐高宗、唐玄宗、宋真宗、康熙、乾隆等皇帝封禅、祭祀泰山，都是以这里为起点到达山顶的，千百年来，孔子、李白、元好问、蒲松龄等数之不尽的文人以及无数的香客也都是沿这条路登上泰山极顶的。

遥参亭座落在泰安古城的中心。虽然现在看来，泰安是一座现代化的城市，但是它的历史却很悠久了。泰安的得名源于泰山，寓含"泰山安则四海安"与"国泰民安"的意思。历史记载，今泰安城原为岱岳镇，周代为博地。博，故城在泰安城东的旧县村，故城址尚存。公元前二世纪，汉高祖设置了泰山郡；公元前110年，汉武帝东封泰山，设奉高县，取奉祀泰山之意，治所在今泰安城东20公里处。唐高宗封泰山时将县名改为乾封县，宋真宗来时则又将乾封改为奉符县并将治所移到了今址。金天会十四年（1136年），又于奉符县设泰安军，泰安之名始得。泰安、泰山也由此逐渐地形成了其他名山中所少见的山城一体的格局。

双龙池

双龙池

我们首先看到的是修建于清代的水池，因池内有两只龙头而得名。其最初的功能是用暗渠引来泰山之水，供泰城民众饮用，但是古人却把它搞成了艺术品——双龙池石栏环围，池的西北角有石雕龙头吐水，东南角又有龙头吸水，把水引向下一个汲水口。池北石栏板上雕刻着"龙跃天池"四个字。池旁又有"曹公渠记碑"、"双龙池记碑"，改革开放后，泰安居民普遍用上了自来水，双龙池的功能消失了。但是，前几年泰安市城市扩建时，为了保留这处古迹，马路中间专门为它修建了环岛，保存下了这一历史文物。

"五三惨案"纪念碑

此碑位于双龙池北，是上世纪20年代末，泰安人民为纪念1928年5月3日日本人制造的济南惨案而立的。1937年底日本兵占领泰安城前夕，泰安民众将它埋入地下，改革开放初期重新竖立于此的。五三惨案发生的起因是当年南京国民党政府在英美等国的支持下，举行"第二次北伐"，北上攻打奉系军阀张作霖，而日本政府出于自身利益，阻止美英势力向北方发展，达到进一步分裂中国的目的，便一方面继续扶植张作霖，一面进行武力威胁，阻止北伐军的继续北上。1928年5月1日，北伐军占领济南，蒋介石也由泰安到达济南。为了麻痹中国军队，日军故意制造和平烟幕，5月2日下午，日军拆除了部分交通障碍，并派人前往国民党军队总司令部谒见蒋介石，谎称社会秩序甚好，由天津派来的日本兵，即日将撤回天津等等。然而，第二天，即五月三日上午九时，日本在济南驻军3000人倾巢出动，对中国军民发动了突然袭击，日军凡遇中国人，不论兵民均开枪射击，一时尸横满街，10时以后，又开炮轰击，繁华的商埠顷刻成了一片废墟，中国百姓血肉横飞。事后，经济南红十字会等团体实地调查，惨遭日军杀害的中国军民达千人之多……"五三惨案"发生后，日军侵略变得更加明目张胆，5月8日，日军开始了对济南全境的进攻，5月11日，济南沦陷。据不完全统计，此次事件中国军民死伤11000多人。

遥参亭

遥参亭在双龙池北，初创于唐，当时仅是一座门，称"遥参门"，宋代在门内建亭，才有了"亭"的称谓。当年帝王来泰山祭祀泰山神时，都先要在这里行简单的参拜仪式，因此明之前，这里曾被叫做"草参亭"。明代加以扩建时，有识之士更其名为"遥参亭"。是的，既来求神参天，又岂能草草行事，改为"遥参"，方能显示出未上山而先遥拜的虔诚。

后来，明朝皇帝嘉靖在京城附近修起了天坛、地坛，皇家每年祭祀天地的仪式大多在京城进行了，遥参亭便成了泰山老母碧霞元君的行宫。

大家看到，现在的遥参亭建筑基本上是明代的格局，分前后两院。南为山门，门前有坊，坊额书"遥参亭"三字，始建于乾隆三十五年(1770年)。坊左右铁狮蹲踞，旗杆高竖，使得登天朝拜在序曲中便具有了一种庄严肃穆的气氛。山门内有仪门，门两旁对联书：

> 倚山踞城无双地，
> 奉神祈福第一宫。

对联为泰安当代学者史欣撰，书法家高克谦书丹。前院台基上正殿5间，殿侧配庑各4间。遥参亭后院有四角亭和北山门，内有古银杏高耸入云，并有石碑数通。如"重修遥参亭记碑"、"禁止舍身碑"、"李白游泰山诗碑"……尚未走进泰山就有大量的信息扑面而来，这预示着我们的泰山之旅除了将会看到俊美的山水树石、楼台亭阁、碑刻摩崖之外，还会听到更多动人的故事、见到无数杰出的人物……

遥参亭紧挨着岱庙，建筑体量很小，古人明白，正是由于它的存在，才能衬托出岱庙的宏大。这种建筑构思就是中国古代先抑后扬审美思想的典型的体现。

泰山石敢当雕像

遥参亭东西两边是小广场，其东面广场有石雕像一尊，雕刻的是泰山石敢当。所谓"石敢当"，最早应是起源于古代的石崇拜。在古代人心目中，岩石都是有灵性的，可以实现人所不能完成的事情。石敢当被首次记录于文字是西汉时期史游的《急就章》："石敢当，镇百鬼，压百殃，官吏福，百姓康。"意思是面对邪殃灾难，此石头敢于抵挡，可以保佑人们健康、平安、幸福。后来这石头就演变成仅仅限于泰山石，而不再泛指了，成为"泰山——敢当"（主谓词组）；久而久之，又变化了，成为"泰山——石敢当"（偏正词组）了；再之后，石敢当拟人化了，成了一个匡扶正义的人物。但是石敢当辟邪镇鬼的作用没有变，人们修桥、建房时总要在显要处镶上一块石碣，上书"泰山石敢当"。这一风俗甚至流传到了国外，譬如日本，发现的最早的石敢当碑碣实物在冲绳县具志川村，碑碣中间刻"泰山石敢当"五个大字，右侧刻"雍正十一年癸丑"。至今泰山石敢当信仰习俗在国内很多地方仍兴盛不衰。

岱庙坊

在遥参亭北门外。遥参与岱庙之间相隔仅数十米，但却有雕刻瑰丽的石牌坊分割与承接其间，使两组大小各异的建筑在形式上各自独立，在内容上又巧妙地融为一体。

自古以来，泰山的建筑就如同泰山的自身特征一样"不以小巧示人"，几乎所有的建筑都是粗狂、豪放，不事精雕细凿的。但是，岱庙坊却是一座集精巧华美与恣意铺张于一体的古代建筑精品，因此古人称它为"玲珑坊"，这是泰山的特例，因为它位于泰安城内，又界于华美的遥参亭与岱庙之间，不华美不足以与周围的环境相和谐，古人知道，和谐即美。岱庙坊建于清康熙年间，是四柱三楼式牌坊，宽9.8米，进深3米，高11.3米，通体浮雕，造型灵动，具有很高的艺术价值。石坊顶部是歇山式仿木结构，螭吻凌空，斗拱层叠，檐角飞翘，脊兽欲驰。坊的正脊中，竖立着宝瓶，两侧有四大金刚拽引加固。坊的座、柱、梁、额枋、额板、滚墩石上分别雕刻着二龙戏珠、丹凤朝阳、铺首衔环、群鹤闹莲、神牛斗角、天马行空、麒麟送宝等30余幅栩栩如生的祥兽瑞禽图。滚墩石的前后还雕刻着蹲狮两对，也是异常生动，姿态可爱。坊柱的前后均刻有对联，全是歌颂泰山与泰山神的。其南联是：

峻极于天，赞化体元生万物；

帝出乎震，赫声濯灵镇东方。

　　此联为施天裔所题。施天裔，泰安人，字泰瞻，号松岩，累官至山东布政使，历24年，政绩卓著，民皆敬之。后升广西巡抚，辞官后，回到原籍，死后葬在了泰安城西。此联的大意是：

泰山高耸入云天，赞助天地生化养育万物；
泰山之神生东方，名声显赫安定神州中国。

　　北联是：

为众岳之统宗，万国具瞻，巍巍乎何德可尚；
操群灵之总摄，九州待命，荡荡乎功勋与京。

　　此联为赵祥星题。赵祥星，汉军正白旗人，清顺治间任赵城知县，康熙间为山东巡抚，晋兵部尚书，后因事革职。对联中的"京"是大的意思。此联大意为：

泰山为众岳之首，举世共瞻，德行哪个能超过；
其神是众神领袖，九州听命，功绩谁人有它大。

　　听听，泰山"为众岳之统宗"、"操群灵之总摄"，是如此地不同凡响，那么，它为什么会受到古人这样称颂？它又为什么能养育万物，成为众山之首而举世共瞻呢？随着我们的登览，泰山自身就会告诉我们这一切的。

正阳门

　　正对着岱庙坊的是岱庙的正门，称作正阳门，与北京故宫的正门同名；门上有楼，叫五凤楼。正阳门总高19米，门楼单檐歇山顶，上覆只有帝王才能使用的黄色琉璃瓦。"正阳"是皇帝的象征。古人说"日者，众阳之宗，人君之

表，至尊之象。"因此正阳门即皇帝之门。而岱庙的正门也叫正阳门又是为了什么呢？等一会儿大家就会知道了。

岱庙

岱庙旧称泰岳庙、东岳庙、泰庙等，因"岱"是泰山的别称，所以后来就叫岱庙了，这里是古代帝王祭祀泰山神的地方，也是目前泰山保存规模最大、最完整的古代建筑群。我们站在城墙外面还不知道它的真面目，那么就先来听一听一位当代著名的古建、园林学家陈从周先生的话吧，他说："谁也不会相信，我爱泰山，是从岱庙引起的。岱庙是中国三大建筑群之一，北京故宫有山(景山)少林，曲阜孔庙，有林无山，而岱庙呢？有山有林，而且山是泰山，是五岳之首，自然更添上了它的景色与地位了……在我国古代城市中心如今能保存这样瑰丽与完整的大建筑群，岱庙在山东省乃至全国也占有极高的地位，它是研究中国文化史与建筑史的一个重要实例……我初游泰山，是住在岱庙附近的旅邸，远道而来，初见相惊，太吸引人了！在过去我也曾到过其他的如中岳嵩山、南岳衡山等，但感情上总没有这次这么兴奋，我太高兴了，几乎忘了登泰山。我仿佛觉得在岱庙可说是真正的看山，登与不登都没有什么关系了"。

岱庙的不同寻常，决定于它自身的特征。它的墙便与一般的庙宇不同，是宫城式的城墙——5层基石，上砌大青砖，截面下宽17.6米，上宽11米，总共有8座门：南面正中为正阳门，两侧为左右掖门和仰高门、见大门；庙东西两面城墙中也各有一门，分别叫做东华门、西华门；其北门叫厚载门，几乎就是王宫的布局。

由于古代帝王的泰山封禅，岱庙的起源很早。古籍记载，"秦即作畤，汉亦起宫"，也就是说，相传秦时岱庙就有了雏形，而在汉代便建起了宫殿。现在我们所看到岱庙始建于宋代，明清两朝多次重修，其主要建筑的风格已是明清时期的了。

岱庙在名义上是道教的庙宇，而它最主要的功能却是封建帝王通过塑造一个泰山神——东岳大帝来巩固和加强他们的政治统治，所以始终具有着浓厚的政治色彩。

另外，由于皇帝来的时间毕竟很少，所以自宋以来，它又成了民间的繁华游乐之地。《水浒传》描述燕青和李逵到泰安州赶庙会、参加相扑比赛，便写到："原来庙上好生热闹，不算一百二十行经商买卖，只客店也有一千四五百家，延接天下香客。""那日烧香的人，真乃压肩叠背，偌大一个东岳庙一涌便满了，屋脊梁上都是看的人……"

悠久的历史使岱庙成了文物荟萃之地。这里既有历代帝王献予泰山神的祭器、供器、神轴，还收藏着大量的古籍、古画和古玩；院里、廊下陈列着众多的古代碑碣和汉画像石，再加上殿宇高耸、古柏蔽阴、盆景玲珑、花卉争艳，实在是个充满了魅力的地方。

岱庙角楼

角楼

　　像皇宫一样，岱庙城墙的四个角上有四座角楼，按八卦中的方位而得名：东北为艮楼、东南为巽楼、西北为乾楼、西南为坤楼，这正是帝王宫城的布局。由这一点也可以看出岱庙的建筑形式早已超出了宗教的范畴，难怪古人说它"朱堞金扉，龙楹螭殿，罘罳象巍，俨然帝居"——就像皇帝的宫殿

前花园

　　让我们进入岱庙。这里扑面而来的是锦簇的花团，翻飞的彩蝶，园内栽植几十种名贵花卉争奇斗艳，把千年古庙装扮得华贵而又热闹。中国古代，人们特别崇尚人与自然的和谐，据说早在公元前7世纪就有人工培育花木的记载。而岱庙的绿化大概是汉武帝刘彻开的先河，郦道元在《水经注》中记载："泰山庙中，柏树夹两阶，大二十围，盖汉武帝所植也"。修建一座供奉泰山神的庙宇，其目的本不是建设一座园林，但是古人仍然遵循大自然的面貌去设计，留出来了大量植树、养花、堆砌假山、开挖水池、放置奇石的地方，因此它就益发受到了人们的青睐。

　　岱庙是美丽的。早春，正阳门内西北侧的玉兰花最先现出了芽蕾，尖尖的花芽就像一枝枝毛笔的笔头指向云端，仿佛要为天空和大地描绘上缤纷的色彩；天气渐渐暖了，玉兰树的叶子还没长出，花却盛开了，硕大的花朵，外面紫色，里面白色，挂满了一树，远远望去，满目皆紫，真是卓而不群，引人驻足。接着樱花开了，粉红的、素白的花朵显得高贵优雅，人若走入樱花丛中，就似步入花海，偶尔春风拂过，更是花雨成阵，落英缤纷。而园内最为喧闹的还是牡丹，牡丹又名木芍药、富贵花等，开花极美，被誉为"国色"。其品种根据花的色泽分为白、红、黄、绿、粉、紫、黑、蓝八类。岱庙内有白、红、粉、黄、紫等5个品类。每至初夏时节，满园的牡丹开了，姹紫嫣红，在岱庙里铺出了一方五彩的锦缎。盛夏，名贵的花敛迹了，不知名的小花仍在开放，而那些绿色的植物，如冬青、黄杨、女贞等都绿得油亮油亮，伴着声声蝉鸣，在显示着它们蓬勃的生机。秋天，花园里最为夺目的是紫薇。紫薇又名满堂红、百日红等，岱庙里有树龄40年以上的紫薇19株，其中正阳门内右侧的一株最为壮观，其树高6米，冠幅8米，主枝形似游龙，花季到来，红色的花缀满枝头，压弯枝条，好像燃起了一树灿灿的火。此外，园内还有藤萝、凌霄、腊梅、丁香等。

配天门

　　配天门得名于金代，是岱庙中轴线上的第二道门，门前明代的铜铸双狮，遍体铜绿，仰首含口蹲居在石砌须弥座之上，十分雄伟。配天门两侧，东为三灵侯殿，西为太尉殿，三殿之间以墙相连，构成了岱庙中轴线上的第一进院落。

　　所谓"配天"，取自孔子"德配天地"之语，意思是泰山之德可以配天。更重要的还有"名岳配天"的意思。在中国古代，因为山有稳固、坚实的形体

特征，所以国家要有一座山来作为镇国之山，州也要有一座山作为镇州之山。泰山是中国的神山、是镇国之山，因此足以配天。康熙皇帝就曾为泰山神题匾"配天作镇"。由此可以看出，古人所称的"泰山安则四海安"也是源出于名山作镇的观念。

当年，皇帝来祭祀泰山神的时候，要在此门前降舆，并入内少憩，盥手后再进入下一道门——仁安门。

三灵侯殿

配天门东是三灵侯殿。三灵侯指周代唐宸、葛雍、周武等三人。三人均为周厉王时的谏官，因扶助周王朝有功，封为三真君而立庙奉祀。相传宋真宗封禅泰山时，在南天门见了到此三人，便加封为"三灵侯"，并为之建起殿宇。

太尉殿

西面的是太尉殿。太尉之名最早见于《吕氏春秋》。西汉早期，所设太尉官多半和军事有关。汉高祖刘邦以周勃为太尉，汉景帝命周亚夫为太尉。东汉时期的太尉实际上演变成了丞相，与西汉早期专管军事的太尉名同而实异了。魏晋以后，太尉作为三公之一，位居极品。此殿名为太尉殿，清《泰山志》引朱佐《前定录补》：此殿所祀者"谓为幽公杜琮也"。杜琮为唐代节度使，驸马都尉，至于他如何成了神灵，并为何供奉在这里我就不知道了。

国之魂魄 大宋东岳天齐仁圣帝碑

配天门两侧碑碣林立，尤引人注目的是耸立在西南方的《大宋东岳天齐仁圣帝》碑和东南方的《宣和重修泰岳庙》碑。这两座石碑龟趺螭首，形制雄伟，被称作岱庙的两大丰碑。

此碑是宋真宗于大中祥符六年(1013年)所立，故俗称"祥符碑"，碑高8.2米，宽2.3米 。碑阳刻文2319字，字径5厘米，由翰林学士晁迥撰文，翰林侍诏尹熙古书写碑文并篆额 碑文先是极力歌颂北宋王朝，接着又叙述了宋真宗于大中祥符元年封禅泰山后不断加封泰山神的经过，并对泰山加以了大力颂扬："节彼泰山，盘亘大东，一气凝神，五岳推雄……"碑阴有明代万历二十四年(1596年)巡抚张允济和巡按王立贤书刻的"五岳独宗"四个大字。

此外，配天门西侧由南向北较重要的石碑还有——

创建藏峰寺记碑

此碑原于元延佑六年(1319年)立于泰山西麓藏峰寺院内，寺早废，仅存基址，1971年移于此。碑文详细介绍了藏峰寺的创建经过："凿石堙谷，铲高垒注，手足胼胝而不怠于是……"用了近20年的时间，才完成了工程。后面我们还将会多次看到，泰山上有很多庙宇都是靠着信仰者的不懈努力，历经几十年奋斗才建成的。

11

供奉泰山蒿里祠记碑

此碑立于明万历三十一年(1603年)，原在蒿里山后移此处保存。碑文针对人们求神，强调"祀神之道在于行善，善有善报，恶有恶报"。声称"鬼神之权不自用，而代天地以为用，用之非有心于福人祸人，而不过因人心之宜用者还以付之。如揽镜照形，妍媸自别；持杯酌水，冷暖自知"。后一句话的意思是：鬼神的权力并非自己使用，而是替天地行道，决不会平白无故地赐福于人或加祸于人，只不过是根据人的心和人的行动分别给与不同的回应。这就像照镜子一样，美丑一目了然；也像拿着杯子往里倒水，冷热自己知道。深刻吧？

于是想起了台湾国学耆老南怀瑾先生讲过的一段话，他说有些人心中只有自己，买上两块钱苹果就去求神了，把苹果放到神面前，又是求升学、又是求升官，还要金钱、要爱情、要长寿……所有的事都要神来办，神欠你吗？何况求完了神又把苹果提走了。更有甚者，有人多行不义，事发了，也要求神保佑"消灾"，神岂能为虎作伥？这种人和事，古代有，现在还有，殊不知"祀神之道在于行善，善有善报，恶有恶报"啊。

泰山赞碑

此碑立于清乾隆四十年(1775年)，乾隆进士、泰安知府朱孝纯撰文并书，碑阴刻泰山全图。碑文前半部分为序，述说了泰山的位置，以及雄伟、灵异、崇高的形象及帝王的封禅和自己对泰山的敬仰。下半部分为四言赞词，对泰山和当朝皇帝极尽了赞美之能事。其文为：

盖泰山者，上应角亢之精，下据青兖之封。综万物而交代，冠五岳以独宗。系一元之肇始，兼二气而成终。其体磅礴，其势穹窿。根昆仑以逦北，跨渤澥而遂东。象葱茏其在木，形夭矫以犹龙。乃谓震男，厥神青帝。性本乾刚，心则仁粹。辟群萌以必先，含众生之所际。迎日月之鲜华，蕴风雷而蔚萃。是以晴则广宇被其光辉，雨则寰区资其湛涉。粤古帝王，克媲天地。对时茂以峥嵘，布春温而蔼晴。指青郊而肆巡，驾苍龙以言迈。景明堂之威仪，钦群后之旆哦。远播德音，高标道谊。故民尽熙和，物无疵疠。益君王之遐龄，宏国家之普利。皆山之灵神之惠也。恭惟圣代，秩祀式敦，省方讫于南国，凭轼首于东藩。倡万邦以履始，视四岳而居尊。仿虞周而徽典，辞封禅之谶文。咨闾阎之疾苦，率官吏以清勤。占云物于日观，洒翰墨于天门。斯皇古所希觏，岂晚近之足论。孝纯世忝簪缨，情怡山水。昔叨西蜀之分符，今守东鲁之旧址。惧宠命之难膺，忻名山其在途。仰岱峰之千寻，邻岳麓者数里。排天阙其如屏，抚郡城而若几。是故入庙则俨其崇隆，登山则觇其□炜。幸年岁之屡丰，锡民人以繁祉。既积厚以承高，爰扬灵而志美。乃作赞曰：

于赫东岳，嵚崎岝崿，出震宣扬，先天所作。青帝宅宫，表海于东，兴云施雨，其泽鸿濛。自昔天子，或封或祀，玉帛斯陈，降以嘉祉。惟我圣朝，河广岳乔，莫不怀柔，百神孔昭。划近畿辅，春巡是举，五岳凤临，万物载睹。洪衍龙文，烂然星陈，雕金镂石，郁郁纷纷。奉守东郡，瞻言肆觐，凤夜靖共，祗天子命。实惟岳神，曰圣曰仁，承天百福，佑我民人。贻我甘雨，茂我稷黍，屡有丰年，宁我邦宇。山高无倾，民众无争，邹鲁文学，有骏其声。使臣稽首，戴高履厚，愿比嵩呼，天子万寿。

文中对皇帝的赞美不必提了。关于泰山的几个概念在后面的一些诗、文还会碰到，让我先在这里作一简单的解释："上应角亢之精"，"角亢"，星宿(xiu)名，即角宿和亢宿。角宿，二十八宿之一，东方苍龙七宿的第一宿，有星2颗；亢宿，苍龙七宿的第二宿，有星4颗。古代人习惯把天宇中的星座同地上的区域对应起来，如《滕王阁序》："豫章故郡，洪都新府。星分翼轸，地接衡庐"即说江西南昌地处翼宿、轸宿分野之内，而这里是说泰山在角宿和亢宿分野之内。"综万物而交代"，"交代"，交替更生的意思，世上的万物万象如昼与夜、冬与夏、荣与衰、阴与阳、生与死都在周而复始地"交代"着，而不断的交代便实现了自然与人类社会的发展，古人相信，泰山是万物交替更生、推陈出新的地方。"系一元之肇始，兼二气而成终"："一元"指宇宙开始前的混沌状态；"二气"指阴阳二气，古人认为物质世界是在阴阳二气的作用下发生和变化的，此句意思是泰山不仅是生命万物起源的地方，而且完美地平衡着阴阳的运转，推动着宇宙的和谐运行。"根昆仑以迤北，跨渤澥而遂东"，渤澥，即渤海。康熙皇帝写过一篇《泰山龙脉论》的文章，说人们不知泰山发脉何处，他通过研究，派人航海测量，才知道泰山跨渤海而发于长白山，并说"渤海者，泰山之大过峡尔"，此处极言泰山之大：昆仑是它的根，渤海是它的峡。"实惟岳神，曰圣曰仁，承天百福，佑我民人。贻我甘雨，茂我稷黍，屡有丰年，宁我邦宇"。"岳神"指泰山，说泰山是仁圣的，上承天福，下佑万民，保佑天下风调雨顺，四时丰登，国家太平。这正是泰山文化的主题之一。

定亲王题诗碑

此碑由六石拼成，高1.8米　宽约3.5米　中间题诗四首，两侧题对联一副。定亲王即奕绍，其祖父永璜是乾隆第一子。道光二年其父绵恩薨，奕绍袭亲王。此四首诗皆是与岱庙住持浚川大炼师的酬赠之作。第一首作于道光十二年(1832年)，是定亲王登泰山初识浚川大炼师时所作；第二首是道光十三年(1833年)，浚川大师赴京拜访时作；第三、第四首是定亲王于道光十五年(1835年)喜迎浚川大师再访而作。四首诗均表达了定亲王对浚川大师的诚挚情谊及对其仙风道骨的赞颂。诗章两边的题联书于道光十二年：

时同野鹤看桃去，
或领山猿采药回。

这两句写浚川大师的不同寻常，生活在泰山，与仙鹤、神猿为伴，岂非神仙？

方碑

这是岱庙内一座很奇特的碑，此碑不知立于何年，碑身为方柱形，高约2.8米，每面宽约80-90厘米，顶覆石盖，上刻明清两代的题诗、题记、题词20首，其中字迹完好可读者16首，内容大多为登岱感怀的诗文。其中虽不乏佳作，但我们此去的途中将会见到大量可跻身中国文学史的一流作品，就不必在此过多逗留了。

宣和重修泰岳庙碑

在配天门东侧，俗称宣和碑，是宋徽宗于宣和六年(1124年)立的御制碑，碑高9.25米，宽2.1米，仅龟座就高1.85米，据说重达20吨，居岱庙诸碑之冠。宣和碑由翰林学士宇文粹中撰写，朝散大夫张崇书写碑文并篆额。此碑记载了宋徽宗在位期间"诏命屡降，增治宫宇"的情形，文中说，重修后的岱庙"凡为殿、寝、堂、阁、门、亭、库、馆、楼、观、廊、庑，合八百一十有三楹……"可见岱庙在北宋末年已发展到相当宏大的规模。碑中还说，工程中"财不取于赋，调役不假于追呼"，意思是，修庙的钱财不从人民的赋税中抽取，工役也不用胥吏上门催逼，"真盛德之事也"。实际上，宣和六年，宋江领导的农民起义刚被镇压下去，山东及黄河以北的广大人民又奋起反抗，阶级矛盾进一步激化，金兵又大举南侵，宋王朝危机四伏，已危在旦夕。在这种情况下，北宋政权仍不惜耗费大量资金修庙、镌碑，以歌功颂德，粉饰太平，以神佑自欺，真有些本末倒置了。两年后(1126年)，徽、钦二帝即被金兵所俘，北宋王朝随之灭亡。碑阴原刻有宋、元庙官姓名20行，明万历十六年，山东巡抚李戴和吴龙征题刻"万代瞻仰"四个大字于其上。

这里其他主要的石刻由南往北依次是——

大元太师泰安武穆王祠碑

此碑原在泰安博罗欢祠堂前，(今山东农业大学水利学院附近)，立于元延祐四年(1317年)。祠堂早废，1979年移碑于此。博罗欢，姓忙兀氏，元蒙古人。其曾祖畏答有战功，战死后封泰安武穆王，食邑二万户。武穆王是元代的最高爵位名，博罗欢世袭其爵位，死后移葬泰山。

太师泰安武穆王神道碑

此碑原在泰安市西教场街，立于元延祐四年(1317年)。碑文记载了博罗欢祖孙三代的战功，由于早年仆地，碑文大多已漫漶不清。

重修青帝观碑

此碑原在青帝观(今金山路北首路西)院内，立于清康熙十七年(1678年)，1990年在故址出土移到这里。碑文详细记录了泰安武举张所存等募捐并重修青帝观的过程。关于"青帝"，我们将在后面的游程中介绍。

"社主"石

此石为八棱柱体，高约1.9米，有八个柱面，每面宽约0.5米，其顶部呈半圆形球状，其中心又为小圆形球状，状若乳房。此石究竟为何物，何时移于此处，长期以来无人知晓。1961年夏，郭沫若游泰山，认定此石为"社主"，社主即社稷坛上的"石主"，为地母乳房的象征。古人有祭社的习俗，所谓"祭社"，就是祭祀地母之神，是一种古老的女性崇拜的延续。《泰安县志》记载："泰安县城西有社稷坛，每岁春秋仲月上戊日祭。社用石主，半埋土中……民国废。"又因为石柱上有缨络纹饰，因此有人推断其为佛教之经幢，究竟是社主，还是经幢，有兴趣者可以研究一下。

重修东岳蒿里山神祠记碑

此碑原在蒿里山，立于元至元二十一年(1284年)。蒿里山在泰山西南，是古代皇帝祭地的地方，山上曾建有规模宏大的蒿里山神祠，又名森罗殿，有七十五司及三曹对案之神，各神均有塑像，但创建年代已无考。此碑记载，唐宋年间此处即已香火不绝，元代重修时，其规模"……比旧有加焉。"人至此"入则肃然，进则威然，出则悚然。"1931年，驻军马鸿奎部在蒿里山修烈士祠，将森罗殿拆毁。1972年将碑移至岱庙保护。此碑是研究泰山、蒿里山及中国古代民俗信仰的翔实资料。至于蒿里山与此碑的详细情况，等我们下午去那里时再向大家介绍。

重修普慈庵记碑

此碑原在泰安城北门外普慈庵院内，立于清咸丰八年(1858年)。普慈庵始建于清顺治年间，为斗母宫的下院，建国后改为小学，今已不存。碑文介绍了当年斗母宫僧尼的生活情况。

创塑州学七十子记碑

此碑原在泰安城内文庙泮桥西，立于元至正九年(1349年)。所谓七十子，是指孔子门下才德出众的学生，七十乃约数。碑文记载了泰安文庙为七十子以及后来的著名硕儒塑像的事：原先文庙内只有孔子、颜、曾、思、孟及所谓"十哲"塑像，而七十子只是画在厢房的墙上，十分简陋，显得不敬。于是，泰安儒学教授张从仁与幕宾张焕等千方百计为之塑像，总共一百零七位，并以年代为先后，由北向南排列于厢房内……泰安崇尚道德学问的风气为之一振。此碑由第五十五代袭封衍圣公孔克坚书写。

大定重修宣圣庙记碑

宣圣庙即文庙，此碑原亦在泰安城内文庙泮桥西，立于金大定二十三年(1183年)。碑文称"亡宋开宝五年(972年)，徙乾封县于此；大中祥符元年(1008年)改曰奉符；废齐阜昌(金初伪齐国刘豫年号)之初(1130年)，改为军曰泰安。本朝开国六十有八年(1182年)升至为州"。这些记载是研究泰安沿革的可靠资料。碑文还记载了此处是"宋初三先生"中孙明复、石守道讲学的旧址。关于宋初三先生，后面我都会一一告诉大家的。

院内还有其他一些题泰山景点的石碑，如"翔凤岭"、"飞龙岩"、"大观峰"等，就好像在为游人提供一条登山的索引，又好似在徐徐展开的登山画卷之前埋下一处处伏笔。

仁安门

让我们回来。仁安门是岱庙中轴线上的第三道门。其名取自《论语》中"仁者安仁"的意思。根据儒家的学说，以仁治天下，天下则安。如果再加上前面的"配天"之说，有泰山作镇，以仁德施政，则天下就会大安，这正是历代统治者所希冀的，反映了他们的政治目的。仁安门两侧有石狮一对，圆睁双目，雄视门前，也很威风。

天贶殿大院

过了仁安门是岱庙的第三进院落，岱庙的主体建筑天贶(kuang 赐予)殿就坐落在这里。院中古柏苍苍，碑刻林立。天贶殿与仁安门之间有甬道相连。

"宁死不屈"柏

在这里，除了高大的天贶殿之外，最引人注目的就是古老的柏树了。甬道南端东侧的有一株古柏，长得极有特色，不过已经死了。它的躯干笔直，树身像拧紧的麻花，按顺时针方向旋转扭曲着，就像自己把自己绞死了一样，所以人们就给它起了这个名字。这棵树有一个故事，说是宋真宗要封禅泰山，一位大臣不满于朝廷的假造天书和封禅的巨大耗费，就屡屡进谏，但是皇帝一意孤行，不采纳他的建议，不久大臣便郁郁而死了。死后魂归泰山，他依然想着心事，就化作了柏树长在了道旁。宋真宗进了岱庙，它就用树枝扯住了皇帝的龙袍，皇帝又惊又怒，一甩袍袖把树拧向了旁边。从此这棵树便盘拧着生长了，但是它却没有弯腰，始终把身子挺得笔直笔直，一直到死。这不屈树，千百年了，阅尽人间沧桑，不知是否感到了岁月的苍凉与巨变？

"麒麟望月"柏

在"宁死不屈"旁，这株柏树，胸围2.5米左右，树干上布满了疙疙瘩瘩的树瘤，形状奇特又苍古。其中有一个疙瘩酷似人们想象中的麒麟，而另一侧枝上又有一个圆圆的疤痕，恰似一轮满月，一麒麟、一圆月结合起来，人们就给它起了这个好听的名字。在中国人的审美取向中，凡是观赏的东西，如树啦、石啦，甚至宠物，都是越丑了才越美，本来一些长得出挑的物种如梅花，非得把它拿捏得变了形才算漂亮了，龚自珍对此就不以为然，写出了《病梅馆记》。但是泰山的一些树，就如太湖石一样，并不需要人的加工，自然地就长得奇形怪状，符合了部分国人的审美标准，也真是难为了大自然的造化。

阁老池

天贶殿与仁安门之间的甬道旁，有石栏环围的方形小平台，相传是皇帝祭祀泰山神时大臣恭候的地方。平台上外分布着九块太湖石，为金代大安元年（1209年）奉符县吴刊捐献。这些奇石透、露、瘦、垢、皱、丑，具备了人们所喜好的一切特点。

扶桑石

甬道中间小平台上的奇石叫扶桑石，石上布满孔窍，玲珑可爱。乾隆当年来岱庙时曾写诗称之为"介石"。而所谓扶桑，是古代神木的名称，传说太阳从它的下面升起。《淮南子·天文》："日出于旸谷，浴于咸池，拂于扶桑，是为晨明。"其石貌似扶桑，故其下有明嘉靖年间吴兴沈应龙所题"扶桑石"三字，据说与泰山是日出之山相呼应。

游人到此大多喜欢在这里做蒙目摸树的游戏——蒙住眼睛围着扶桑石左传三圈右转三圈，据说此时人便迷糊了，故此石又叫"迷糊石"，然后向前走，去摸北面古柏树孤衷柏树身的疤痕，相传能摸到者便能得到山神的赐福。

孤衷柏

即甬道的北端的古柏。这棵树上有一道从上到下几乎深达树心的疤，于是就有了很多传说故事。其中一个是，唐代武则天称帝后，相王李旦被诬陷谋反，群臣都不敢为之说话，只有大臣安金藏站了出来，替他辩护。但是武则天手下的

17

人不听。安金藏急了，说，如果我有半句假话，此心可鉴！说完，抽刀剜出了自己的心。安金藏的魂魄飘飘悠悠来到了泰山，泰山神对其大加赞赏，称其为"孤衷之臣"，救了他的命。后来李旦当朝，有感于他的忠烈，封他为国公。又过了好多年，安死后，泰山神仍然没有忘记他，让他化为长寿的柏树配祀岱庙，以表彰他的忠义，只是他身上的刀痕始终没有消失。

去东岳封号碑

天贶殿大院里石刻琳琅满目，其中最有名的有两处，一是立于院西碑台上的明太祖朱元璋的御制碑。此碑高约6.5米，螭首龟趺；另一座是《洪武祭祀碑》，是朱元璋遣曹国公李文忠、道士吴永舆、邓子方代祭泰山时所立，亦很高大。这两块石碑透露了明代皇帝对泰山的认识，以及他们与泰山的关系。很特别的是，这两座石碑同宋真宗封禅泰山时的《登泰山谢天书述二圣功德铭碑》一样，都有"备份"，它们以相同的内容"拷贝"在岱顶玉皇庙南。关于"去东岳封号碑"与宋真宗的"功德铭碑"究竟是怎么回事，等我们到达山顶时再作一番探讨。

明东岳泰山之神庙重修碑

让我们先不要急于进大殿，天贶殿大院内还有很多有价值的碑文。大殿西南有明代重修岱庙碑，此碑立于明天顺五年(1461年)，说的是明政府重修岱庙，修整殿宇、门观、围廊、墙垣的事。碑文共974字，可谓洋洋洒洒，但是，它的碑文刻到了《大宋天贶殿碑》的碑阴，并把原碑的东向变成了西向。而宋碑的内容也值得一读，此碑对天贶殿的始建记载颇为详细。碑文称：大中祥符元年(1008年)六月六日，天书再次降到泰山，"天书"上写着"皇帝崇孝育民，寿历遐岁"十个大字。皇帝亲迎天书于含芳园，继而召集大臣研究历史典籍，筹划建设天贶殿的事宜，君臣研究的结果是秦代已在此作　祭天，汉代得到了祥瑞，又在此修起了宫殿。于是决定建造天帝居住的清宇，选拔高明的工匠限期完成……从碑文中可以看出，天贶殿完成于1009年秋冬时节，距今已有1000年了。

清重修东岳庙记碑

此碑刻于清康熙十七年(1678年)，高近6米，螭首龟趺。额篆"皇清重修岱庙碑记"，施天裔撰文；碑阴刻"重修岱庙履历记事"。此碑是岱庙现存最为详细的记事碑，是了解岱庙兴废沿革的第一手资料。

碑文为：

重修东岳庙记

岱宗长五岳，为古帝王巡封柴望处，其载在《诗》、《书》史传者已详。登封有台，肆觐有堂，记功德有碑，周、秦诸遗址，历历可绪，至为庙以祀，莫详所始。《风俗通》所称"在县西北三十里，山虞长守之"者，疑自汉以前事。唐庙已在岳之南麓，而宋则改置今地，历金、元、明代加崇饰，各有记。盖自宋东封驻跸来，历代祝厘率于此，凡朝庭祭告册书，亦必刻石庭中，我皇朝未之有易。其规模宏丽，俨若王居。固其所也，明之季，兵饥荐臻，四方祈报，由辟之岷，不至于是，崇宫□阁，系于榛莽。风雨之所摧，鸟鼠之所窜，榱桷泡腐，丹碧渝败，倾圮秽杂，实为神羞，守土者为所以更新之而不能也。国家声教四讫，民用大和，操香币，望石间而来者无间远迩。天裔切念管缮之役，宜以时举，以告抚君，以诹同列，佥曰可。武举张子所存有智计，可任，进而俾之。量力程工，剂多寡，定期会，岁有所营，月有所构，以底于成。自殿、庑、斋、寝、门、熟、堂、□以至坦墁、楼观，□为更新，迨夫榜题、铭刻、庭植之属，咸厘整涤濯，俯仰瞻顾，耳目为易。天裔稽首庭下而扬言曰："此皆神明幽赞之力也，实皆圣天子仁恩远被之所致也。守土下臣得籍以释惭负，幸甚。愿伏谒游览于斯者，务自砥励，以承神庥，以承帝德于无疆。"是役也，始于康熙戊申年春二月，告成于康熙丁巳年夏五月。其出教倡始及捐俸赞成诸公，俱刻于后。

康熙十七年岁次戊午孟夏月吉日旦。

施天裔薰沐拜记。

（以下有捐资赞助者衔名四列）

碑文大意是：

泰山为五岳之长，是历代帝王巡狩、封禅、祭天的地方。这一切，已在《诗经》、《尚书》、《史传》等史籍中详细记载了，而且古登封台、接见大臣的明堂、记述功德的石碑和周、秦两代的封禅遗迹均一一可指。而在什么时候建的(东岳)庙祭祀泰山神，则不知其详了。至于东汉应劭在《风俗通》所说的："(庙)在县西北三十里，有山虞长守之"的说法，大概是汉代以前的事。唐代的东岳庙已在泰山的南麓了，宋代就到了现在的地方。之后，历经了金、元、明，各代都加以增修，并留下了碑记。大约自宋代真宗皇帝东封泰山以后，历代的祭神祈福一般就都在庙中了，凡是朝廷祭神的诏书，都刻了石碑立在院里，我大清皇朝也没有改变。东岳庙规模宏大，简直就像帝王居住的地方。明朝末年，战火四起，灾害频仍，百姓多年不到庙中，高大的宫殿荒废在草莽之中，风雨摧之，鸟鼠毁之，檩枋腐朽，彩绘颓败，守护者想进行维修但是没有能力做到啊。如今，朝廷的威望遍及四海，人民富裕了，人们都拿着香帛从四面八方赶来，礼敬泰山之神。

我(施天裔)分管一省的民政和财赋，把希望修缮东岳庙的情况报告给了巡抚，并征求了诸位同事的意见，他们都认为可以。武举张所存颇富智慧与能力，可担任此重任，于是就推荐了他。我们根据工程量的多少，定出了完工期限，每年、每月都有计划，确保工程的进度。于是庙中所有的殿、庑、斋、寝、门、熟、堂、廊以及围墙、楼台，均为更新，至于匾牌、石刻、花木之类，也全都进行了整理和清洗，放眼四望，焕然一新了。我叩首于殿前，朗声说道："这都是神灵暗中佑助的结果，是我朝圣皇功德遍布的结果。守土之臣终于如释重负了。愿来此朝拜游览的人们，各自激励，报答神恩，并永远承受吾皇的恩德。"此工程开工于康熙戊申年(1669年)春二月，竣工于康熙丁巳年(1668年)夏五月。其赞助支持及捐助诸公列名于后……

碑阴之文由主持施工者张所存撰写，此文记述了岱庙的毁坏程度、所用物料、如何采购、花费多少以及修缮的主要建筑、如何绿化、所用时间等等情况，最为详实具体，是一个透明的工程总结。该文作者是武举，有事说事，不大爱拽词，文字好懂，可以直接读：

重修岱庙履历记事

自皇清康熙八年春二月，蒙布政司施老爷委修岱庙。彼时，周围城墙俱已摊(坍)塌，惟前面城上仅存五凤楼三座。后载门一座，止存梁柱。东华门、西华门并城上门楼、四角楼仅存基址。大殿琉璃脊兽、瓦片、上层下层周围椽板俱已毁坏，墙根俱已碎塌，檩枋俱坏大半，惟梁柱可用。后寝宫三座、钟鼓楼、御碑楼、仁安门、配天门、三灵侯殿、太尉殿十一处，瓦片、墙垣俱已摊塌，椽板俱已残毁，其梁柱檩枋堪用者仅十分之三。廊房百间，止有二十三间仅存梁柱，其余七十七间仅存基址。炳灵宫一座，大门一座，延禧殿一座，大门一座，仅存基址。经堂五间俱已塌坏。余细估殿宇木料、琉璃瓦片并颜料等项，非向远方采买无以应用。于八年三月二十日，亲赴南京上西河长江内，用价一千六百两，买杉木二千根，同店家包与排夫于五等运至济宁，水脚运价银七百五十两，买绳缆器具，将杉木扎成八排，交于排夫。予又到芜湖镇买桐油一万斤，银朱二百斤，铜绿四百斤，官粉四百斤，大绿二百斤，赤金二百厢，眷黄、烟子、黄香等料，雇船装载，于七月初三日复回南京。择初八吉日，用猪羊排上祭江，留家人二名看守木排，予于本日开船先行，于八月十五日抵济宁，雇车运桐油等料回州。其木排于八年七月十五日自南京开排，用纤夫三百余名，至九年八月方到济宁，予又到济宁将木排卸至岸，雇车运送泰安，共载六百余车，用车价银一千两余方抵泰安。又在泰安四乡采买榆杨树二千余株。又差人到山西阳城县买铅四千斤。西廊后立琉璃窑三座，烧造琉璃脊兽、瓦片等项。招集木作泥水等匠四百人，分工齐修。先派木作百人修廊房七十七间，木料砖瓦俱如创建，尚有二十三间仅存梁柱者，俱添换木料修葺。次拆卸大殿，将碎坏殿墙俱易为石，其檩枋坏烂者，俱换新料，至于椽子、望板俱换，瓦片、脊兽尽另烧造。后寝宫三座、钟鼓楼、御碑楼、仁安门、配天门、五凤楼三座、后载门一座，俱将瓦片、木料并墙拆卸到地，俱换新者。东宫门、炳灵宫、西宫门、延禧殿、东华门并楼、西华门并楼、并四角楼，无根椽片瓦，俱如创建。又创建经堂五间、配殿二座、环咏亭、鲁班殿。阖庙殿宇，俱用金朱彩画油漆，大殿内墙、两廊内墙，俱用画工书像，各殿神龛俱创作者。其周围城墙俱拆到地，创添石根脚五行，俱用新砖灌浆垒至墙顶。自大殿东西两边，俱铺新甬路至大门者，门前创建玲珑石碑坊一座。南京请皇路圣像六十轴，锁金法衣四身，北京铸铜香案一付，重三百斤。午门内栽柏树八十五株，杨树四十株，槐树二十二株，白果树二株。仁安门前栽柏树五十三株，槐树十二株。大殿左右丹墀，栽柏树五十九株，松树四株，白果树二株，杨树五株，槐树九株。后寝宫栽柏树三十一株，杨树十八株，白果树二株，槐树五株。寝宫后栽榆树三百株。此皆东岳之灵，方伯之功，予亦得艰苦经划于其间。今将所历时日，所费物力，所栽树植，所建殿、楼、墙、宇一一刻记于石，后亦以见重修之非易易也。

康熙十有七年夏四月，岱下张所存谨志。

读了此碑，关于岱庙建筑方面的一些谜团，可以迎刃而解。

另外，研究中国古代运输史、经济史、建筑史的人也都可以看一看它——用了1600两银子买了2000根杉亩。又花了750两银子(其中包括购买绳缆器具)，将杉木从南京运出，自康熙八年七月十五日开排，途中雇佣了300多名纤夫，直到康熙九年八月才到济宁，共用时13个月，包工头于五肯定要赚一点，每个纤夫似乎一年还挣不到二两银子，除去途中吃喝，每人还能剩下几文钱呢？所以张所存在文章中对后人说"后亦以见重修之非易易也"，"非易易"是"的的确确不容易"的意思。是的，不说别人了，这些纤夫在近400天的日日夜夜中，冒着风雨、酷暑、严寒……溯流而上，一寸一寸地将木头拖到了济宁码头，一路将会吃到多少苦头？实在是"非易易"啊！还可以再算一笔帐，当时的铁轴木轮大车载重量约2000市斤，按每车载三根木料、1500斤计算，则600多车共运了多少吨？杉木的比重约0.6-0.7，大家便可以算出除了文中所说的残余木料外，修岱庙共用了多少方新木料？而每根杉木如果长5米，你还可以算出它每根的直径来，由此又可以想到在没有起重设备的情况下是怎样把巨木装上大车，笨重的牛车又是怎样把这些大木从济宁拖到泰安来的？而这一切也只不过花了"车价银一千两余"，按每车一个驭手、一个助手，两头牲口算，济宁到泰安200多华里，好天气的情况下，一天顶多能走40里，刨掉人吃马嚼，每人又能挣到几个铜钱？

经幢

大院西侧碑台上，有经幢一座，其貌甚古，高约7.5米，风化严重，已通体无字，仅剩残断的纹饰。因其上无字又无文献记载，也就难倒了专家，谁也说不清它的来龙去脉了。

宋大观圣作之碑

在天贶殿大院东侧的碑台上。此碑立于宋大观二年(1108年)，为李时雍摩刻的宋徽宗御书《八行诏》。碑高4.5米，宽约1.6米，圆首龟趺，字体笔画极瘦，为宋徽宗所独创的瘦金体，碑额是蔡京奉敕书。摩刻者李时雍，字致尧，宋成都人。碑原立于泰安城内文庙，1974年移此。此碑文前列诏旨，宋徽宗引用孔子的话讲了"善风俗，明人伦"的意义。后面列了八行科条，所谓"八行"，是当时推行的道德准则，即孝、悌、忠、和、睦、姻、任、恤。具体地说就是：善父母为孝，善兄弟为悌，知君臣之义为忠，达义利之分为和，善内亲为睦，善外亲为姻，信于朋友为任，仁于州里为恤。反之，不孝、不悌、不忠、不和、不睦、不姻、不任、不恤……为"八刑"。最后列举了对违反以上八条者的惩戒：凡严重违反而又不能改过的终生不得录用为官，不得入学籍，等等。此碑当时颁之州县，通国皆立，但今存者已寥寥无几，而且著录极少，因此，此处的这座碑就显得挺珍贵了。

经幢

——这好像是古代的精神文明建设。

您挺会联想的。不过那个时候没有这个概念，中国是一个文明古国，道德与修养始终受的高度重视，被放到了社会生活及各种活动的首位。

大宋封祀坛颂碑

此碑立于宋大中祥符二年(1009年)七月。碑高4.5米，方座圆首，王旦撰文，裴琯书丹。铭文极尽歌功颂德之能事，对宋真宗来泰山封禅的始末记述颇详。碑原立于泰安城东南封祀坛故址，后因修建工厂将坛平毁，1972年移于岱庙内。

此碑撰文者王旦，字子明，宋大明莘县(今属山东)人。太平兴国进士，真宗咸平四年任参知政事，景德三年官至宰相。他曾拒绝契丹、西夏求钱粮之请，但对真宗所搞的封禅、"天书"等活动却并不反对，为世所讥，抱憾而死。

刚才，我们屡次提到了"封禅"，禅这个字不是"禅宗"、"禅让"的那个"禅"，在这里读作"Shàn"，而且与佛教和禅让毫不相干。封禅是中国古代泰山特有的一种重大文化现象，但对今天大多数朋友来说却是个十分生疏的概念。在下面的讲解中我很可能会"封禅、封禅"地说个不停，但现在只能简单地告诉大家封禅是古代帝王专门在泰山举行的浩大的祭祀天地的活动，而关于它的内容、形式、故事和意义，在我们的登山途中，还将会看到大量的遗迹，结合那些遗迹我们再作介绍吧。至于刚才我们提到的碧霞元君又是何方神圣，与百姓有什么关系，我也将在下面的观览中向大家作较为详细的讲解。

大金重修东岳庙碑

此碑立于金朝大定二十二年(1182年)，碑高约6.5米，圆首龟趺，计1050字，皆正书。金朝是女真族领袖完颜阿骨打于公元1115年在东北建立的，初建都于上京会宁府(今黑龙江阿城)。金朝先后灭亡了辽、北宋，占领中原，与南宋对峙。公元1234年，被南宋、蒙古夹击攻灭，共历九帝、120年。这篇碑文，除了歌颂皇帝和泰山外，还记录了岱庙的保护情况，碑文说"大定十八年春，岳庙灾，虽门窗俨若，而堂室荡然。主上闻之，震悼不已……二十一年冬告成，凡殿、寝、门、阙、亭、观、廊、庑、斋、库虽仍旧制，加壮丽焉。"碑文还强调，修庙的钱主要出自国库，而对于人民，皇帝则特别下诏说"其工役勿烦吾民，给以佣直"。在专制制度下，最高统治者的嘴上总是挂着人民，其实真正当人民的利益同统治者的利益发生冲突时，吃亏的总是人民。金代是民族与阶级矛盾最为尖锐的时代，农民起义此起彼伏，但无不遭到残酷镇压。此碑是研究金代历史文化和岱庙兴衰沿革的宝贵资料。碑文为杨伯仁撰，黄久约书，党怀英篆额，此三人在金代皆赫赫有名。据《金史·列传》记载，"伯仁文辞典丽"，"怀英工篆籀(zhòu)"而黄久约以擅长书法著称，从此碑文中就可以看出其字结构展拓，笔格秀整，不愧为大手笔。后人称赞此碑："三美荟萃一碑，实为金源一代金石之冠。"此外，保存在岱庙内的金代石碑还有

《大定重修宣圣庙记碑》和《重修天封寺记碑》，两块碑分别介绍了重修泰安孔庙和天封寺的情况。而且在金代大定五年(1165年)，金世宗还下诏重建了泰山普照寺，并赐额"普照禅林"。

清重修岱庙记碑

立于清乾隆三十五年(1770年)。此碑用满汉两种文字写成，乾隆皇帝御制。碑文对帝王封禅的由来和演变记述得非常详细，内容极其丰富。众多的石碑都记述了各个王朝对岱庙的保护情况，足以看出历朝历代统治者对岱庙的重视。

其他的石碑还有很多，大家尽可从容读之，不再一一介绍了。

天贶殿

好了，让我们回到天贶殿吧。这座殿宇令人一眼望去就觉得气宇不凡。当初，陈从周先生是这样评价宋天贶殿及其周围环境的：露台四周白色石雕栏板环绕，云形望柱齐列，衬托、突出了大殿，使大殿与四周的环境产生了奇妙的效果。每当清晨傍晚，日光斜射，白石台基，红柱黄瓦，衬以苍翠古柏和大山与蓝天的背景，就显得分外美丽——那红与绿的对比，反差大，令人兴奋；黄与蓝的调和又成为绿，使人感到和谐轻松；而白石台阶正如美女的素裙，使一

天贶殿

座巨大的建筑不觉沉重反有飘逸之感。岱庙的建筑艺术可谓登峰造极，古人的智慧在这里得到了淋漓尽致的表现。

他还说：天贶殿很大，但我国古代建筑家更懂得大小对比手法，使它显得更大。他们知道世上没有绝对的大与绝对的小，大小是从对比中产生的，于是在天贶殿两侧建起了较为低矮的回廊。回廊不仅把天贶殿衬托得益发高大，而且它自身在建筑学上也有着举足轻重的作用，它起到了使空间更加联贯、更加紧密而又更加富于变化的作用，这在世界建筑史上都是得到推崇的。低平的回廊把一座重檐庑殿的大建筑紧紧地环抱着，小与大、矮与高，以及平直与高耸的对比更激起了人们对天贶殿的崇仰。另外，天贶殿前的平台上还修了两个精巧玲珑的御碑亭，这就更加突出了天贶殿，使之在雄伟中寓含了恬静与闲适。因此天贶殿也就并非雄伟两个字可以概括的了，其高度的美学构思受到了历代建筑家、艺术家的叹赏。

天贶殿面阔九间(43.67米)，进深五间(17.18米)，通高23.3米。六柱五架梁，重梁起架，黄琉璃瓦重檐四柱顶，檐下施斗拱。檐檩、由额、垫板、普柏枋及连接枋、抱头梁、雀替、丁字拱上施金琢墨玉碾玉彩绘。殿内天花板彩绘金龙，正间和次间顶部设藻井，周围施斗拱。在中国古代建筑中这些都是最高的级别。

东岳大帝

天贶殿内供奉着东岳泰山神即东岳大帝的塑像。它头顶冕冠，前垂十二旒，显示其明察秋毫；冠的两侧悬坠玉衡，意思是心中有数决不相信谗言。它身着衮袍，手持青圭玉板，玉板上部刻日月，下雕山海，象征着主天地、掌生死的权力。塑像神龛前排列着明代皇帝所赠的铜五供、金瓜、月斧、朝天登及龙头拐杖等仪仗。早先，泰山神并不是"帝"，也没有什么封号。自唐以后，历代帝王为了加强统治，都表现得对泰山神崇敬有加，屡屡为之晋爵加封。唐玄宗李隆基于开元十三年(725年)东封泰山时，始封之为"天齐王"；宋真宗赵恒封禅泰山时晋加为"天齐仁圣王"，大中祥符四年又加封为"天齐仁圣帝"；元世祖忽必烈于至元二十八年(1291年)，再次晋封为"天齐大生仁圣帝"……但是这些封号被明太祖朱元璋统统给去掉了，关于这一点我们后面还要介绍。后来明代人许仲琳写小说《封神演义》，说西周灭商后姜子牙封365个正神时，给自己留了个主管人间生死吉凶祸福的"东岳泰山天齐仁圣大帝"的角儿，但他却偏偏忘记了给功臣黄飞虎封个神位，黄飞虎找上门来了，他只好忍痛把自己掀起来的位置让给了黄飞虎。于是民间就相信了泰山神是黄飞虎，这个许仲琳也真是会忽悠。

泰山神主管生与死的神权历史，当然不是始自许仲琳。这与东方崇拜有关，阴阳五行学说认为，东方为青帝，主生。而主生在逻辑上即含有主死的意义。秦皇汉武狂热地封禅、求仙，汲汲于泰山，就是受了泰山主生死的影响。东汉至魏晋期间，泰山主生死的信仰主要表现为"治鬼说"。《后汉书·乌桓传》："如中国人死者归泰山也。"《方术传》："许峻自云，尝笃病，三年

东岳大帝神像

不愈，乃谒泰山请命。"东汉墓中出土的镇墓券中，常有"生人属西安，死属泰山"的说法。可见古代泰山主生死的观念相当流行，这种抽象的观念一旦演化为具体的形象，就成了这位主生死的大帝泰山神了。

现在，我们是否知道了岱庙为什么修建得像皇宫了？这样一位大神又怎能屈居在一座小小的山神庙中呢？

当然，关于泰山的东方崇拜，我们此刻仍无法说得清楚，再留一个悬念在后边吧。

泰山神启跸回銮图壁画

天贶殿东、西、北三面墙壁上绘有《泰山神启跸(bi)回銮图》壁画。壁画全长60余米，高3.3米，初为宋代所绘。画中描绘的是泰山神出巡的浩荡场面，东面是"启"即出发，西面是"跸"即回宫。也有人说这是通过泰山神来表现宋真宗封禅泰山的威严气派，也是有道理的。壁画中泰山神乘坐四轮六马玉辇，左右为炳灵王与延禧真人护驾；辇前有双轿抬着的道家仙人陪行，文武百官簇拥前后；还有仪仗队、乐队和威风凛凛的卫队，共有人物697个。此外还有麒麟、大象、骆驼和背负法器宝瓶的神兽狮子、摇旗的夜叉以及打回的猎物等等。画中人物繁多，再配以山川殿阁、茂木密林、水榭亭廊，使得整幅图画场面浩大，气势恢宏。更由于壁画所采用的色彩浓淡相宜，显得华贵而又深沉，热烈而又宁静，表现出了东方特有的审美情趣，在我国现存的道教壁画中，它实为上乘之作，其艺术价值是不容低估的。

或许有朋友会问，天贶殿几历灾难，几经修茸，前面的碑文中说得很清楚了，壁画显然已不是宋代原物。是的，从壁画中明显可以看出，壁画经过了后人修补，如下部的人物、宫殿、桥涵依照了原作的表现手法，即采用了散点透视，人物不分远近大小，线描衣纹，重彩平涂勾填，富有鲜明的中国民族的艺术特色与风格；而画面上部，由于明末清初西洋画法传入我国，补画者受到影响，便在主体之外用西洋画法的焦点透视法，增绘了部分山石林木、楼台亭榭等背景，其风格迥异于下部人物的画法。但即使如此，专家们仍认为它"至少保存了宋代壁画的原样"，仍不失为"伟大精密之作"(俞建华：《岱庙天贶殿壁画》)。

　　这幅壁画为道教题材，但泰山神的形象实际上是封建帝王的化身，是人类社会现实生活的再现。画面把帝王的骄矜之态刻画得惟妙惟肖，而其他无论是文官还是武官均各具神情，几乎无一雷同，而且不少的人物通过微小的转侧顾盼，得到了相互之间的呼应，增强了作品的整体感。看得出画家对于人物造型具有着非凡的把握能力。

　　壁画构图严谨，繁而不乱，近200平方米的宏大画面，有疏有密，首尾照应，以泰山神为中心，人物走兽极具动感，处处流溢着飞动的气势，布局极见功力。一般地说，宋代的道教壁画，多出自名家之手，如宋真宗景德年间(1004－1007年)，营造玉清昭应宫便招募天下的丹青高手作画，一时竟有3000人报名。结果，道释人物大画家武宗元中选主持壁画左半部分的绘制，王拙主持右半部分。武宗元为这一次作画所拟的绢质稿本至今犹存，称作《朝元仙仗图》(已流失国外)。图中共有南极天地君和东华天帝及部众80余人。故宫博物院所藏宋画

天贶殿壁画(局部)

《西岳降灵图》，描绘的是西岳华山之神的游猎活动，相传就是大画家李公麟所作。由此看来，《启跸回銮图》最初亦当出自高手，即使现在它已不是原作，甚至是康熙年间重画的，但因重绘者有所依照，所以从画中仍可以看出宋代这类题材的作品所应有的特点。而且，由于作品所表现的对象是泰山，壁画的风格及手法受到泰山各类艺术作品的影响，则更显得细而不腻，大胆脱俗，象泰山一样"不以小巧示人"，受到了历代艺术家的高度评价。

《启跸回銮图》内容极为丰富，其所涉及的对象除了帝王的化身泰山神和文臣武将外，还有仪仗队、旌幡、乐队、乐器、各种服饰、兵器、神器、建筑、树木等等，这一切为我们提供了多项研究领域的宝贵资料。随着对这一壁画研究和破译的进一步深入，我们将会从中更多地了解我们古老民族的历史，更深刻地体会到我们民族文化的悠久、璀璨和不朽。

东、西御碑亭

天贶殿前，有东西两座碑亭，内有乾隆皇帝御题的石碑。乾隆皇帝对泰山情有独钟，一生来泰山10次，6次登上岱顶，他曾作泰山诗170多首，大山上下仰俯皆是，我们不必在此处读他的碑文，作过多停留了。

环廊

天贶殿东西两端原有环廊与仁安门的东西神门连接，共108间，绘七十二殿阁罗像，民国时期圮废。1982年复建54间，1984年又建8间。东环廊的北廊辟"泰山封禅蜡像馆"，东环廊辟"历代碑刻陈列馆"，西环廊辟"汉画像石陈列室"及"历代石雕陈列室"。

钟、鼓楼

位于东、西环廊中间位置。鼓楼在东，因历代碑刻陈列馆以南的环廊尚未修复，现仅存遗址；钟楼在西部环廊中间，二层三间，五架梁前后带廊，重檐歇山顶，面阔14.5米，进深9.64米，通高13.5米，内置大钟。

岱庙碑廊

又名泰山历代碑刻陈列馆，在天贶殿东侧环廊内。共收藏历代泰山著名碑刻27座，包括记事碑22座，诗碑5座。其中清代复刻的《秦刻石二十九字本》碑，汉衡方碑、张迁碑、晋孙夫人碑、唐双束碑等皆为著名碑刻。

秦刻石二十九字本复刻碑

立于陈列馆入门处，是清道光六年(1826年)徐宗干复刻的。秦泰山刻石，原刻223字，至明代仅存二世诏书中的29字了，徐宗干以明拓29字本重新摩刻了此石。

徐宗干，字伯桢，号树人，江苏南通州人，嘉庆进士。道光初任泰安县令10年，专以振兴文化教育为急务，整顿岱麓书院，创设醴泉义塾，修葺试院，延请名士纂修志书，改三贤祠为五贤祠，增祀宋焘与赵国麟两先生。泰安文风为之大盛，人才叠出，其间进士及第一人，中乡榜者则多达四五十人。后升高唐州知州，历官台湾道，同治间升福建巡抚，平定台湾、汀州，肃清闽境，功劳卓著。卒谥"清惠"。

虽然这块碑至今也已180多年了，但毕竟是个仿的，而真迹也在岱庙内，我们一会儿就会看到。

衡方碑

此碑立于东汉灵帝建宁元年(168年)，原在山东汶上县郭家楼村，1953年移到岱庙，1983年移置碑廊，加玻璃罩保护。此碑衡方的门生朱登等为其所立的颂德碑，全称为"汉故卫尉卿衡府君之碑"，碑高240厘米，宽110厘米。碑阴刻文23行，满行36字，共815字，字径4厘米，隶书。其书体方整严密，神态敦厚朴茂，以体丰骨壮著称，是汉隶中苍劲高古一派的代表。翁方纲《两汉金石记》称它"似开后来颜真卿正书之渐"；杨宗敬《平碑记》认为"北齐人书多从此出"，现代人杨震方《碑帖叙录》则称"此碑是北魏洛阳书风之源"，可见此碑对中国书法发展的影响之大。碑文因与泰山无关，我们就不去看了。

张迁碑

立于灵帝中平三年(186年)，是谷城旧吏韦萌等为张迁立的去思碑。碑高292厘米，宽107厘米，碑阳隶书阴刻15行，满行42字，共567字，字径3.5厘米。额篆书阴刻"汉故谷城长荡阴令张君表颂"二行12字，字径9.5厘米。此碑形制丰满，文辞淳古，隶法朴茂，雄健酣畅，是汉碑中的佳作，受到历代书者的喜爱，摹写者甚多。此碑最早在明朝初年掘地时发现，便立到东平县儒学明伦堂前，光绪十八年曾遭火焚。上世纪五十年代初，在东平县政府院内建碑亭一座，加以保护；1965年移岱庙，1983年移置碑廊并加玻璃罩保护。

晋任城太守夫人孙氏之碑　立于西晋武帝泰始八年(272年)，碑高250厘米，宽97厘米。碑阳刻文20行，满行37字，计707字，字径3.5厘米，隶书。此碑原立

于新泰市新甫山下张孙庄，乾隆五十八年，钱塘人江凤彝首次发现。当时铭文就已多数磨灭。1965年将其移至岱庙，1983年移于碑廊至今。该碑文辞章古雅，犹存两汉遗风；笔势严谨，字画方劲厚重，与魏黄初孔庙碑极相似。因晋代禁碑刻，故多短碣，如此大碑十分少见。此碑与掖县郓休碑、河南太公望表碑，构成晋三大丰碑，而此碑立于西晋泰始八年，此时晋尚未统一，故为三大碑中年代较早者，是研究晋代经济、文化以及书法、镌刻艺术的宝贵资料。

王盖周等造像记

此石刻于东魏武定五年(547年)四月，是像主王盖周等134人所造石像的底座，上刻有乞福的铭文和造像者的姓名。

比丘尼慧等造像记

此石刻于北齐乾明元年(560年)，是比丘尼慧等人所造的弥勒像底座。上有乞福的铭文和造像者的姓名。以上两石均为文物工作者于1966年在长清县发现并运至岱庙保护的。

张子初等造像记

此石刻于隋开皇十一年(591年)三月，是张子初所造观音像的底座，上有铭文。于1957年在泰安长春观遗址(岱庙西侧)发现，是泰山现存唯一的隋代刻石。

"修岳官题名"刻石

此石刻于唐天宝十一年(752年)，石为八棱柱体，题名按顺时针方向刻于八个平面上。此石于上世纪五十年代在岱庙东华门附近出土，旧志书对此均无记载，是研究唐代官方修建泰山人员组织情况的重要资料。

大唐齐州神宝寺之碣

此碑刻于唐开元二十四年(723年)，原立于长清县小寺村神宝寺故址，1965年移岱庙。此碑介绍了神宝寺的情况："神宝寺者，宝山南面，岱宗北阴。冈峦叠嶂，而石壁万寻；林薮蒙茏，而古木千仞……堂宇宏壮，楼阁岩峣……寺内有石浮图两所，各十一级，舍利塔一所。众宝庄严，胡门洞启，石户交晖，返宇锵锵，飞檐轩轩。半天鹏起，遥遥烟雾之容；一地龙盘，宛宛丹青之色……"看来是个好地方。

双束碑

其名为"岱岳观造像记碑"，俗称"鸳鸯碑"，立于唐高宗显庆六年(661年)，是唐高宗等六帝一后到泰山行建醮造像之事时所立。碑的造型独特，碑身由相同的二石组成，上下共嵌于同一碑座和碑首间。这样做并非因造碑取材困

29

难，而是另有所喻："碑盖示天，碑座比地，二石并立表示武则天同唐高宗并驾治理天下"，故又称"双束碑"。双束碑石盖高50厘米，雕作歇山形屋脊，其正脊、垂脊、戗脊及瓦陇的雕刻极为精致，具有典型的唐代建筑风格。碑文刻于碑身四周，每面作四五层，每层刻文一则或二则不等，皆正书，共计24则。其中武则天在位期间的7则，文中有她自造并推行的一些文字，这些新字并无奇特之处，只不过将汉字的偏旁结构重新组合了一下，或者把笔画改变了一下，似乎还不如后来民间发现的女书有想象力。当时女皇造字的时候，可能洋洋得意，以为自己成了仓颉，不过现在除了专家谁也不认识了。过了很多很多年，中国又出了一个想当女皇的人，此人也善于发明，创造出一些所谓"三突出"、"高大全"之类的玩意，只是生命更短，没有几年就被扔进了历史的垃圾堆。当然，二者并不能相提并论。此碑之文多清词醮章，作功德，言符应，非大雅之作，书法也非名笔，但因它造型别致，形制特殊，且是泰山本地仅存的一处唐碑，有较高的史料价值，所以就很能引起人们的注意了。

双束碑原立于泰山南麓老君堂院（虎山水库西侧），为了保护它，1960年在老君堂东侧建亭一座，将此碑移至亭内；十年浩劫期间，文物工作者趁黑夜将其埋入岱庙炳灵门外地下，终于使之幸免于劫难。

幽栖寺陀罗尼经幢

刻于唐广明二年（881年），原立肥城县幽栖寺，1979年移岱庙保存。此经幢现存部分高约2.6米，座为仰莲，莲瓣三层，幢身高近2米，八棱形，幢身之上置宝盖，平面作八角形，每面饰璎珞一束。文字刻在八个面上，原刻文字约5000余字，主要记载了幽栖寺的兴废和施主兴修殿堂、经幢的功德。文中提到"会昌圣敕，像返真空，僧还故里，殿塔成而却摧，泉林翠柏悉皆枯涸"。说的就是会昌五年（845年）唐武宗李炎禁止佛教、拆毁寺院的事，那一次全国共有僧尼26万人还俗。还有"至（乾符）五年正月下旬，遇黄巢草军经过……人马往来约百千万，虽罄家资，且喜慈母万福，骨肉不被俘虏，在园牛马悉皆如故"，这也应是历史的真实记录。

升元观敕牒碑

立于宋政和八年（1118年），碑文为尚书省批复泰宁军奉符县升元观的文书。泰宁军为北宋末年设置的军名，金初改泰安军，不久又改为泰安州。升元观的前身叫"建封院"，由一"村僧"住持，泰宁军往尚书省打了报告，认为泰山是道教名山，要求将其改为道观，得到朝廷批准，宋徽宗赐名为"升元"。此碑原立于岱宗坊北约200米的升元观内，观已早圮，1976年移碑于岱庙。

洓庄创修佛堂记碑

刻于金大定十一年（1171年）。碑中描写，洓庄是个很美的地方，碑文说："泰山西南麓，其间稍平坦，凹下处有居民二十余家，曰'洓庄'。泉石环绕，南望一山，尤可爱，该山奇峭拔壁立数百仞，色白如削玉，故居人谓之'白石山'焉。山北下有一溪，其流潺潺，清音满耳，愈于丝竹，虽干旱不绝，盖其泉源来自岱山绝顶之北也……"惜佛堂早废，唯剩石碑，被移于岱庙保存。

重修天封寺记碑

刻于金大定二十四年(1184年)，金学士党怀英撰文、书丹并篆额。此碑原立旧县村天封寺院内，1978年移岱庙保存。

张宣慰登泰山记碑

立于元至元二年(1265年)二月。杜仁杰撰文，王祯书丹并题额。碑文中，杜仁杰记述了宣慰使张公登泰山的情况，描写了众多泰山景点，记录了泰山日出的壮丽景色以及游人的心情，是一篇颇具文采的游记。杜仁杰，后面还会多次见到他的文墨遗存；王祯，泰安人，碑文中他自称"奉高晚生"，为元初著名农学家，著有《农桑通诀》六集、《农器图谱》二十集、《谷谱》十集，总称《农书》。

五岳真形图碑

刻于明代，刻在了"张宣慰登泰山记碑"的碑阴。碑上刻着五岳各自的符号，中岳居中，其他各岳按方位排列，左上部为北岳、左下部为西岳、右上部是东岳、右下部是南岳。无岳真形图是道教在五岳活动的产物。中国道教由方士之学演变而来，早在战国初，据说方士黄伯阳就在泰山之阴的山洞里修炼，成为后来泰山道教的先驱。据《万花谷记》记载，汉武帝曾向西王母乞要五岳真形图，得到后将其藏到了柏梁台。秦汉以后，皇帝的封禅促进了道教的发展，方士们使泰山成了一座修仙的名山。在宋真宗命张君房编修的《云笈七签》中，泰山被列为三十六洞天中的第二洞天，泰山诸神也被收编进道教神谱，对此我们在后面还要作较详细的介绍。

五岳真形图对五岳诸山皆有定义，其中对泰山的定义是："东岱岳泰山，乃天地之孙，群灵之府也，在兖州奉符县，是成兴公真人得道之处，长白、梁父二山为副。岳神姓岁讳崇，封号'天齐仁圣帝'。岱岳者，主于世界人民官职及定生死之期，兼主贵贱之分、长短之事也。"东岳大帝除管"世界人民"的生死外，还管还他们的"官职"、"贵贱"和"长短之事"，权力实在是大得可以，大概也忙得够呛。不过在这里他并不是黄飞虎，而是叫"岁崇"，中国道教的想象力着实不凡。其他四岳也各有职权，有管星象的、管江河的、管土地山谷的……分工很细。《抱朴子》说，"凡修道之士，栖隐山谷，须得五岳真形图配之，则鬼魅虫虎一切妖毒，皆莫能近。"不知为何有如此大的功力。

以下石碑除了还有一处为金泰和六年(1206年)的《谷山寺敕牒碑》外，其他大多是明清时代的了，不再一一介绍了。

汉画像石陈列馆

在天贶殿西长廊的北部。画像石是源于西汉晚期、兴盛于东汉的一种特有的石刻艺术品，在我国发现最多的有山东、河南、四川等省，而泰山一带又为山东四大画像石集中区域之一。现在馆内陈列的是出土于泰山附近大汶口、夏张、旧县及肥城市的汉画像石61块。这些古代的艺术珍品不仅向人们展示出泰山地区在汉代的社会发展水平、人民生活状况，还形象地向后人展示了中国古代人的心灵世界——他们的追求、信仰、激情和憎恶。汉画像石陈列在泰山脚下，向我们展现了一个神秘的精神领域，是不可多得的瑰宝，为古老而神圣的泰山增添了一笔浓彩。

以下由南向北择要作一简略介绍。

大汶口出土半复原汉墓

共有十余块画像石组成，基本按原状排列，其中一横梁长3.24米，高0.47米，厚0.46米，重达2.6吨，上刻几何纹饰7层，自上而下依次为斜线纹、横隔带、双菱纹、水波纹、横隔带、锯齿纹、垂障纹。复杂的纹饰组合显得富丽华贵。

我们看到，泰山画像石中有着较多的未雕刻具体形象而仅刻以纹饰和几何图案的作品。这类画像石过去往往不被重视。其实，这些石刻同那些有物体造型的石刻一样，都有着深刻的内蕴，其价值是不可低估的。从现存的泰山画像石来看，几何图形中携带了大量的古代信息，而并非停留在装饰花样的形式上。中华民族是一个对抽象的线条有着高度的理解和把握能力的民族，早在新石器时期，在大汶口文化、龙山文化的出土器皿中，我们就看到了陶器上的各种图案，如鸟形图、拟日图，甚至像"☸"这种复杂的图形符号。到了汉代，这种审美基因仍在发挥着作用，人们同古人之间有着一条剪不断的心理承续的纽带，只是汉代的文化艺术已日臻完美，对客观对象的表现也更为自由，他们早已完成了从形到线、从再现到表现，从写实到象征的历史过程，从而创造、产生出了更为纯粹的美的形式和审美的形式感。这部分画像石的雕刻十分精细，手法极为熟练，所刻线条分外流畅，通过线的形式，我们看到了制作者及其所代表的那个时代的人的主观情感的律动，看到了他们对生活的热爱。至今，我们面对那静止的石头上漾溢着的卷云纹、水波纹、双菱纹、八叶纹、垂幛纹、锯齿纹……似乎仍能感受得到那音乐般的旋律，仍能激起心灵的震荡。只有理解生活、热爱生活、追求更理想的生活的人才能谱写出这嘈嘈切切如咏如诉的石头音乐。

虎猪相斗图

石上的虎为飞虎，有翼在背，猪是野猪，头小鬃长。虎在右上方，一爪前伸作扑状，显得异常凶猛；猪在下方四蹄朝前，似作投屈服，几欲仰倒。该图除一虎一猪外别无图案，底子也未经磨制，錾痕清晰可见，显得简洁有力、古朴苍劲，是汉画像石中较早期的作品，而作品中的虎实际上是人的象征，是勇士的象征。

持戟卫士图

图中卫士戴武士冠，广袖长袍，鼻隆目大，以右手执戟面右站立，腰间系束带，前有一囊似箭袋，其雕刻手法与"虎猪相斗"类似，主题突出，卫士形象颇为传神。

铺首衔环图

铺首原是门环的底座，衔着门环，上面多有图案，大多为虎、蛇、螭、龟等。此图为螭形。传说螭是龙的一种，"若龙而黄也"，古人认为雕刻铺首图形置于墓中可起镇墓辟邪作用。

行猎射鸟图

图中一树、一人、一马，树高0.49米，人高0.17米，马高0.27米，画面偏下左，只占了全石约五分之一的面积，其他地方除了錾痕外空白一片，使得这组形象得到了更为突出的表现。树是静止的，苍干秀枝，枝呈网状，颇多交叉，枝端树叶点点；人作拉弓状，左腿弯曲，右腿跪地，目光直视上方，似在隐蔽又显得分外强悍；人右是马，马首昂起，尾巴微翘，蹄下踏一箭，似作闻弓声而微微吃惊状；一鸟正从树上坠落，头朝下，翅张开，像是一头栽下来。整幅画所描述的只是刹那间的动作，然而画中无一物不与主题有关，无一物不传神，作者的艺术把握能力到了炉火纯青的程度。

龙凤吉祥图

此石中间有羊头，羊左侧刻凤鸟、独角兽、龙，右刻凤鸟、羊、虎。独角兽口衔三枚方孔圆钱，圆钱一个连一个，呈出范后未切断状(古代铸钱，每个钱范同时浇铸多枚，待冷却后，取出切断打磨)。羊角两侧刻有5条水平宽带纹饰，由双菱纹、连弧纹、水波纹组成。古代，羊与人关系密切，且"羊"与"祥"谐音，故常以羊的图像表示吉祥。此陈列馆中"吉祥"图较多。

五铢双鱼图

在龙凤吉祥图下。石正中有一圆形，圆心中刻一五铢钱，"五铢"二字清晰可辨。圆形外饰八叶纹，八叶纹外为一方框。方框两侧有五条水平宽带纹装饰，纹间刻双菱、水波、连弧纹，纹饰之下左右各有一条大鱼，鱼头朝向方框。鱼，谐音"余"，也是吉祥物，如今民间"吉祥有余"的成语，大概早在汉代就有了。

33

狩猎起居图

平面阴线刻，剥蚀较严重，依稀可辨画面分5层，上层为狩猎图，有三人，各持网、杖等，另有虎、兔、鹿、狼、雀等动物；二层一人居中，口衔一蛇，双脚踩弓而双手引弓弦，似在杂耍，其右侧有一人手持一物似斧，高高扬起作砍状；第三层看不太清，好像是一熊一虎相斗；第四层刻一阁楼，楼顶有凤鸟2只，阁内有人物拜谒；下层有人物跪坐，旁边有数人或跪、或站立。

五铢钱枚图

平面阴线刻，与上石大概是同一墓中出土。此图分3层，上层刻二马，中层刻五铢钱，有斜线串起，钱纹两侧刻竖连弧纹；下层刻一轺车，一人持竖棍支辕。左上角有隶书体刻字一行："此人马食大山仓"。

出巡起居图

平面阴线刻，与上两石风格一致。画面分四层，上层为一马车，但无人驾车，马刻画得十分准确，线条流畅，马首昂起，左前腿抬起，作奔驰状；二层为步卒3人，前一人手执便面即扇子，后二人左手提弩，右手各持双箭；三层有3人，剥蚀不清，似生活图景；下层铺首衔环，环内有双鱼。

二龙相缠图

石中二龙首尾相对，呈相反的波状，经5次交叉后，就像结成了一条链子，在第1、3、5次交叉的后面有3个圆环，形成了对称、规整的几何图形。龙的后爪及龙尾甚像虎的后爪和虎尾，大概汉代的"龙"还没有"进化"到后来的龙的样子。这也是一种祥瑞图，象征着夫妻和谐。

伏羲持矩、双凤星辰图

此石上有2凤鸟在左端，二鸟相对，中间刻星辰图案；右面刻伏羲，人首蛇身，头戴尖顶帽，手持一矩，指向左方。图上部刻菱形纹了和连弧纹。汉画像石以浪漫的手法表现当时的科技，实际上是汉代科学技术已达到相当高的水平的真实写照，也是汉代画像石艺术的又一显著特征。东汉时期，科学技术在西汉已取得累累硕果的基础上，又有了进一步发展，数学、天文学都走到了世界的前列，如张衡的天文学著作《灵宪》就记载了星座和微星体的数量。然而，当这一切表现在画像石上时，艺术家却又将之同神话中的伏羲和凤鸟连在了一起，将科学同神话巧妙地结合起来，从这一角度也足以看到浪漫主义创作方法在当时的艺术中占有了何等重要的地位。

王君出行图

为一大型汉画像石，该石共有人物14个、马10匹、车3驾，有题榜8块，其中7块未刻字，一块题有"王君车"三字。画面左起一人面右，戴武冠，着袍服，手持盾牌，躬身作迎接状。右面5骑、3车、3步卒皆面左，是出行的人马。与迎接者相对，有导骑3排，其后步行者3人，前二人肩扛长棍，右手持一短管作吹奏状，后一人短小，躬身抱拳；三人后有三车，一辎车、一主车、一蓬车，除辎车外皆驾二马；辎车内二人，一人执辔，一人后坐；主车有四维，内坐二人，均戴进贤冠；蓬车只露一御手，车前上方有一羽人（长翅膀的人，有如天使），羽人后有一鸟。画面上部饰连弧垂幛纹。这幅图表现了当时贵族出行的场面。

车马玄武图

在鸟纹图案的背面。该图构思颇为奇特。左面一人戴冠骑马，但所表现的不是马的侧面，而是马尾，显示出马已向右拐弯，此骑为导骑；其后有一辎车，车上坐一人，高发髻，双手牵辔绳，马作拐弯状；再后有一兽一鱼，中间为似蛇似龟的玄武图像。玄武右面是一武士，肩扛兵器；武士后为主车，车上四维后飘呈弧线形，二人乘于车，前为御者，后一人戴进贤冠，手持便面。此石刻手法甚为古拙，在出行车马中刻划玄武、兽、鱼等图案，亦为他处少见，系年代较早的刻石。

双鸟交颈图

此石共有4层图案。上层是双鸟交颈，呈亲密无间状；二层刻役卫二人，三层也刻役卫二人，均戴冠着长袍；下层是铺首衔环。双鸟交颈自然也是象征着男女间的至爱，是对生活的歌颂。

青龙擒鸟图

画面上一条巨龙高高飞起，龙首向上，口中衔住一只大鸟，鸟作挣扎状，龙身下有鱼二条。中华民族自古即是龙的传人，图中赞颂了龙的力量，其实就是对人的力量的赞颂。

歌舞宴乐图

此石画面分为两部分：上为仆见主人，主人坐在短床上，一仆人跪伏在前，主人一手前伸，似在说话；下层有歌舞伎三人，皆挽高髻、着长袍。左面一女抚琴，中间者双手持帕，轻舒广袖翩翩起舞，右面一女正在吹排萧。画面上下皆有纹饰。有意思的是，该画像下摆着一张真的短石床，其形状恰若画像石上所刻绘者，石床两头翘起，边上刻有纹饰，此也是汉代原物。

武士擒虎图

画中部一武士左手持盾，右手挥斧作砍状，对面的一虎甚为凶猛，尾巴扬起似向人扑来。武士后面有凤鸟一对，因石残，左面凤鸟仅余其半。石上方有水平带纹四条，间以斜线纹、菱纹、连弧纹。

瑞鸟图

图中有形态各异的瑞鸟4只。中间一鸟体型较大，左面一只较小，右面二只，一只飞翔，一只觅食，石上方有纹饰，表现出一派祥和景象。

车马出行图

石上人物自左至右：先为一导骑，后有辎车一乘，车上二人，前为御者，后者戴斜顶冠着长袍，大腹便便；再后为从骑，5武士骑马，各带弓箭等兵器；武士后为主车，驾车者手持鞭子，主人戴着进贤冠；最后有随骑一人。石上方有斜线纹、水波纹、菱形纹、连弧纹等。

迎宾图

画面左边是一间房舍，屋内二人面向右方，都穿着长袍、带着斜顶冠，抱手胸前。屋柱上拴着一条狗，蹲坐在屋檐下；屋顶上有一只猴子好像在作揖。檐角上挂了一只鼓，一个人一面拿着鼓槌敲鼓，一面转首回视右边；再右边有一人在躬身迎客，上面有题榜"寺门亭长"；击鼓人与"寺门亭长"之间有一人向右跪拜。对着寺门亭长的是一马车，马首上方的题榜写着"卢行亭车"，两题榜间有一飞鸟，车后又有从骑、羽人等。

前面又有几块迎宾图与车马出行图。古人特别喜欢出行访友，有朋自远方来是高兴的事儿，同样到远方去看朋友也是高兴的事儿。而现在的朋友之情似乎比起古时淡化了。信息时代了，通个电话，发个"伊妹儿"，网上一聊，一切都搞掂，古人的那份高兴劲儿我们好像再也体会不到了。

子见老子图

画面共16人，左4人面右，右12人面左，第五人的左上方有题榜"孔子"。与孔子相对的是老子，中间有一儿童，面孔仰起看着孔子，这个儿童叫项橐。孔子身后的十几人都是他的弟子，每个人的衣着不同，姿态也不同。

子见老子是一个有名的故事。老子是楚国人，姓李名耳，又称老聃。曾在周朝做过官，但当他看到周王室日渐没落，周王对有识之士的治国之策根本不予理睬后，便愤然辞职，开始了讲学活动，成了一个知识渊博的学者。当时孔子在鲁国，正是青年好学的时候，他一面讲学，一面四方求学拜师。有一天，他听到学生南宫敬叔赞誉老子具有真才与韬略，便决定去拜见。孔子请南宫敬叔作引导，不远千里从鲁国去洛邑会见老子。鲁国君王很赞同孔子会见老子，以为能够增进鲁楚两国的关系，特地为他准备了车马和侍卫。孔子经过长途跋涉，带着学生们来到洛邑。老子对孔子的

到来异常高兴，特地带着徒弟前往迎接，相见后，尽管年龄相差悬殊，双方稍有几分拘谨，但由于孔子的真诚求教，老子还是毫无保留地向他传授了自己的治学道理，并赠给他一些图书典籍，二人从此结为知己。

之后，孔子时时都表露出对老子的敬佩，他说："我之所以有长进，就是因为曾经见到过老子，并得到了他的教诲。因此，我的学问是和老子分不开的。"几千年来，孔子的这种虚心好学的精神，始终为人们津津乐道，成为后世效仿的典范。

猎归庖厨图

在"子见老子"刻石的下面，是一幅生活情调浓郁的汉代贵族庖厨图画。画面左边是一个两眼火灶，灶上放甑釜，一男子跪坐灶前烧火，左手挂着拨火棍。灶旁悬挂着剥洗好的鸡、兔、鱼等；烧火者的右边，二人杀猪、二人和面，一男子剥羊皮，一妇女在刮鱼鳞；其旁还有一人在沸油釜中炸制类似麻花的食物。画面中部一男一女正用桔槔汲水；右边有猎人赶牛、抬猪、抬鹿而来……画面空间有羽人，石上部刻有卷云纹。

狩猎图

此石残缺较重，画面已不全。现在可以看到三个骑马的人，前二人骑马荷杖，杖上挂着猎物；后面的一个腰上佩剑，回身拉弓射鸟。上有题榜一块，写有一个"从"字。

迎宾图

又是一幅迎宾图，看来古人喜欢出游，就像今天的人们喜欢旅游一样。这幅画上有人物19个，左边的10个人面向右为迎客者；左边9人面向左，为宾客，是一个小团队。主人中有一人戴平帻，穿着广袖袍服躬身迎接；第二人挽发髻，穿窄袖束腰袍，双手上举以示欢迎；第三人两手抱在胸前，其他的人有的戴武冠，有的带平帻，有的带进贤冠，有的则绾髻，有的人手中拿着钺、戟等仪仗，还有的手持笏板。客人与主人相对，均躬身而立，显得彬彬有礼。

人兽共舞图

这是一石柱，出土于大汶口，柱身周长近1米，柱头四面皆刻有人兽共舞图案，柱身画面共分三层，都是人与动物共舞的图案，动物中有鸟、飞虎、熊、鹿以及极富夸张的怪兽。柱础为立雕，三面刻有三只虎，一面是羊，各首尾相连，造型生动。这些画面表现了中国古代人与大自然、与各种动物和谐相处，并在其中得到无尽欢愉的动人场面。

赵苟孝父图

这是一则孝义故事。画面上左端一棵大树枝繁叶茂，树下有一推车，一女子在车左双手扶车轮，车右又有一老者执鸠杖倚于车前，上有题榜"此苟□父"，再右有一男子执锄耘禾苗并回首望着老者。画面上方有羽人、云纹等。赵苟的故事不太出名，而在山东嘉祥武氏祠有一构图与此石大同小异的画像石，上面说的却是董永的故事，董永为葬父卖身为奴，感动了上天，于是织女下凡织绢助其赎身。有研究者指出，董永或许就是由赵苟的故事演变而来的，此图中所刻是其父生前的图景，却多了织女形象，故事情节更为复杂。

丁兰刻木图

　　也是孝义故事。左边有一人坐在榻上，题榜为"此丁兰父"，另有一人跪在其对面，题榜为"孝子丁兰父"（"父"为误刻，应为"孝子丁兰"）。丁兰的故事始于汉代，《逸人传》载丁兰小时候双亲俱丧不及供养，成年后则以木刻父像，待之如亲父，每天早晚请安，遇事也要向木人请示。一天，邻居张叔之妻向丁兰借物，丁兰的内人跪地向木人请示，木人不悦，便没有借给。有一次张叔醉，用棍子敲木人的头，丁兰知道后大怒，竟把张叔杀了，官府追捕他，丁兰只得弃木人逃亡。这个故事流传了很久后又有了演变，说是官府了解了情况后，不但免了他的罪，后来他还做了官，并被列入了"二十四孝"之一。

申生自刎图

　　孝义故事。图左一妇人，上题榜写着"此后母骊姬"，一人执便面而坐，题榜为"此晋献公见骊姬"，右一人跪地并手持匕首作自刎状，题榜为"此献公前妇子"，即申生。申生后又有一人躬身作劝阻状，再后停轺车一辆。这是战国时期一则有名的故事，说的是晋献公宠爱申生的后母骊姬，而骊姬则心术不正，欲立亲生子奚齐为太子，便设计陷害世子申生，有一次竟在申生给父亲的食物中，投进毒药，结果毒死一犬及一小臣。晋献公怒欲杀世子。其另一异母弟公子重耳对申生说，你何不将真情向父君诉说，申生却说："不能那样做，骊姬给父君以快乐，如果除掉她，就是伤害了父君啊。"重耳又说，那么何不逃亡他国呢？申生回答："如果逃跑，父君就会相信我真的害他，说我有弑君之罪的"。于是申生自杀而死了，旁边站立的人可能就是公子重耳。画面上方饰有卷云纹。

　　看了这些画像石，我们有什么感想？首先，泰山汉画像石有着鲜明的主题。汉代，儒家思想具有崇高的地位，泰山地处齐鲁之邦，儒家影响较之其他地区显得尤为突出，"成人伦、助教化"、"惩恶扬善"被规定为各种艺术领域的现实功利职责，这是最主要的。但是，通览泰山画像石，我们仍能明晰地看到来自楚文化的浓郁浪漫主义色彩的熏染。现实主义与浪漫主义的高度结合构成了一幅幅极有气魄的五彩缤纷的画卷。在这里，神话与历史、现实与想象、人与动物融为一体，淋漓尽致地表现了对客观世界的征服，这一主题决定了画像艺术至今仍存有巨大的魅力。

　　同时，泰山画像石有着高超的雕刻技法。虽然此处陈列的画像石出土地点与年代各有不同，雕刻工艺与风格不尽相同，但艺术特点却趋于一致。一是手法拙中藏巧，绝大部分刻石的表面打磨得光滑平整，物像的轮廓线和细部线条生动传神，有些巨大的石料亦加工得十分精细，显示出高超的工艺水平。二是构图完美，布局繁简相宜。根据画像石所表现的不同题材的需要，各类刻石对表现手法的选择也有所不同。一些故事性较强的刻石，画面安排得十分紧凑，除地上有人物、车马、动物、器物外，画面天空的空白处还雕有羽人、鸟、云纹等，显得十分饱满；而一些表现单一题材的刻石则布局十分疏朗，除了几个相关的物象外，即使大量留白也不补充他物，很有些像后来中国画的小品。如"虎猪斗"，画面上只有一虎一野猪，留有大量空白，显得主题突出、生动形象。三是匠心独运，分割画面，表现更为丰富的故事情节。泰山画像石中有一些是将一石分割成若干画面来表现故事及主题的，这便在有限的面积中收进了更多的内容，增大了画面的容量。四是纹饰雕刻复杂为他处所不多见。如大汶口出土的一组墓石，每层图形不同，但结合起来却浑然一体，极见技艺不凡。

泰山历代石雕陈列馆

在汉画像石陈列馆南。馆中陈列着泰安自唐以来的历代石雕24件，主要有佛教造像、石狮神兽、螭首龟座、经幢墓塔、古建构件等，反映了千余年来泰安地区石雕艺术的发展水平。展馆外檐下有铜铸神像及铜钟4件。

醴泉

天贶殿东西两侧长廊前，各有水井一口，井旁石碑上书"醴泉"二字。古代，帝王封禅泰山，除了具备天下太平、国家统一、国运昌盛等条件外，还有一个条件就是"天降祥瑞"。宋真宗欲封禅泰山，其他条件并不具备，但却伪称世间出现了祥瑞：天上"降下"天书，地下涌出醴泉……于是封禅便得以举行了。不过这里面还有很多详细的故事，以后再讲给大家听吧。

延禧门

在岱庙的主轴线两侧，还有4处别院。西侧前为"唐槐院"，后为雨花道院；东侧前后两院，分别是"汉柏院"和"东御座"。

延禧门是岱庙西南院的大门。院内原有延禧殿，祀延禧真人，所谓延禧真人相传是泰山神驾前陪侍的重臣。殿北原有贮御香的御香亭以及为祭官斋宿的诚明堂，清时已废，殿后又有环咏亭，墙上嵌有历代刻石百余块，亭址北原有藏经堂，收藏历代经文典诰，不过现在也都没有了。此门于上世纪九十年代修复。

唐槐院

进了延禧门即唐槐院，经过新近的整修，唐槐院内绿草茵茵、小路弯弯，俨然成了一处美丽的庭园，院中最有名的是一株植于唐代的古槐。

唐槐

据说此树是唐高宗封禅泰山时所植。明代的《泰山小史》中记载："唐槐在延禧殿前，大可树抱，枝干荫阶亩许。"但是，1930年军阀在此屯兵，饲马于树下，古槐不堪蹂躏，日渐衰弱。后来，这里又成了医院和法院，污水秽气交相攻之，古槐终于枯死了。人们不忍心砍去死树，于枯树中心的树洞中栽上幼槐一株。如今幼树已有合围粗，树姿婆挲、充满生机，与老树恰成鲜明对比，人们亲切地称之为"唐槐(怀)抱子"。

"唐槐"碑

树周围砌以石护栏，南面有"唐槐"题词碑，是明万历十五年(1587年)山东布政使、南昌人甘一骥所立，泰安州知州刘从仁刻石。

唐槐诗碑

院内还有《唐槐》诗碑一座，诗曰：

潇洒名山日正长，烟霞为侣足徜徉。
谁能欹枕清风夜，一任槐花满地香。

此碑立于清康熙四十九年(1170年)，张鹏翮题。张鹏翮，字运清，四川遂宁人，康熙九年进士，二十八年授浙江巡抚，三十七年迁刑部尚书，雍正即位加太子太傅，雍正元年授武英殿大学士，时称贤相。此诗大意为：

潇洒地生长在名山之中，伴着云霞何等安闲。
谁在清风之夜侧身枕上，任凭槐香飘满庭院。

百碑壁

唐槐院东面的墙壁上，嵌满着不能辨读的碎碑，使人不知其故。古人立碑，是为了纪念人或事，而此处的碑已没了记事功能，砌在这里只能自身相吊

唐槐

泰山

了，怎么回事呢？原来，文革中破"四旧"立"四新"，岱庙拆除古建筑，修建"阶级教育展览馆"，建材不够便就地取之，大量砸毁古碑，当作建房石料。近几年，岱庙恢复古建原貌。而那些被埋葬了几十年的残碑断碣也总算再见了天日，人们将其砌到了这里，称作"百碑壁"。

望着百碑壁，不由地想起了战乱中死去的古槐，想起了我们这个民族曾走过的坎坷历程。泰山是一面镜子，它见证了历史——

远的不说了。史书记载，1928年，日本人在济南制造了"五三惨案"，国民党山东政府撤至泰安，将岱庙改为中山市场和中山公园，配天门当了民众餐馆，仁安门成了货品陈列处，藏经堂、鲁班殿、环咏亭改成了旅馆和澡堂，天贶殿里搭起了戏台成了戏院和"人民大会场"……建国后，岱庙经过了简单修正，但文化大革命又遭受了惨重破坏，它已变得面目全非。

民国人王建屏在《兵事日记》中记载：民国十七年(1928年)"九月二十日，遥参亭神像被人抬出捣毁……十一月十二日，岱庙配天门神像用巨绳拉倒，两配殿神像抬出"；民国十八年(1929年)"正月十五日，岱庙四角楼拆毁……炳灵宫大殿拆毁……正月二十六日，岱庙告祭碑全行推倒……抚今追昔，殊可惨目"；民国十九年(1930年)，军阀混战，晋军驻泰安城，战火纷飞，岱庙城墙、大殿、碑碣、古树尽遭炮火轰击。抗战期间，日本飞机狂轰泰安、泰山，炸毁古建筑无数，泰安居民在城墙上凿防空洞，以避空袭。建国初期，这些墙洞仅以垃圾草草充填，致使城墙多处坍塌，仅剩土垣，墙头上长满了荆棵、酸枣和狗尾巴草。

在文革之前的"四清"运动中，有关部门便以破旧立新的名义，报请上级同意，拆除庙宇9处，神像95尊，砸毁碑石38通(《泰山通鉴》，齐鲁书社，2005年版)。十年"文化大革命"，泰山文物更是遭到空前破坏，已无法一一列举了。在无法无天的岁月里，在不破不立的口号下，多少珍贵的遗产被野蛮和无知摧毁。如今，泰山管理部门砌起了百碑壁，算是对一段不堪回首的历史的追忆与反思吧。

雨花道院

在唐槐院北西华门内，原为岱庙道士居所，院中曾有环咏亭。民国十七年(1928年)五月，山东省国民党政府进驻泰安，将此处改为旅馆，环咏亭颓塌，刻石全部散落。新中国成立后，陆续收集零落碑碣，镶嵌于汉柏院东墙。

2005年，此院修复，将地下挖出的古建筑构件攒成了一座牌坊，这是很奇特的构思。又将残碑断碣整理后重新树立起来，其中有一组古人运动和游戏的石浮雕异常生动，好似他们正在玩着足球、曲棍球和相扑。

泰山地质陈列馆

在雨花道院北。2006年，泰山被评为世界地质公园，泰山管理部门在院内开辟了泰山地质公园陈列馆，用图文、标本、模型、三维影像资料全面地反映泰山的地质特征，向游客通俗、生动地介绍有关泰山的地质知识，展示泰山作为世界地质公园的科学和人文价值。关于泰山著名的地质景点，在我们的观览行程中，我将会向大家作简要的介绍。

炳灵门

原名东宫门，是岱庙东南院——汉柏院的大门。清《泰山志》引《文献通考》：后唐长兴三年(932年)诏以泰山三郎为威雄将军，宋真宗大中祥符元年(1008年)封禅毕，加封泰山三郎至圣炳灵王，并扩建祠宇。清代移祠于此，此门为1956年重建。

汉柏院

院里有汉武帝亲手植下的柏树。汉武帝曾8次来泰山，共植柏树千余株，今岱庙内尚存6株，在此园内的分别名曰："汉柏连理"、"古柏老桧"、"赤眉斧痕"，另有三株"苍龙吐虬"、"挂印封侯"、"昂首天外"在配天门院内。

汉柏连理

树高11.5米，胸围3.4米，冠幅东西10.2米、南北7.5米，原为双干相连，共繁共荣，后来西干腹中被火烧过，枯死了，但剩下的一株并未弃世，而是以顽强的生命力，仅靠树干北面不足30厘米的树皮输送养分长留于天地之间。

汉柏受到了历代人士的赞誉，自然也吸引了乾隆的眼球，感动了这位才子皇帝。面对着这生命的奇迹，他不胜感慨，放下了国事及游历，给汉柏作起了写生，并把作品刻到了石上，制成"御制汉柏图赞碑"。画完了画，意犹未尽，他又作诗3首，一并刻碑立于树旁。诗中有两句为"既成图画复吟诗，汉柏精神哪尽之。"又有"不仅笑指碑图问，久后还能似此无。"这些诗均是疑问句，面对着这天地间永存的生物，乾隆自然心潮涌动，他大概在想，要是我的朝代也这么久远就好了。但是，清亡了、民国也没了，自乾隆题汉柏诗至今，又过去了300年，汉柏依然活着，仍似当年，并更加受到人们的敬仰。世事沧桑，"萧瑟秋风今又是，换了人间"啊。是的，面对古树，人人都会浮想联翩……如今，汉柏被列入了世界遗产保护名录。

御制汉柏图赞碑

立于汉柏院西墙下，此图用的是线描的手法，颇为逼真，看上去300年前的汉柏只是比今天多了几蓬枝叶。

赤眉斧痕

在双干连理东，胸围4米，高12.5米。北魏郦道元在《水经注》中说"……庙中柏树夹两阶……赤眉尝砍一树，见血而止，今斧创犹存。"令人惊奇的是过了1500年了，今天我们看此树竟然同郦道元所见相同，仍然可以说

"今斧创犹存"——其树干下部有明显的斧砍之痕，斧痕中有红色浸染，就像树流出的血。真是奇了。

古柏老桧

汉柏的生命力的确让人惊叹。汉柏院南侧还有一组"古柏老桧"，这是岱庙内最粗的古树，须三人牵手才能将其围起。乍一看它只是一棵树，但仔细观察却是树种不同的两株树：其外面的一株是汉代的桧柏，而中心的却是一株侧柏，是后来栽上的。专家推测，大约在明代，桧柏中心出现空洞，人们便将一株侧柏植入其中。几百年后，侧柏的胸围也达到了2米多。但是现在，比汉柏年轻了千余年的侧柏已经枯死，而汉柏的生机却不减当年，尽管它的主干疤痕累累，老态龙钟，枝叶却仍然繁茂，焕发出无穷的生命力。

汉柏碑

汉柏院中立有众多古今之碑，北墙、东墙以及北院汉柏亭墙壁上还嵌着大量石碣。此碑立于1984年，刘海粟题。刘海粟(1896－1994)，江苏武进人，著名画家、书法家、美术教育家。1983年9月游泰山，书"云海"、"汉柏"等题刻。

汉柏图赞碑

在"汉柏"碑西侧碑台上，立于明崇祯十五年(1642年)，崇祯进士、巡按山东监察御史陈昌言撰文。碑阳正中刻汉柏一株，高约110厘米，形象逼真。额篆"汉柏图赞"，其赞语称"……兄彼秦松，弟乃唐槐……"给泰山的秦松、汉柏、唐槐论了弟兄，颇有意思。

乾隆题汉柏诗御制碑

在《汉柏图赞》碑北，共题诗三首，其一为《题汉柏》：

汉柏曾经手自图，郁葱映照翠阴扶。

殿旁亭里相望近，名实主宾谁是乎？

此诗大意是：

这株汉柏已经我亲自绘成图画，古柏郁郁葱葱遮下一片绿荫。

岱庙中亭台楼阁鳞次栉比，与古柏究竟谁是主来谁是宾？

乾隆题环咏亭诗御制碑

这首诗无法留到后面说了，现在就来讲一讲它。乾隆十三年(1748年)登泰山，特别喜欢环咏亭，在此流连不去，竟一连写下了四首颂景抒怀的诗歌。从他的诗中，我们了解了当年环咏亭的状况。今选其一为：

仙宫西侧创云轩，春昼云笼花木繁。

访道不须期碧海，忘言真可驻高奔。

幽偏事业三间足，今古风华四面存。

砚净瓯香闲点笔，岂争工拙壁间论。

环咏亭是岱庙古时的著名景点。此亭创建无考，明万历间重修，清康熙初又修，乾隆十二年拓修。亭的四周墙壁上嵌有历代石刻百余处，可环而读之，引得无数文人前往观览。其中韩琦、蔡襄、范仲淹、欧阳修、石曼卿等人的题刻，显得尤为珍贵。建国后，虽然将部分石碣收到汉柏院保存，但已十不存一，令人痛惜。其诗的大意是：

岱庙西侧重建起了环咏亭，春意融融笼罩着繁盛的花木。

寻仙问道何须到蓬莱仙岛，不必多说这里就有神仙居住。

若要隐居三间屋已经足够，四面墙上的辉煌诗文足可一读。

洗净砚台酌上香茗随意挥笔，莫管壁上的作品精细或顽粗。

乾隆的御制碑镶在此处墙壁上的还有《题日观峰诗》碑、《奉皇太后登岱诗》碑、《题五大夫松诗》碑、《题白云洞诗》碑、《题壶天阁诗》碑《题莲花洞诗》碑、《题十八盘诗》碑、《题丈人峰诗》碑、《题飞来石诗》碑等，这些景点至今仍存，等我们到达这些景点时，别忘记提醒我再来说一说他的诗。

其他的还有《张忭登泰山诗》碑、《题泰安六景诗》碑、《徐仲麟登泰山诗》碑等等，以及"登泰观海"、"第一山"等大字题刻。

泰山

岱庙·蒿里山·灵应宫

碑墙

汉柏院内还有一批明清时期摩刻的著名古诗，如张衡的《四愁诗》、曹植的《飞龙篇》、陆机的《泰山吟》以及谢灵运的《泰山吟》等。泰山始终是历代文人咏诵的题材，在中国的文学史上，第一首歌唱大山的诗是《诗经》中的《鲁颂》："泰山岩岩，鲁邦所瞻"。之后，孔子、汉武帝、张衡、曹植、李白、杜甫、苏东坡、元好问等写下了无数关于泰山的诗篇，丰富了中国文学的宝库。

张衡，东汉科学家、文学家。《四愁诗》是其著名的诗作之一，仿效屈原离骚体，以泰山为喻抒发自己的情怀。其文为："我所思兮在泰山，欲往从之梁父艰，侧身东望涕沾翰。美人赠我金错刀，何以报之英琼瑶？路远莫致倚逍遥，何为怀忧心烦劳。"

曹植，三国时曹操之子，诗人。《飞龙篇》是一首浪漫主义的诗作："晨游泰山，云雾窈窕。忽逢二童，颜色鲜好。乘彼白鹿，手翳芝草。我知真人，长跪问道。西登玉堂，金楼复道。授我仙药，神皇所造。教我服食，还精补脑。寿同金石，永世难老。"

陆机，晋吴郡人，诗人。《泰山吟》是一首著名的挽歌，其中名句"泰山一何高，迢迢造天庭"曾是家喻户晓。

谢灵运，南朝人，画家、诗人。他的《泰山吟》已摆脱了挽歌的形式，写出了泰山的高拔险峻和帝王封禅筑明堂的事。以上3位诗人与他们的诗以及他们同泰山的关系，后面我们还将有较详细的介绍。

登岱四首诗碑

东碑墙上还有张佳胤《登岱》四首诗碑。张佳胤，明铜梁（在四川省中部）人，嘉靖进士，万历间为浙江巡抚；曾平定马文英、刘廷用之乱，官至兵部尚书、太子太保。常与王世贞等人唱酬，为"嘉靖七子"之一。

登岱三首诗碑

作者陶澍，字子霖，号云汀，湖南安化人。嘉庆七年进士，道光间官至太子太保、两江总督，政绩颇著，著述亦丰。这种诗太多了，不必看了。

张璿登泰山诗碑

此诗为五言，有跋，作于明正德七年(1512年)，诗写得很轻松，也很痛快：

> 五月观沧海，初秋上泰山。
> 海深还有市，山大更无班。
> 抚景思虾蚌，凭空看宇寰。
> 一年巡历地，刚得两颜欢。

予昨寓登州，海市见，甚奇。即为文以写其景，今过此而登泰山也，并言之。

大意是：

五月观览了渤海的蓬莱，初秋七月又登上了泰山。
大海深广更有海市奇景，泰山高大无山同它一般。
抚思山景仍思念着虾蚌，登上极顶放眼辽阔江天。
我一年巡视了好多地方，只有这两处令我喜开颜。

泰山玉印记碑

徐宗干题，碑文说泰山古有玉印，重九十六两，印上有铭文曰："有灵在天，无欲则仙。照尔善恶，鉴而蚩妍……"意思是说泰山是面镜子，善恶美丑，在泰山面前都将一目了然。请朋友们记住这句话。

陈毅诗碑

陈毅(1901-1972)，字仲弘，四川省乐至县人。早年赴法勤工俭学，回国后长期从事革命工作。建国后任上海市市长、国务院副总理兼外交部长、中共中央军委副主席等职。1955年被授予中华人民共和国元帅军衔。为中共第七、第八、第九届中央委员，第八届中央政治局委员，第三、四届政协全国委员会副主席。中华人民共和国十大元帅之一。此诗创作于1947年2月，当时他是莱芜战役的指挥者。这首七律讴歌了人民解放军在莱芜战役中取得大捷又转战鲁东的赫赫战功。诗文如下：

莱芜淄博战血红，我军又猎齐鲁东。
百千万众捉虎狼，七十二崮志伟功。
泰山雪霁照旌旗，渤海波翻唱大风。
堪笑豪帅面缚日，叩头请罪骂蒋凶。
豪帅指李仙洲辈，仲弘记。

联想到早在抗日战争时期，毛泽东就引用司马迁的话"人固有一死，或重于泰山，或轻于鸿毛"，提出了"为人民的利益而死就比泰山还重"的名言，此后，中国的革命取得了一系列的胜利。此诗中"泰山雪霁照旌旗"，便显得无比豪迈了。

朱德诗碑

朱德(1886-1976)，字玉阶。杰出的无产阶级革命家、政治家、军事家。中华人民共和国德高望重的老元帅，第二、三、四届全国人民代表大会常务委员会委员长。这首诗是他于1961年6月28日自合肥乘机返京途中所题，诗中充满了革命气概，使人耳目一新。其诗为：

泰山不算高，一千五百八。
飞过两千一，他把头低下。

这首作于上世纪60年代初的诗，具有着那一时期中国人都有的那么一种"豪情壮志"。譬如彼时曾有一首"民谣"唱道："天上没有玉皇，地下没有龙王。我就是玉皇，我就是龙王。喝令三山五岳开道，我来了"。又有"……工人一声吼，地球也要抖三抖。"那时的人们热衷于"战天斗地"、"改天换地"，斗天斗地其乐无穷，过分地夸大了人的主观作用，无视大自然的客观规律，以致造成了所谓三年自然灾害。朱德委员长的诗正是透露出了那个时代中国人的思想风貌，是那一时期社会思想状况的写照。实际上，泰山的每一处石刻都是展示某一时代社会经济、文化、精神以及民族价值取向的窗口，是一条通往历史的时间隧道，它们能给我们提供历史的借鉴、避免我们走弯路；更能给我们提供精神的动力和自强不息的自信心，鼓舞着我们走向新的彼岸。关于这一点，随着我们游览的深入，将会愈来愈明显地感觉到。

诸如此类的古今诗碑、题词碑这里还有很多，如"篑为山"，篑就是筐，意思是一筐土虽少，积多了可以成山，比喻作事情要坚持不懈，不可中途而废。另外还有"观海"、"汉柏凌寒"，定亲王等的诗作等等，在此亦不一一详述了。

汉柏亭

在汉柏院北，登上此亭，岱庙风光尽收眼底。此亭基座的墙壁上也嵌满了古人的石碑，其中最有名的是乾隆四十九年(1784年)，泰安知县、四川人何人麟草书的杜甫《秋兴八首》和《望岳》诗，字迹流畅奔放如云烟飞动，颇具怀素之风。

东御座

在汉柏院北面，是皇帝祭泰山下榻的地方，是一个四合院。有北屋三间在高台之上，高台下石阶十余级，屋内是乾隆驻跸泰山时的模拟陈列；东西厢房各三间，陈列着各类泰山祭器及其他文物、图片。南为环廊，墙上镶嵌着石碑。

秦泰山刻石

刚才我们在碑廊看过了清代复刻的秦泰山刻石，那是假的，而真的就在这里。瞧，就在石阶东侧的玻璃柜中。秦泰山刻石因是秦丞相李斯篆书，所以又称"李斯碑"。"碑"上有残字10个："臣斯臣去疾昧死请矣臣"。要想知道它的来龙去脉，故事还需讲的长一些。李斯，楚国上蔡人，未出仕前，生活得很自在，常常带着儿子、牵着黄狗出城门猎兔子。但他不甘寂寞，想当官，便来到了秦国，向秦王献灭六国、成一统之计，得到赏识，被拜为长史、客卿，果然做了官。然而，官场险恶，正当李斯准备施展政治抱负辅佐始皇实施大一统战略时候，秦王接受了宗室大臣的建议，下令逐客，李斯也在被逐之列。在秦国的统一大业面临着危机的时刻，李斯上了著名的《谏逐客书》，力辩逐客之非，指出"是以泰山不让土壤，故能成其大；河海不择细流，故能就其深；王者不却众庶，故能明其德。是以地无四方，民无异国，四时充美，鬼神降福，此五帝三王之所以无敌也"，接着又提出广纳人才，广聚资源以完成统一大业的建议，终于使始皇醒悟，放弃了逐客打算。李斯也躲过了一劫。当然，正如人们所知，秦夺取政权后，焚书坑儒的建议也是李斯提出的。

秦始皇统一六国后，要到泰山来封禅。他从咸阳出发，先是东巡郡县，登封泰山，并令李斯撰文，在岱顶"立石颂秦皇帝德"，宣扬他一统天下的丰功伟绩，刻辞的全文为：

> 皇帝临位，作制明法，臣下修饬。
> 廿有六年，初并天下，罔不宾服。
> 亲巡远黎，登兹泰山，周览东极。
> 从臣思迹，本原事业，祗诵功德。
> 治道运行，诸产得宜，皆有法式。
> 大义著明，垂于后嗣，顺承勿革。
> 皇帝躬听，既平天下，不解于治。
> 夙兴夜寐，建设长利，专隆教诲。
> 训经宣达，远近毕理，咸承圣志。
> 贵贱分明，男女体顺，慎遵职事。
> 昭融内外，靡不清净，施于昆嗣。
> 化极无穷，尊奉遗诏，永承重戒。

大意是：

> 始皇登上皇位，制定修明的法令，众臣无不遵循。
> 历二十六年灭了六国，天下统一，万民皆已归顺。

岱庙·嵩里山·灵应宫

皇帝亲自视察远方的黎民，登上泰山，遥望东方。
随从官员感念皇上的业绩，歌功颂德，此乃本分。
治理国家方法得当，百业振兴，全是按法度运行。
朝廷宏旨昌明，子孙后代勿要变革，应永久继承。
皇帝亲理朝政，虽平定了天下，仍在不懈地筹运。
早起晚睡，创建国家的长久之计，人人都要敬遵。
法典畅通无阻，全国服从，都秉承了皇帝的意志。
社会中上下有别、男女有序，各自完成自身义务。
皇帝明察万物，国内安泰，这要延续到万代子孙。
教化流传于无穷，谨遵帝诏，千秋万世铭记在心。

关于秦始皇泰山封禅的更为详细的情况，我们到了山上再作介绍吧。

又过了10年，秦二世元年(前209年)，李斯仍以丞相之职随从二世皇帝胡亥东巡，登封泰山，于先前秦始皇刻石上加刻了秦二世诏书，仍由李斯撰写，全文为：

"皇帝曰：'金石刻尽始皇帝所为也。今袭号而金石刻辞不称始皇帝，其于久远也，如后嗣为之者不称成功盛德。'丞相臣斯、臣去疾、御史大夫臣德昧死言：'臣请具刻诏书金石刻，因明白矣。臣昧死请。'制曰：'可'"

共79字，大意是："二世皇帝诏书曰：'此石刻乃始皇帝所为，刻辞中颂扬的功德，也都是始皇帝的功德。如今我承袭了帝位，而刻石中并没有说明是始皇帝，恐怕久远的将来，会被误认为是后代皇帝的作为，以致与始皇帝的功德不符。'丞相李斯、右丞相冯去疾、御史大夫德冒死上言：'臣等请求将此诏书刻在石上，这样就明白无误了。臣等昧死请求。'二世皇帝诏曰：'同意'"。

当时向皇帝请示汇报事情，口口声声称"昧死"，即使是歌功颂德的事也不例外，已成为定式，这很可怕，人的脑细胞整天被死的信息笼罩着，不早死才怪。可见当官是不太容易的，就像李斯这样一个为秦王朝做了大量的事，立下大功并终日小心翼翼，诚惶诚恐，胆战心惊，整天"昧死"、"昧死"的人，最后不仅未能荣归故里，来个寿终正寝，甚至连个完尸都没落下。他死得极惨，竟被赵高所害，灭九族，腰斩于咸阳城外。这是极残忍的酷刑，临刑前李斯万般懊悔地对同赴刑场的小儿子说：我们还能牵着大黄狗出上蔡的城门去猎兔子吗？令人叹息的"蔡门黄犬"的典故就出于这里。后来直到西汉末年，王莽夺位后，"昧死"的行文格式才被改成"稽首"，在形式上多少让人松了一口气。

李斯这个人让我们思考良多。先前，他心中有"泰山"，便无所畏惧，写出了《谏逐客书》，是一个站立着的人，一个英雄。始皇死后，他忘了泰山，利欲熏心，与赵高之流沆瀣一气，诬陷贤者，动摇朝政，干了很多坏事，于是就变成了一个趴下的人，而且是个身分两段的趴下的人。可叹啊。

李斯泰山刻石原立于泰山极顶，两千多年来历尽风雨劫难，经历十分曲折。经过了汉、唐，至宋代宋真宗封禅泰山时，兖州太守献出了40字拓本。此后学者刘跂两次登岱考察，拓印成册，集为《秦篆谱》一书，据说可识之字有146个。欧阳修《集古录》、赵明诚《金石录》对此都有辑录。明代嘉靖年间，刻石被毁，仅存二世诏书29字，被移置碧霞祠保存。清乾隆五年(1740年)碧霞祠火灾，此石失踪。嘉庆二十年(1815年)，刻石再次被发现时，已残破得仅剩两小块，就是现在我们看到的样子，被镶嵌到了大观峰前东岳庙的读碑亭内。道光十二年（1832年）读碑亭倒塌，泰安县令徐宗干亲自从瓦砾中找到它并移至山下岱庙内。光绪十六年(1890年)残石被盗，县令毛蜀云大索十日，终于又在城北的石桥下找到。宣统二年(1910年)泰安知县俞庆澜在岱庙唐槐院建亭置放，1928年移于东御座今址。此石的命运真可谓坎坷多舛了。

据史书记载，秦代小篆的代表作品有七处：峄山、泰山、琅琊、芝罘、东观、碣石和会稽。其中除泰山刻石和琅琊刻石(存86字，现存国家博物馆)仍有残石外，其余均久已不存，所以秦泰山刻石尤显得弥足珍贵，被历代学者视为珍宝。当时流行的文字是大篆，李斯亦善大篆，但大篆书写不易，难以推广，他便改省结体，整齐笔画，首创了小篆，为秦统一文字、创立书体做出了很大贡献。作为李斯小篆的代表作"李斯碑"也因此受到了历代的重视。《说文序》指出：李斯"取古籀大篆，或颇省改，所谓小篆者也。"可以看出李斯是中国古代一个既重视传统，更勇于创新的改革者。就其书法艺术而言，也受到了历代称赞。《书林藻鉴》称"斯骨气丰多，方圆妙绝，"宋刘跂《秦篆谱序》则说："李斯小篆，古今所师。"《岱史》说："秦虽无道，然其所立有绝人者，其文字书法世莫能及。"清宋思仁《泰山述记》说："夫李斯小篆为八分之祖，斯不义不足论，而碑实为可宝，能继周之石鼓鼎铭，为汉金石刻之前步也。"直至现代，鲁迅先生也对其评价甚高"质而能壮，实汉晋碑铭所从出也。"李斯创造了小篆，也开创了泰山刻石的先河。从汉唐到明清，直至当代，泰山刻石琳琅满目，洋洋大观有1400余处，形成了泰山独特的石刻文化。

青帝广生帝君赞碑

立于石阶东侧，是宋真宗亲自撰文、书丹并篆额的一座碑。此碑初立于宋大中祥符元年(1008年)十月，原在泰山南麓青帝观内。乾隆十二年被俗吏所毁。民国初年，人们觅的此碑残石九块，遂将其拼凑在一起，空处填以砖石，立到了这里。现在碑上可读的字只有"御书乔岳表正名冠仙籍徽称金石者……"等48个了。其碑阴也有一残石，是宋真宗的"加青帝懿号碑"的一部分，石上尚存"中书门真宰之思青帝真高明"12字。宋真宗封禅泰山期间，共刻石5处，这两块残碑加上我们先前提到的"登泰山谢天书述二圣功德铭"中的几个残字，是他留在泰山的唯一手书真迹了。

郭沫若登泰山诗碑

东御座南廊里镶嵌着的石碑有好多是郭沫若1961年登泰山时留下的作品。郭沫若(1892－1978)，原名郭开贞，四川乐山人，著名文学家、考古学家、革命活动家、诗人。早投身于新文化运动，写出了《凤凰涅槃》、《地球，我的母亲》、《炉中煤》等著名诗篇，创作了以《屈原》为代表的6个历史剧。建国后，历任中央人民政府委员，国务院副总理兼文化教育委员会主任、中国科学院院长、全国文联主席、第一至第五届全国人大常务委员会副委员长、全国政协副主席等职。

其中一首写的是在山下望泰山：

> 磴道七千级，泰山不算高。
> 只缘天下小，遂使仲尼骄。
> 实事唯求是，登临岂惮劳。
> 人工方峻极，绿化到山椒。

这是一首哲学意味很强的诗，意在强调实事求是和实践。诗的意思是：泰山只有7000级登山台阶，不高；只因为天下太小孔子才说它高；一切都要靠实事求是靠实践，所以登山不要怕疲劳；泰山并非青未了而是人工绿化到了山椒(即山顶)。诗里显然也有着那一时期的影子，甚至还能使人读出反杜甫《望岳》诗的意味，郭沫若当年"扬李抑杜"不知大家是否知道。只是此诗逻辑混了：盘道已多达7000级了，不算高吗？孔子是登上了泰山才觉得天下小的，而不是因为天下小才觉得泰山大……而经过真正的实践，当他真的到了山顶的时候，诗的面貌就全然改变了。此即以下这一首了：

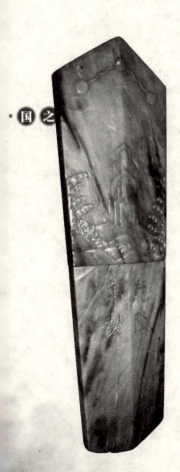

> 麓下培塿视，登临始觉奇。
> 危岩森壁垒，盘道上天梯。
> 云雾移时合，雷霆指路迷。
> 我来登岱顶，果见众山底。

意思是：在泰山脚下看泰山觉得它很低矮，登上山之后才感到竟是如此高大奇特。险峻的山岩森严得就像围墙，而盘道则似登天的梯子。山上的云雾时聚时散，千变万换，雷雨声中，游人迷失了路津。我这次登上了岱顶，果然见到山下的众山峰都变小了。说得好啊。

其实，上首诗应该就是这首诗的伏笔，这才象话。上世纪五十年代末、六十年代初，是郭沫若先生创作的高峰期，他先后写出了《百花颂》、《东风集》……歌颂大跃进、人民公社、三面红旗，甚至文革中他还写过颂诗，不过那些诗就像三句半，很可叹，让人不忍看了。但后来，惨痛的事实终于使他从迷津中醒悟，他晚年终于再次写出了人们所欢喜、所传唱的歌："大快人心事，粉碎四人帮……"如果他还有时日，相信他也会写出像巴金老《随想录》一样的文章。泰山是一面镜子，它所映照出的人的思想轨迹竟是如此分明。

温凉玉圭

东御座内还陈列着著名的泰山镇山三宝：温凉玉圭、沉香狮子和黄釉青花葫芦瓶。玉圭是清乾隆皇帝为恭贺其母皇太后八十八大寿，于乾隆三十六年（1771年）东巡泰山拜谒岱庙时御赠岱庙的。《泰山志·盛典纪·御赐金宝器》一文中记载"乾隆三十六年，皇太后赐……大玉圭一件，长三尺五寸，宽八寸，名温凉玉，半暖半寒。"玉圭色白略泛青，又称"青圭"，是由上下两截衔接而成，上截玉质细密抚之手感较凉；下截玉质略疏松，有人认为是璞，所以摸上去手感就稍温些。玉圭上刻有日月星和河海山，代表古代所指的"六宗"。《周礼·春官·大宗伯》中说，"以玉作六器，以礼天地四方。以苍璧礼天，以黄琮礼地，以青圭礼东方……"泰山位于东方，被认为是万物交替，初春发生之地，因此用青圭礼泰山是严格遵循传统礼制的。

沉香狮子

是乾隆二十七年（1764年）御赐岱庙的。狮子在中国被普遍认作是具有驱邪法力的神兽，后逐渐成为权威的象征；而沉香木则是名贵木料，仅产于我国广东一带，其质地不但坚硬而且散发清香。岱庙的这对沉香狮子，是用沉香木精心雕刻粘合而成，沉香木的凹凸疙瘩自然形成了狮子的卷毛。两只狮子均前腿直立，后腿蜷坐于地上，其眼睛熠熠有神，尾巴高高翘起。工匠们正是根据狮子"怒则威在齿，喜则威在尾"的特性把它们雕刻成了喜庆吉祥之态。

黄釉青花葫芦瓶

是清乾隆五十二年(1788年)御赐岱庙的。此瓶葫芦形，瓶口有盖，通体以黄釉为底色，上饰7层青花纹饰，以缠枝莲纹饰为主。瓶底有"大明嘉靖年制"楷书青花款。青花瓷萌始于唐宋，成熟于元代，而盛行于明清。它的突出成就是把中国的绘画技巧充分地运用到了瓷器的制作中，从而使之具有了独特的民族工艺神韵。此瓶是宫廷之物，做工极为精致，原来也是一对，只因1942年曾经被盗，追回后只剩了一瓶和另一瓶的一只盖。因其有着很高的艺术价值和很大的名气，因

此也被视做了泰山的镇山之宝。

东御座内还陈列着历代泰山祭器"七珍"、"八宝"和"五供"等珐琅器与铜器，以及皇帝献予泰山神的龙袍、凤袍等。所谓七珍八宝俱是些吉祥之物，不作详细介绍了。

后寝宫

很久了，让我们回来吧，回到中轴线上来。由天贶殿后门出来，第四进院落里的宫殿叫后寝宫。宋真宗封泰山时，因将泰山神封为"帝"，帝则应当有"后"，于是便为之配了个夫人"淑明后"。这个皇帝想得是真周到，否则这个泰山神在这里蹲了一千年，还不得寂寞得要死。另外，从这一点也足可以看出，岱庙与其说是道教神府，还不如说更像皇家宫廷，就像我们前面所讲，这种布局进一步透露出了封建统治者利用岱庙进行政治活动的功利目的。

后寝宫院内有着苍老的银杏与古槐，树荫遮蔽了大半个庭院。

后花园

后寝宫北面就是岱庙的第五进院落后花园。让我们在这里休息休息，轻松一下。

铜亭

后花园的东面有一座鎏金铜亭，古时曾被称作"金阙"，是明代万历年间为岱顶碧霞祠所铸，明末移到山下灵应宫，上世纪70年代移到这里。铜亭由仿木结构的铸铜构件组成，工艺精巧，是我国现存为数不多铜铸建筑物中的精品。

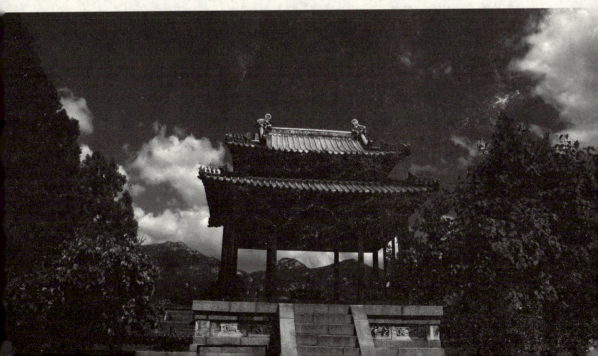

铁塔

后花园的西面，与铜亭对称的是一座铁塔，明嘉靖年间铸，塔原有13级，后因日军轰炸泰安时被毁，现尚存3级。塔上铸满了到泰山进香的香社和香客的名字。

紫园

在后花园东，园内主要陈列松石盆景，这些盆景多已有着上百年的历史，被誉为"活的文物"，具有很高的美学价值，不妨来看一看。

人们认为，盆景是中国特有的一种园林艺术形式，古代中国人讲究天人合一，往往寄情于大自然，他们走进山水之中，吟诵、描绘山水美景，久而久之，自然与人融为了一体，大自然便由心中脱胎而出，浓缩为了艺术，就如同绘画、雕塑一样，盆景作为大自然的再现，在艺术的天地里也就占有了一席之地。在岱庙看盆景，不仅可以以小见大，领略泰山雄伟、苍古的神韵，而且，这些盆景本身也大多经历了上百、几百年的历史，也应当被视作文物了。目前岱庙内有各类盆景近2000盆，且大部分属于大型和特大型盆景，极具观赏价值。素景园集中了泰山盆景中的精华，其中最著名的有：

小六朝松

因树形近似普照寺的六朝松而得名。盆松虽小，但有着六朝松的韵致，树龄已有600余年，实在是盆景中极少见的精品了。小六朝松为泰山油松，高110厘米左右，冠幅120厘米，长方马槽形紫砂盆，树干呈球形，表面龟裂明显，四个侧枝对生盘曲，无明显人工塑造痕迹。其中一侧枝长230厘米，似游龙升腾，盘于冠中，树冠造型丰满浑厚，气势苍古，被园林艺术界称为国宝。泰山园艺专家陈和义先生曾有诗赞之：

> 形神皆似足风韵，一小一大六朝松。
> 阅尽千年沧桑事，根系泰山自从容。

云松紫气

此松也是泰山油松，因形体劲健、枝叶茂盛，形态古拙，有祥瑞之气而得名。此树通高约110厘米，冠幅120厘米；树桩高约16厘米，而胸围则达40厘米，显得无比粗壮。树干老皮龟裂翘起，主干上端两主枝对生，一枝盘转成主冠，另一枝后拉成型，成为次冠，两冠主次分明，生机勃勃，苍苍茫茫若紫气东来，造型十分生动。其树盆龄约有360年左右。

秦松叠翠

此盆景通高140厘米，冠幅100厘米，云角马槽紫砂盆，盆高30厘米，宽42厘米，长70厘米，盆龄120年左右。此盆景树干呈S形，苍翠挺拔，冠分上下两层，两层树冠一主一副，既独立成形，又相互照应，就如秦松相叠，令人遐想万千。

一品大夫

泰山的著名古松"一品大夫"也在普照寺内，因其盆景酷似一品大夫松，故名。此盆景为泰山油松，通高120厘米，冠幅130厘米，云角海棠盆，盆龄约120年，基本上保持了原有的自然树形，树干倾斜弯转适度，飘逸而不失刚劲，冠如华盖，庄重而不失秀美，给人动中有静的感觉。

汉武遗风

此盆景为侧柏，因躯干清瘦矍铄、其貌甚古，与岱庙内汉柏极为神似而得名。这种侧柏多生于泰山西麓灵岩山一带，体干呈灰白色，看似无皮，筋骨尽露，有别于其他地方的侧柏，故被称作灵岩柏。此盆景通高110厘米，冠幅60厘米，抹角长方形紫砂盆，盆龄130年左右。此树主干短矮粗壮，脉络清晰，坚韧有力度，虽置于盆中，仍有着松柏所特有的凛洌傲然之气，给人一种向上不屈的精神启迪。

三天呈翠

此盆景的树桩下粗而上尖，犹如山的形状，而且其树冠分上中下三层，人们联想起泰山的"三重天"，故而名之。三天呈翠的树桩为青檀，高100厘米，云角马槽紫砂盆，盆龄60余年，树龄约在200－300年间。此青檀的干体因年久劈裂腐朽，底部甚宽，逐渐上收至尖顶，已暴露出的木质部分粗糙碎裂就像山石，枝叶似从岩石中萌发，柔嫩得就犹如当年的新芽，显得青翠欲滴。此盆景的主干与枝叶形成强烈对比，给人以枯木逢春的感觉。

苍龙托云

此盆景因树干盘曲似苍龙，树冠葱笼如祥云而得名。苍龙托云为泰山油松，通高120厘米。冠幅180厘米，云角海棠紫砂盆，盆龄150年左右。此盆景主干自然弯曲，表面龟裂，斑斑如麟，根须似爪，嵌入土中；而树冠蓬松如云，分枝则似龙角、龙须隐入云中，使人产生丰富的想象。

金桂连理

此盆景又名"开心桂"，因树干从根部分开成为双干而得名。此桂花早年主干即自然开裂，形成双干式，现腹径20厘米，无人为加工痕迹。双干相对，一凸一凹，一阴一阳，天趣自成。树冠一大一小，也自成形体。每逢农历八月花期，满树金色，花香扑鼻。此盆景通高170厘米，冠幅180厘米，汉白玉圆形虎头盆，盆龄在300年左右，是岱庙内现存桂花中最老的一株，被誉为"桂花王"。

升月桂

此树树干现仅存三分之一支撑着树冠，而躯干木质部分仅存四分之一。其木质纹理清晰，线条流畅，似长裙飘舞，每当阵风吹来，枝叶飘动，使人联想到嫦娥奔月，故得其名。升月桂通高140厘米，冠幅105厘米，径40厘米，盆龄已有160多年了。

后花园的草坪中及西花园内还有着众多的珍稀花木，如铁树、鹿角桧、鹤望兰、千头柏、回春橙等。一座森严的古庙被花卉扮靓，这其中除有着古人的构思外，也浸透着当代泰山人的汗水。

岱庙的花卉盆景苍古、浑厚、灵动、大气，出手不凡，在中国的园艺盆景界享有盛誉。然而，盆景固然奇妙，比起真正的泰山松柏来，仍然显得苍白了，泰山松正在召唤我们，只要登攀，我们将会领略到大自然的鬼斧神工所创造出的、令人叹为观止的生命奇迹。

素园

在后花园西，又名百花园，培植四时花木，内有鱼池、古柏，春夏时节花香满园，喜爱花木的朋友可在此驻足，细细地观赏一番。

云台三叠柏

为一古柏，是岱庙古八景之一。此柏粗壮茂盛，高耸入云，侧枝分三层生长，形成了三个平台，十分奇特，所以得了这个名字。

厚载门

岱庙的北门，也称后宰门。厚载取自《易·坤》所说的"坤厚载物"，意思是地因其广厚而能承载万物，也就是说："地能生养至极，与天同也。"因此岱庙的北门也就有了极高的地位。所谓后宰，后即后土，也就是土地之主，宰，即主宰，意思与"厚载"大致相同。因为地是属阴的，于是北门与南面的正阳门就有了一阴一阳的对应关系。

厚载门上有"望岳阁"3间，登上门楼北望，泰山雄姿尽收眼中，天梯尽头南天门似有似无正高悬云间。

让我们眺望泰山。在古代泰山与人的主题中，最突出的似乎就是一个"天"字。岱庙处于"登天"之路的起点上，它之所以修得如此阔大巍峨、富丽堂皇，就是要造就一种人在登山之前，就能感受到不同于人间的仙境的氛围，唯如此，山下的建筑才能同代表着天的泰山相为呼应。这充分显示了中国古代人在泰山总体设计与建设上匠心独运的高度智慧。此外，岱庙与登山盘道的距离，从后门计约为1.5公里，这个距离也恰到好处，再近些则显局促，失去由人间登天的气势；再远些则游离于泰山主体，失去了同泰山作为一体的整体感。而且由于岱庙采用了宫廷式的建筑形式，高大的城墙、城门、露台与殿堂，益发使它显得沉稳、厚重、高扬，这也正同泰山的基调相契合。如果说整

岱庙·蒿里山·灵应宫

个登天景区像一部雄壮的乐曲，那么岱庙则以其恢宏的雄姿为这一乐曲奏响了高亢的第一乐章。

十八罗汉柏

岱庙北城墙上，曾有18株古柏生长了数百年，被称作"十八罗汉"，是岱庙古八景之一。但其后终因生长的地方不对，未能逃过大旱而死亡，如今只剩下5株枯木存留于古墙的墙壁之上。

蒿里山

下午我们继续参观城内的景点。

蒿里山位于泰山火车站之南。大家看，它虽然很不起眼，圆圆的一个小山包，大概没有100米高，山上除了柏树还是柏树，毫无特别之处，但是我们却不能小看它，因为它在汉代以前就已经十分有名了。

那时，蒿里山被称作"高里山"。古代帝王在泰山上祭天之后，大多都要到这里来祭地。《汉书·武帝纪》、《汉书·郊祀志下》等典籍中都记载了汉武帝"亲禅高里"。大约到了魏晋时期，"高里山"变成了蒿里山，名字变了，作用也变了，不再是帝王封禅的场所，而是成了人死后灵魂所归聚的地方。

西晋诗人陆机在《泰山吟》中写到："梁父亦有馆、蒿里亦有亭。幽岑延万鬼，神房集百灵。长吟泰山侧，慷慨激楚声。"顾炎武指出："自陆机《泰山吟》始，遂令古帝王降禅之坛，一变为阎王鬼伯之祠矣。"大概正因为如此，中国古代，人们相信人死后其魂魄皆有归宿，所去之地就是蒿里山。而魏晋时期人死后都要唱名为"泰山吟"的挽歌，后来这种挽歌又被称作了"蒿里行"。

前面说过，因泰山地处东方，古人认为"东方万物始成，故知人生命之长短"（《博物志》），所以泰山成为主生死的山；同时古人又认为"高者主生，下者为死"，于是高大的泰山就成为主生的山，低矮的蒿里山就成为主死，也就是魂魄所属的山了。

所以，泰安在古代便形成了著名的"地府——人间——天堂"的所谓"三重空间"了。古代，人们认为，以泰安的奈河为界，奈河以西的蒿里山是鬼蜮，城市的东半部至岱麓的各种帝王及圣贤遗迹是人间，进入一天门至岱顶的大片区域则是天堂仙境了。

蒿里山神祠遗址

蒿里山曾建有规模宏大的蒿里山神祠，又名森罗殿。其创建年代早已无考，但据元至元二十一年(1284年)《重修东岳蒿里山神祠记》碑记载，唐宋年间此处即已香火不绝了。现在让我们来介绍一下这块碑。

重修东岳蒿里山神祠记碑

此碑由徐世隆撰文，徐汝嘉正书，杨桓篆额。碑原立于蒿里山森罗殿后，民国二十年，驻军马鸿奎部在蒿里山修烈士祠，将森罗殿拆毁。1972年将碑移至岱庙保存。此碑是研究泰山、蒿里山及中国古代民俗信仰的翔实资料。此碑现在岱庙内，碑文为：

重修东岳蒿里山神祠记

翰林集贤学士、正议大夫、知制诰、同修国史徐世隆撰，承务郎、同知泰安州事徐汝嘉书丹，济宁路儒学教授杨桓篆额。

蒿里者，古之挽章之名，出于田横门人，伤而成歌。汉李延年分二曲，《薤露》送王公贵人，《蒿里》送士大夫庶人。后代以为人死精魂归于蒿里，其山有神主之。因立七十五司，以为追逐收捕出入死生之所也。故张华《博物志》、陆机《泰山吟》皆云："人死其魂拘于蒿里。"白乐天诗曰："东岳前后魂，北邙新旧骨。"樊殿直《修庙记》亦言"人生受命于蒿里，其卒归于社首。"今东岳山有地府，府各有官，官各有局，皆所以追死注生，冥冥之中岂无所宰而然耶？其祠距东岳庙之西南五里许，建于社首坛之左，自唐至宋香火不绝，望之者，入则肃然，近则感然，出则怖然，若有追之者，岂非世人如见真鬼神而然欤？吴道子画《地狱变相》后，城都人来观，咸惧罪修福田，两市屠沽鱼肉不集，况此祠司局之多，鬼神之众，图圄之深幽，其不寒心而骇目者鲜矣。金季兵烽四起，玉焚石烬，向之所谓像教者，又堕之劫灰矣。行台严武惠公治东平，民怀吏畏，政如神明，特敬天倪子提点道教张志伟。张初名志伟，后遇上知，赐名曰"志纯"。议起庙像如初，未完而公薨。嗣相能爵天倪子鸠工者，又数年，既申省部，始许修理。圣上即位，怀柔百神，无文咸秩，诏海内名山大川岳渎诸祠，听所在修完游会。玄门掌教宗师管领诸路道教洞明真人祁志诚，与天倪子意契，遂竭力以成。旧祠百二十楹，近已完缮，次第落成。其塑像辉耀，比旧有加焉。余待罪翰林，方作泰山庙碑未竟，天倪子曰："岱宗碑成，此特碑之一事耳。若不足劳执事，执事文如流出，第令门生执笔代书则足矣。"余谓："蒿里者，社首之禅址犹在，亦唐代受厘之地，使老夫不腆之文挂名其上，固所愿也，非所敢望也，故附语而为之记。若夫无怀氏封禅之君，有虞氏巡狩之代，略而不书，尊泰山也"。

宣授冲虚至德通玄大师、东岳提点监修官、兼东平路道教都提点张志纯同建。太师国王嗣孙、太中大夫、东平路达鲁花赤、兼本路诸军奥鲁总管土卜申立石。

大元至元二十一年岁次甲申十月乙巳朔十五日己未

撰碑者徐世隆，字威卿，河南西华人，金正大进士，官至翰林学士。精律令，元代典章制度多出其手。夙愿结交泰山道士天倪子，便常居泰安。据说明天顺年间，也就是说170年后，世隆复到泰山，升元观一老道士识之，其貌竟如儿时所见。道教的名堂挺滑稽。

文中社首山，是位于蒿里山东约80米处的小山，唐玄宗、宋真宗都在此建坛祭地。建国后因采石材被平。严武惠，即严实，字武叔，元初长清人，曾任东平路总管。行台，官名。武惠是其死后的谥号。祁志诚，丘处机的四传弟子。

余待罪翰林，待罪，过去官员的谦词，意及不胜任此职。

开头介绍写碑的人：碑文由徐世隆撰，泰安知州佐官徐汝嘉书丹，杨桓篆额。正文大意是：

所谓"蒿里"，是古代的挽歌名，由田横的弟子所创，他们伤感田横的死，就作了《蒿里》来纪念。汉代的音乐家李延年将其分为二曲，《薤露》送王公贵人，《蒿里》送士大夫庶人。后代的人以为人死魂魄归于蒿里，蒿里山有神灵来掌管，共设置了七十五种官职，成为主管人的生死的地方。晋代张华的《博物志》、陆机的《泰山吟》都说：人死其魂被追拘到蒿里。唐朝的白居易在诗中说：人死后魂魄前后接踵归往东岳蒿里山，而北邙山则埋葬着人的尸骨。樊殿直在《修庙记》中也说：人的寿命决定于蒿里，死后魂归社首，今东岳社首山有地府，府中有官，官各有衙门，专管着追扑将要死亡者的魂灵，记录活人的名字。冥冥地府中当然也是有主宰的。

蒿里山森罗殿距岱庙之西大约五里的社首山西边，自唐至宋香火不绝，祭祀的人，进去的时候恭恭敬敬，走近神像诚惶诚恐，出来的时候胆战心惊，好像有鬼在身后追着，其实就算真的见了鬼也不过如此了。唐代大画家吴道子作了《地狱变相》图之后，京都长安的人来观看，都害怕作恶犯罪，而争先去行善事积善德，甚至连街市上杀猪卖肉、捕捞卖鱼的都没有了。何况森罗殿的衙门如此多，分工如此细，鬼神成群，牢狱森严，几乎没有不触目惊心的人。但是，金代末年，战火四起，玉石俱焚。以前（在这里）为设教义而立的神像，也毁于了此次战乱。

行台严武惠主管东平路的时候，民心归之，官吏服之，行政办事神皆知之。他特别敬重提点道教天倪子张志伟，志伟是他先前的名字，后得到了皇帝的知遇，赐名叫了"志纯"。严武惠与志纯商议修复神祠的事，还没有实施就去世了。之后，此事没了进展。又过了几年，因已经申报了中书省，终于批准修复了。此时世祖皇帝忽必烈即位，他安抚众神，对以前没有礼文记载的神灵也按次序给以祭祀，并命令全国名山大川的祠庙，听凭地方自主修建。于是道教掌教宗师、管领诸路道教洞明真人祁志诚，与天倪子志向投合，便竭尽全力促成了此事。

旧祠有120间，近已初具规模，正在陆续竣工。其塑像辉耀，比原来更胜一筹。我勉强充当翰林，（应承了作这篇碑文），还未作完时，天倪子来了说："神祠碑的碑石已经制好，我是专为了写碑文的事来的。其实你不必亲自写，你文采固然极好，但找学生代笔也就足够了。"我说："蒿里山旁皇帝祭地的遗址社首坛还在，这是唐朝祭地的地方，把我的并不华美的文字添列其中，虽是我的心愿，却也不是我所敢企盼的。因此就写了以上文字，权充碑文。至于无怀氏的封禅，有虞氏进行的巡狩泰山，则都是出于对泰山的尊崇"，其他的在此就不多说了。

以下略去负责修庙、立碑人的姓名及官职。

立碑时间为至元二十一年即公元1254年。

明清以后的蒿里山

明成化二年(1466年)神祠重修，有七十五司及三曹对案之神，各神均有塑像。蒿里山在早期所起的作用是有着积极意义的，人们通过吟诵《泰山吟》、《蒿里行》一类的挽歌来表达对亡者的怀念、寄托哀伤的情感，甚至还有些"化悲痛为力量"的意味；后来就演变成了一种对人生起警戒、震慑作用的地方。再后来迷信的色彩渐渐浓郁，甚至近乎愚昧了。清初西周生的《醒世姻缘传》中有一段描述："这蒿里山距泰安州六七里远，山不甚高，也是个大庙。两廊塑的是十殿阎君，那十八层地狱的苦处无所不有。传说普天地下，凡是死了的人，没有不到那里来的。……看庙的和尚道士，又巧于发财，置了签筒，签上写了某司某阎王位下的字样。烧纸的人预先讨了签寻到那里，看到那司里是个好所在，没有什么受罪苦恼，那儿孙们便就喜欢。若是上刀山、下苦海，椎捣、磨研的恶趣，当真就像亡过的人在那里受苦一般，哭声震地，好不凄惨。这般一个鬼哭神嚎所在，自然是天地昏暗，日月无光，……人又愈加附会起来，把这蒿里山当成真的酆都世界。"

1929年蒿里山神祠被军阀马鸿逵拆毁修了工事。解放战争期间，此山成为军事制高点，炮火滥轰，以致连遗址也看不到了。

蒿里山地质

蒿里山与泰山近在咫尺，但其地质结构却与泰山迥然不同。泰山出露的是距今28亿年的太古代变质岩，而蒿里山则是距今5—6亿年的晚寒武纪的石灰岩。在寒武纪时，泰山一带还是一片汪洋大海，泰山古老的变质岩上沉积、形成了上千米厚的海相石灰岩，后来此处又整体上升为陆地，又到了距今2亿年前左右，泰山南麓产生了泰前断裂，处于断裂北盘的古泰山抬升隆起，覆盖在它上面的沉积岩破碎了，其后又遭受长期的风化剥蚀，泰山终于抖落掉了全部沉积盖层，形成了今天的花岗岩山体的模样。而蒿里山则位于断裂带南侧的下降盘，因此便残存了寒武纪地层，造成了泰山断裂两侧的巨大差异，也就造成了了天堂地府的神话传说。

"蒿里山虫"

如今，有小路可达蒿里山之巅，在山上，如果仔细观察，可发现那些平整、规则、成层的石灰岩表层镶嵌着桃仁大小的硬甲虫化石，这就是我国以"蒿里山虫"命名的三叶虫化石，这是三叶虫的一个重要属类——褶颊虫目，它是划分寒武纪地层的标准化石之一。

今天的蒿里山虽仅剩下满山的翠柏，但它不仅记录了中国文化史上人死归泰山的信仰现象，还记录了6亿年的地史沧桑，成为泰前断裂活动及泰山形成的见证者。此外，在新一轮的《泰山总体规划中》，恢复蒿里山历史原貌，再现泰安三重空间的方案已提上了日程。而泰山的古代文化中"主生主死"的内容，在这里也不能一言两语说清楚，还是留到后面慢慢向大家介绍吧。

灵应宫

在蒿里山东不足1公里处。灵应宫原名天仙祠，祀泰山女神碧霞

岱庙·蒿里山·灵应宫

灵应宫二山门

元君。碧霞元君在泰山有三座庙，上庙是山顶的碧霞祠、中庙在进山路口的红门宫，此处这座就是下庙了。三座庙中，灵应宫是规模最大的，也是泰安面积仅次于岱庙的古建筑群。

　　灵应宫创建天考。万历三十九年(1611年)，明神宗尊其母慈圣太后之命下敕拓建，并赐额"灵应宫"。清代拓建时形成较大规模，其南北长153米，主体建筑依次为山门、钟鼓楼、前大殿五楹、后大殿五楹、后宫门及东西禅房等。大殿之前有高台，上置金阙。《泰山道里记》称之："前后殿庑崇丽，回廊周密。中为崇台，四门，上起铜楼，号'金阙'；殿宇、栏楯、像设皆范铜镀金为之"。所谓"金阙"，就是如今存于岱庙内的铜亭。祠东有御座，是皇帝的行宫，祠西为道院，是道士的生活区。

　　灵应宫主神碧霞元君原为镀金铜像，清咸丰五年，又将天书观的九莲菩萨铜像、智上菩萨铜像及八尊女侍铜像移置于此。民国五年，前大殿毁于火，熔化铜像两尊。1966年底，将铜像全部推倒堆放到后殿前的露台下，混杂于野草垃圾之中。大殿被工厂用作了仓库，山门成了托儿所，庙内古树大多枯死。2002年，泰安市人民政府斥巨资，搬走了工厂，按明、清两代风格对灵应宫实施保护维修，完成了山门至前大殿共三进院落的一期工程。此次修复方案中，灵应宫采用中轴线布局的传统手法，其主要建筑沿轴线自南向北依次为山门、穿堂、崇台、前大殿，后大殿和宫后门。灵应宫共五进院落，前大殿后面的后大殿、后花园和宫后门将于二期工程恢复。

山门

新修复的前三进院落中，山门朝向灵山大街，门外有石狮一对，是康熙年间重修时雕刻的，石狮下设方形须弥座，上刻神牛格斗、天马行空、麒麟送宝、仙鹤闹莲等图案，栩栩如生，应是泰山石雕中的上品。

钟鼓楼

山门内有钟鼓二楼。东侧钟楼是民国年间按清代风格修复的，为单间双层卷棚硬山顶。西侧鼓楼是2002年在原遗址上按明代风格予以修复，为单间双层五脊歇山顶。

二山门

二山门即穿堂，门两旁立着一排石碑，为明、清时期善男信女的进香碑，均是施工时从垃圾瓦砾中挖出的。

崇台

在大殿前，石结构，高近5米，南有石阶可上，周围护以石栏，下有"T"形门洞，穿过门洞，东西有石甬道连接两侧厢房，北可直通大殿，只是台上无亭，风光减了大半。

明御制告文碑

崇台前有两座龟驮碑，东侧是明正德年间御制告祭碑，圆首龟座，额题"御制告文"四字，篆书竖列，四周线刻龙纹、云纹，为明正德二年(1507年)武宗朱厚照派遣御马太监苗逵到泰山灵应宫祭祀碧霞元君的记事碑。碑文称，因武宗偶感不适，特备香帛前来，以求神灵保佑。以皇帝名义祭祀碧霞元君，并求元君保佑的，在泰山似乎仅见此例。

重修灵应宫记碑

此碑原在何处不详，刻于民国三十二年(1943年)，2001年灵应宫修复时立于前院。文为：

重修灵应宫碑记

泰岳为域内名山，封禅重地，见称史册，由来久矣。山麓古刹林立，不下数十，而灵应宫尤著。庙在社首山东，为元君下庙，明代万历中敕建，神像皆以铜铸成。殿前铜亭一座，名曰"崇台"，姿态庄严，雕镂精巧，诚稀世之珍品，宜爱护于不敝。只因年久失修，殿宇倾圮，铜驼荆棘，感慨系之。岁癸未，华北政务委员会王前委员长揖唐，本悲天悯人之怀，抱尊古重道之心，慨捐巨资，饬为重修。省长唐公珍重古迹，督促尤殷。遂鸠工庀材，整残补缺，美轮美奂，气象一新。杰仰体上献，期维庙貌庶乎观瞻所系，亦可稍启士民慕道向善之思焉。工既竣，略叙缘起，勒诸贞珉，以待后之来者有所观感，永保庄严于不替，于是乎记。

泰安道尹杜杰撰文。

泰安道公署秘书王佐书丹。

泰安道公署技正张恩琳、泰安县商会会长徐建础监工。

中华民国三十二年八月□日穀旦。

铜驼荆棘：铜驼，铜制的骆驼，古代置于宫门外。形容国土沦陷后残破的景象。语出《晋书·索靖传》："靖有先识远量，知天下将乱，指洛阳宫门铜驼，叹曰：'会见汝在荆棘中耳！'"华北政务委员会王前委员长揖唐，即前华北政务委员会委员长王揖唐(1877－1848)，原名赓，安徽合肥人。早年在日本学习军事。回国后在东三省总督徐世昌处任职，后依附袁世凯、段祺瑞，历任北洋军阀政务总长、安福国会众议院议长、北方议和总代表等职，为安福系(中国北洋军阀时期依附于皖系军阀的官僚政客集团。因其成立及活动地点在北京宣武门内安福胡同，故名)首领之一。

元君殿

崇台北西露台上为正殿五间，五脊硬山顶前廊式建筑，上覆绿色琉璃瓦，内祀新塑碧霞元君像。正殿两旁有门洞可至后院。

掖县信士张毓春等题名碑

大殿后墙下部全由石碑砌成，其中字迹清楚的有"掖县信士张毓春等题名碑"，刻于光绪十二年(1886年)，碑文说："……泰山圣母，位五岳而独尊，处处咸堆圣德……地无判远近，莫不争先恐后，高登二九之盘；人无分老幼，共表敬信之虔。"以下共题名35人。

河间府马文选登题名碑

刻于清同治八年(1869年)。铭文为"大清国直隶河间府景州城西南大枫林村"。以下题名36人。

茌平县七圣堂香社题名碑

刻于道光二十一年(1841年)，铭文为"大清国山东东昌府茌平县南关七圣堂香社赴泰郡朝山进香，率众敬谒灵应宫天仙圣母殿下。乞保四时之平安，降无穷之福泽。均感圣德，为此熏沐敬谨立石。"

这类石刻排满了后墙，是研究中国北方清代民间信仰的可靠资料。

南湖公园

　　灵应宫南，过马路即是新修的南湖公园。湖中碧水如镜，岸边垂柳依依。公园共有12景，北面是巨型浮雕，水面上有拱形多孔石桥，南面半岛上矗立着高大的亭阁……可谓风光绮丽，分外怡人。让我们在这里轻松地游览，休息休息……

　　天色渐晚了，今天就到这里吧。

　　——看来，泰山的文化主要还是帝王文化和神文化，是吧？

　　不是的，还不能得出结论。游泰山就像看一出多幕剧，我们虽然逛了一天，但这只不过是泰山的序幕，我们还远没有认识泰山。

　　——你曾经拿泰山比作孔子，那么我们是不是已经同孔子见面了，点头了，握手了，寒暄一番了？

　　都还没有。还可打个比方，就好比我们看到墙角处过来了一个影子，那后面的人就是孔子，但是我们还没有看到孔子本人。

　　——好家伙，万仞宫墙，泰山太神秘了。

　　也不是神秘，泰山太博大了

　　——服了你了。

　　好的，回到住地了，祝大家休息好，积蓄体力，以迎接明天的登山。谢谢大家了，明天见。

64

第二天

游登山古道与岱顶

岱宗坊

朋友们，早上好。此刻我们聚集在岱宗坊下，这座石坊曾是泰山的山门，为泰山花岗石结构，九脊歇山顶，石柱方正少雕饰，额板篆书贴金"岱宗坊"三字，造型古朴端庄，显得十分工稳厚重。

这座坊始建于明嘉靖四十年(1561年)，清雍正八年(1730年)，内务府掌院郎中丁皂保、营造司郎中赫达塞奉敕重建。坊前有两座石碑，均立于雍正九年(1731年)，一为《重修泰安州神庙谕旨》碑，另一是《重修泰山记》碑碑文还勉强可读，说的是当年朝廷降旨拨款，重建岱宗坊、修复古盘道以及补载"五大夫松"的情况。五大夫松自古有名，《史记》记载秦始皇当年封禅时遇雨就曾在这树下避雨，所以被封作了"五大夫"，然而年代久远了，人们早已不知五大夫为何物了，以为就是五棵松树，这里的石碑也给我们透露了同样的信息，究竟是怎么回事呢？还是让我们亲自去探访古松，揭开谜底。

坊北面的这条登山道路至南天门长近9000米，区别于泰山的其他登山路，被称作"中路"。前面说过，古人大多是从这条路登山的，至于皇帝们，大概不是骑马就是坐轿，前呼后拥的，到底怎样情形我们就不知道了。李白则是徒步上去的，他说"朝饮王母池，暝投天门关。"用了一整天的时间到达了南天门，那个时候的路没有现在好走，而且诗人一路上赏景、读碑、吟诗，悠哉游哉，自然速度不会快了。明清、民国时期的香客朝山进香，大多是天不亮就起

65

身，拜完神当天中午就下山了。挑山工身负百斤，走上去一般用三个半小时。而上世纪80年代以来，泰山每年举办国际登山节，登山比赛的男子青年组最高纪录是从岱宗坊起步，到达玉皇顶，用时56分钟。那么我们边走边看，用5个小时登上去如何？也就是说平均每小时走1800米，怎么样？

朋友们摩拳擦掌了。好吧，泰山正在召唤我们，就让我们抖擞精神，去开始那不同寻常的旅程。

红门路

我们脚下的这条路叫红门路。以前，过了岱宗坊就标志着登泰山正式开始了，实际上，上世纪70年代，这条路还是石板铺就的山道，山的味儿已经很浓。更早些时候，这条路旁布满了古建筑：有规模宏大"乾隆行宫"；有三皇庙，祀伏羲、神农、黄帝；有玉皇阁，祀玉皇大帝；有酆都庙，供奉北阴酆都大帝和冥府十王；还有东岳中庙，供奉东岳大帝；又有玉皇庙，还是供奉玉皇大帝……现在踪迹俱无了，取而代之的是仿古的商店和现代的宾馆。在这里，我先来简要地介绍一下泰山的总体情况。

泰山概说

泰山，古称太山、岱山、岱岳，又名东岳、岱宗……主景区面积126平方公里，主峰海拔1532米，它积沉了华夏民族五千年的历史文明，被誉为中华历史文化精神的缩影，是联合国教科文组织列入世界名录的首例自然与文化双重遗产。

泰山基岩形成于30亿年前，地质构造复杂，围绕着主峰玉皇顶，有知名的山峰112座、崖岭98座、溪谷72条，形成了气势磅礴的泰山山系。泰山风貌千姿百态，不同区域景色各异，古人将其分为"丽、奥、妙、秀、幽、旷"等六大景区。随着四季阴晴的变化，风光更是变换无穷。晴空丽日，可见群峰拱岱，众山若丘，汶河如带；若新雨初霁，则烟云缭绕，万壑奔流。春的泰山姹紫嫣红，分外俏丽；而冬日则银装素裹，晶莹剔透，似千树万树梨花开遍……

泰山历史悠久，文化内涵极其丰厚，被称作中华"神山"、"圣山"、"民族精神之山"。相传早在上古时期就有72代君主到泰山登封告祭，祈求国泰民安；秦以后，又有秦始皇、秦二世、汉武帝、汉光武帝、汉章帝、汉安帝、隋文帝、唐高宗、唐玄宗、宋真宗、康熙、乾隆等12位帝王到泰山封禅、祭祀。与此同时，泰山更以其伟岸的形象吸引着华夏民族历代的精英，孔子、颜子、司马迁……都曾钟情于泰山，亲自登临同，并从中悟出了人生的哲理，以泰山作为人生的标准，书写了历史的璀璨一页。

古人的活动为泰山留下了数之不尽的珍贵文物。大山上下，有历代刻石1400多处，古建筑近30处，古树名木20000多株……这一切都在无言地彪炳着中华文明的悠久与辉煌。

今天，泰山仍是中国人心目中最为高大的山，它所积淀的中华民族优秀的文化精神同改革开放的新时代要求再次形成契合，泰山的地位也再一次得到了全国乃至世界人民的认同。

1981年，当时党的总书记胡耀邦同志来到泰山，泰山的雄伟博大给他留下了深刻印象，时隔不久在党的代表大会上，胡耀邦号召全党全国人民要以攀登十八盘到达玉皇顶的精神来大干社会主义建设，中国的改革开放随之日益深化扩大。而当全民族高唱着"我们就是黄河，我们就是泰山，"以空前的热情来从事现代化建设的时候，泰山也以它所承载的新的历史使命，为社会的进步发挥出了它独特的作用，记录下了它全新的故事。

近20年来，泰山先后荣获了"全国风景名胜区先进单位"、"中国旅游胜地四十佳"、"全国示范森林公园"、"国家文明风景名胜区"、"全国文明风景旅游区示范点"、"卫生山、文明山、安全山"、"国家'ＡＡＡＡＡ'级旅游景区"、"中国最美的地方"等多项荣誉称号。2005年被评为"全国文明风景旅游区"和国家地质公园，2006年入选世界地质公园。泰山的辉煌在新时代得到了完美的续写。

白鹤泉

路旁的这座石牌坊上书"白鹤泉"三字。相传这里曾有泰山最大的一处名泉，泉水甚旺，汇入梳洗河可以泛舟。可惜泉早已不复存在，只是留下了很多传说故事。2006年，红门路改造，石坊被稍作移动，坊北建起人工泉一处，流水潺潺，荷花朵朵，成为一处供游人小憩的精致景点。

国之魂魄 泰山登山盘道

北行不远，登山盘道赫然在目了，真正意义上的登泰山将从这里开始。这是一条极具中国古典美学特征的道路。几千年过去了，这条由遥参亭经岱庙、一天门、中天门、升仙坊至南天门的古道，由于历代不断修建，不断完善而变得极富特色。古今之人即根据其特色：谷深林静、路回峰转、一步一层天，而将其定名为泰山的"幽区"，或称作"登天景区"。

这条古盘道，处在泰山形成过程中的两次造山运动——燕山运动和喜马拉雅山运动所造成的泰前、中天门、云步桥的3个断裂带上。两次造山运动，造就了泰山南麓阶梯式抬升的地貌特征。第一个断裂带，泰前断裂带，从红门到中天门，海拔高度上升800多米；第二个断裂带，从中天门到云步桥，上升200米，山体收缩；第三个断裂带从云步桥到极顶，海拔又陡然上升400多米，就像宝塔的塔刹一样，使泰山大有东天一柱的气势。泰山由低而高的3层地貌形态，在空间形象上，造成了步步升高、凌空高拔的形象，这可能这就是古人所形容的"泰山岩岩"的势态。而其地貌形态的另一特征，就是总体上的峻极雄伟与群体组合上的多种地形相结合，形成变化无穷的微观空间，产生了一系列丰富多彩的地貌景观。古代中国人便充分注意到并利用了泰山的地貌特点，人工借自然之势，自然凭人工之力，意境相合，使登山之路变得分外意趣盎然了。

泰山盘道最早建于何时已无从考了，但是古书记载秦始皇封泰山时还没有现成的路。秦始皇不知道古代礼仪，又不知怎样上山，便询问当地儒生。众儒生也不得要领，只是说古时帝王上泰山封禅要用蒲草包裹车轮子，不能伤害山上的一草一木。祭祀时，地上要铺草秸编制的席子，不能踩踏土地山石。秦始皇听后大不以为然，便斥退儒生，下令兵士开山辟路，"除车道"，带领随从登上了泰山。这大概就形成了今日盘路的雏形。而在此之前，孔子在《丘陵歌》中写登泰山却是十分艰难的，只能顺着谷底或山梁披荆而上。不过，秦始皇上山辟的是"车道"，看来也还不是石阶盘道。汉代时，帝王们为封禅需要，再次下令拓修登山之路。《汉官马第伯封禅仪记》中记载："（光武帝）二月九日到鲁，遣守谒者郭坚将徒五百人治泰山道……十二日宿奉高，是日遣贾郎将先上山，三案，行还，益治道徒千人。"汉光武帝先后派遣1500人修登山道，这是史籍首次详细记载泰山修山道的情况。

唐代，高宗、玄宗相继封禅泰山，征调大批兵士役夫造行宫、修道路。登山盘路已初具规模。李白《游泰山》中有"四月上泰山，石平御道开"的诗句，登泰山似乎已变得不再艰难。宋人邵伯温《泰山闻见录》首次提到了十八盘："又经天门十八盘，峰兀秀耸"。元代李简《登岱》诗中亦有"层层石磴出林杪，萦回百折青云梯。盘石暂憩舒清眺，涧壑风来号万窍"的句子。"青云梯"肯定就是石阶铺成的路了，可见泰山盘道至少形成于唐宋时期，已有千余年的历史了。

盘道形成后，历代都有整治，终于形成了今天的浩大规模与气势。盘道从红门至玉皇顶，约6600级石阶，宽4－8米，全长约9公里，逢山转折，遇水架桥，把陡峭的山坡全都变成了一段段坦途和一个个平台，使所有的登山人都感到"山险心平"。这样古老的工程，这样精到的构思，在世界所有名山中好像是绝无仅有的。更何况，泰山盘道除了实用功能之外，在整个泰山景观中所起到的审美作用也是巨大的。盘道与周围景观相结合，就如同一条丝带串起了众多的明珠而形成了一条光彩夺目的项链，人们走在这条盘路上，往往被沿途的山峰、溪瀑、庙宇、石刻、古树所吸引，而几乎忘了这漫漫6000多级脚下的路。泰山盘道的美只有亲身领略才能知晓，那么，就请迈上第一级石阶吧。

游览泰山古道与俗顶

关帝庙

盘道左侧，红墙青瓦，殿宇错落，一组颇有规模的建筑群引人注目，此即泰山关帝庙了。庙内所祀的关帝圣君，就是三国时蜀国名将关羽。隋唐时，关羽尚无多大影响。宋代，金兵南侵，赵家皇帝请出了他，封公、封王，想借此吓退敌兵，关羽的名气便大了起来，并开始了由人向神的转化。明清两代，关公崇拜日见炽热，朝廷仍然祈求关帝圣君统帅神兵击退外敌，而百姓则更相信关帝有掌管命禄、保佑科举、治病除灾、去邪避恶、招财进宝的灵验，以至于后来竟成了武庙的主神，同文庙的孔夫子相提并论了。甚至后来他又成了财神，竟使人们不知道赵公明何许人了。《三国演义》中，关羽有是个有义气的好汉，"桃园三结义"的故事可谓家喻户晓，因此关羽受到了人们的普遍敬重，关帝庙也一时遍及了全国。明清时期，泰山上下曾有其祠庙十多处，而此

关帝庙

处的这座最为著名，也是唯一幸存的了。

据泰山学者周郢先生考证，关帝庙为山西盐商初建于明崇祯十一年，(1638年)所建，始称"伏魔宫"，入清后改为关帝庙，康熙时增建配殿、戏楼，又于西院设山西会馆。讲信义而又精明的山西人抬出了老乡关帝圣君作旗帜，联合乡籍商人，将关帝庙作为祀神、庆典、聚会、议事的场所，把关帝庙修到了天南地北，也把生意做到了全国各地。

此处关帝庙建筑面积并不大，但其建筑形式却很值得称道。其山门南是影壁，上书四个大字"神威巨镇"，据说是乾隆十三年(1748年)，高宗弘历奉皇太后东巡登临泰山时所题。山门前两侧有古槐和石狮，都显得很有些年头了。

关帝庙共三进院落，第一进是山门和山门之上的戏楼。戏楼与山门一体，门洞从戏台下穿过，显得十分幽深。进了门洞，迎面十余级台阶，台阶之上为第一层平台，两侧又是古槐，不过显得比门外两株更为苍老，两株古槐枝叶连理，岁岁吐新，像是一对恩爱的情侣。再上台阶为第二层平台，此处建有拜棚、东西配殿及正殿，正殿内供奉着关帝。因关帝庙不大，又建在山坡之上，进得山门必须步步爬高，倒显得大殿内的神像高高在上更加轩昂了。尤其拜棚的设计十分精妙，可谓一堂多用：北向可拜神，南向可观戏，而平时置以几凳

69

更是品茗小憩的好地方。另外，在两层平台上和东西配殿的南窗均可观戏，所容观众在同样面积下比一般古戏台多了很多。

汉柏第一

　　大殿之东有过厅，穿厅北去上台阶为第三层平台，此处有古柏一株，树下石碑上书"汉柏第一"。此树果然生得形态奇特，他处极为少见：树径将近1米而主干高不足1米，所有枝干皆扭曲生长，状如翻身虬龙；小枝小杈也均盘旋扭曲恰似龙须龙爪。细观三根主枝，居中者如龙作欲飞状的似刘备，旁边斜枝似端刀者即关公，又有似持戟者是张飞，故又有人称之为"结义柏"。此树被列入了世界遗产保护名录。

　　关帝庙内古树名木甚多，大殿东侧有藤本植物凌霄一株，实测树龄已近200年，实属罕见了。如今它老干已枯，新枝茁壮，每至花季红成一片，也被列入世界遗产名录。另外，关帝庙西院有黑松一株，树龄300年。此树虽不出名，但品相极贵，较之普照寺内的"一品大夫"——后面还要说到——更显苍古飘逸。

未了轩

　　再上十余级台阶，又是一层平台，来到了后道院。院内有"未了轩"5间，大约是当年山西人议事会客的地方。轩前有灵石一块，上刻"云根石"三字，据说是明代记录在谱的奇石。

　　关帝庙整个建筑依山就势，层层递进，布局错落有致，设计构思独具匠心。更兼院内古木繁茂，花枝扶疏，造景精巧，不失为登山盘道起始处的第一颗明珠。

盘道进山口

　　回到古盘道。泰山如此雄伟，但是在盘道入口处，古人却着意在追求着一种"收"的效果：石阶并不太宽，仅有十八盘处石阶的一半左右；盘道两侧房舍鳞次栉比，人到此间恰像来到一个葫芦口，视野顿然变窄，北面的山竟全然看不到了。这似乎在启示着人们，只有无畏的登攀者勇敢地向上、向前，才能进入那幽广、壮美的佳境。

红门石坊群

　　过了窄窄的进山口，一连3座跨道牌坊依次升起，这就是著名的红门石坊群，这一连串的石坊如此密集，显得夸张，大概是古人根据"收放"的原则，不能真的使游人感到泰山太局促，便放出大手笔，动点真功夫，来一举把泰山"炒热"。

一天门坊

　　第一座石坊是泰山"三天胜迹"的第一道天门，名曰"一天门"。泰山自古即被视作"天"的象征，有着三座"天门"，此处的为"一天门"，山半腰的中天门又称作"二天门",而山顶的南天门则被称作"三天门"了。除此以外,还有一些应景的"天门",如东天门、北天门、西天门、望天门等等。进了一天门就意味着已经进了天界,人们开始了了升仙的途程。

一天门坊左右置以"盘路起工处"和"天下奇观"石碑,我们来不及细看了。

盘路起工处石碑

在一天坊西侧,镌刻于明嘉靖三十四年(1555年),是一座有很高历史价值的工程记事碑。此地的其他石碑也均刻于明代,都有着400多年历史了。

"天下奇观"碑

在一天坊东侧,立于明隆庆壬申年(1572年),为钦差监兑户部员外郎杨可大书。

孔子登临处坊

紧接着第二座石坊为"孔子登临处坊",两旁也有石碑,一为"第一山",另一为"登高必自"。孔子登临处坊创建于明嘉靖三十九年(1560年),由巡抚山东都察院右副都御史朱衡,钦差总理河道、都察院右佥都御史胡植,巡抚山东监察御史刘存义等建。嘉靖状元罗洪先题额"孔子登临处"并联:

素王独步传千古,
圣主遥临庆万年。

相传这里是孔子登泰山起步的地方。坊联于文革期间被凿毁,已不易辨读。对联中的所谓"素王",指孔子。古人把那些功德高尚,天下所归,而无王位的人称素王。汉王充在《论衡》中说:"孔子不王,素王之业在《春秋》。"

其大意是:

圣人孔子走遍天下,亲至泰山,名传千古;
贤明皇帝远出京师,君临东岳,造福万年。

"第一山"碑

是嘉靖年间巡按山东监察御史李复初携友登泰山时于岱顶题书。碑阴有"入云有路"四个大字,是明隆庆四年(1570)张继红题写的,是比较奇特的篆书体。

——张继红是谁?我看倒是像道士画符的体。

对不起,我不知道。

"登高必自"碑

则是明嘉靖甲子年(1564年)翟涛题,碑中四字语出《礼·中庸》:"辟(譬)如行远必自迩,辟如登高必自卑"。碑中省略"卑"字给后人留下了添字生意的文字游戏和更多的想象空间:一是可读作"登高必自卑",也就是古人的原

71

意，卑是低小的意思，登高要从低矮处一步一步开始，循序渐进；二是"登高必自强"，意思是要到达极顶，必须靠自己奋发图强、奋力攀登、战胜险阻才行；三是"登高必自己"，也就是说，登泰山要依靠自己的双腿，不要借助于骑马或山轿，只有这样才能更好地领略泰山风光；四是"登高必自此"，也就是说登泰山有数条路，但是由此登山最好。的确，这条路上自然景色壮丽，人文遗迹遍布，庙宇、石刻俯仰皆是，景色美不胜收……当然，可能还有其他的说法，要靠朋友们自己去展开想象了。

泰山种柏道里记碑

在孔子登临处坊稍下盘路西侧。该碑立于清嘉庆二年(1797年)，碑文记载了当年从岱宗坊到升仙坊种植柏树的情况，这些柏树至今大都存活，我们前行就可看到。

天阶坊

第三座石坊创建于明嘉靖四十二年(1563年)。明人高应芳题额"天阶"，意思是登天的阶梯。两立柱上刻有对联：

> 人间灵应无双境，
> 天下巍岩第一山。

此联在泰山其他地方也曾多有镌刻，是赞颂泰山及泰山神的经典之作。

飞云阁

天阶坊的后面是一组倒凹形建筑，跨道而立的则是"飞云阁"，阁下门洞上丹书"红门"两字。红门宫的得名源于其西北大藏岭上的一片红石。泰山山志《岱史》说："石色红，望之如朱门。"大藏岭上，巨石很多，其中有一处红色花岗岩被垂直节理切割，且比较平整，形似两扇红门，故被称作"红门石"，是一处著名的地质景点。这条道路的沿途还有很多地质景观，我们在欣赏泰山丰厚文化现象的同时，也将对泰山独特的地质遗存作一番有趣的考察。

碧霞元君庙

飞云阁西为碧霞元君中庙。昨天在山下我们就见到了碧霞元君行宫，又知道灵应宫是碧霞元君的下庙，那时我们没有介绍元君其神，现在我们又见到了元君中庙，只不过我们还是就景说景，不作过细讲解，我们要把她老人家作为一个"包袱"，放到我们行程的后面再抖开。元君庙门前有创建于清康熙年间的石坊，坊额题"红门宫"，额上横梁刻有"瞻岩初步"四字。坊柱上亦有联：

> 万壑泉声沉宝磬，
> 千峰云影护禅关。

红门宫原是道教建筑，内祀碧霞元君像，但曾经却为僧人主持，故称人"禅关"。

游岱山古道与岱顶

此联大意是：

条条河溪的流水之声压过了庙中的磬音，
座座山峰的雾气云影护卫着清净的佛门。

碧霞元君在泰山有上、中、下三庙，我们已见过了两个，其上庙为岱顶的碧霞祠，香火最为旺盛。如今元君庙中不但供奉着碧霞元君，还供奉着九莲菩萨铜像，所谓九莲菩萨是明万历皇帝封的他母亲，铜像高3.4米，铸工精湛，通体光滑，是泰山现存最大的铜像。元君殿前廊西墙上有一块石碑，记录了崇祯十四年，张献忠、李自成率农民起义军围攻泰安，明军待援解围的情景，是中国明末历史的较为真实的记录。

弥勒院

在飞云阁东，内有正殿三间，正中神台上坐着的正是那位笑口常开、大肚能容的佛爷。弥勒院紧临泰山中溪而建，两进院落，在此可观水品茗。院内有百年牡丹树，列入了世界遗产名录。元君庙、弥勒院由飞云阁相连，可跨阁通过，这释、道共居一堂的建筑群习惯上统称作"红门宫"。

经石峪看红叶诗碣

飞云阁下门洞外东侧墙上，镶嵌着石祖芬的《经石峪看红叶》诗刻石，诗曰：

中天门外梵仙乡，枫叶初经九月霜。
独倚乔柯舒冷艳，不侪凡卉炫秋香。
孤红莫恨荣华晚，众绿都成惨淡光。
休上危桥云步迥，更高寒处更凄凉。

石祖芬，苏州人，曾代理泰安府知府。他的这首诗很有些陆游《咏梅》（驿外断桥边，寂寞开无主……）之意。诗的大意是：

中天门下佛声磬音终日缭绕，俨然仙乡，

九月的初霜已使经石峪的枫叶披上了红妆。

孤傲的枫叶高高地挂在枝头，尽显出冷艳与清高——

决不与那凡庸的花儿为伍，去炫耀最后的一缕残香。

不必抱怨自己荣光晚来的失落啊，你看

那曾经得意的绿叶，不是早已凋败得一派凄凉。

莫再继续攀危桥登高又登高了，

岂不知，高处不胜寒，不胜孤独与惆怅……

在泰山所有的题刻中，表现"高处不胜寒"的大概只有两处，此是其中之一。其意与"登泰山而小天下"、"会当凌绝顶，一览众山小"的泰山主流精神不相契合，有些孤芳自赏、不争高低的禅学意境，觉得实在是题错了地方。但诗中所表现出的也正是中国古代某些不得志知识分子的一种普遍情怀，阳春白雪和者盖寡，那种心情倒也是能够理解的。

好的，在穿过门洞前，让我们再回视一下红门宫：此处建筑设计的构思真可谓是深富特色：我们登上石阶，就像进了"葫芦口"，迎面是座座石坊、块块碑刻，全是近景，让人目不暇接。继续向上，原以为前面将会视野开阔了，但未料到，到了飞云阁前却像到了葫芦底，倒凹形的建筑把北、东、西三面全都遮了个严严实实，形成了人们视野的屏障，让人丈二和尚摸不着头脑。泰山盘道就是这样，有天然屏障处峰回路转，古道通幽；无天然屏障处，则加以人工的巧妙遮挡，制造出一个又一个悬念，使得人行山中，就像看一出曲折的戏，读一本有趣的书，听一首有主题的乐章，而不是一览无余，尽收眼底。

小泰山

穿过红门宫，山色为之黯然，盘道左侧有小山包称"小泰山"，此处建有一座小庙祀元君像，以便让那些年迈体弱登不上岱顶的善男信女在此朝山进香，求得神灵保护。

红门小碑林

人们到泰山进香，日久天长这里便累积了进香石碑20余座，形成碑林，观其内容，皆属众香客求神、建醮、进香、还愿、题名的"万古流芳"碑。其中有些是有名的，很受民俗学家重视。

北斗圣会题名碑

碑文开首即称"祈福延生修斋，顺百顺之康；辞演华封寿龄，推三祝之列"。所谓"祈福"，即求神明赐福；"延生"是旧时的一种祭典，也称"延年"或"迎年"，是一种祈求长寿的祭祀活动。"修斋"是旧时会集僧道徒，供应斋食；所谓"辞演"，是指僧道演说经文，即俗称念经；"华封"是一

74

泰山

游泰山古道与岱顶

种官名，主管守护帝王的社稷疆界，亦称"封人"。《庄子·天地》中就有"华封人"——掌管华域的封人，华封人祝帝尧长寿、富有、多男，此即"三祝"，亦称"华封三祝"，就是祝人"多寿、多福、多男子"。"寿龄"，即寿命长久。

北斗永社题名碑

此碑由三石拼成，主碑铭文之后刻列施舍物品名称及件数，甚详。其余二碑刻信士题名数百人。同类的还有《刘凤仙等献神袍》碑，《张孟氏许愿进香》碑、《南王庄还愿碑记》、《香火结社提名》碑等。

善与人同碑

立于民国十年，碑文称，泰山之所以称为五岳之长，是因为它高大雄伟，位于中国东方，爱惜万物生长，功德高过天地，此碑还记载了民国十年吉林省滨江县瘟疫流行的惨景。

灯油会记碑

立于民国十一年(1922年)，铭文及碑阴题名共628人，其中女性198人。碑文称："泰邑每届六、腊月朔(即每年的六月初一和腊月初一)，无论城关乡镇，善男信女均集聚在红门宫天仙圣母尊前，建醮一日，报答神庥，士女云集，香烟甚盛，相传日久，循例有年"。

高玉龙等施锦袍记碑

此碑记载了民国十九年(1930年)，阎锡山与马鸿逵争夺泰安城的战役，时阎锡山的晋军据泰安城固守，第十五路军总指挥马鸿逵率部围攻二十余日乃克，城内外房舍全部受灾，城内及山上文物古迹毁坏无数。

信士报恩碑

此碑主要记载了山东桓台县索镇街信士齐义远约会乡人祀碧霞元君的始末。其他还有《沧县同会题名》碑、《同心社题名》碑等。

民国以前，民众有到泰山进香组成香社的习俗，有些香社的历史超过了100年，被称作"老会"，其规模发展得十分庞大。例如碑林中的"北斗永善香社"碑称："历城县旧有北斗永善香社，至今相传百余年，实乃古会也，每届春间会期，齐集善男信女朝山进香，"签名者1200余人。再如岱庙《铁塔铭》载：明嘉靖年间，河南开封府善男信女结社进香，签名者达万人以上。对于泰山进香的盛况，历史学家傅振伦先生于民国年间写的《重游泰山记》中有生动的描述：

时值夏历三月中旬，为泰山庙会之期，善男信女，远道而来朝山进香者，相望于途。妇女缠足，头梳长髻，衣裳博大，不着裙衫，腿带宽可四寸，多深

75

红艳绿色，盖犹有数年前内地古装之遗风。捧香合手，喃喃不绝于口。至于男子朝山，则随僧道鼓吹而已。有手持直角三角形之黄旗者，其上大书"泰山进香"四大字，右侧书"莱邑义峪庄"诸小字，是殆来自山东东部莱州者。山中居民，有出售香马纸锞者，生意最盛。沿路乞丐甚多，逢人索物，并云："千舍千有，万舍增福。""步步升高"。"积德吧，掏钱吧，个人行好是自个的！"不予，则不得前行。

　　这类泰山香客题材的文章，还可见于晚明学者张岱的《岱志》和现代作家吴组缃的《泰山风光》，都写得非常精采，引人思索。

任道熔修盘路记碑

　　在小碑林北，立于光绪八年(1882年)。碑高2.83米，螭首高近1米，额题"皇清"竖列二字，铭文称"泰山由麓至顶四十余里，其间石磴六千七百余级"。与此碑并列的是《陈士杰修盘路记》碑，记录了泰山盘路保护的状况。

小洞天

　　盘道右侧是泰山中溪，溪内水声叮咚，泰山"小洞天"就隐在溪谷中。由盘道右转，沿小径向东北方向不远即小洞天，这里绿草如茵，翠柏如盖，流水潺潺。下到谷底，有一方巨大的石坪，立面上刻"小洞天"、"仙人洞"等大字。左侧是一幽深石洞，洞内奇石嶙峋，形态各异，每值雨季，清澈的中溪水便会从石缝中流出，年深日久，冲出了3个水湾：柳条湾、饮马湾、石峡湾。每当水盈月圆之夜，月亮映在湾中，每湾水中都有一个倒影，很有些诗情画意。

醉心石

　　为小洞天内一种举世罕见的泰山地学景观。醉心石学名称作"辉绿玢岩涡柱构造"，是许多呈东西向，大小不一地横卧在谷

底的圆柱体。这些圆柱体的横剖面中心有石核，围着石核像笋一样形成了一层层的环圈，并有辐射状节理从石核向外圈张裂。这种奇特的岩石形态，早就引起了古人的注意与兴趣，汉代学者枚乘称它为"泰山之溜穿石"，更有人在一石柱断截面上刻下了"醉心"二字，这正是古人对泰山奇石鬼斧神工令人心醉而发的感慨。醉心石的成因至今尚无明确定论，它每年都吸引着众多的游人与学者前来观赏与考察。

泰山独特的地质形态，是构成泰山自然遗产的重要组成部分。大约28亿年前，即在遥远的太古代，泰山现在所处的位置是一片汪洋大海中的一个巨大的海槽的一部分。一次惊天动地的造山运动第一次把古泰山抬出海面。这次造山运动被地质学称作"泰山运动"。寒武纪奥陶纪，距今约5－6亿年，泰山地区又成了一片汪洋。几经沉浮，到距今1亿多年前的中生代时期，"燕山运动"使泰山再度抬起，开始显露出它的原始轮廓。距今3000多万年的第三纪以来，强烈的喜马拉雅山造山运动使泰山快速隆起，古泰山终于抖脱了箍在身上的全部岩石，高高耸立起来，之后又经过大自然风化、流水作用的雕凿，渐渐形成了今日的雄姿。泰山的年龄，如果从中生代燕山运动算起的话，至今有1亿年了，而构成泰山本体的"泰山杂岩"，却已至少是28亿年前的遗物了。

现代科学研究认为，泰山地层是世界最古老的地层之一，组成泰山山体的岩石层具有重要的地质科学价值。早在1907年，美国地质学家Ｂ·威廉斯和Ｅ·比克维尔就发表了《泰山杂岩》的研究报告，认为泰山一带变质岩以火成岩为主，属太古界，命名为"泰山杂岩"。1923年，北京大学地质系教授孙云铸也对此进行了研究，泰山杂岩遂成为举世闻名的太古代系标准地层出露分布区。除此之外，泰山北侧的张夏——崮山的馒头山地层剖面是世界上少有的标准寒武纪地层剖面，是研究地球生命起源及演化的第一手资料。而"醉心石"，经过近年科学家的研究，认为它是在特定的地质条件下，地壳深部岩浆随着地壳运动、破裂、上涌、侵入，经冷凝而成的岩体，它形成于距今11－13亿年的中元古代，那一时期，泰山地区受到北东——南西向的强烈挤压隆起之后，出现了南北向断裂构造，于是导致了深部岩浆沿断裂带的侵位活动。炽热的玄武岩岩浆在强大的压力下，旋转呼啸着侵入了古老的泰山杂岩，形成了一道切穿泰山的岩墙。之后，在漫长的地质时期中，"醉心石"不仅经受了多次地壳运动的影响，暴露到地壳表层，遭到长期的风化剥蚀，而且又由于受到了不同方向切力的破坏，使之错移、叠压，最终变成了如今的状如一截截桶形的柱体。泰山"醉心石"作为地质构造学上的特殊现象，曾被列为国家自然科学基金研究项目，研究成果受到了国内外同行的高度评价。目前，这种构造仍是世界上的唯一发现。

由小洞天返回，此处盘道较为平坦，较少台阶，路边刻石上的"有求必应"、"云山胜境"、"勇登仙境"等词语不仅与山色相得益彰，也说出了人们来到此地时的心情。

植树造林纪念碑

　　盘道西侧是一组大型现代石浮雕作品。这是为纪念泰山林场建场50周年而于上世纪末建起的。浮雕中，人们荷镐、担桶、扛着树苗，一副豪情满怀的样子，表现了上世纪40年代末至50年代泰山林业工作者绿化荒山的故事。还记得郭沫若写的"人工方峻极，绿化到山椒。"的两句诗吗？说的就是泰山绿化的故事。石雕之下，是《泰山植树造林记》，碑文儒雅易懂，由当代泰山研究专家姜丰荣撰写。泰山古时植被丰茂。史书记载那时的泰山是"茂林满山，合围高木不知有几"，"朱樱满地，古木参天"；"凌汉峰南竹林森森，未风先鸣"；"盘道两侧，茂林间草"……也就是说，泰山早先的原始森林是极其茂盛的。杜甫的一首《望岳》"岱宗夫如何，齐鲁青未了。"更是传唱了千余年，早已尽人皆知，而泰山在人们的心目中似乎也永远是郁郁葱葱，苍翠无际。实际上，到了清末之后的百余年间，由于战乱和灾荒，泰山植被遭到严重破坏，除了庙宇附近和后山等残存了不足3000亩古树外，其他地方几乎都成了秃山。以致上世纪40年代，据说郭沫若在飞机上俯视泰山时只见万象萧条，一片灰褐。于是他反杜甫诗意吟出一句"谁云青未了，我看赤无毛。"竟是十分形象地道出了泰山当时的状况……那时的泰山民生凋敝，不但满山树木被砍尽，连草根都被挖出当了柴烧，诗圣笔下青未了的泰山早已是满目荒凉惨不忍睹了。

　　1948年，泰安城解放，新组建的泰山林场下令停止放牧、挖柴，实行封山育林。1955年至1958年，泰山打响了一场世所罕见的植树造林战役，近万名林业工人、农民、解放军官兵、机关干部、学校师生开进深山，住石窝帐篷，饮山涧泉水，不畏艰险，不讲报酬。三年过去，山坡绿了，山脊绿了，连无法攀缘的峭壁悬崖的石缝中靠绳索吊人上去植下的幼树也绽出了簇簇的新绿……

　　1961年，郭沫若第一次踏上泰山的土地，泰山的古老文化使他赞叹，而泰山无际的绿还更使他惊讶：这不是印象中的泰山呀，泰山是绿的吗？当他明白了一切的时候，他被当时林业职工的创业精神和新中国成立后短短十余年时间所发生的沧桑之变所深深感动，便写下了那两句诗。的确，当代泰山人的峻极之功，自应永垂青史。

　　泰山的青松翠柏又画下了近30个年轮。1987年，联合国教科文组织官员卢卡斯先生来到了泰山。泰山的新树早已是冠盖如伞、错枝连根了，面对苗壮生长的茂密森林，这位足迹几乎遍及全球的世界自然、文化发展史专家，一开始怎么也难以相信泰山森林是人工营造的，而当他了解到这些树都是同龄树，而且栽植时的行距、株距在稍平坦的坡地上仍依稀可辨时，他发出了感叹：这是中国人创造的又一个世界奇迹！

万仙楼

　　好了，继续走我们的路吧。北面又是一座跨道城楼式建筑，这就是"万仙楼"。万仙楼建于地形逐渐抬高的平台之上，高大的重檐楼阁与南面平缓的山

78
泰山

　　路形成了较强的对比，其楼台及选址、造型均强化了人们在这条古道上的"登天"之感，其美学构思同红门宫是一样的。果然，穿过其下石砌拱洞，山势陡然转峭，登上石阶，视野更为开阔，真如又上一重天。

　　万仙楼旧称"望仙楼"，明万历四十八年(1620年)重修后改今名。明、清及建国后多次重修、整饰，保存了清代建筑风格。万仙楼建筑形体很高大，楼下层是石砌拱形门洞，高3.4米，宽2.9米，进深13.6米。其楼阁面阔三间13

米，进深6.3米，通高11米，三柱七檩五架梁，重梁起架，黄琉璃瓦九脊歇山顶，前为重檐双步廊式，檐下施斗拱。楼内正中祀碧霞元君，两旁配以列仙。洞南石匾额题"万仙楼"，楼四周砌以善男信女结社朝山的《信士题名》碑，此碑由63块碑石拼成，是泰山现存规模最大，字数最多的组碑。每块石碑高皆129厘米，宽皆52厘米，其石质、书体、字径均相同，应是修楼时已作了总体设计。碑石分布为南墙16块，东、西墙各11块，后墙25块。此碑无铭文，全是题名，每碑450－500人不等，共刻新城县、长清县、莱芜县、泰安州、阳谷县、洪洞县、固安县、历山县、大兴县、宛平县、武清县、泗水县及衡王府宫人等全国各州县信士约30000多名。可见当时泰山影响之广，信徒之多。整座建筑物的墙下部全部用信士题名碑砌成，可谓构思巧妙，一举两得。

"谢恩处"石匾

万仙楼北门洞之上刻"谢恩处"三字，相传是帝王登泰山时地方官员送驾到此谢归的地方；又传为进香朝山者，返回时多于此叩谢元君保佑平安之恩。"感恩"、"谢恩"、"知恩必报"是我们民族的一种美德。

革命烈士纪念碑

万仙楼北，盘道右侧翠柏环抱之中，矗立着一座革命烈士纪念碑，这是1946年为纪念第一次解放泰安时牺牲的新四军烈士而树立的，碑西面铭刻着"英名与泰山并寿"的题词，碑体上刻有这些新四军将士们转战祖国各地的事迹和708位烈士的姓名。纪念碑建在这里可谓适得其所。那些为人民的利益捐躯的勇士们继承了人生当"重于泰山"的优秀民族传统，他们的英魂不仅与泰山同在，而且也使泰山变得更为高大、更为雄伟。

张振声泰山高诗刻

摩勒于烈士纪念碑北，落款"乙酉春黄县张振声撰"，其诗为：

泰山高

五岳之长，举世所尊。

巍巍日观，荡荡天门。

青徐俯跨，星斗仰吞。

左襟沧海，右带昆仑。

群峰罗列，视若儿孙。

苍然万古，于国并存。

此诗着力描写泰山的高大，大意是：

泰山为五岳之长，举世尊崇。
日观峰巍巍高耸，南天门迎着浩荡的风。
下跨青、徐两州，上吞漫天的繁星。
东海是它的衣襟，衣带则是西方的昆仑。
周围群山皆小，一座座就像它的儿孙。
雄姿苍然万古，永世与华夏并存。

万仙楼石刻群

继续前行，路旁石刻渐多，有的是即景抒情，如"渐入佳境"、"初步登高"、"神州磊落"；有的是题写景物，如"听泉"、"拜石"、"名言莫磬"、"蔚然深秀"、"肤寸生云"以及道教的题刻，如"洞天福地"、"步玉清"等等。

"拜石" 刻石

下有款：光绪壬辰蒲月，集史晨碑字，高唐龙祖森题石。"光绪壬辰蒲月"即公元1892年五月，史晨碑是著名汉碑，在曲阜孔庙。"拜石"是宋代大书画家米芾的故事，米芾当无为州同判时，见一石甚奇，大喜说："此足以当吾拜"。于是穿好袍服手持笏板拜之，并称此石为"石丈"。当时人们都当趣事来谈论，朝廷亦传以为笑。此处题此二字是指这里的山石奇特。

"名言莫磬" 刻石

民国甲子年(1924年)苑梦九题刻。下有一段跋语："少将宪章邱君，上校瑞宣湛君，……同饮斗母殿下。北则峰峦千仞，南则烟火万家，西岭晚霞布锦，东山新月上钩。似蓬岛风光，仿天台胜境。珍赞莫从，书此以留鸿爪。"意思是泰山风光太美了，即使将最美好的语言用尽，也不能表达，所以题此四字以表此次游山的心迹。

此处中溪两畔石崖上也有大量刻石，如唐大历八年(773年)的王大使等题名刻石、宋绍圣二年(1095年)张邦茂等题名刻石、宋绍圣三年(1096年)刘康叟等题名刻石、宋政和四年(1114年)赵茂实等题名刻石，此外还有题景刻石"深可饮"、道教的《老君游石刻》……再前方还有"行利他"三个大字，字径84厘米，是冯玉祥在泰山的手笔，意即做事情都应有利于他人，而不能只为自己。我们在后面还会介绍冯玉祥这位爱国将军在泰山的大量事迹。

"虫二" 刻石

而其中最引人注目的是"虫二"石刻，其实这是个字谜，是繁体的"风月"二字去掉外围笔画而成，"风月"有两重含义，一是指清风明月风光好，二是暗喻男女情爱。所以有人说这是形容这一带景色的秀丽的，也有的说是隐喻前去不远斗母宫中尼姑风流的。虽然后者也有故事，但我们却宁信前者。据说，此字谜有一个绝配，在海南省三亚市的天涯海角，也有一个石刻字谜，是在"年华"二字的外面各加了一个方框,谜底为"年华有限"。这两个字谜都很精妙,但把两者合起来,其意义就愈深刻了。

斗母宫

这是中天门之下一个重要的景点,也是登天景区中最为静幽的所在。斗母宫古名"龙泉观",创建年代无考,明嘉靖年间重修。它临溪而建,分为北、中、南3院,山门面西,钟鼓二楼直接建于宫门两旁并与山门连在一起,完全打破了传统宗教建筑的对称格局,因地就势显得十分自由而又得体。

来到斗母宫,南望来路,一些低峰矮山已尽在脚下了。西北龙泉峰涌来清泉一股,穿过盘道桥涵绕宫北注入中溪。中溪之畔草盛树茂,花香鸟语,景色分外可人。为充分借得此处山光水色,斗母宫3个院落除在中轴线设殿堂以

斗母宫

供奉神灵外,东侧的所有建筑均向中溪敞开,构筑了一系列形式各异的赏景憩息的建筑小品,如北院有"龙泉亭"、"听泉山房",中院的东配殿侧为前殿后廊式建筑,前殿为祀神之用,后廊则设桌几可凭窗观瀑;南院东楼名"寄云楼",凭栏而望,行云、流水、远黛、近芳俱在眼前,真可谓美不胜收。

在斗母宫不但可尽得外部景观之妙，内部构置也分外幽雅，它有一个只有大型古建筑才有的"后花园"，但它不在后，却在前，因为宫门既开在中间，花园设置的方位自然也可灵活了。从中院经穿堂即可达南院　南院北有"蕴亭"一座，再经石阶可下至南院低处，院内中心有一石砌玲珑水池，取名"天然池"，池水如镜，为蓄水浇灌花木所用。池旁几株百年黄杨簇拥在一起，老枝新叶，姿色不俗；寄云楼北两株玉兰，亦有百余年树龄，每到春季，兰花竞放，满院皆香；另外院内还植有腊梅、丁香、木瓜、紫藤、榆叶梅等，把个小院装点得真如名园一般。

斗母宫在古时曾是道观，后由僧尼住持，尼姑们除礼佛修真外，还兼接待四方游客，刘鹗在《老残游记·续集遗稿》中曾生动地记述了斗母宫年轻貌美的尼姑们的生活与情思，他当年所描写的斗母宫景物至今有一些仍一一可指。然而，物是人非，遥想当年，历史感油然而生，此处便益发显得幽邃了。

斗母宫原先所祀斗母俗称"千手千眼佛"，有42只手臂，木雕，工艺精湛，造型极佳，惜毁于"文革"；配殿中所祀观音、文殊、普贤3位菩萨，也是精致的木雕，"文革"中被烧毁。而现在摆着的是未及毁掉的明代崇祯皇帝的母亲"智上菩萨"，只好如此了。

三潭叠瀑

斗母宫处于山体抬升幅度较大的地段，东侧的中溪落差大，一连形成了3条瀑布、3座水潭，这就是泰山著名的景观"三潭叠瀑"。中溪来水在这里跌宕而下，可谓一咏三叹，形成一处景致的风光。

卧龙槐

斗母宫西门外，盘道旁边的这株古槐叫"卧龙槐"。因老树的侧根于8米外又长出新枝，二槐相连，酷似卧龙翘首，凌然欲飞而得名，也是泰山的一处著名景点。

卧龙槐附近还有石碑十数通，多是历年的重修碑。碑文记载了斗母宫的兴衰历史。

三官庙

沿盘道北去，过高老桥，是新修复的三官庙。此庙始建于明代，原是祭祀秦始皇的人祖庙。秦始皇作为人祖神起于秦地，在泰山供奉秦始皇大概仅此一例，以致清初大学者顾炎武也不知道这是何故："泰山上有人祖庙，不知何取"（《山东考古录》）。

三官庙

　　其实，考证历史，泰山上早先修建人祖庙也并不奇怪。原始社会中，华夏民族的两大发祥地，一是太行山以西、黄河中游的地区，此处的居民以龙为图腾，传说是炎帝的后裔；另一是黄河下游、泰山周围的地区，其居民被称作东夷人，图腾是鸟，传说是黄帝的子孙。经过夏商周三代，两大氏族部落终于融为了一体，形成了统一的华夏民族。而秦人的祖先就是生活在黄河下游泰山一带的黄帝后代的东夷部族。因此，在秦始皇东封泰山的众多原因之中，有着很重要的一条，就是与其远祖的泰山崇拜有关，在他的思想意识中，深埋着对祖先文化的认同与亲聚的基因，他要回归，要寻求精神的支持与张扬。而古代的修庙者自然是知道这一点的。现庙内尚有古柏一株，传说是秦二世所植，讲讲故事罢了。

　　清代，这座庙改成了三官庙，供奉着天官、地官、水官。三官起源于原始宗教中人对天、地、水的自然崇拜，东汉末，道教奉三官为主宰人间祸福的大神，三官在道教神系中地位很高，其名称分别是上元一品天官赐福大帝，中元二品地官赦罪大帝，下元三品水官解厄大帝。张角的太平道和张鲁、张修的五斗米道，都曾以"三官手书"传道治病为名，发动了规模浩大的农民起义。三官与人的祸福荣辱关系密切，所以受到古人的普遍敬奉，但今天人们却对此知之不多了。

汉镜铭

前去有篆书刻石引人注目，刻石是吴大澄的《汉镜铭》。吴大澄，江苏吴兴人，同治七年进士，授编修。光绪三年(1878年)，陕西大饥，奉命承办救灾，拯救饥民。光绪十一年(1885年)，又奉诏命赴吉林与副都统伊克唐阿同俄国使臣勘定被俄侵占的边界，并按照咸丰十一年(1862年)的地图边界立碑五座，建铜柱，并自篆铭曰："疆域有表国有维，此柱可立不可移。"于是被侵疆界复归中国。吴大澄精于金石学和古文字，有《说文古籀补》存世，是研究古文字学的权威著作。

商周以来，古人爱把重要的文字，譬如记事的、祈祷的、祝愿的等等铸刻到金属器物上，汉代人继承了这一传统，汉武帝登泰山后就曾铸造一鼎，上刻"登于泰山，万寿无疆，四海宁谧，神鼎传芳"的铭文。吴大澄摩刻的汉镜铭文是：

上太山，见神仙。食玉英，饮醴泉。驾蜚龙，乘浮云。宜官秩，保子孙。寿万年，贵富昌，乐未央。汉镜铭 光绪丙戌十二月，吴大澄书。

光绪丙戌年即1886年(光绪十二年)。文中"蜚龙"即飞龙，"浮云"指良马。这段铭文的大意是："上泰山，见神仙。饮琼露、甘泉，驾飞龙、名马。共享官爵俸禄，保佑子孙发达。长寿、富贵无尽时，快快乐乐一万年"。

前行不远又有吴大澄摩临的《琅琊台二世诏书》刻石。所录铭文12行，共89字，与我们在岱庙看到的内容相同。

国 之 魂 魄 ## 经石峪

北去，跨道而立的是上世纪末重建的"经石峪坊"。循牌坊指示，离开主盘道拐向一条向东北方向的石砌护墙小盘路，可至泰山著名景点经石峪。

我们来到了经石峪了，经石峪又叫石经峪，峪口有石亭一座，额"高山流水"，又额"源头活水"，此亭于明代隆庆六年(1572年)，万恭所建，原址在峪南石崖上，1965年，为保护经义，修拦水坝时移此。四根石柱上原有两副对联，其一为：

晒经石上传心诀，

无字碑上写太虚。

所谓"晒经石"即指刻经的石坪。传说唐玄奘取经路过此地，在大石坪上晒过经卷，经籍晒干收走后，便在石坪上留下了一片经文。

——经文真是厉害，不是力透纸背，而是"力透石面"了。

你挺幽默。

现在此联已残失，它的大意是：

石坪上的金刚经传播着佛法的秘

经石峪大字

诀，

岱顶的无字碑书写着深玄的道理。

其二为：

> 天门倒泄一帘雨，
>
> 梵石灵呵千载文。

此联的大意是：

> 南天门倾泄下的雨水像一幕水帘，
>
> 神灵呵护的千年经字永不会磨灭。

好了，我们现在就该来领略一番古今驰名的经石峪金刚经大字了。

《金刚经》全称《金刚般若波罗蜜经》，刻于经石峪面积2064平方米的大石坪上。首先，这块巨大的石坪本身就是一景，泰山之所以会形成如此巨大的石坪，从地质学上看，其形成主要有两个原因，一是这里的岩石水平节理比较发育，把岩石分割成板状，后期又未遭受大的构造变动的破坏；二是峪谷中流水的不断冲刷，使岩石始终暴露于地表，受到长期球形风化作用的影响，天长地久就琢磨成了今天这样巨大而又光滑的石坪，使人赞叹大自然造化的鬼斧神工。

经石峪刻石的大字几乎布满了石坪，自东而西共44行，每行字数不等，少者10字，多者125字，字径35－50厘米不等。原刻有2799字，由于长期风雨剥蚀，山洪冲刷，现还存1067字。此刻石气势磅礴，书法纵逸遒劲，世人称之为

"大字鼻祖"、"榜书之宗"（榜书，即大字），是我国现存规模最大的佛教摩崖刻石之一，受到历代中国人的推崇和珍视。1916年，康有为来到了经石峪，面对刻石，大为赞叹，赋诗咏道："观摩不忍去，手画足周（走旁）趄。"深深地为经石峪大字的魅力所倾倒。

经石峪大字究竟书于何代，出自谁手，自古说法不一。有的史料记载为"王右军（王羲之）书"，有的则认为是唐人所为，明代王世懋则说是宋元之笔，还有的认为其书体略同于《郑文公》，便断定是郑道昭所书，但均没有实证。而郭沫若断定，大字当为北齐人所书，研究者通过推理认同了这一观点。他们认为，经文中有些字已经双钩却未能刻完，肯定是被迫停止的，而其终止的时间大概就在北齐末年（577年左右）。北齐时代，佛教曾一度兴盛，统治者不惜动用大量人力物力去开凿石窟，塑造佛像，刻写经文，经石峪大字的刻凿就是在这一背景下开工的。与此同时，宇文氏废魏建立了北周王朝，宇文氏虽出身塞外民族，却崇尚儒学，其第三代帝王周武帝是一个胸藏大志的人，他掌权以后曾一度想把以儒学为中心的三教归一作为统一中国的思想基础。但是由于佛道两家激烈争斗，加之众多僧尼过着不合时宜的奢侈生活，有违武帝富国强兵的意图，于是于建德三年（574年）下诏废除了佛道两教，并大规模地销毁僧院道观及其经典。在废除了佛道两教之后，他又于公元577年灭齐统一了华北。泰山凿刻的金刚经由此半途而废便顺理成章了。

刻金刚经大字的初衷，并不是为了艺术，但其艺术价值却深蕴其中。那残存的1000余字虽经历了千年风雨，仍保存了南北朝时期的风范，字体似隶、似魏、似楷，"草情篆韵，无所不备"，而且，其字个个端庄肃穆，朴拙浑厚，"不以小巧示人"，同泰岱神韵高度融合。再从整个布局来看，字依峪底为势，书刻于不规整的石面上，但因有界格为限，字有大小变化，便觉得合宜得体，流畅连贯，章法在胸，气势恢弘，不愧为难得的艺术珍品。

经石峪的故事

这里不仅石刻大字精妙绝伦，名扬海内外，而且它四周的景致也令人称绝。游人多爱来此，并留下了好多动人的故事。

伯牙与钟子期　相传春秋时期伯牙善弹琴，在蓬莱仙岛学成之后，喜爱泰山风光，就来到了这里，面对泰山的碧峰清溪，作《高山流水》之曲，每日抚琴自乐。隐士钟子期善解琴音，天天来听，陶醉于其中，并常常随着随着琴音的起落变换说："巍巍乎若泰山"、"汤汤乎若流水"，伯牙便弹得更起劲了。后来子期死了，伯牙认为世上再无知音者，乃绝弦破琴，终生不再敲之。这两位知音的故事不知感动过多少人，现这里就有"鼓琴深趣"等刻石。

李三才与泰山

经石峪的入口处有李三才诗碑，碑的落款为"关西李三才道甫题。万历戊子春吉，济南府通判闫延梓、泰安州知州刘从仁立石。"

李三才，字道甫，号修吾。陕西临潼人，寄籍顺天通州（今北京通州区）。

万历二年进士，授户部主事，二十七年总督漕运，巡抚淮阳。当时监税使横行无忌，公开掠夺。李三才为制裁矿监税使爪牙，屡次上书皇帝陈述矿税之害，指责明神宗"溺志货财"，不顾人民死活，要求"罢除天下矿税"。又疏陈朝政废坏，请神宗奋然有为，经营辽左，但终不被采纳。李三才善于笼络朝士，结交者遍天下，与东林党领袖顾宪成深为相知，共同反对贵族大地主集团，得到了很多人的支持，但也遭到依附于大地主势力的一批人的攻击。死后遭阉党追论，被夺封诰。

李三才由于反对太监揽权，横征暴敛，上书朝廷，为民请命，不料却遭到一些官员的反对，被迫辞职。他的抱负不得实现，郁郁不得其志，于万历十六年(1588年)来到泰山。在这里他触情生情，想到自己决心为国家做一番事业，但朝中佞宦当道，了无知音，还受到了种种打击，不禁思绪万千，写下了这首《暴经峪水帘》的诗：

> 暴经石旁水泠泠，镇日独来倚树听。
> 此意世人浑未解，半天矫首万山青。

这首诗表达了他在当时社会中无人理解，使他不得志，但却仍要像"矫首"的泰山那样傲然于世的情感。泰山是他的知音。

徐悲鸿与泰山

一代艺术大师徐悲鸿也对泰山情有独钟，二十世纪30年代正是中国社会最黑暗的时期，徐悲鸿特地用经石峪大字集了一副对联，上联是"独持偏见"，下联是"一意孤行"，长期挂在家中，表达了他不与邪恶势力同流合污的高尚情操。这个故事是徐悲鸿的夫人廖静文女士告诉我们的——1990年9月，泰山召开了第一届国际学术研讨会。会上，徐悲鸿夫人、徐悲鸿纪念馆馆长廖静文女士作了精彩演讲。她说："我是第一次到泰山来，对我来说，好像一个美丽的梦终于实现了。作为一个中国人，从幼年开始，我就知道五岳之首的泰山是多么雄伟。后来随着年龄的增长，我读到许多关于泰山的文章，泰山在我心中变得更加丰满、更加亲切、更加雄伟和丰富多彩。我深深地感到，泰山的确是自然与文化融为一体的典范，也是中国人民的骄傲。另外，由于徐悲鸿的缘故，我对泰山还有着一种特殊的感情。巍峨的泰山曾以稳重、宽厚、高大、坚强的形象，影响着悲鸿的性格。悲鸿的老朋友和学生都知道，早在30年代，悲鸿就曾将泰山经石峪的字集为一副对联，上联是'独持偏见'，下联是'一意孤行'。这副对联充分说明了悲鸿不愿意与当时黑暗的旧社会同流合污和悲鸿对现实主义美术的极力维护和倡导。他就是以这种十分强烈的感情，怀着对国家、对人民、对艺术的执着的爱，度过了他坎坷的、短暂的、奋斗的、坚强的一生。悲鸿曾将这副对联长期悬挂在南京寓所的画室里，直到抗日战争爆发，悲鸿被迫流亡重庆。南京沦陷后，这副对联及悲鸿的一部分作品及藏品不知下落了。我希望泰安市文物领导方面的同志能帮助我将经石峪的字再集同样一副对联，悬挂在北京的徐悲鸿纪念馆里，它将再现悲鸿的那种不畏险阻的坚毅精神"。

她说得真是好极了！

游泰山古道与岱顶

试剑石

经石峪大石坪南面是陡岩，山水顺之而下，汇入中溪。石坪西侧有一巨石，高约5米，宽13米，中间裂开似宝剑劈断，因名"试剑石"，石上有明代进士、吏部考功寺郎中万恭题《高山流水亭记》，洋洋洒洒数百言，与经石大字谐然成趣。

"高山流水亭记"刻石 万恭曾主持修建了岱顶玉皇庙工程，将玉皇庙大殿北移，把埋于殿内的极顶石暴露于院中，形成了今天的模样。他又在石坪上题刻"暴经石"三个大字，字径达2.8米，并修建了高山流水亭。这篇文章就记录了他在泰山的一些所为和情感，且让我们一读：

余既表泰山之巅，掠泰麓而南下，则憩晒经之石。石广可数亩，遍刻梵经，皆八分书，大如斗，不知何代所为。近有好奇者，则刻大学圣经于上端以胜之。余乃大书"曝经石"字，皆博可六七尺、刻深三寸，垂不磨，以助其胜。北牟石岩，石若斩截而成，洞泉漫石而下以悬于空，岩若垂万珠焉。余辄大书"水帘"字，深刻字，水渐渐渐字上，字隐隐匿水中，斯泰山之至奇观也。已乃穿洞水而西得壁，高约十五尺，广约四十尺，夷出天成，下拥石基。余东向而立，则水帘之泉冷冷出其左，而桃柳数十株蔚蔚其右，余遂倚石壁而为亭。亭悉以石，石柱四，直入石基，其深尺有咫，上覆以石板，令永久，登泰山者憩息万祀焉。余嗜鼓琴，辄顾从者曰："夫是倚泰麓之壁也，斯不亦高山乎！夫是临水帘之泉也，斯不亦流水乎！为子援弦之，邀泰山之神，聆广陵之散。若将巍巍乎志在高山也，又洋洋乎志在流水也。是为神品，亦为神解。"从者悦，遂名之曰"高山流水之亭"。

此文大意是：

我完成了泰山之巅的工程，将岱顶之石表露于外，从南麓下山时在经石峪的大石坪上休息。大石坪有数亩之广，刻满了《金刚经》经文，全是八分隶书，字大如斗，不知是哪个时代的杰作。最近有好事者将《大学》刻在石经上端，企图超过经石峪。于是我就在旁边写了"曝经石"三个大字，每个字径都大六七尺，深刻三寸，以求永不磨灭，以此来支持经石峪的胜迹。经石峪北面的石岩，就如同刀斧劈开的一样。洞水漫过石崖湍湍流下，好似悬在空中，而飞流溅起的水花又恰似珍珠万千，令人浮想联翩，于是我又题了"水帘"两个大字刻在石上，洞水从字上流过，而字隐隐地现在水中，这真是泰山的绝妙的奇观啊。越过洞水向西，有石壁高十五尺，其上有石坪广约四十尺，全是自然天成，下面还有着坚实的石基。我向东看去，左面是冷冷的流水，右面则是苍翠的桃树、柳树，风光好极了。于是我便决定借石壁建亭，建材全部采用石料，四根石柱直接安插到石基上，深度近一尺，为了使其永久，上面覆以石板，登泰山者可以在此休息了。我爱好弹琴，便对从者说："我们在泰山脚下的石壁旁，这不也是高山吗！前面是洞水飞瀑，这不也是流水吗！我为你们弹琴，邀泰山之神，听广陵之曲，岂不是像古人那样'巍巍乎志在高山'又'洋洋乎志在流水'吗！这一意境真是神来之笔啊。"从者很高兴，于是命名这个亭子叫"高山流水之亭"。

"经正"刻石

石坪东北原有明人刻写的《大学》。《大学》俗称大学圣经，原为《礼记》第四十二篇。宋朝程颢、程颐兄弟把它从《礼记》中抽出，重新编辑；朱熹将《大学》、《中庸》、《论语》、《孟子》合编注释，统称《四书》。"大学"相对"小学"而言，小学是讲训诂、句读，而大学则讲所谓治国安邦

的大道理。明万历年间都御史李邦珍在其旁刻"经正"二字，并有注语，认为儒家思想才是正统，劝人弃佛尊儒，但《大学》在清康熙年间被毁，唯留经正二字。

经石四周，古人题刻遍布，如"枕流漱石"、"冷然清韵"、"梵呗清音"、"千古奇观"、"深趣"、"水石阴深"、"清磬"、"铭心滔虑"等等，众多的题刻衬托着经石大字，如众星捧月。

题晒经石水帘刻石

在《高山流水亭记》北面，作者崔应麒，字献河，明获鹿县(今河北省鹿泉市)人。隆庆五年进士，曾任五台、潍县、汲县知县，后历任户部郎中、济南知府、兵部侍郎等职。此诗作于济南知府任上，诗名为《水帘》，故句句不离"水"字，又不露"水"字，实在是把经石峪的水写到家了。其诗为：

> 晒经石上水帘泉，谁挽银河落半天。
> 新月控钩朝挂玉，长风吹浪暮疑烟。
> 梵音溅沫干还湿，曲漳流云断复连。
> 选胜具觞恣幽赏，题诗愧乏笔如椽。
> 万历岁辛卯鹿泉献河崔应麒题

大意是：

> 晒经石上的瀑布犹如飞动的水帘，
> 是谁将银河牵落了九天？
> 早晨的弯月低低地悬挂在水泉上，
> 傍晚的远风将流水吹起阵阵的云烟。
> 流水声有如诵经，溅起的水沫干了又湿，
> 曲折的溪谷中薄薄的雾气时隐时现。
> 选了这名胜之地举起酒杯尽情欣赏吧，
> 可惜没有如椽的笔描述出这绝妙的景观。

郭沫若题经石峪诗刻

是郭沫若1961年来泰山时所写，亦不妨一读：

经字大如斗，北齐人所书。

千年风韵在，一亩石坪铺。

阅历久愈久，摧残无代无。

只今逢解放，庶不再模糊。

很有时代特色。而最主要的就是历史学家郭沫若在诗中一句话就点明了经石峪大字是"北齐人所书"，从此破了千古之谜。

可是，虽然"庶不再模糊"——几乎不再模糊了，要长期保护好这一珍贵文物仍然是一大难题，你们搞化工，涉及高分子不？有好主意吗？

——刚才我注意到了，这里的石面上好像涂了一层材料了。不过目前世界上的此类产品还不是尽善尽美，它们的渗透力很弱，涂在石质上只能加强石质表层的硬度，减缓风化，就像是使石头形成了一层硬壳。但这种材料不可逆，一旦时间久了，硬壳剥落，造成的损害可能会比风化还大。还有就是此类东西的透明度还没过关，涂在褐色的石质上，比如这里，还行；如果像龙门、云冈石窟那样的佛像，涂上去颜色变了，改了文物的模样就不成了。但是我想将来会有办法的。

真希望全国科技界都来关心关心祖国的瑰宝啊。

那么，返回主盘道吧。大家感到了吗？经石峪在泰山登山轴线的侧旁，其景观特征与登天景区有很大不同，是登天景区派生出的独立空间。在整个登山序列中，这拐出去的一段风景，山好水好，同登山古道的主旋律相映成趣，相得益彰，所以为登岱者所深深喜爱，数千年有那么多人物登场，留下了他们的遗踪，真使人觉得就像聆听音乐时那种和弦升音的感受一样，觉得兴奋，是吧？

——要是再有伯牙弹琴就好了，即使没有和弦。

哪怕万恭来弹弹也行啊，现在的人好像没有这种雅兴了。

水帘洞

从经石峪折返中路继续北行，越"注水流桥"，此刻，我们到了"水帘洞"飞瀑。这座横跨石坊，额题"水帘洞"。水帘洞处有危壁高40多米，称"天绅岩"，雨天，岩顶有石洞出水，顺危壁而下，称水帘泉，泉水经盘道下的涵洞东流注入中溪。又有人说这里就是孙猴子花果山水帘洞的原形，不知是怎么考证出来的。

钟惺等题水帘洞诗刻

水帘洞坊西侧约40米的石崖上，有明代文学家钟惺、吴惟明、林古度三人所作的《题水帘洞诗》。此诗是三人合写而成。诗曰：

晴雨所覆，　　(钟　惺)

白云之上。　　(吴惟明)

冬爱其源，　　(林古度)

其流遵养。　　（钟　惺）

石空其中，　　（吴惟明）

候时而响。　　（林古度）

岱实为之，　　（吴惟明）

劝登弘奖。　　（钟　惺）

明万历丙辰十月七日

此诗刻于明万历四十四年(1616年)。诗中"爱"是隐藏的意思。"遵养"为"遵养时悔"的略称，有退隐待时之意。

这首诗的意思是：

> 雨过天晴，天绅岩的飞瀑好似直接倾泻自天空。
>
> 冬天，水流则藏起了源头，隐藏在了岩洞之中。
>
> 待到雨水到来的时节，瀑流便再次发出了响声。
>
> 这是泰山的高明啊，劝大家登上去观览更多的美景。

作者钟惺(1572－1624年)，明竟陵人，万历三十八年进士，官至福建提学金事。为人严冷，不接俗客，为文主张独抒"性灵"，追求"幽深孤峭"。林古度，福建人，在泰山多有题刻。吴惟明，生平不详。此三个人彼时可能正不如意，但是并没有消沉，他们还要努力，要进步，要像泰山的水瀑一样积蓄力量，以便再起东山。是的，人是永远不能消沉的，即使在逆境中，泰山给了我们启示。

天绅岩石壁上又有冯玉祥的题刻"行利他"三字。前不远有元君殿三间，明代此处是元君中庙，殿旁立有《弘治重修碧霞灵应宫记》碑。

万笏朝天

我们看，路旁有一块块峻峭的巨石朝天而立，看上去就像古代大臣觐见皇帝时手持的笏板，故石上有题刻"万笏朝天"。这是泰山一处有名的地质景观。此处出露的岩石是古老的泰山杂岩中的"角闪斜长片麻岩"，垂直的柱状节理发育充分，而且节理都近乎直立，分布比较密集，彼此交切，把岩石分割成直立的板状或柱状，因风化作用，岩石沿节理裂开，发生了不同程度的倾斜，远看就像一个个官员持笏板朝见天帝，于是古人借景而发，题刻了"万笏朝天"四个字，其中是否也隐喻着万众朝拜泰山的意思？

——什么是节理、交切？

地质学同其它科学一样，存在着较多的专有名词，很难把它说得更加通俗。节理就是岩石受力所产生的裂缝，交切就是岩石之间由于重力作用而产生的交相切割。今后我们还会碰到大量的地质景点，我将尽可能地做口语化介绍，尽可能地揭示泰山作为世界地质公园的不同寻常的价值。

登仙桥

再前行，即来到"登仙桥"。传说当年吕洞宾在泰山三戏牡丹被削去500年道业，改过自新，重新修行期满后，就是过了这座桥再度登上仙籍的。值得

游览山古道与绝顶

一提的是，这座桥呈东西方向，把登山盘道从中溪的左畔引到了右岸，桥的方向与古道垂直，很容易引起人们视觉的注意，因此人多称此为"东西桥子"，而且盘道本身由于与溪涧位置的互易，也使得登山因在空间上不断变化而更富魅力。桥南有对联一副"揽月居然凌上界，撑云便要洒齐州"，说是在泰山，揽住月亮竟能到达天界，撑住云气就可普降喜雨。

歇马崖

现在我们走在溪的东侧了，也就是说左面是涧谷，右面是崖壁了。右侧，在一个不太显眼的地方，曾有一块岩石悬空似坠，既像一间房子，更像一个棚子，大小恰可容下一匹马，因此古时称此"歇马崖"，又叫"马棚崖"，传说当年秦始皇登泰山时曾在此歇过马。只是后来"马棚"顶部的巨石于清乾隆间崩落了，如今此处只留下了歇马崖的题词。当年，内阁大学士、泰安人赵国麟曾为马棚崖题诗："一涧空中落，双崖势如连。"后来石崖倾塌，他复又题诗曰："高岸已夷陵谷变，后来休笑画图虚。"赵国麟是个认真的人，随着地貌的变化，便及时地更正了自己的描述，以免得后人见笑。他见证了泰山地貌的变化。

此处路旁的题刻，由于山势的慢慢增高，也悄悄地发生了变化，你看——"仰之弥高"、"曲磴盘云"、"天衢"……天的氛围越来越浓。

总理奉安纪念碑

歇马崖北面，有"总理奉安纪念碑"赫然而立，这是1929年孙中山先生遗体由北京碧云寺移往南京时，路经泰安火车站停留静安，泰安人民为纪念这位为革命奔波一生的先驱者，于6月1日孙总理灵柩在南京中山陵安葬之日竖立的。纪念碑的上部为三面状，象征"三民主义"；下部为五边形，象征"五权宪法"；碑基为十二角星形，是国民党党徽；碑正面刻着总理遗嘱全文。半个多世纪以来，中国人未曾忘记这位资产阶级民主革命的领袖，虽然他的革命没有成功，但是他的精神却昭日月、感天地。在泰山这一特定的环境中，读一读纪念碑上的总理遗嘱，人们是否会有更多的感想呢？

柏洞

纪念碑之上，路两旁古柏罗列，夹道蔽日，古人称这一段路为"柏洞"。柏洞两旁古柏参天，枝杈相交，使本来就在狭谷之中的登山盘道显得更加深幽，人行于此宛若在洞中行走，登天古道的"幽"在此可谓到了极致。

让我们一面走一面说吧，大家还记得孔子登临处的《泰山种柏道里记碑》吗？那座碑记载：嘉庆元年(1796年)泰安知府金棨在盘道旁植柏树千株。继而山东布政使康通基于嘉庆二年(1797年)增植万株。同时康又倡议各州县官员募植柏树万株，前后共植了22054株，其范围从岱宗坊沿盘道直至南天门下的升仙坊和独秀峰。柏洞的古柏便是其中的一部分。

泰山的树

现代科学研究认为，新生代后期，泰山形成了由冬季落叶的阔叶树种组成的最早的原始森林群落。之后在漫长的岁月中，由于气候和自然环境都发生了巨大变化，再加之后来人类活动的影响，泰山山区的原始森林逐渐被人类所更易，泰山的树木也就在人们的栽植和保护下存活发展，形成了今天的面貌。

那么，泰山的人工植树最早起于何时？西晋张华《博物志》说："松本石气，石裂而受沙即产松。松三千年更化为石，泰山多松亦多石耳。"泰山的花岗岩即砂岩，确适宜松树生长，因而泰山多松且历史悠久，不过可能已不是原始森林，而是次生林了。我们所知道的最早的泰山植树，大概还是要属前面我们提到的汉武帝刘彻，也许是他首开了泰山植树的先例。

唐代视槐树为国树，《中朝政事》记载："唐时天街两畔多槐树，号槐衙，谓成行列如排衙也。"在皇宫前的天街两旁植槐树，排列成行犹如大臣列班，确实很有气势。唐高宗、玄宗两代皇帝封禅泰山自然也少不了多植槐树，如今泰山尚存"唐槐"30余株，株株老枝苍干，饱经风雨，让人望之肃然。

随着宗教的发展，以寺庙为中心的植树开展起来。当时寺僧不但种松柏等常青树，也种具有经济价值的栗子树、鲜果树，可以代粮，亦可出售换取岁用，如玉泉寺和尚曾植栗树数千株。后来渐渐成了传统。至今泰山山后庙宇旁老树尚存，新植满山，成了花果山。

当然，泰山最大规模的植树是在建国后，共栽植各类树木5000多万株，达20余万亩，是前无古人的。

也许有的朋友会认为，风景名胜区的价值在于自然天成，人工栽植的树木值得炫耀吗？其实不是的，黄河流域的自然条件很差，不像西双版纳，也不如大兴安岭，这里没有任何一片原始森林保存下来，但是我们一路上所见到的那些古树名木，如果我不告诉大家，谁又会知道它们是人工栽植的呢？通过这些古树我们可以看出古人的三种品质，一是他们有着高度自觉的环保意识，他们在修建殿宇、道路的同时，没有忘记绿化、美化环境；二是他们对自然规律有着高度的把握能力，他们不但知道在不同的环境中栽植不同的树木，而且所有的树木都与大自然高度和谐，给人以浑然天成的感觉；三是他们对泰山有着数千年不变的执著的爱，一代又一代地在精心地建设着与呵护着泰山，从汉唐到明清，那些古树名木自身不就很好地说明了这一点吗？所以，卢卡斯称泰山古树名木是见证了历史的"活着的文物"。

泰山

游泰山古道与岱顶

壶天阁

出柏洞，盘道再度扬起，柏洞外天都显得更得亮了，正当视野为之开阔时，又一座高大的建筑当道而立，遮住了人们北望的视线，这就是"壶天阁"。壶天阁创建年代不详，在明代称升仙阁，清乾隆十二年(1747年)扩建，改名壶天阁。

壶天阁的建筑粗犷大气，下层为基座，由12层条石砌成，东西宽14.5米；跨道拱形门洞高、宽各3米多，进深约8米；门洞上所镶石匾额"壶天阁"，是乾隆登泰山时题。基座上层殿阁三间，黄琉璃瓦九脊歇山顶。

乾隆皇帝当年很喜欢这处景点，他在乾隆十三年(1748年)登泰山时就曾驻跸于阁上。乾隆三十六年(1771年)，他还写下了《题壶天阁诗》：

> 仰观极顶尚隆崇，俯视居然造半空。
>
> 放眼碧天以外看，孰非游此一壶中。

意为：

> 向上眺望极顶还很遥远，俯瞰下方居然已到了半空中。
>
> 让犀利的目光穿透时空，谁人不是在天地间游历一生。

这首诗我们在岱庙汉柏院内已经见到过了，来到壶天阁，身临其境，读此诗的感受又不同了。乾隆的想象力是颇为丰富的，在泰山是很容易使人联想到人生，联想到来途与归宿。

壶天阁在建筑形式上同红门飞云阁与万仙楼并不雷同，但在作用上却兼得二者之妙。在这里，阁的东、西两面皆山，南面也已是丛岭滚滚，只有北面开阔，却再次地被遮住——人在此上望，好似壶中窥天，被闷在了鼓中。其实，古人在此建阁的用意，已由门洞旁的对联作了透露

> 登此山一半已是壶天
>
> 造极顶千重尚多福地。

按道家说法，"壶天"是神仙住的地方，壶天阁即仙山琼阁之意。其意仍在鼓励人们继续攀登，说这里虽然已犹如仙境了，但更好的景致还在前面，只有达到极顶才能"一览众山小"。

与此联想呼应，门洞旁的另一副对联是：

> 壶天日月开灵境，
>
> 盘路风云入翠微。

这个对联既描绘了此处的环境，又进一步强调了壶天阁在整个登山序列中的作用。前面说过，登山的道路是漫长而又艰苦的，古人对"登天"之路作整体构思的时候，已充分考虑到人的体力、心理因素，所以利用不同的单体建筑，将漫长的道路分割成好多个短的单元，而每个单元的结束都像评书的每个章回的结束那样，留下悬念，使游人减少枯燥感，激发起人的继续向前的欲望。而且，采用了这种形式，人在登攀中由于景物的不断变化，空间层次的不断递进，也往往会情趣甚浓而不觉其累，缓解了疲劳。试想，如果一条笔直的石阶大道从山脚直通岱顶，那么登山还将有什么意味呢？古人把雄伟的泰山中的这条宽阔的道路称作"幽区"，看来道理就在于此了。当然，泰山的本色是雄，幽不会压雄，"盘路风云入翠微"，最终人们会看到泰山真面目的，我们还须继续登攀。

元君殿

阁的北面有元君殿三间，正间须弥座上供奉碧霞元君铜像。西面有厢房，

登山盘道从元君殿西侧继续蜿蜒向上。

回马岭

　　向上，壶天阁在后面了；再向上，就到了"回马岭坊"，此处仅听名字就觉得路是不好走了，所以旧时这里称"石关"，是泰山的第一道天然关隘。

　　相传回马岭是东汉光武帝封禅泰山时骑马上不去的地方，据说宋真宗也是在这里改骑马为乘轿的。东汉应劭在《汉官马第伯封禅仪记》中记载：(光武帝)"是朝上山骑行，往往道峻峭……乍步乍骑，且相半，至中观留马"。"中观"说的就是。但是乾隆有办法骑马上去，路边石崖上有他的题刻为证：

　　　昔人回马地，进马跋岩岛。
　　　夫子有明训，功毋一篑停。
　　他认为昔日帝王骑马至此回，实在是功亏一篑，而自己却能跃马而上，得意之情溢于言表。

　　在岱庙汉柏院内我们还见到过乾隆的另一首咏回马岭的诗，也很有意思，诗曰：

　　　崇椒越上越嵚崎，传说真宗回马斯。
　　　若论天书来致莫，到斯回马已为迟。

大意为：
　　高大的山峰越上越险峻，
　　相传宋真宗就是在这里弃马换轿的。
　　如若评论他假造天书来封禅，
　　就算到此回头也已令人耻笑了。

　　乾隆在好多地方嘲笑了宋真宗的封禅，到底为什么呢？后面我会讲给大家听的。

马蹄盘

　　山势陡峭则盘道回旋曲折，山路转弯处形似马蹄，所以此处盘道叫做马蹄盘，路边有石刻形容此处山道是"峰回路转"，不言其险，只说其幽。

药王殿

　　向上，迎面红墙灰瓦建筑一座，很小，却很有名，此即泰山"药王殿"。殿内祀药王孙思邈。中国古代，人们在艰苦恶劣的条件下生存，对疾病瘟疫充满着恐惧与无奈，也就对医疗和健康给予了特别强烈的关注，对医道高的医生则也由信赖而崇拜，直至神化，奉为神明，建庙祭祀，顶礼膜拜。泰山上就曾建有先医庙，供奉歧伯、少俞、太乙、扁鹊、华佗、张仲景、葛洪、孙思邈等28位神话传说或古代现实中的神医。

　　孙思邈是唐代著名医学家，因幼时多病，吃药吃得倾家荡产，于是发奋习医，攻读不辍，达到了精深造诣。学成之后，他拒不为官，长期在民间治病救人，并结合行医实践，编写出《千金要方》、《千金翼方》两部医学巨著。两部书名皆冠以"千金"，是说人命重于千金。他重视病人，在书中首次提出医德概念，要求医生对病人要"无求无欲"，不论其贫富贵贱、长幼美丑、不论什么民族、聪明还是痴愚，都要一视同仁，像对待自己的亲人。他还说，病人的痛苦就是自己的痛苦，故而不能怕苦、怕脏、怕臭，不能避昼夜寒暑、道路艰难，必须"一心赴救"。后人对孙思邈的精湛医术与高尚医德极为崇敬，尊奉他为"药王"，道教还把他列入了《列仙全传》。

　　由药王联想到了药，索性让我们在此稍作停留，来了解一下泰山的药材。泰山植物中蕴藏着丰富的宝贵中药材，几乎是从人类一认识泰山，就知道这里产名药。古老的传说中，泰山女神就曾掌管过泰山的"不死之药"。对泰山药材的实际利用，可以追溯到1400年前，南朝齐梁人陶弘景编纂的《本草经集注》中，便载入了泰山药材40余种。唐代苏牧等在公元659年编纂的世界上第一部由国家公布的药典《新修本草》中又增添了10多种。上世纪30年代末，泰安名医高宗岳潜心研究泰山药物，写出了《泰山药物志》，共发掘出各类中药601种。近年来科研工作者对泰山药用植物进行了大规模普查，确定泰山范围内药用植物有110科445种，其中100种属泰山独产或优于他处，其中又有何首乌、黄精、玉竹、四叶参、汶香附、山楂、侧柏叶等被列为泰山特产。何首乌、泰山参、黄精、紫草被称为"泰山四大名药"，据说祛病强体功效十分显著。

　　——这些药具体能治什么病？

　　对不起，这方面我常识不多，说不好。我只知道何首乌能够乌发、健身，传说古时一个姓何的道士60多岁时白发苍苍进山修炼，采挖何首乌等泰山名药为食，数年之后竟变得满头青丝，身轻如燕。还听说何首乌被称为泰山四百多种中草药之冠，不寒不躁，有养血、益肝，固精益肾，强筋健骨的功效。泰山参又称泰山四叶参，个大像胡萝卜，生长在泰山深处的岩石缝隙、峡谷、山坡的林荫中。具有补血通乳、养阴润肺、益胃生津的效用，《泰山药物志》说它"效能较长白山人参大十倍"。据说体弱者泡酒常饮，健身效果明显。黄精全称黄蔓精，生长在荫坡、石壁、杂草丛中和树下，性平和润，能补中益气，定肝胆，润心肺，益脾胃，升清降浊，下三火，使人目明耳聪。清《泰山志》、《泰安县志》还说贱年时它"九蒸九晒"可以代粮，被称作"仙人遗粮"。紫草，有活血凉血、清热解毒、利尿等功能，如外用，可治疗火伤、冻伤、湿疹、水泡等症。泰安民间还用紫草根泡酒，饮之能舒筋活血，强身健骨。

——呵，厉害。

三大士殿

药王殿西有殿宇三间，坐北朝南，前廊式五脊歇山顶，内供观音、普贤、文殊三菩萨，称作"三大士殿"。三大士殿创建年代无考，明、清均曾重修，后圮，上世纪80年代重建，基本上保留了清代样子。

历史上，泰山庙宇数不胜数，《岱览》曾记载：泰山"佛老之宫，群灵之府，依岩缘谷，比比皆是。"直到上世纪初，泰山上下尚有庙宇宫观140余处。而且，由于泰山具有包纳万物的特点，因此反映在宗教上亦是三教并存，既有儒家的，也有道教和佛教的。从规模上看，虽然占主导地位的还是与泰山信仰有直接关系的祠庙，如东岳大帝和碧霞元君的神宇，但是从数量上来说，更多的却是民间神祠，这些神祠靠百姓筹资修筑，一般占地较少、规模不大，仅是简单选址，"依岩缘谷"而建，就如同这三大士殿。

话说回来，在民间的佛教信仰中，人们最尊崇的大概就是四大菩萨了。这四位菩萨离民众最近，最关心民间疾苦，不像佛爷那样高高在上，一脸的玄虚，因此，四位菩萨通常被百姓亲切地尊为"四大士"：就是大慈大悲救苦救难的观世音菩萨，其显灵说法的道场在普陀山；大智大慧的文殊菩萨，其道场在五台山；大德行善的普贤菩萨，道场在峨眉山；还有一位是地藏王菩萨，在九华山得道。地藏王菩萨有一句名言是"只要还有一人下地狱，我就不成佛。"不知为何，四大菩萨中，地藏王竟没有来到泰山。也可能前三位都是女身的缘故吧。

在一般规模较大的佛教建筑中，三大士神像往往塑在正殿佛像的背后，面向北门，其造型是文殊菩萨骑狮子，普贤骑六牙白象，观音骑犼。而此处则进行了简化，让她们直接坐到了须弥座上，成为了主神。另外，佛教中还有其他的所谓"三大士"，其中较为有名的当属"开元三大士"，此三位大士是善无畏大师、金刚智大师和不空大师，他们被认为是佛教密宗传入中国后的祖师，与此处的"三大士"不是一回事了。

由三大士殿西去，过步天桥，中天门已近在咫尺。从中天门到南天门的一段路上，又有二虎庙、增福庙、元君殿、龙王庙、梦仙龛、大悲殿、金母殿等众多的神灵祠庙，只是如今很多已不复存在了。

步天桥

再往北行，溪谷上建有石桥，俗称"步天桥"。桥为单孔，长12.2米，宽约4.5米，拱高6米，跨度11.5米。始建年代不详，1936年被大水冲毁，1937年得中国旅行社资助重建。登上石桥，仰首北望，中天门已近在咫尺。登山者至此无不为之振奋。

小十八盘

又叫十二连盘，这里是我们前面提到的泰山构造断裂抬起的第二个阶梯，即中天门断裂带了。由于这段盘道十分陡峭，故被人们称作小十八盘。

中天门

终于上来了。这里只是小十八盘，已使我们领略了泰山的险峻。现在眼前便是中天门了。中天门位于黄岘岭上。黄岘岭因"土色黄赤异于他处"而得名，地形显要，既是泰山主峰的天然屏障，又是中、西两溪的分水岭。

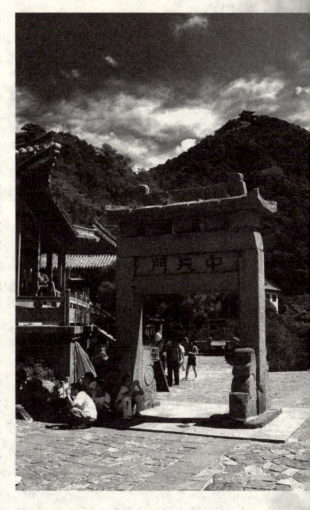

中天门的代表性建筑是一座单门石坊，坊额书经石峪体大字"中天门"，石坊大致呈东西方向，古朴简约，与周围环境十分和谐，因此也就显得很美，无数游人在些照像留念；小广场上建筑物颇多，北面的三间大殿，为二虎庙，后又被称作财神庙。其余大多是新修的服务设施，可供游人小憩。

"中天归云"

在中天门俯视山下，只见群峰低首，徂徕如丘，每当雨过天晴、夕阳西下之时，群山如岛屿起伏于云海之中，游人飘飘然若置身于云海之上——这就是中天门一大胜景"中天归云"。登山至此，仅为"中天"，但已觉天地甚宽、泰山真大了。

财神庙

小广场北的这座小庙旧称二虎庙。传说泰山古代有虎，古人建起大殿三间，祀黑虎神，以镇山兽。1989年，内塑财神赵公明手持铁鞭、身跨黑虎像，遂成为财神庙。

虎阜石

坊北有石形状似虎是泰山独特的地质现象之一。虎阜石岩面为黑灰色，风化面呈灰色，块状结构，主要矿物成分为斜长石、微斜长石、石英、黑云母和角闪石，由于球形风化作用而层层剥落，使之石纹斑驳，形似卧虎。虎阜石同位素年龄已达25亿年，是黑云母石英闪长岩球形风化所奉献的一件杰作。

慈恩亭

位于中溪山之巅。是台湾同胞为表达炎黄子孙热爱祖国、敬仰泰山的心情，于1988年捐资修建的。亭子中陈列着一块从宝岛台湾运来的"彭湖海石"，据说与此遥遥相对的台湾澎湖岛上也有一座与此相同的亭子，亭中立有一块泰山花岗石。两座亭子隔海相望，表达了两岸人民企盼国家统一的美好愿望。

大直沟

中溪山东北，为泰山的东溪，俗称大直沟。史载当年汉武帝登封泰山即由此路上山，故此沟又称汉御道。大直沟内遍植刺槐，山道虽废，依然可行，沿途不乏秀美景色。

倒三盘

从中天门继续登山，却见上山的路上出现了向下的盘道 这一段下坡道俗称"倒三盘"。在整个"登天"序列的盘道中，山路始终是向上的，这是唯一的一处"向下"。这对人来说也算是一种启示吧：登天的路乃神仙所走，尚且有起伏，联想人生岂不更是如此，但只要目标在前，方向在上，我们就要坚定地走下去。盘道东侧有题刻数处：吴迈的五言绝句，今人张爱萍的题诗和黎玉书刻的"中华精神"及清代金石家吴大澂的大篆象形字"虎"等。

吴迈诗刻

刻于1932年，吴迈(1885－1936)，字良翰，江西余江县人，吴昌硕的第三子，上海大律师。1931年"9.18事变"后，他为拯救日益破碎的大好河山，奔走大江南北，呼唤举国抗战。1936年，他惊闻西安事变，立即回国到西安会见张学良、杨虎城将军，行至香港，不幸被国民党特务杀害。他处世抱定"四不宗旨"："不怕苦，不怕死，不做官，不荐官"，直至以身殉国。其诗言真意切，其字方正有力，表现了他宣传抗战的急切心情和坚强的性格。诗为：

> 接踵过中天，高山群仰止。
> 为问熙攘人，曾否忆国耻？

说得好。吴迈无意中说出了旅游的功能：你徜徉在祖国的大好河山之中，心中是否想到了报效祖国，而彼时则是你是否想到要洗雪国耻。

张爱萍题刻

　　刻于1983年。张爱萍(1910－2003)，无产阶级革命家、军事家，早年投身革命，历任国务院副总理，国务委员兼国防部长等职，授上将军衔。文革中惨遭迫害，被批斗、囚禁达6年之久，左腿致残。但他刚直不阿，正气凛然，与林彪、江青反革命集团进行了坚决的斗争。1977年张爱萍恢复工作，大力拨乱反正，成功地组织指挥了中国第一颗洲际导弹的发射，为国防建设，特别是国防科技和武器的装备建设，做出了重大贡献。其题词为：

但去莫复问，白云无尽时。

　　此两句诗透过字面，可以看到的意思是：历史的规律总是向前发展，不必犹豫彷徨，径直前进，前途总会越来越好。

　　在这里眺望南天门，已隐隐辨得清红色，我们也不必在此作过多的停留，南天门在等待着我们呢，"但去莫复问"吧！

快活三里

　　也叫"快活三"、快活山，清《泰山志》说："快活三，在倒三盘北。《述记》云：路凡三里，地忽坦夷，或名快活山。旁有玉液泉。"这是泰山盘道中少有的一段坦途，举足前行不再费力，路旁林木茂密，蔽日成荫，石刻成片，令人倍觉惬意。来到此处，人们也许会想到这样一条哲理：人们都愿意轻松，然而不经过努力，又怎么感受到成功的乐趣呢？正如古人所说的："人生······轻便易，世路重艰难。不走嶙岩路，谁知快活三？"不过，这也只是登山途中的一个插曲，这"快活"也只是身体的轻松，不必在此久久徜徉，只有到达极顶，我们才能体会到真正的喜悦。

玉液泉

　　倒三盘之后是一小段平路，路北高台之上有一泉名玉液泉，泉水甘甜，富含多种对人体有益的微量元素，《泰山药物志》甚至把此水当作了药材。

"尽忠报国"刻石

　　在快活三里中段北侧，未落款，不知何人书于何时，来到泰山的游人，面对祖国的大好河山和悠久的历史，总会油然生爱国之情。

增福庙

　　在快活三里北端，内祀福、禄、寿神，皆是民间所信仰的神祇。继续北行，盘道渐升，其间山峰突起，巨石累累。巨石上多有题字，如"若登天然"、"蛟龙石"、"斩云剑"等。

斩云剑

　　路左边有一块一人多高的大石，上刻"斩云剑"三字，此石貌不惊人，但像一把剑，传说具有斩云化雨的功能：每年夏秋两季，斩云剑周围的山谷中常常乌云密布、上下翻滚，而此石就如一柄利剑，将乌云斩作两半，使得其下方有雨，上方则只有云而无雨。这种特殊的自然现象，其实是斩云剑所处的位置决定的。此石位于海拔近1000米的山谷中，每逢雨季，山下的云雾沿山谷而上，山上的云雾则顺谷而下，冷暖气流在此相遇，就容易形成乌云翻滚的现象。其下方由于气温较高，就往往有雨；其上方相对温度较低，往往就只有云雾而没有雨滴了。

"蛟龙石"刻石

　　刻于斩云剑北盘道东侧岩壁上，因此处岩石上有纹理似龙而得名，也与气候现象有关。这一把斩云利剑，一条播雨巨龙，一前一后，盘踞在此不知有多少岁月，这真是造物主的神来之笔才能创造出的绝品。古人知此否？怎么就吟出了"造化钟神秀"的千古名句而道破了天机？

小龙峪

　　在蛟龙石北，原有小龙峪坊，早圮。东崖两石相衔，雨季石峡飞泉自东而来势若龙喷。古名小龙口，又名小龙峪。

斩云剑刻石群

　　斩云剑之上有众多石刻，如"泉"、"云路先声"、"山辉川媚"、"峻岭"、"天下名山第一"、"人间天上"、"从善如登"、"郁确其高"、"峻岭"、"曲径通霄"等。

"泉"刻石

　　盘道东侧石刻较多，其中颇引人注目的有"泉"题刻，其下有跋：

　　余来岱之次年，岁在丙辰。是年春，暴风甚多，寒暖不时，余因之而病。病后对阿堵物有感曰：是物也，何物也？得之则生，弗得则死，其西人所谓人生第二生命者耶！然英雄豪杰为汝坟黑其心，灭其性，变易其操守，至死不悟。己

斩云剑

不能致者，必欲强人以致之，汝之势力，不可方物，无论如何不可捉摸之。生龙活虎，一入铜臭势力范围，立时与至无灵之蠢鹿顽豕等，真可叹也。余老矣，不能从诸君后，请拭目以观之。长芦李星源题，民国五年八月。

此处"泉"字并非泉水之意，古代称钱币为"泉"。

文中"阿堵物"也是指钱。《世说新语》里面讲了一个故事，说有一个叫王夷甫的人很反感他老婆爱钱，于是从来不提"钱"字，老婆便试探他，趁他睡觉时将钱堆满了床旁，看他说不说这个字，第二天王醒来，见满地是钱，无法下床，便呼奴婢曰：搬走阿堵物！"阿堵"即"这些"、"这个"的意思，物，东西。后来人们遂把钱称为"阿堵物"了。"汝坟"，古代典故，指修筑堤坝。坟，堤防；汝坟，汝水上的堤防。"铜臭"，铜也是指钱，此处是讽刺以钱买官的人。古代一个故事说东汉崔烈花钱五百万买了个司徒，得意洋洋，便问他的儿子：我位居三公，人们怎样看我？儿子说：人们都说你这个官儿有铜臭味儿。

跋的意思是：

> 我来到泰山的第二年正是民国五年(1916年)，这年春天常刮大风，寒暖多变，我生病了。病后对"阿堵物"颇有感触。钱是种什么东西呢？得到它便能生存，得不到它就会死亡，这不就象西方人所说的第二生命了吗？但是"英雄豪杰"如果以修堤防为名，黑了心，勒索百姓，中饱私囊，结果是年年修堤，年年水患不断，苦了百姓，灭绝了人性，改变了操守，甚至到死都不觉悟。自己做不到的，用钱可以强求别人做到，钱的威力，真是莫可名状，无论如何捉摸不透。生龙活虎的人，一旦沾染铜臭，立刻与蠢鹿顽猪没有区别了，真是可叹啊。现在我已经老了，不能看到那些满身铜臭的人的下场了，请大家擦亮眼睛看着吧。

这真是一篇绝妙的文字。这个叫李星源的人提醒人们对那些贪官"拭目以观之"，没错，就让我们拭目以观之吧。

"从善如登"刻石

此语出自《国语·周语下》："从善如登，从恶如崩"，这是人生的警语！的确，一个人做好事行善事是需要像登山一样，要有毅力、勇气和付出，是很难的；而变坏则像山崩一样，一下就垮了。中国古代人向来把善恶作为衡量人的最终尺度，所谓"己所不欲勿施于人"，"勿以恶小而为之，勿以善小而不为"，以及"恶恐人知即是大恶，善欲人知便非真善"等等，都是强化人的修养的经典之句。古人把向善比喻成登山，十分贴切，让我们在攀登中来仔细体味。

张默君诗刻

再向前有张默君偕夫邵翼如于民国二十二年(1933年)登岱时的石刻：

> 笑指齐州九点青，漫教治乱问山灵。
> 且将同梦生花笔，来写千秋泰岳铭。

诗书俱佳，给人印象颇深。尤其是"漫教治乱问山灵"，请记住这句话。

103

张默君(1883－1965)，近代妇女活动家、教育家、记者，湖南湘乡人。早年在金陵阳城学堂附小教书，后进上海务本女校，加入中国同盟会。辛亥革命时，策动江苏巡抚程德全脱离清朝，宣布独立，被称为辛亥才女。后赴美国学习，任纽约中国学生联合会主席，奔走呼号学生爱国　在留学生中产生了积极影响。回国后任江苏省第一女子师范学校校长，并主持《神州日报》、《上海时报》工作。1924年与孙中山私人机要秘书邵翼如结婚，二人被称做"诗人夫妇"。

毛泽东诗词刻石

此处盘道东侧有毛泽东《七律·长征诗》，为1966年下半年造反派铲去古人题刻所制。毛泽东书法笔力雄奇灵动，在所有石刻中占尽风光，诗也写得无人能比，尤其是长征诗，刻在这里很能激发攀登者的勇气。前去还有《沁园春·雪》、《七绝·为李进同志题所摄庐山仙人洞照》及"江山如此多娇"、"数风流人物还看今朝"等刻石多处。七绝中的"李进同志"即江青，此诗写于1961年，当时全国经历了大炼钢铁、大跃进、大锅饭……遭遇了所谓三年自然灾害，党内外很多人士怀疑是否中央的政策出了问题，毛泽东便写下了这首诗"暮色苍茫看劲松，乱云飞渡仍从容。天生一个仙人洞，无限风光在险峰"，表达了无产阶级革命领袖对革命事业的坚定不移的立场和美好预期。1967年造反派还要拆除岱顶的玉皇庙，在泰山之巅造一座巨大的向前伸着手臂的毛主席像，意寓指引世界人民闹革命，模型都作了出来，后因经费及技术条件不足作罢(山东画报出版社·《百年泰山》)。

修复盘道古迹的题记刻石

盘道东侧，有修复盘道古迹的题记刻石，记载了晋军对泰山大肆破坏后，泰山文物古迹的修复情况："十九年(1930年)战役，晋军据城，分兵守泰山，沿盘道筑埠垒，破坏不堪言。泰安县长周百　具状省府韩向方(韩复榘)主席，筹办工赈，择要兴修中天门至南天门一段，计长二十余里……并修宋天贶殿古迹，保存壁画古物及驻军拆毁岳庙围墙，又包公祠……古迹名胜逐渐兴复……"在泰山保护史上，这是一段有价值的记录。

"如意"刻石

又名"如此河山"刻石，字高20厘米、长50厘米，其形酷似一柄如意，有人认为此字实为一"如"字，还有人认为是"如此河山"的变型字。为泰山著名的刻石字谜，是登山序列中的轻松小品。

袁家普题记刻石

此石刻于1929年。袁家普(1873－1933年)字雪安。少年入渌江书院，23岁补博士弟子员。后留学东京早稻田大学，毕业后依例授法政科举人。　民国元年(1912年)起，任云南省财政司司长、财政厅长、国税厅长。在职3年，府库充实，民有余力。曾主持清理"富滇银行"，得银洋60万元，都督唐继尧想移作私人银行基金，袁拒绝办理，致被免职。后任北京中国大学校长、国立法政学校教务长。1926年，国民革命军入湘，任湖南军资处委员长，数月间筹集国民公债400余万元，以济北伐军饷。1929年4月，任山东省财政厅长，清理张宗昌任内亏款，偿还部分民债，尽裁张宗昌所兴苛捐杂税。因积劳成疾，1931年卒于庐山。这段题刻当是他任山东省财政厅长时所为。其词为：

愿同胞努力前进，上达极峰，独立南天门。高瞻远瞩，捧日拿云，可以张志气，拓胸襟，油然生爱群救世之心。感斯山之永固兮，国家柱石曰严曰峻，巍然吾民族之威棱。

民国十八年九月三十日，醴陵袁家普识。

拿云，志气凌云，语出李贺"少年壮志当拿云，谁念幽寒坐呜呃"。威棱，威严。中国当时军阀混战，民生凋敝，袁家普号召全国同胞要像登泰山攀极顶一样志存高远，救国救民；同时他又指出，泰山是永远稳固、永不可催的，是威严的国家柱石和民族象征。说得真好！最近有学者提出泰山是中国的"国山"，并吁请政府批准。其实在中国人心目中早就把泰山视为国山了。而在今天，大多数人却只知有"泰山风景名胜区"，是一个旅游的、玩的地方，而对更深刻意义上的"泰山"认识淡漠了。所以说与其使国家批准一个"国山"，还惹得持不同观点者争议来争议去，倒不如将泰山的国山地位重新回归到全国人民的心中。

通天河

中天门之下，盘道是沿中溪而行。中天门之上，盘道仍沿溪走，但此已不是中溪，中溪发源于中天门东侧的中溪山，流入梳洗河。而此溪水则是发源于岱顶诸峰，流往西溪与奈河的"通天河"了，通天河之水源远流长，水量大，落差更大，潭瀑成群。

通天河两侧石刻甚多，如"海天在目"、"仰止"、"妙极"、"气象岩岩"、"登欢喜地"、"快活天"、"在山泉"、"耸壑昂霄"、"至此又奇"、"水流云在"等。

云步桥

位于通天河上，是一座单拱石桥，因紧贴飞瀑而建，洪水季节水雾四扬，人行桥上如行在云中雾中，因此得名。此处山光水色分外奇特，使人备觉情趣不凡，古人有诗赞之"百丈高崖锁云烟，半空垂下玉龙涎。天晴六月常飞雨，风静三更自奏弦"，颇有些仙境的意味。

云步桥刻石群

云步桥上下古人题刻甚多，如"涤虑"、"飞泉挂碧峰"、"云步跻天"、"揽胜"、"俯瞰群峰"、"泉清自洁"、"澄清宇宙"、"霖雨苍生"、"月色泉声"等等。

"澄清宇宙" 刻石

题于1930年，款为："庚午陇右马福祥书。" 马福祥(1876－1936年)，字云亭，回族，为马千龄四子。 光绪二十九年(1903年)调任甘肃庄浪协镇守使，驻防兰州。武昌起义后，陕甘相继爆发革命，陕甘总督长庚命马福祥募兵攻陕，马福祥以"甘民穷苦，不任兵革"为辞，按兵不动。清帝退位，马福祥联名通电承认共和，任甘肃临时议会议员。民国十八年(1929)任青岛市市长，1930年调任安徽省政府主席，9月又调任蒙藏委员会委员长，在南京召开蒙藏各部王公会议，提出消除各民族间的隔阂，发展各民族教育，开发蒙藏教育。马福祥生活在军阀混战天下大乱的时代，盼望天下太平，故在泰山题下了"澄清宇宙"四字。

"霖雨苍生" 刻石

刻于1841年，款为："道光辛丑季春。□□□题。" 霖雨苍生意为泰山雨露润泽天下、济困百姓。这是泰山的重要文化主题之一。

观瀑亭

又名酌泉亭，在云步桥东。建于清光绪年间(1875－1908年)。为四柱石亭，通高5.4米，四周立角柱和檐柱，上承以角梁、扶角梁等，五层迭涩藻井，中盖方石，攒尖宝顶。亭柱上刻满了楹联。

两根角柱上的联为：

> 风尘奔走历尽艰辛思跪乳，
> 因果研究积成功德敢朝山。
> 大清宣统元年梅月吉日，玉田士隐刘振声撰并书。

跪乳，小羊吃奶的样子，思跪乳，思念父母、家乡。梅月，梅花开的月份，即正月；吉日，初一。

此联大意为：

> 尘世中艰难奔波历尽辛苦时常思念家乡，
> 只有明白事理积下功德才敢于朝拜泰山。

内柱联为：

> 曲径通幽处，
> 连山到海隅。
> 楚北天门刘先登题于清和之月。

湖北天门刘先登题于清光绪三十三年(1907年)，清和之月，即三月。意谓此时身处泰山幽区，而泰山既幽绝又阔大。

又有：

> 断崖瀑落晴天雨，
> 一线路入青冥端。

题于清光绪甲辰年，即1904年，作者段友兰时任泰安知府。前一句写云桥飞瀑，后一句写登山盘道可直达云端。

还有：

跋险惊心到此浮云成梦幻，
登高极目从此俗虑自销沉。
大清宣统元年秋九月上浣，厉城刘光照撰并书。

上浣，即上旬。此联以登泰山为喻，表达了作者对人生名利之事的看法。
大意为：

世上之事争纷闹心统统是梦幻，
登高望远心胸开阔俗念俱消失。

石桥周围有大量石刻，不同时代、不同心境的古人在这里抒发着各自不同的情怀。

云步桥断裂带

云步桥处溪谷陡然抬升，石崖突立，飞瀑湍急，此处即是泰山抬升的第三个断裂带了。前面说过，云步桥断裂和其南面的泰前、中天门断裂，都是中生代形成的断裂，产状基本一致，共同组成了一组阶梯状断裂，每条断裂的南盘呈阶梯式降落。云步桥正好位于云步桥断裂通过的部位，其北侧4米高的悬崖就是典型的山体断裂层面。

"中国旅行社导游名山大川"刻石

在云步桥西侧石壁上，刻于1937年春，是一条旅游广告。此广告透露出那一时期中国旅游已具备了雏形，而泰山也成为了全国主要的旅游景区。这一时期津浦铁路正常运营，公路交通也有所发展，泰安开通了至济南、济宁等地的长途客车。泰安的宾馆、商业等也随着旅游业的兴起有了较快的发展。但随之抗日战争爆发，这一切均化为了乌有。大家知道"旅游"的这个概念再度流行，是过了40年改革开放后的事情了。

御帐坪

桥北石崖上石坪阔大，其上有柱穴遗迹，传说当年宋真宗封禅泰山时喜爱此处景色，便下令驻跸于石坪之上，此坪便被称作了"御帐坪"。宋真宗对于自然景色的鉴赏是颇具眼力的。这里山青、松翠、水秀、瀑鸣，"绝壁临大壑，飞流千尺下。松涛与水声，喧寂不相假……"（赵国麟《御帐坪》）。这里的确是泰山风光极佳的所在。

"天下奇观"刻石

盘道西侧有"天下奇观"题刻，下有款：

外子解甲之明年，侨寓厉城，余携儿辈前来探视。慕泰山名胜，蓄愿往游。登高凭眺，风景绝佳。爰题四字，以志鸿爪云尔。壬申莫春，石韩显斌勒石。

题石者石韩显斌是石友三的老婆。石友三字汉章，吉林长春县人，生于1891年。少时家贫，弃学投吴佩孚营当兵，又投冯玉祥，并三次反叛之，再投

107

阎锡山、汪精卫、张学良、蒋介石，甚至联合共产党，但均又背叛，反复无常，世称"倒戈将军"。1931年又与粤桂军阀联合反蒋，在保定附近大败，逃往德州，不久又寄居在韩复榘的山东省政府内，此即所谓"外子解甲之明年，侨寓历城。"外子指丈夫。1932年秋，石友三又潜入天津，与日本特务头子土肥原贤二拉上关系，组织伪军，任冀北保安司令。抗日战争时期，参加反共活动，武装进攻八路军。后因其反共不得人心，内部分化，被其部下高树勋诱捕活埋。泰山在这里为人们提供了一个反面教材——它是一面镜子，无论何人，良莠立辨，妍媸立现！

三登崖

云步桥西，石阶陡峭，因攀援费力，称作"三登崖"，又俗称"三瞪眼"，倒也形象生动。

飞来石

三登崖顶有巨石立于盘道左侧，相传明万历三十一年(1952年)，泰山风雨大作，石自山巅坠此，有人遂题"飞来石"三字于其上。

五大夫松

终于来到五大夫松了，我可以来讲一讲这树的故事，解开这个悬念了。

当年，司马迁记载秦始皇封禅泰山，"风雨暴至，休于树下，因封其树为五大夫。"秦时泰山多树，而始皇所封的"五大夫"，司马迁并没有说它是什么树，更不可能说它是五棵树，因为一个人怎能同时在五棵树下避雨？到东汉时这树才被认为是松树。东汉泰山太守应劭在《汉官仪》中说"小天门有秦时五大夫松"，确切指出此松在小天门(今五大夫松坊)的位置。而秦时泰山的"树"，或许还是原始状态的阔叶林也未可知，因为松树是针叶树，在松树下避雨管什么用啊？就好比下雨打伞，伞上没有伞布只有伞架，谁还会把这个伞架举起来呢？

那么，"五大夫"又是什么呢？原来，"五大夫"是秦代的一个爵位。秦时的爵位分为二十等，第一等彻候，第二等关内候，第三等大庶长……第十一等左庶长，第十二等是五大夫……最后一等是公士。五大夫大概相当于今天的

五大夫松

享受副处级待遇吧。您明白了吧？

有趣的是，明万历三十年（1602年），这株所谓"五大夫"被泥石流冲毁，清代人已经不知道五大夫是秦代的爵位，还以为是五株松树，于是官员丁皂保便补植了5株，正如我们在岱宗坊石碑上所看到的那样了。现在补植的五株树还剩2株，也已270余年了。其实，明代泥石流冲毁的五大夫松肯定也早就不是秦始皇避雨的那棵树了，后人至少已补栽过几次，也许早就认为是五棵树了，只不过我们没见到记载罢了。

封禅

让我们在秦始皇当年驻足的地方坐下来休息一会儿吧，此刻天蓝云白，日丽风和，我们的运气比秦始皇好多了，我要给大家讲一讲封禅，特别是秦始皇的封禅了。

简单地说，封禅就是在泰山举行的浩大的国家大典。司马迁《史记·封禅书》称："自古受命帝王，曷尝不封禅？"也就是说新皇帝上任了，就要举行封禅，一是向上天报告大功告成，二是告知天下我当了皇帝。除此之外，封禅还另有条件，古人认为，只有国家统一、民族团结、国力强盛，人民安居乐业，这样的称职帝王才有资格封禅泰山。

封禅一词说的是两个事情。所谓"封"是在泰山之巅修筑圆坛祭天，表示对上天佑护的感激，"以增天之高"；"禅"则是在泰山脚下的蒿里山、社首山、梁父山、云云山、亭亭山等小山上，辟出一块平地，筑方坛祭地，表达对大地的谢意，"以增地之广"。

秦始皇是史书正式记载的第一个到泰山封禅的皇帝。

而在此之前，零星的记载则把封禅推到了泰山远古的原始崇拜和神话中去了。《韩非子·十过》说："昔者黄帝会鬼神于泰山之上……蚩尤居前，风伯扫地，雨师洒道，虎狼在前，鬼神在后，腾蛇伏地，凤凰覆上，大合鬼神，作为《清角》。"这大概就是那时帝王封禅的再现。文中的蚩尤、风伯，以及虎狼、腾蛇、凤凰、鬼神等皆为各部落的首领及部落民。在这里，蚩尤是黄帝的重要助手，而在其他典籍中，蚩尤却是黄帝的死敌，二者斗得你死我活。古代泰山封禅所追求的是民族的团结与统一，而不是分裂与战争，是封禅使各部落走到了一起，从而使中国古代先民较早地具有了民族认同感，为民族大统一奠定了不可动摇的基础。当然，后来这块土地上仍免不了战争，但大多是"兄弟阋于墙"了。

《尚书·舜典》则记载："舜二月，东巡守，至于岱宗……柴，望秩于山川"。所谓"柴"、"望"，柴是一种古老的祭天仪式，柴字为动词，即在泰山之巅燃起大火，希望这火的信息能够传到天上；望则是来自全国各个民族、部落的成千上万的人们在山泰下遥望着大火的升天而共同祈祷、遥祝。这大概就是封禅的早期形式。当时的各个部落的先民们，都以能参加这一盛典为幸事，争相派出代表，不远千里、万里云集泰山。当泰山之巅的大火熊熊燃起之际，人们在升腾的烈焰中摆上牺牲、撒上香料，把它们送往上天，并向上天诉说着祈求国泰民安、风调雨顺、民族和谐、生活安定等等美好的愿望。历史学家称此为"率民事天"、"率民事神"，对之有着高度的评价。

孔子也对上古的封禅很感兴趣，他说"观异姓而王可得而数者七十余人，不得而数者万数也。""异姓而王"即"受命帝王"，也是指改朝换代后的帝王，他们都要到泰山来向天报到，汇报自己的"施政纲领"，以求得到天的认可，成为有了"资格证"的"真命天子"。所谓"不得而数者万数也"，指的是一些小的诸侯国的国王甚至大夫，他们没有封禅的资格，却也想借封禅来抬高自己的地位，这种人多得数也数不过来。孔子对这种人是持鄙夷态度的，后面我们还会有所介绍。春秋初期齐国的管仲也曾谈到过封禅，他比孔子早了几百年，知道的当然更多，他列举出古代有72家帝王举行过封禅大典，可惜他的《管子》一书早已不全，使得司马迁写《封禅书》时，"殚精竭虑"地从那些散乱、朽败的烂竹片片中收集资料，只寻找到了12家，即无怀氏、伏羲、神农、炎帝、黄帝、颛顼、帝喾、尧、舜、禹、汤、周成王等。东汉哲学家王充也在他的《论衡》中说"为王太平，开封泰山，泰山之上，封可见者七十有二，纷纷湮灭者，不可胜数。"先秦时代的封禅实在是难以考稽了。

秦始皇封禅

对于秦始皇的封禅，司马迁在《封禅书》、《秦始皇本纪》、《孝武本纪》中都作了尽可能详细的记载。但是由于秦始皇的封禅过程密而不宣，所以司马迁写史时也感叹无法详加记述。但是今天我们来分析，秦始皇的封禅动机是十分明显的。他封禅泰山除了有根深蒂固的祭天求神的传统意识外，还有着三个方面的原因：一是政治原因。秦统一后，六国贵族的反抗势力并不甘心，仍在频频策划推翻秦王朝。秦始皇对六国反抗势力的残酷镇压以及无休止的徭役，都使得人民的反抗情绪日益高涨。秦始皇敏锐地感觉到了这一点，所以就通过封禅来夸示国力，巩固统治，加强帝国的统一。二是迷信的原因。秦始皇迷信神仙，多次派人到东海去寻求不死之药，当然他更相信泰山上住着神通广大的神，到泰山封禅就可以求得长生不死，甚至成为仙人。三是回归故土的潜意识原因。如前面提到的秦始皇的先祖本是东夷人，他有着回归故土的不灭心结。而至于他怎么来，怎么走，在什么树下避的雨，我们则分析不出来了。

秦始皇封禅并没有使他成仙，甚至也并没有在政治上帮了他多少忙，他希望借封禅以实现江山永固并传之万代千秋的目的，终于因为他在夺取政权后心中全然没有人民，一味奴役百姓、穷奢极欲、封杀文化，而仅仅12年后就在农民大起义的狂涛中灰飞烟灭了。但是，他封禅泰山时留下的李斯小篆碑和五大夫松却仍在供人凭吊与遐思。更重要的是他开创了有正史以来帝王封禅泰山的先河，并使得后世有作为的皇帝心向泰山，把泰山视作天的象征用以评判自身的功过是非，使泰山得以在一定程度上起到了抑制封建时期最高统治者为所欲为的作用，使他们不断想到"天意"，想到天目似电，可以"裁判"一切，而不敢过分地逆天行事。

秦始皇以后，封禅就逐渐脱离了"率民事天"的原始形态，但是早期封禅中所反映的天人感应、天人合一的思想并未消失，泰山的神山地位更由于封建大一统皇帝的亲临登封而变得愈加威威赫赫、尊冠天下。

秦松挺秀

五大夫松在明清以后，既然被理解为秦始皇封五棵松树为"大夫"，于是便有好事者在此建起了"五松亭"，立起了"五大夫松坊"，成了现在的样子。

然而，松树自有松树的品格，它无须恃贵仗势，无须依靠"名声"，便在瘠土中出脱得身姿挺拔、虬枝盘旋，成为了泰山八景之一——秦松挺秀。如今人们见苍松而赞其节，至于是否与秦皇有关倒并不在乎了。

自古以来，游人见秦松而生感慨者大有人在，以秦松为题的诗词歌赋写得好的也不在少数，但是其中最令人叫绝的是清代小说家蒲松龄的《秦松赋》。他在赋中首先写了秦松久经风霜而又清标独耸、特立不移的高古形象："貌与石而并古，色比黛而同青"；"意挺挺而自若，似无喜而无悲"。接着写帝王封禅的奢华铺张，"万骑云屯，千乘鼎沸"；"冠盖旗旌，弥漫无际"。后又写有多少人乘机附势："喜动天颜，恩承上意，赐爵受官，恩奢宠异。"想捞取个一官半职。然而，转瞬之间"草腐烟消，香埋珠碎"，一切都成了烟云，只有秦松依然挺立，"亘古今而不坠"。最后蒲松龄梦见秦松化作一伟男子前来说："秦虽以我为大夫，我未尝为秦大夫也。……高人烈士，义不帝秦。秦皇何君？而我为其臣！"写出了作者蔑视权贵，矢志不移的气节，也写出了中国人所一贯标榜与追求的凛然风骨与浩然正气。

望人松

五松亭上不远又有古松一株，叫望人松，又名迎客松，树身前探，长枝伸出，似向游人招手致意。松树是泰山的象征，它赋予了泰山生命，又把泰山的悠悠之情传达给了每一位登山者。几百年了，这古松始终执着地伸着臂膀，向每一位泰山的客人道一声："欢迎您！"

拦住山

过了望人松，有一座叫"拦住山"的小山作为自然屏障，再一次挡住了人们的视野。实际上，泰山上像拦住山这样的小山峰很多，而这座山之所以出名是它拦在了路的当中，天然地起到了将道路分段的作用，因此古人就特别注意了它。绕过拦住山，视野再次开阔，南天门似乎也已经不远了。

朝阳洞

盘道西侧有一石洞，叫朝阳洞，洞口朝南，洞前有开阔平地数亩，建有房舍供游人小憩。洞内正面石壁上有线刻的碧霞元君像。洞中常有敬神者，故终年香火不断。

朝阳洞石刻群

此处石刻也较多，如"名山洞府"、"瞻岩"、"圣寿万年"、"鲁瞻"等等。

"在山"题刻

其文为："登泰山而后见山川之大，亦见山川之小。"在山，不知何许人，此题刻的后一句说的是孟子的话：孔子"登泰山而小天下"，前一句则是明清以来"登泰山而知天下大"的新的哲学思考。

清摩崖

由朝阳洞远望，东北方向约350米处的御风岩上有一块巨大的摩崖石刻，人们称它"万丈碑"。石刻高约30米，宽12米，字径1米，是乾隆皇帝所为。据说当年乾隆在朝阳洞小憩，举首北望，山上白云缭绕，隐约见仙阁琼楼；十八盘似一条天梯垂向人间，两侧青山郁郁葱葱，谷底溪水湍湍缓缓，俨然是一幅绝妙的山水画。于是乾隆不由叹道：壮哉泰山，绝好图画，可惜缺了一方印章。他便写了一首《朝阳洞诗》，并命人刻在巨岩上，当作了他的"图画"的"印章"。诗曰：

> 迥峦抱深凹，曦光每独受。
> 所以朝阳名，名山率常有。
> 是处辟云关，坦区得数亩。
> 结构寄幽偏，潇洒开窗牖。
> 历险欣就夷，稍憩复进走。
> 即景悟为学，无穷戒株守。

诗的大意是：

> 高大的山峰环抱着一片凹地，往往最先见到早晨的太阳。
> 因此便取名为"朝阳"，就如同好多名山一样。
> 此处是高山上的关口，竟有数亩平坦的地方。
> 房舍的结构同深幽的环境谐和，推窗外望一片大好风光。
> 经历艰辛的游人喜欢平地，都想在此休息一会再继续向上。
> 由此想到治学的道理，学无止境切忌停留得过分久长。

"无穷戒株守"！此诗有点哲理，登山是如此，治学是如此，干好一切事情都应如此。

北京女子高等师范学校学生考察泰山地质刻石

北去，历代石刻琳琳琅琅，令人目不暇接。其中盘道西侧石壁上有很特别的题记一处，记录了北京女子高等师范学校学生考察泰山地质的情况。石刻内容为：

北京女子高等师范学校博物系学生，考查地质冀览太古岩层，远跋千里，登临至此。中国女子之有高等师范自此校始，女子师范之有博物系与博物系之有地质冀览，则自此女同学始。民国十一年十一月六日。吴兴章鸿钊记，西林韦琼莹书。

在中国，泰山是最早受到自然科学界关注与研究的大山，而由中国第一所女子高等师范学校的第一个博物系的女同学前来考察则大概更是全国名山中的唯一。石刻中所谓"太古岩层"是指太古代形成地质岩层。太古代是地质学上最古老的一个地质年代，约开始于45亿年前，结束于24亿年前，这一时期形成的地层被称作太古界，所组成的岩石主要有片麻岩、片岩、板岩和片麻状花岗岩等。泰山约形成于28－30亿年前，其地层主要为太古界的变质杂岩，也被称作"泰山杂岩"，具有典型的地质学意义。而且由此也可以看出泰山的文化是多元的，"泰山不让土壤，故能成其大"——它不拒绝科学。

朝阳洞摩崖刻石群

朝阳洞之北是对松山。由此北望，那松、那石、那白云似乎构成了泰山的全部主题。盘道西侧石壁上就有 "泰山松"、"松云绝壁"等题刻，说明了古人此刻的注意力已全被松、石、云所吸引，他们用极简练的笔墨形象地点出了此地风光的特色，就让我们一一来领略吧。

"发育万物，峻极于天"刻石

刻于明隆庆五年(1571年)，山东按察使吴文华题。"发育万物，峻极于天"出自《礼·中庸》："大哉圣人之道！洋洋乎发育万物，峻极于天。"意思是圣人的道理伟大啊，可以催发万物发育，高高地矗立于苍天。在这里则是指泰山的伟大，高耸云天，发育万物。

刘凤池登泰山诗刻

在盘道西侧，刻于明嘉靖二十年(1541年)落款刘凤池，共题诗二首。其一为《登泰山》：

> 峰峦缥缈入烟霄，三月登临雪未消。
> 万里鸣銮更旧迹，几朝老树识新条。
> 晴天海气连云洞，莫日薰风到黍苗。
> 上帝欲从开化术，谁增仙嶂作长桥。

此诗大意是：

> 连绵的峰峦高高地耸入云霄，三月里来登山积雪仍未融消。
> 帝王封禅改变了泰山的面貌，百年的古树发出了新的枝条。
> 晴朗的日子云气都在白云洞里，阴天时东南风吹拂着禾苗。
> 天帝要开创教化的道路，在陡峭的山崖之间增设了仙人桥。

其二为《登封禅台有感》：

> 大风吹雨落天华，独上荒台有所思。
> 千载烟霖忽聚散，几家钟鼎遍兴衰。
> 树当路口排仙仗，苔到春深封古碑。
> 万古英雄只如此，何劳宇宙角雌雄？

大意是：

> 大风吹来雨雪洒落大地，独自登上荒凉的古封禅台而感到悲哀。
> 千年世事像烟云一样忽聚忽散，多少朝代都由兴盛走向了衰败。
> 当年每个路口都排满了封禅仪仗，而今天古碑上却长满了青苔。

历代的英雄都是这样，又何必为夺天下而决一高低争得难解难开？

刘凤池悟透了人生。

"从此看山"刻石

康熙年间任玑题。的确，在这里北望泰山，那峭壁、蓝天、古松、涧瀑、十八盘、升仙坊、南天门，以及攀登在十八盘上的游人，构成了一道绝佳的风景，从这里看泰山的确是个好角度。

"大好河山"刻石

民国三十三年(1944年)天津人胡宝泉、胡宝林题刻，也是有感于泰山的美丽景色而发出的爱国赞叹。

"空翠凝云"刻石

为清乾隆五十三年(1788年)泰安郡守宋思仁所题。宋思仁我们还记得吧？就是在岱庙东御座我们说过的，写《泰山述记》并认为"李斯小篆为八分之祖"的那个人。此处已逼近对松山，古松青翠，白云凝结，景致美不胜收。

"心香诚祝"刻石

民国元年湖广香客宋洪升所题，意思是以虔诚的心意，真诚地告神祈福。

"山静似太古"刻石

"山静似太古" 五个篆字。这里的太古并非地质学概念，而是来形容久远的以前。中国古代人认为，太古时期无国君，人民自由劳作，安居乐业，无私欲、无战争，无诸般烦恼，过着天堂般的清静、安宁的生活。而幽静的泰山自古就被视作天堂，登上泰山，就像回到了太古时期一样，诸多烦恼顿时消除尽净。

处士松

这里石壁上有"处士松"三字。处士松，古松名，曾是独立的一株古松挺立在石壁之上。明人方元焕于是为它题了这三个字。"处士"是指有学问但不做官也屑于做官的人，这里引申为此松不在五大夫之列，但仍虬屈苍劲，有君子中立不倚之风，用来影射秦始皇所封的五大夫松。其旁又有人题碑"独立大夫"，并有跋语，说"五大夫质理浓翠，非古也"，赞美了此松。只是处士松于万历三十一年被暴风雨冲走，后来人们曾以柏树代之，如今柏树也枯死了，只留下了树名仍刻在石上。是呀，"处士"好是好，可也不好当啊，要是这棵树也能沾上某个皇帝的光的话，也不会有人随便用柏树来代替它了，柏树死了，也早该有人把它再次补栽起来了，说不定还会补个十棵八棵呢。开玩笑了。

"举足腾云" 刻石

这是康熙年间泰安知州祁国祚的题词，意为一抬脚就迈到了云层里，极言泰山之高，还暗含着鼓励游人努力登高的意思。

"千山闻鸟语，万壑走松风" 刻石

刻于1984年，楚图南题。楚图南(1899－1994)，云南文山人，政治活动家，中国民主同盟领导人之一，著名作家，1926年加入中国共产党。建国后，历任民盟中央副主席、主席，全国人大常委会副委员长等职。在促进对外文化交流方面卓有贡献。此题刻描写了泰山层峦叠嶂松风鸟语的绝佳风光。

"雄山胜境" 刻石

1984年萧华题。萧华(1916－1985)，江西兴国人，中国人民解放军著名高级将领。1928年12月加入中国共产主义青年团 后任共青团兴国县委书记，之后加入红军，屡立战功。建国后，历任人民解放军空军政治委员、中央军委副秘书长、总政治部主任、中央军委常委，1955年授上将军衔。萧华文武双全、才华出众，著有《长征组歌》、《铁流之歌》等名篇。

杨辛泰山颂诗刻

为当代著名美学家、书法家、北大教授杨辛先生与上世纪90年代中期所题。诗曰：

> 高而可登，雄而可亲。
> 松石为骨，清泉为心。
> 呼吸宇宙，吐纳风云。
> 海天之怀，华夏之魂。

杨辛先生热爱泰山，60岁以后曾40多次徒步登上岱顶，他以泰山作为人生奋斗的动力，将自己的书斋命名为"师岱堂"，工作之余，创作各类泰山诗近40首。这首《泰山颂》作于上世纪80年代中期，曾由著名书法家钱绍武先生书写，悬挂在北京钓鱼台国宾馆内。此诗精炼地概括了泰山的特征，尤其是"华夏之魂"四字，更是一语点出泰山就是我们中华民族的精神象征，是我们的民族之魂。这是对泰山的最为准确的定位，在接下来的游览中，我们将会对此感受得很深。

此外，这里还有"万境皆空"、"与天地参"、"揽翠"、"天下名山"、"松壑云深"、"暂远红尘"等古今刻石，均表达了登山者的所见所思。

王鸿登岱诗刻

石壁上还有清道光十九年(1839年)王鸿的《登岱》诗刻石：

梦游天地外，身堕烟霞中。

愿举饱腹稿，万古开心胸。

诗意为：

畅游在仙境犹如做梦，身体像是落到了烟霞之中。

我愿把满腹的诗稿刻上石壁，使人永远欢乐融融。

游泰山当然是开心的，大家有同感吗？

——嗯，这里真不错。

"岱岳雄姿"刻石

在盘道西侧，刻于1984年。何海霞(1908-1998年)中国著名画家，满族，字瀛，作画长于山水，举凡界画、青绿、水墨、没骨皆有创新。上世纪50年代末至60年代初与石鲁、赵望云共创"长安画派"。以山水画家的眼睛看泰山，就是一个"雄"字。

任克溥诗刻

不远处又有清康熙三十三年(1694年)，任克溥的题诗。任克溥，字海眉，山东聊城人，顺治四年进士，康熙间赐刑部尚书，题此诗时年已七十五岁，诗曰：

岩岩气象岱宗开，五岳首推信壮哉。

势接沧溟藏雨露，形连霄汉起风雷。

千丛脉秀龙鳞树，万丈骨高卧虎台。

策杖重游堪纵目，盘桓懒去问蓬莱。

其意为：

泰山高峻博大气象岩岩，难怪被推为五岳之长。

其势东接大海藏雨储雾，上达九霄可致风雷激荡。

丛丛古松如虬龙翻飞，万丈巨石似卧虎直抵天上

我再一次地拄杖重游，徘徊远望懒得去提蓬莱仙乡。

这个老头对泰山的感情很深，他认为泰山最好了，哪里都比不了，哪里都不要去了。

"能成其大"刻石

1932年熊可武题。熊可武(1885-1970)，字锦帆，四川人，辛亥革命元老。上世纪初留学日本，会见孙中山，加入同盟会。1911年参加了由黄兴领导的广州起义。1949年与刘文辉等策动川西起义，表示拥护中国共产党和中央人民政府。全国解放后，熊克武历任全国政协委员、民革中央副主席等职务。十年动乱期间，有人胁迫他揭发贺龙同志，而他以年老体弱记忆衰退为由打发走来人。事后他告诫子女说："做人要正直，切不能以莫须有的罪名，乘人之危加害于人。"这就是做人所要追求的"大"！

对松山

对松山

现在我们来到了对松山。对松山又叫万松山，山下的四角亭名"对松亭"。此处两峰夹路对峙，峰上万松叠翠、百姿千态，每当山风起时，林涛阵阵犹如巨浪拍岸，而云雾现时又似蛟龙出海，景色十分壮观，是泰山的标志性景点。古人于此题刻甚多，如"松风泉韵"、"苍松翠霭"等。其中"至此又奇"与乾隆"岱岳最佳处，对松真绝奇"之句有异曲同工之妙，点出了对松山的特点。迢迢登山道已走过了五分之四，景随路换，从这里开始，山势、山色将越来越奇、越来越雄，文物古迹也更为集中了。

梦仙龛刻石群

请不要急于登十八盘，由对松亭向东去可至梦仙龛，这一带的石刻特别多，且内容丰富，足可观览。

梦仙龛

在对松山之阳，是清代所建的庙宇，距盘道约100米，庙仅一间，面阔约4米，进深约3米，通高3米有余，为清道光七年(1827年)麟庆所建。相传泰安知府廷璐在京都等待选官时，曾梦见了一处仙境，后官至泰安知府，看到对松山景色竟与梦中别无二致，就将此事告诉了儿子麟庆。廷璐死后，其子麟庆官至道员，建起了此庙，以纪念此事。梦仙龛门外有《魏祥创建梦仙龛记碑》、《麟庆创修梦仙龛记碑》等。

附近石壁上的主要石刻由南向北依次为：

"月明松翠"刻石

在对松亭东约15米的石壁上，康熙六十一年(1722年)，萧湘(湖南)人赵纶题。此处下临通天河，上为石崖古松，每当月明之时，翠松筛月，流水潺潺、林涛阵阵，宛如仙境。对了，王维脍炙人口的诗句"明月松间照，清泉石上流"，大概就是这种意境吧。

"石面迸出水，树头穿破云"刻石

在对松亭东约百米的石壁上，刻于清顺治十一年(1654年)，北京宛平人刘若誉题。此句形容泰山泉水丰富，山体高大，石面上涌出流水，树梢插入云霄。

"振衣千仞"刻石

刻于明万历四十六年(元1618年)，万历进士、河南新安人吕维祺题。吕维祺曾任吏部主事，崇祯间为南京兵部尚书，李自成攻占南京，不屈被杀。此句为登上泰山千仞盘道，抖去衣上的尘灰，意为抖擞精神，继续攀上最高峰。

"龙洞"刻石

刻于明嘉靖三十九年(1560年)，嘉靖进士、射洪(在四川省中部)人谢东山题。谢东山巡抚山东期间，曾登泰山抒怀。龙洞即龙穴，古人认为，龙穴是兴云致雨的地方，此处为对松山，山间常升白云，瞬息万变，聚而为雨，故以龙洞喻之。

"涛声云影"刻石

刻于光绪四年(1878年)，铁岭人增瑞题。涛声指林涛，云影即云雾的景色，可谓有声有色。

"倚石听涛"刻石

刻于光绪十五年(1889年)，光绪进士、满洲正白旗人、大学士裕德题。此句依然没有偏离此处松与石的主题，靠在山石上听松涛、听水涛是何等的惬意。

乾隆题对松山诗刻三首

其一为：

岱宗最佳处，对松真绝奇。

古心谁得貌，变态不容思。

万嶂惟全碧，四时无改枝。

依稀佺美辈，倚树劚灵芝。

此石题刻年代被"倚石听涛"压盖，其诗大意是：

泰山最美的地方是对松山，对松山真是绝了奇了！

自古来谁能知晓奇松的容貌，其多变的形态令人不可思议。

千峰万峦一片青苍，松树的枝叶一年四季不改其色。

此刻好像有泰山的神仙，正倚着古松采挖着灵芝。

其二为：

对松初不称孰对，万古之山万古松。

面目本来正如是，小哉人世诩嬴封。

此诗刻于乾隆四十一年(1776年)，大意是：

对松山本来并没有什么名称，

千万年来山是山来松是松。

苍然古松本来就是这个样子，

生命甚短的人却夸耀说是秦始皇所封。

这首诗挺好。

其三为：

古干今枝郁相扶，正看侧眦总堪图。

个中尽有羲皇种，当得儿孙五大夫。

此石题刻年代不详，大意是：

新生的松枝依附在老松的枝干上，

正看侧看都是一幅美丽的画图。

古松大都是太古时期栽种，

它们的子孙才应当被封作"五大夫"。

这首诗幽默。

铁保书杜甫《望岳》诗刻石

刻于清嘉庆十三年（1808年），乾隆进士，嘉庆间两江总督铁保书刻。铁保，字冶亭，一字梅庵，姓爱新觉罗，满洲正黄旗人，善诗、工书法，与刘墉、翁方纲并称，所刻《清斋帖》，为艺林珍视。

"林远尘"刻石

刻于民国十七年(1928年)，其下有跋语：

民国十七年夏，军次岱麓，游览松涛风景，喜亦意随吾名，乃□刷集徂徕山之唐碑刻之，以留纪念云。

此处松林幽远，遁离红尘，为军人林远尘所喜爱，同时更令他所喜的是这一景色竟同他的名字相契合(远离尘世)，于是便集了徂徕山的"唐碑"字体，书刻了此三字。只是——泰山学者姜丰荣先生指出——林远尘所说的唐碑实是徂徕山光华寺旁映佛岩《般若波罗蜜经》刻石，该经刻于北齐武平元年(570

年)，其所集的"林远尘"三字，乃是映佛岩北齐人所书的经字。他在泰山的卖弄露馅了。

"松风吹冷尘心"刻石

刻于乾隆五十三年(1788年)，下有款："乾隆五十三年岁次戊申，不必留名。"尘心即世俗之心，一般指求名趋利之心，意思是来到对松山，追求名利的心思都被松风吹得淡薄了。这里好像是另一个世界，来到这里，人的烦虑皆消、荣辱俱无，名利则更不在话下，心中分外宁静。既然如此，所以落款时也就"不必留名"了。此意同观瀑亭处刘光照的对联意思相近，来到泰山什么尘世烦恼、什么争名夺利、什么张家长李家短统统抛到九霄云外了。

"云壑松涛"刻石

此题词在对松亭东约150米的石壁上，刻于清嘉庆十三年(1808年)，云南平彝人、进士、泰安营参将冯联科题。乃题景之作。

开山

让我们回到主盘道，此处是十八盘的起点。乾隆以前的登山盘路在通天河的东侧，乾隆末年在此处开辟盘路，将盘路由溪东移至溪西，盘道劈石而进，近了很多，也缓了许多。道路两边残岩壁立，是开山修路的遗迹，因为像门一样，故旧时也称"云门"。

十八盘刻石群

十八盘两旁刻石更多了，我们来随意选择几则，徐徐去读，慢慢向上。

"开此直山"刻石

刻在"开山"石崖上，题刻年代不详，说的是乾隆末年在此处开辟盘路，将盘路取直，故称直山——直通山顶的路。

"青玉案"刻石

刻于光绪十二年(1886年)，吴大澄题，篆书。青玉案是古时贵重的食器。张衡《四愁诗》："美人赠我锦绣缎，何以报之青玉案。"形容此处的山石美若青玉案。

郭沫若题万松山诗刻

此诗作于1961年，1984年刻于此，诗曰：

人来看万松，雾至万松蒙。

冠沐及时雨，襟披下岭风。

拿云伸臂手，饮瀑溢心胸。

磴道千寻尽，碧霞铁瓦红。

其意是：

> 人们都来看万松，云雾却把万松迷蒙。
>
> 帽子被雨水打湿，胸前迎着山上吹下的风。
>
> 伸出手可以抓住飞云，饮雨露能够充实心胸。
>
> 漫长的石阶走到尽头，才能领略碧霞祠的胜景。

这首诗写得好。从"泰山不算高"到"登临始觉奇"，再到"磴道千寻尽，碧霞铁瓦红"，郭沫若在泰山终于完成了他的认知历程。

"上天梯"刻石

刻于雍正十三年(1735年)，题款漫漶，形容登山盘道已十分陡峭，就如上天梯一般。

"龙门"刻石

在石坊西石壁上，草书，刻于清嘉庆与道光之间，魏祥书。魏祥，济南历城人，字致和，家贫，未入学，少年即学建筑，后成一代名匠。嘉庆、道光间曾两次主修泰山，梦仙龛就是他的作品。

龙门石坊

坊为二柱单门，全石构筑，初创于明嘉靖年间，早圮，1994年按照原样重建。

大龙峪

在龙门坊东。雨季，诸峰之水流入峡谷中，飞泉若泻，景色壮观。其上旧有龙王庙、金母殿遗址。

大龙峪盘道

又名老龙峪盘道，顺大龙峪而建，至岱顶碧霞祠西神门石阶下。初为明万历间参政吕坤所修，后圮。今存者为上世纪九十年代修复，供分流登山游人之用。

魏祥告游客碑

大家还记得吗，岱庙内汉柏院北墙上有《颂魏祥》碑一处，当时我们没有细读。那块碑的碑文记述了魏祥的家世、建筑技艺的高超和不为名利所动的优秀品质。碑文说，魏祥从事工程设计："移易变化，非抄录旧本也：揽巨万大工而不动心，用所得盈赢而行便神事"。乾隆庚戌年(1790年)，皇帝东行，盐运司命魏祥建行宫，并主持修建曲阜孔林、孔庙、泰山和济南的一系列工程。嘉庆末年，又应邀督修泰山。完工后，知府廷璐以工程余资赠魏祥，魏祥坚辞不受，在廷璐一再坚持下，他用余资修建了山道旁女厕所十余所及王母池、斗母宫观水景的东厅各一座。对于这样的人，的确是应当大"颂"一番的，而且至今仍有现实意义！

此碑曾立在龙门坊北，盘道西侧，因此处常有山石落下伤及游客，故魏祥立此碑以警示。碑文为：

岱宗以产万物称圣，而福善祸淫，山灵所播，显然可见。数载以来，山半时有被石殒命者。历下魏君致和监修泰工，深稔山之灵异，觉此地不可久留。

意思是山神很灵，虽善有善报，恶有恶报，但几年来屡见山石伤人，魏祥在此监工，深知山神灵应，但还是不要在此久留为好。

魏祥并非泰山管理者，只是在此施工，能有此人本主义胸怀当是难能可贵的。而且这段告示本身也很有趣：先把山神表扬表扬，砸死人也不是山神的错，不能怪罪它；当然也不是游人有错遭到了报应，游人也是无辜的，也不得罪游人。然后再提出忠告。短短几句话拐了好几个弯。在那个时代，大多数登山者都是来朝山敬神的，魏祥这样说话，我们理解他的用心，聪明人啊。

"仰不愧于天，俯不怍于人"刻石

在十八盘东侧石壁上，刻石年代不详，山西人姜学海题。意思是作人做事，上不愧于天，下不愧于人。此语出自《孟子·尽心》，孟子曰："君子有三乐，……父母俱在，兄弟无故，一乐也；仰不愧于天，俯不怍于人，二乐也；得天下英才而教育之，三乐也。"

"神功利济"刻石

在盘道东侧石壁上，题刻年代不详。神功，指神人的功绩，利济，顺利渡河，也泛指使人顺利渡过艰险。由此向上约30米就是升仙坊，游人至此，尽管十八盘非常险峻，但已临近仙境，有神人佑助，定能顺利渡过艰险，到达理想境界。

"崧高峻极"刻石

刻于十八盘东侧，年代不详，脱镐题。脱镐，字子都，元丞相脱脱之后，曾任东昌府(山东聊城)同知，嘉靖末被调泰安征收泰山香税，此语谓泰山极高极大。

"东皇天路"刻石

位置同上，题款残。东皇指东方青帝，意为十八盘是通往青帝居住的登天之路。

123

"绝顶云峰"刻石

刻于宣统元年(1909年)，下有款："宣统元年四月，奉命告祀泰山，遂登岱顶，遍历幽胜，俯览沧瀛，泐石以记鸿雪。萧山朱其煊题。"阴历四月十八是碧霞元君诞辰日，清代皇帝按例派遣官员来泰山祭祀。

"层岩空谷"刻石

在绝顶云峰前约10米处，刻石年代不详，款为"川东苏进"。为写景之作，意为层叠的高山，深幽的山谷，形容泰山高大深幽的形貌。

麟庆重修泰山记碑

在升仙坊下约10米处，刻于道光七年(1827年)。碑文记载了修补泰山盘道、后石坞石路及元君墓的工程。

"唯天为大"刻石

在升仙坊东侧石壁上，刻于清嘉庆元年(1796年)，意思是站在泰山上只有天在上为大，天下的一切都变小了，极言泰山之高。

"神贶崇朝"刻石

位置同上，刻于乾隆五十七年(1792年)。神贶，神灵的赐予；崇朝，指从天亮到早饭之间，喻时间很短。此处是升仙坊，离南天门已经很近，意思是很快就能进入仙境。

"云端"刻石

刻于光绪六年（1880年）。云端，云的源头，谓此处是布云播雨的地方。

升仙坊

全石结构，单山石坊，创建年代不详，额题"升仙坊"三字。此处北上150米即为南天门，共有石阶约480级，十分陡峭，其盘道被称作紧十八盘，是登泰山的最为艰难处。

"天地交泰"刻石

在升仙坊西侧石壁上，刻于乾隆四十八年(1783年)。天地交，即天与地相交合；泰，吉祥、亨通。意思是泰山是天与地相交合的地方，象征天下通畅安宁。泰山古称岱山，岱者，即阴阳交代之意，

指天与地交接的地方，因此古代帝王在泰山举行封禅大典，以同天帝进行对话。

"知止观止"刻石

在升仙坊北盘道东侧石壁上，题刻年代不详。知止，即适可而止，引申为已经满足；观止，指事物已尽善尽美，好到了极点。意思是，泰山此处景致好到了极点，人们已完全满足了。

"飞龙岩"刻石

在升仙坊北盘道东侧，刻于明隆庆元年(1567年)。此处山峰名飞龙岩，相传古时暴雨骤起，曾有龙蟠伏于此石壁上，雨止后腾空而去，故名。

"翔凤岭"刻石

在盘道西侧，与飞龙岩相对，在岱庙内我们已经见到了它的"副本"，此处的是真迹了。

"首出万山"刻石

在升仙坊北，盘道西侧，刻于明嘉靖四十七年(1568年)，东昌府同知脱镐题。极言泰山之高也，天下没有任何山能够超过它。

国 之 魂 魄 ‥‥‥‥‥

乾隆题登封台诗刻

此石刻在飞龙岩上，刻于乾隆十三年(1748年)，诗曰：

> 轩辕远矣不可知，七十二君皆一律。
> 金泥玉简敬用陈，锦綟石函封以密。
> 我来岱顶探遗踪，凝眸聊寄凌汉笔。
> 亦非谦牧图终古，两言定论从中出。
> 便使尧舜至今存，迄无可告成功日。

大意是：

> 黄帝到泰山封禅已久远不可知，
> 七十二代君主的仪式大概全都一般：
> 恭敬地献上祭品并把告天的玉简封进石匣，
> 缠上锦绳秘密埋藏在山巅。
> 我登泰山只是为探求古人的遗踪，
> 并集中精神创作豪迈的诗篇。
> 我不封禅也不是为了谦虚和反对古人，
> 我内心有两句话必须要说出：
> 即使尧和舜至今还活着，
> 也始终不可能有到泰山封禅的那一天。

乾隆在很多场合都发表了对封禅的看法，他认为封禅是没有意义的，且劳民伤财，开明的君主是不为的。当然他也在表彰自己，还拉上了尧舜与自己相提并论，但是谁又知道他心中到底是怎么想的呢。

"山险心平"刻石

在十八盘东侧石壁上，刻于光绪二十一年(1895年)。古人认为泰山是神山，善恶在此均有报应，善人登山，心中无愧，感觉如履平地，不觉劳累，故称山险心平。

大家感到累了吗？

——不累！

我可是有点累了，我不敢自我标榜。

——你这个导游，套我们。

"努力登高"刻石

看，古人在鼓励我们了，努力登高啊！下面还有跋语："光绪癸卯，清纺渠弟登岱，入丘壑层累曲折，至夫天梯，陡立□绝，攀跻步步吃紧，必须努力一番自达极顶，因志之。"此石刻于光绪二十九年(1903年)，山西人王靖宣宜题。此处为泰山"紧十八盘"中最为艰难的一段，游人至此实际上已筋疲力尽，步步吃紧，此题刻鼓励游人要坚持到底，努力奋斗到达极顶。

"亦可阶升"刻石

在盘道东侧石壁上，刻于光绪三十四年(1908年)。其下有跋"余宦山东廿余载，过山麓者屡矣，从未一登绝顶。戊申夏四月，奉命致祭。礼成后，爰偕范恒齐、徐楚珍两大令徘徊临眺，书此以志鸿爪。署理布政使、山东按察使司按察使胡建枢题。"意思是泰山虽然高险，但沿着盘道的台阶，也可一步一步地登上顶峰。署理布政使，暂时代理布政使，管理一省的民政、财赋事务，是巡抚的属官。按察使，为一省的司法长官。

乾隆十八盘诗刻

在十八盘东侧石壁上，刻于乾隆二十二年(1757年)，残损严重。诗曰：

犹忆昔登十八盘，坦途高架丈余宽。

曾因过费伤方伯，率为趋平奉大安。

今度挥鞭吟马上，不教仿栈辟云端。

石梯拾级千层迥，却喜峤峰本色看。

大意是：

仍记得上次登十八盘，

地方官架起栈道使山路变得又平又宽。

因为花费过大我曾告诫布政使，
但却说是为了母后登山安全。
这次我骑马吟诗而上，
不让官员像上次一样把栈道架到云端。
沿着梯子般的千层石阶登上高处，
很高兴看到了峻峰的真容颜。

"犹忆昔登十八盘"，是指乾隆十三年，乾隆奉母后登泰山，地方官员事先架设了长达六百八十三丈、宽一丈多的栈道，以便銮轿上山。

"共登青云梯" 刻石

在盘道东侧石壁上，刻石年代不详，赵丽生题。此句引自谢灵运《登石门最高顶》诗："惜无同怀客，共登青云梯"。泰山十八盘游客甚众，争相攀援，自成一景，此题刻的主体是人而不是泰山，感觉别开生面。

"天门石壁" 刻石

在盘道东侧石壁上，刻于明嘉靖四十三年(1564年)，翟涛题，为写景之作。

"渐入佳境" 刻石

在盘道东侧，刻于康熙四十五年(1706年)，山西人韩镐题。此人好像在学话说，如果你在红门宫、万仙楼甚至壶天阁处题此四字的话，都算是适得其所，你满头大汗地都跑到这里来了，都进入了"岱宗最佳处"了，人家都"知止观止"了，可你还没品出味来，还在把从山下看到的"渐入佳境"题到了这里，文不对题，就像一个大包子都快被你吃完了，还不知道里面有没有馅呢，岂不是显得文不对题吗？亏了他也不是名人，我们想笑话笑话他，也不知道他是谁——开个玩笑了。

咳，我这样说韩镐显得太不厚道。中国人有的时候就爱搞一窝蜂、一边倒，说好时一片叫好，说坏时一片叫骂，容不下不同意见，其实韩镐说得并不错，审美角度不同而已，泰山更佳的佳境的确是在后面。韩镐是有个性的，个性是可贵的，泰山明白这一点。对不起了，韩镐！

"东柱" 刻石

在盘道东侧，刻于万历二十四年(1596年)，落款是巡抚直隶……剥落了。东柱，是"东天一柱"的简称。中国古代人认为，"昆仑山为天柱"(《初学记》)，这个巡抚把泰山比作了昆仑。近代有研究者认为，古籍中的昆仑山就是泰山，泰山是中国东方最高大的山，是昆仑的原形，所以，有"东柱"之称。是的，是的，我们就像，在攀，一根，巨大的，柱子，气都喘不过来了。好吧，歇歇再走吧——

乾隆题登封台诗刻

这首诗刻于乾隆三十六年(1771年)：

诗曰：

> 云衢盘陟造天门，果是岩岩气象尊。
> 逮此崇台仰三度，登封降禅未曾言。

大意是：

> 踏着入云的盘道登上南天门，
> 果然是无比尊崇气象岩岩。
> 三次在登封台沉思仰望，
> 但不是为了考虑举行封禅大典。

这个皇帝又在说封禅。

"有求必应"刻石

刻于民国十八年(1927年)，将乾隆的一首题诗压盖，河北宁津王荫桂题。意在宣扬泰山神的灵验。

萧培元登岱题刻

位置同上，刻于同治八年(1869年)。其词为：

> 睥睨千峰，下临无地。发育万物，峻极于天。

意思是，在这里侧目观看，众山皆小；往下观看，深不能测。泰山兴云致雨，养育万物；极其高大，耸立于天。同在我们在岱庙坊的看到的对联差不多意思。

"万古挺立"刻石

在盘道东侧，刻于1984年，今人苏毅然题。

"果然似我"刻石

在南天门稍下约10米处的盘路东侧石壁上，刻于民国四年(1915年)，落款是江西徐源春岩氏题。此题刻是什么意思呢？原来题词者的名字叫徐源春，字"岩氏"，"岩"即高大、厚重、坚韧的意思，所谓"泰山岩岩，鲁邦所瞻"，"岩岩"二字是专门用来歌颂泰山的，而此人的字中有个岩字，他便说泰山"果然似我"，真是个搞笑的高手。泰山像他？我晕！这个仁兄同我们开的玩笑很高级，我们必须笑一笑，借此放松一下了——哈哈，真是泰山之大无奇不有。

"云路千盘"刻石

在南天门门洞外东侧石壁上，刻于1984年，今人聂荣臻题。聂荣臻(1899－1992)中国军事家，政治家。中国人民解放军创建人和领导人之一，

游泰山古道与岱顶

中华人民共和国元帅。此四字形容高入云霄的登山盘道千层百叠，是写景之作。

十八盘简介

好了，此刻离南天门不到50个台阶了。让我们先靠在铁扶手上略事休息，攒足力量作最后的冲刺。

第二天

请大家回首来途，看看我们攀登过的"青云梯"。从这里看下去，这十八盘简直就像垂直的一样。所谓一"盘"，就是一段连续的石阶，从开山到南天门共97盘，1633级，垂直高度400余米，而两点距离却不足1公里，其陡峭便可想而知了。民间俗称"十八盘"共有3个，即所谓"紧十八，慢十八，不紧不慢又十八"。按中国的传统习惯，往往以9或9的倍数表示多，3个十八盘即暗示着天门虽然在望，但"行百里者半九十"，道路依然很长，不能唾手即得；同时，它的紧紧慢慢又使得艰苦的行程并不单调，给人以在劳累中观赏、遐想与体味的余地。

踏上十八盘，"翔凤岭"、"飞龙岩"一左一右扑面而来，欲倾欲坠，大有"泰山压顶"之势；南天门雄踞两山之间，扼守极顶要冲，可谓"一夫当关，万夫莫开"；连接天门的盘道，如天梯倒挂，如银河下泄，沟通了人间与仙境；南天门红墙黄瓦神采飞扬，迎山风而傲浮云，令人望之动情。在这里人们才真正体会到了泰山的雄伟——漫漫来途说明了它的大，入云的顶峰说明了它的高，竖直的天梯则是它的险峻。只有在登攀中，人们才能识得泰山。

从升仙坊至南天门为"紧十八盘"，是登山盘路中最为艰难处，盘与盘之间的距离，只不过是两个台阶的宽度，人们到此常常汗流浃背，气喘吁吁，甚至有手足并用者，然而却无一人叫苦，更无一人退缩。是的，胜利的喜悦固然给人以动力，道旁石刻中古人留下的勉词"努力登高"、"首出万山"、"共登青云梯"……也给人以鼓舞，再想一想当年无名无姓的抬石修路的人，眼下的艰苦谁还能放在心上呢？大山无言，它自能激励人们向上，而只有义无反顾地向上，才能战胜险阻，才能到达最高的境界。

南天门

大家再向上看，十八盘尽头，南天门扼守在飞龙岩与翔凤岭之间的山口要冲之中，显得分外高大，雄伟。

南天门始建于元代中统五年(1264年)，明清多次重修，建国后翻修过两次，保存了清代建筑风格。它分上下两层，下层为门洞，条石垒砌，卷石起拱，顶铺条石，四周冰盘式出檐，东西总长9.7米，南北进深6.3米，高4.7米，拱形门洞宽3.7米，高3.3米，上镶贴金石匾额"南天门"。上层叫摩空阁，面阔3间8.4米，进深5.2米，通高5.3米，二柱五檩五架梁，重梁起架，黄琉璃瓦卷棚重檐歇山顶。正间南向开拱形门，两次间各开一窗。门上有白地贴金石匾额"摩空阁"，是民国河北书家王易门所题。

南天门门洞外两侧石柱上有对联：

　　　　门辟九霄，仰步三天胜迹；

　　　　阶崇万级，俯临千嶂奇观。

此联题刻年代、作者不详，大意是：

　　　南天门开辟在极高的天空中，

　　　向上走可一览仙境中的胜迹，

　　　南天门之下的石阶有一万级，

往下看能见到众山峰的奇观。

让我们一鼓作气登上南天门吧！一、二、三、四、五、六、七……终于上来了！

终于上来了，真爽啊！

石阶一个个数过来，汗水一滴滴落下去，经过努力拼搏，我们终于胜利了！此刻，当你最终站在南天门之下，清风徐来，疲劳顿消，继而俯视下界，来途茫茫，众山皆小时，你是否已体会到了李太白来到这里后"天门一长啸"的快意？

是的。

曲曲折折，花明柳暗的登天古道终于走到了终点，虽然我们并没有成为仙人，但是我们在这里领略到了"登泰山而小天下"的豪迈，掂量出了自我的价值。举目四望，寥廓江天无涯无际，我们更领会到了"登泰山方知天地大"的新的时代精神。古人喜登山，在登山中多有所悟，而我们若在攀登中把雄伟的自然之景同人生的奋斗要义结合在一起，不也能从中悟出人生的自我实现就如同这登泰山一样吗？我们没有成仙，但我们得到了精神的升华。

站在南天门下，我们是否感到了南天门真是个了不起的建筑。一路上，最为牵动我们的就是南天门，我们奔着南天门而来，而南天门隐隐现现，总没有长久地离开过我们的视线。在岱庙看南天门，它就像云中的一个黑点，但已经向人们显示了魅力；在中天门看它，它是一个红点，人们奔向它的心情更为急切；再向前进，南天门的轮廓已很清晰，天门两边双峰对峙，宛如一只奋飞的大鹏，使人愈加感受到了它的召唤；在升仙坊看南天门，南天门好似被十八盘高高擎起，显得更加生动、奇伟。南天门是漫长盘道的一个最佳结尾，我们经过了遥参亭、岱庙、一天门、中天门、升仙坊，只有一座更为高大的"天门"，才能使登泰山形成一个完美的段落。而且，南天门作为登山路上的最后一个屏障，再一次在空间变化上追求了欲放先收的艺术效果。这一屏障同将要出现在岱顶的开阔景观形成对比，预示着前面还有更激动人心的更大的高潮出现。南天门是奇特的，它所具有的种种美学特征，使它成为泰山最有名的标志性景观之一，凡知道泰山的人，几乎没有不知道南天门的。南天门的构思与建造，成为人文景观与自然景观完美结合的最佳范例，同时也成为泰山文化遗产清单中最具价值的组成部分之一。

《泰山小史》曾赞南天门曰："在十八盘上，高插霄汉，两山对峙，万仞中鸟道百折，危级千盘。松声云气，迷离耳目衣袂之间。俯视下界则山伏若丘，河环如蚓，天地空阔，无可名状。"

无可名状的南天门是泰山的骄傲！

杜仁杰天门铭诗刻

南天门最早为元代道士张志纯所建，张志纯被称作"天倪子"，我们在岱庙时已经知道他了。元代文人杜仁杰于元中统五年正月(1264年)，以"天门"为喻抒发了自己的感想。《天门铭》刻在南天门西侧的自然石上，石高190厘米，宽137厘米，石质坚润，色泽淡赭，铭词古雅，书法端庄，类似颜真卿，为泰山元碑中的佳作。现刻石有石室保护，保存完好。

天门铭：

泰山天门无室宇尚矣。布山张炼师为之经构，累岁乃成，可谓破天荒者也。齐人杜仁杰于是乎铭之。

元气裂，两仪具，五岳峙，真形露。惟岱宗，俨箕踞，仰弥高，屹天柱。浩千劫，窒来去，谁为凿，起天虑。匪斤斧，乃祝诅，一窍开，达底处。十八盘，盘千步，荈初吐，抱围树。日车戾，惨曦驭，六龙颡，荈回玄。踏此往，嘉无数。无怀下，兵刑措，七十君，接鑾辂。圣道熄，彝伦斁，辑让歇，篡夺屡，忽焉阗，梗无路。象维森，持呵护，朝百灵，由兹户，金璀璨，朱间布，九虎蹲，万夫怖。我欲叩，阍者怒，辟何时，坦如故。对冤旒，获控诉，豁蒙蔽，泄尘雾，刮政疵，别民蠹。上得情，下安作，额血殚，帝聪悟。崖不磨，苍壁竖，刻我铭，期孔固，垂万世，正王度。

东莱蓝田至东平路总管严忠范书。中统五年正月望日。

泰安州刺史张汝霖勒石。

渊静大师岱岳观主刘德源，昭真观主翟庆真同立。高又玄刊。

杜仁杰，山东长清人，字仲梁，号止轩，又名微，字善夫，金末元初散曲家。金末隐居内乡(在今河南省)山中，与麻革、张澄等以诗唱和，为元好问所称赏。后回到故乡，吟诗会友，游历于山水之间。平生喜弹唱，博学多才。

其诗文大意是：

泰山天门没有房屋很久了，布山道士张志纯为之经营建造，历经了数年才成，可以说是破天荒了。齐人杜仁杰于是作此铭赞之。

混沌初开时，	天地为之分，	五岳高耸起，	峥嵘一朝露。
泰山稳如坐，	昂首天外处，	仰视更高大，	恰似擎天柱。
浩劫历千般，	壅塞天门路，	谁辟十八盘，	天堑变通途？
并非靠凿斧，	乃是鬼神助，	有此天门开，	登顶不犯怵。
天梯十八盘，	盘旋逾千步，	山中野草发，	环抱皆古树。
残阳偏西时，	红日坠薄雾，	大地转晦暗，	草木变模糊。
天门畅通后，	朝天免辛苦，	观览亦舒心，	好处实无数。
上古人纯朴，	夜晚不闭户，	军队与刑罚，	弃置若废物。
七十二代君，	敬天有所悟，	纷纷来泰山，	佑国把民护。
之后生灾乱，	天人之道无，	禅让从此废，	篡位血如注。
天门忽然关，	应是苍天怒，	棘荆塞满途，	上天复无路。
天有日月星，	神阶皆有序，	百神来聚会，	皆由此门入。
璀璨天上景，	朱红殿宇矗，	九神守门槛，	望之生恐怖。
我欲去叩门，	门神凶眉目，	何时变坦途，	人道如上古。
登天见上帝，	听我来讲诉，	愚蒙应荡涤，	苛政要革除。
施政有缺疵，	更改不得误，	贪官与污吏，	灭之如灭蠹。
国君得真情，	下民心中安，	对天涂肝脑，	上帝多垂顾。
山崖不打磨，	石壁苍然竖，	提笔作此铭，	石上留篇目。
此心人可知，	惟期江山固，	传诸千万代，	朝政明法度。

杜仁杰的文辞古雅则古雅，但有点过分了，用典太多，我无法把它译成现代汉语介绍给大家，只能勉强地搞成了一个似通非通的"五言古"，仍是不通俗，十分抱歉了。再补充几句现代语言的解释吧：

杜仁杰以泰山南天门为喻，表达了他的思想：天门畅通好像回到了太古时期，那时当属原始社会，72代君王相继封禅泰山，敬天爱民，人民则朴实纯厚，过着安定的生活，就像想像中的伊甸园、桃花源一样。但是后来，进入了阶级社会，早期的禅让制变成了血腥的王位争夺，这就犹如天门又被堵塞了，人间充满了悲苦。作者想象，何时天门再开，自己可以登上天庭，向天帝痛陈人间的苛政与贪官污吏的歹毒，使国君了解真情，健全法度，巩固江山，让人民得以过上幸福的生活。大概就是这个意思。

我们一路走来，多次看到了古人提及"太古"，此处所谓"无怀下，兵刑措"，即伏羲、无怀氏时代，亦即太古时代，那个时期无剥削、无压迫、无国家机器，人们认为那时人们的生活应当是美好的。那么，为什么人们来到泰山总容易想到"太古"呢？在泰山这一高似通天、无尔虞我诈的特定的清纯环境中，人们可以暂时忘记了尘世间的纷争、烦嚣、名利与种种丑恶，而抒发美好的理想。但是这并不等于现实，真正的幸福是不能寄托于幻想之中的，我们在后面的旅途中将能看到最为真实、生动、悲壮的例子。

舒同泰山索道诗刻

由南天门前西去可至索道站，途中有当代著名书法家舒同于1983年所题诗刻：

泰山冠五岳，索道飞高峰。
风景呈新色，游途胜旧通。

"风景呈新色"，舒同说得真不错。晴空丽日下，两排色彩艳丽的缆车，悬吊在蓝天的背景中，一排徐徐地上，一排缓缓地降，风景确乎好看。但过去有好多专家极力反对泰山修建索道，说什么如果不拆除，泰山的世界遗产地位将岌岌可危。其实是不对的，泰山索道建于1983年，而泰山列入世界遗产名录则是1987年，联合国教科文组织的专家们并没有因此而将泰山拒之门外，他们能够正确地对待社会与科技的发展。想起当年，秦始皇封禅泰山修"车道"，儒生们就大为反对，而如果始终不敢在泰山动土，那么至今泰山也不会有路。又想起西方，埃菲尔铁塔，一个钢铁的怪物，曾遭到了无数人的异议，但它却早成了巴黎甚至法国的象征；还有卢浮宫前的玻璃金字塔，曾是何等的不伦不类，但今天也成了当代建筑中的伟大代表作。虽然泰山索道远不能同它们相提并论，但这却正是中国社会进步的标志。泰山有包容当代科技的气度。

未了轩

进了南天门，迎面所见的大殿取名为"未了轩"，内有明代所铸东岳大帝神像。此殿早先曾为关帝庙，1961年，郭沫若登泰山时，将其改名为未了轩。1984年，又在未了轩左右复建了东西配殿，这些建筑同南天门一起构成了一个

133

院落，我们可以在这个院落里缓一下节奏，然后又一个完整的、同登天景区有着不同情趣的岱顶之游便从从容容地开始了。

帝君像赞碑

未了轩大殿前廊下西侧，有刻于道光五年(1825年)的《帝君像赞碑》，碑文下方刻有关羽坐像，美髯飘逸，栩栩如生。碑文说人生在世要讲究忠孝节义，只有这样才能无愧于人道，立身于天地之间。若不是这样，身虽在世，其心已死，这就叫"偷生"了。还说人心即神，欺心便是欺神，所以必须慎独，无论在哪里都不能欺心，否则是有报应的。

岱顶

此刻我们已进入了泰山极顶，这一区域一般被称作南天门景区或岱顶景区，包括后石坞、观日大平台在内，面积约1.6平方公里。因岱顶海拔已高，受气压、温度诸因素的影响，景观与山下迥然有别，堪称奇妙，因此人们又称岱顶为"妙区"。置身岱顶只觉日近云低，几千年来人类社会不断营构的"天府仙境"与大自然赋予的奇异景致交相辉映，使人感到虚幻飘渺，无比奇妙，不知这里是人间天上，还是天上人间。

另外，岱顶还有着众多的不使人感到虚幻的人文遗存，这一切均在向我们诉说着不同历史时期的不同故事。如果说南天门是登山乐章中的一个高潮的话，那么这首乐曲的最强音还在后头。好了，我们已在登山的路上留连了太久，该让我们登上泰山之巅了。

134

泰山

月观峰

未了轩两侧各有一门可以北去，出门往西有一山峰叫"月观峰"，山上有亭，名月观亭。在此观月不知是否真的有异于他处，但在此赏山色却是绝好去处。在这里北望，层峦叠嶂，逶逶迤迤多达7重，一直延续到了济南；南望，徂徕如丘，汶河如带，泰安城高楼栉比，条条公路、铁路延续到了目穷之处……据说，天高气爽的深秋时节，在此还可一览"黄河金带"的奇异景观：在夕阳映照的斑斓天幕下，大地变暗了，唯有一曲黄河之水，反射着太阳的光辉，像一条闪光的金链，将天地连在一起。入夜，在皎洁的月色下，在此可观济南万家灯火，因此月观峰又称"望府山"。

西天门

月观峰北，有危石相对如扉，古称"西天门"，明人钟惺在《登泰山记》中称："岱之为天门者三，西天门者石自门焉，真天门也。"他并题"西阙"两字于其上。 钟惺是中国文学史上"竟陵派"的创始人之一，于诗文上追求峭拔险僻，在登山赏景中他也认为人工的不如天成的。其实，泰岱风光是人工与大自然的妙合之作，这正是泰山的独到之处，不必强调非自然的就不是好的。

上桃峪

在西天门下，为桃花峪之水的发源地。此处谷深崖陡，水流成瀑，飞泻直下。飞瀑两侧，树木葱茏，奇石林立，景色蔚为壮观。

君子峰

月观峰西，山峰逶迤，一片苍碧。峰上有奇石卓然而立似有君子之风，故名之为君子峰，上有题刻"君子峰"。

西神霄山

又名两峰岩，在君子峰南。双峰耸立，形状奇特，如入云霄。山之峡口有卧马峰，诸峰之水南流至对松山，注入小龙峪。

天街

出南天门院落东折即为天街。天街——天上的街市，一个富有诗意的地方。天街北倚凤凰山，南为陡崖，旧时贫苦山民曾沿街北搭起一排茅草小店，经营茶水香烛，并为进山朝神的善男信女提供食宿。山民多不识字，各店铺便以木雕的"金钟"、"鹦哥"、"元宝"悬在门前作招牌，吸引回头客，人称此为"金钟店"、"元宝店"等等。现在原先的茅屋已被一排古典式阁楼廊舍所取代，开设了适合现代旅游需要的商店、饭店和旅馆，不少店铺的门前仍悬有金钟、元宝等，以承古风。

天街坊

古为"升中坊"，在天街西首。1986年重建此坊，四柱三门冲天柱式，当代书法家武中奇题额"天街"。

凤凰山

位于天街北侧。悬崖上布满刻石，如"山高望远"、"日近云低"、"五岳之尊"等等。

"山高望远"刻石

1983年彭真题。彭真(1902-1997)，山西曲沃人，1923年加入中国共产党。建国后，任中共北京市委第一书记，中央政法委员会书记等。1983年当选为第六届国人大常委会委员长。彭真在他81岁高龄时题写"山高望远"四字，"山"，显然是指泰山，这正与两千多年来的中华精英一脉相承，表现了老一辈无产阶级革命家要站在更高的高度探讨治国方略的不泯之情，真可谓老骥伏枥志在千里。

彭真是一个伟大的共产党人。上世纪70年末，邓小平同志力挽狂澜，在全国开展了实践是检验真理的唯一标准的大讨论。正因为坚持了实事求是的真理标准，中国才终于走向了改革开放的振兴之路。而彭真同志就是一个一贯坚持实事求是的真正的共产党员。1962年，中央召开7000人参加的扩大的中央工作会议，总结"大跃进"的失误。会上刘少奇说，这几年我们遭受挫折，是中央政策出了错误。彭真则进一步发言说：我们的错误，首先是中央负责，包括不包括主席、少奇和中央常委的同志？该包括就包括，有多少错误就是多少错误。毛主席也不是什么错误都没有，三五年过渡，办食堂，都是主席批的。毛主席的威望就像泰山，拿走几吨土，还是那么重。现在党内有一种倾向，不敢提意见，不敢检讨错误，好像一检讨就会垮台。如果毛主席的百分之一、千分之一的错误不检讨，将给我们党留下恶劣影响。而林彪却在大会报告中却说：这几年所以犯错误是恰恰因为我们没有好好照毛主席的指示做。毛主席的思想能够顺利贯彻的时候，事业就取得成功；不听毛主席的话就失败。党几十年的历史就是这么个历史。他还对"大跃进"和"人民公社"所造成的巨大损失故意掩饰，说这几年虽然我们付出了些学费，但代价是"很少很少"的。事后有好心人替彭真担心，劝不要那么讲。彭真回答，共产党员要实事求是嘛！他就是这样一个站得高看得远，目光犀利，刚直不阿，坦率真诚的人。

彭真喜欢引用古希腊哲学家苏格拉底的一句名言"吾爱吾师，吾尤爱真理"。他还说共产党人尤爱真理，所以他始终坚持自己的观点，可惜的是他这些真知灼见，并没有起到应有的作用，以致后来发生了十年文革。文革初期，彭真被揪斗，之后又与夫人一起被投入监狱达8年之久，受尽了屈辱与折磨。那么，他是不是真的反对毛主席呢？不是的，他对毛泽东非常尊崇，视之为老师、为泰山，但同时他又是清醒的，不是盲从的，更不是阿谀逢迎的，他的疾声高呼是在为真理殉道！不信的话，请听他在1979 年复出后第一次参加中央委员会的发言：中国共产党不能否定毛泽东和毛泽东思想。毛泽东在中国历史上的地位和功绩是不能否定的，毛泽东思想作为我党的指导思想和中国人民的精神支柱是不容否定的。这种话出自彭真这样受了莫大打击的人之口，感动了无数人（《人民网》·《张道一谈彭真》）。

"山高望远"，登上了高大的泰山，放眼改革开放后祖国的大好前程，彭真同志心中的那份舒畅，我们能够体会得出来。泰山是一面镜子啊！

"登泰山看祖国山河之壮丽"刻石

1984年邓颖超(1904－1992)题，中国妇女运动的先驱。1976年后任第四、第五届全国人大常委会副委员长、中共中央政治局委员、中央纪律检查委员会第二书记、第六届全国政协主席等职。登泰山最容易联想到祖国，邓大姐以80岁高龄登上泰山，心中豪情激荡，深深地赞美改革开放后的祖国，而不仅仅是就泰山说泰山。

"海岱纵目"刻石

乔石题。乔石，浙江定海人，青年时代投身革命，曾任中央政治局委员、国务院副总理。第八届全国人大常委会委员长。海岱，海指渤海，岱是泰山，古代泰山到渤海一带是中国经济、文化最为发达的区域之一，可以视作中国历史文化发展的缩影，所以这句话既可以理解为"放眼齐鲁"，又可以理解为"纵目华夏"。

"建设东岳泰山，保护世界遗产"刻石

李鹏题。李鹏，四川成都人，曾任中共中央政治局常委，国务院代总理、总理，第九届全国人大常委会委员长。

"气通帝座"刻石

在凤凰山顶，刻于嘉庆三年(1798年)泰安知府金棨题。所谓气，指泰山的灵气。帝座，星名，在武星座，以帝座为中枢，左有十一星、右有十一星，二者呈屏风状。此处指泰山之高，其灵气与帝座星相通，也就是说与天相通。

"莺歌燕舞"刻石

在凤凰山之下低于路基处，一刻石字体怪奇异，比起红门处的"入云有路"更像是道符，有人辨出其上大字为"莺歌燕舞"，小字为"老子到此"等，我觉得不登大雅之堂。

国 之 魂 魄

象鼻峰

天街中段，有石阶可下陡崖，循石阶小道西去，一巨石酷似大象的头部，上有巨石垂下，好似象鼻，上有题刻"象鼻峰"。象鼻峰又称象山，其崖壁上历代题刻甚多。

白云洞

象鼻峰西就有泰山古时的著名景点"白云洞"。白云洞又称"云窝"，地处悬崖，危岩多窍，空气湿润，每逢新雨初霁，便有白云如絮从洞中涌出，为岱顶一奇妙景观。洞口外两侧石壁上有刻于光绪四年(1878年)的题联：

> 品物流行，万民所望。
> 山泽通气，百谷用戏。

大意是：

> 兴云致雨滋养万物促进各类物种形成，这是万众的期望。
> 山川之间相互通气雨水充沛，各种谷物能够获得好收成。

乾隆题白云洞诗

白云洞侧旁象鼻峰的石壁上，有乾隆皇帝题白云洞诗二首，其一为：

山中何有看白云，出谷封陵氤复氲。

太古以来绝人世，幸他八伯未曾闻。

大意是：

泰山之中为什么多见白云，白云涌出洞口弥漫飘散遮挡了山陵。

白云洞的奇妙自上古以来绝无仅有，尧舜时的八伯也未曾见闻。

其二为：

氤氲触石气成蒸，此意当知别有应。

一片常教封洞口，金泥玉简未容登。

诗中"触石"，是"触石而出"的缩略，意思是泰山的云气贴着山石生出，能兴云致雨。《公羊传》僖公三十一年："触石而出，肤寸而合，不崇朝而雨遍乎天下者，唯泰山尔。"古人以一指为寸，四指为肤，意即泰山的云朵贴着石头生出而变得非常密实，很短的时间就能雨遍天下。

说的就是泰山兴云致雨、发育万物的最古老的文化命题。大意是：

白云洞的湿气接触山石蒸腾成云，

要知道其中的意思还别有灵验：

若是有一片白云总是封住洞口，

就意味着不允许你到泰山封禅。

这个乾隆皇帝为什么老是念念不忘封禅呢？否则他不会屡屡提及的。其实我们可以窥见他心中的一丝隐秘：封禅在乾隆时代早已失去了存在的土壤，但是当年皇帝来泰山封禅时的气势、排场与得意，乾隆是知道的。作为一个自认为是"十全"的太平皇帝，按古代的标准他是最有资格封禅的，然而他却无法为之了。对乾隆来说，封禅莫非是颗酸葡萄。

焦朴滕登岱诗刻

白云洞稍东的石壁上有《焦朴滕登岱题诗》刻石：

下列群山谷万道，霞瑞重重绝顶绕。

独判天涯第一尊，洞天深影无人到。

大意是：

岱顶之下群山罗列山谷万千条，祥瑞的彩云一层层把玉皇顶环绕。

独特而立成为天下第一名山，泰山还有着众多深奥之处无人知道。

"洞天深影无人到"，说对了。至今这种状况仍未改观，泰山有好多好地方的确不为游人所知，因为大多数游人都没有去过。

——你能带我们去这些地方吗？

我们行程也只不过是泰山几个最主要的景区，也仅仅是很小的一部分。

锁云岩

白云洞东侧约20米的巨岩称"锁云岩"，上有题刻"白云深处"，其西有石头像一面鼓，上有"石鼓"题刻。另外还有"山河一览"、"贮云峰"、"白云洞"等古今题刻。

青云洞

象鼻峰东又有一洞，名"青云洞"，旧传洞中常冒青烟，便不知何故了。

白云亭

在天街中段南部。明万历十四年(1586年)巡抚都御史李戴，以祷雨而登岱于此，爱其风光，修亭以作纪念。原亭早圮，2002年修复。

悬石峰

又名围屏峰，在凤凰山东。其上旧有老君堂，已圮。今峰上长满灌木，怪石嶙峋。

蓬元坊

天街中段的石坊，初建于明代，2000年重修。道教认为仙境有十大洞天、三十六小洞天，七十二福地。泰山是三十六小洞天中的第二小洞天。《名山洞天福地记》："第二洞东岳泰山，周回一千里，名蓬元之天"。此坊东面额题"升中"二字，可谓一坊两用。所谓"升中"，即登泰山祭天之意。《泰山志》引《礼器》："因名山，升中于天"。又说，"升中之礼，须备千乘万骑"、"封禅者，帝王易代，大封诸侯，升中于泰山，故曰岱宗"。《泰山图志》也说："宋真宗登泰山谢天书述二圣功德碑在焉。明巡按吴从宪……建亭其北……其门曰'升中古迹'"。升中即登泰山封禅的意思，不过这个词在今天已经死了。

泰山世界文化和自然遗产标志刻石

此处还有一处泰山世界文化和自然遗产标志刻石，刻于2001年。世界遗产的符号是一个内方外圆、下部相通的图形，方代表文化，圆代表自然；下部相通则表示人与自然和谐交融。

望吴圣迹坊

沿天街继续东行，路北有一坊，额题"望吴圣迹"，相传这里是孔子与颜渊观望吴国城门的地方。在孔子时代，以孔孟为代表的思想家、政治家与泰山的关系已迥然不同于历代帝王诸侯，在他们眼中，泰山同"神"并没有多少关系，而是同社会与人生联系在一起。孔子就"不事鬼神"，"不语怪、力、乱、神"，他们以全新的目光审视泰山，审视天下，审视自身。"孔子登东山而小鲁，登泰山而小天下"的名言，就是他们决心"以天下为己任"，要站在泰山一样的高度来观察社会与人生的宣言。他们把泰山作为自己精神与生命的象征，像泰山一般坚韧不摧，对中国历史文化的发展产生了深刻的影响。

孔子(前551－前479年)与泰山的关系是极其独特的。

据说，孔子出生在泰山之南尼山脚下的一个山洞里。尼山原名叫尼丘山，后世为避孔子讳而改称尼山。孔子父母盼子急切，常"祷于尼丘"，而最后一次向山神祈祷时，孔母恰要分娩，于是就在这山洞里诞生了一个一生与泰山有着不解之缘的中国古代最伟大的思想家。

孔子的先祖是微子启，是殷纣王的庶兄，殷灭后，被周王封于宋，到了孔子十三世祖孔父嘉时，才有了孔姓。孔子的父亲名纥，字叔梁，人称孔纥或叔梁纥，为春秋时鲁国昌平乡(今曲阜市东南)陬邑大夫；母亲出生在鲁国的颜家，《史记·孔子世家》称她为颜氏，没有提到名字，《孔子家语·本姓解》说她名叫"征在"。孔子的父亲比母亲大得多，大概是没有经过媒聘就结合了，所以被司马迁称作"野合"。三岁的时候，孔子丧父，母亲颜氏为了生计，带着年幼的孔子从陬邑迁到了曲阜阙里。颜氏作为那个时代的女子，无力摆脱贫困，使孔子从小就备尝了生活的贫困与艰辛。孔子成名后说"吾少也贱，故多能鄙事"。"鄙事"就是平民百姓所从事的各种事情，为贵族所鄙视、更不屑于去干的事。好在当时在平民居住区里设有秋收后开办的平民子弟学校，好学的孔子就是在这种情况下，主要通过顽强的自学，学会了了礼、乐、射、御、书、数等六艺也就是写字、算术、射箭、驾车等基本知识和技能。当时的自学，想通过安坐读书来获取知识几乎是不可能的，一是没有书，二是有书也都是藏在国家的密室，一般人根本看不到。所以孔子的自学，主要是通过向四方人士请教、考察文物古迹来进行的。其中泰山就是他常来常往，汲汲以求文化知识的地方。

孔子的一生以周公为榜样，以恢复周礼为己任。他在泰山活动的目的之一就是为了了解、掌握周代的礼乐制度，至35岁时，他对于周代礼乐已十分熟悉，自然不会不对历代帝王隆重的封禅大典给予格外的关注。他认为，泰山封禅与祭祀必须由天子举行，诸侯以下不得僭越。鲁国掌权的大夫季孔氏要祭泰山，孔子便讥笑说：难道泰山也不懂礼仪，会接受你这不合规矩的祭祀吗？

孔子当年从事政治活动在泰山留下了众多遗迹。

给大家举一个例子。泰山东面不远处有一个地方叫谢过城，就是为纪念孔子而起的名字。说的是鲁定公十年(前500年)，孔子任鲁国司寇，实践自己的政治主张，使鲁国逐渐安定强大起来。这引起了齐国的不安，齐景公便邀请鲁定公在泰山东侧的谢过城举行聚会，想以武力威慑鲁国。孔子主张"文事武备"，会见前在军事上作了充分准备。会见开始后，齐国果然居心不良，先是以演奏地方歌舞为名，刀枪剑戟鼓噪而至，意在威胁定公。孔子见状，不顾常礼抢步上前，厉声喝道：两国国君庄严会见，为什么会有这种野蛮的歌舞！景公无言以对，示意众人退下。过了一会儿，齐国又要求演奏宫廷雅乐，于是有"优倡侏儒为戏而前"，弄来一些侏儒，又唱又跳，以此侮辱定公。孔子又一步上前大声说："戏弄诸侯者要依法斩首，执法官应立即执行！"由于孔子义正词严，掌握礼节严谨合度，鲁国军队又严阵以待，齐景公感到鲁定公不是可以轻易挟持的，便匆匆结束了会见。归国后，齐景公埋怨臣下说："孔子按礼仪辅佐国君，而你们却以旁门左道教我，失礼于鲁国，该怎么办？"于是只好

游览山古道与岱顶

归还以前侵占鲁国的膏腴之地汶阳田、龟阴田，表示谢过。谢过城遗址在泰安城以东的傅家村附近。

谢过城会后第四年，齐国担心"孔子为政必霸"，于是又生出计谋，送给鲁君80名美女、30匹高头骏马，想以此消磨鲁君意志，离间鲁君与孔子的关系。鲁定公在齐国女乐未正式进城前，便急不可耐，绕小路去偷偷观看，以致流连忘返，无心问政。孔子见鲁君如此荒唐，只得辞职，带弟子离开鲁国。行到泰山南面的龟山，面对肥沃的龟阴田，不禁感触万千，乃赋《龟山操》一曲："我欲望鲁兮龟山蔽之，手无斧柯兮奈龟山何！"龟山曾建有一座五层石塔，称"圣塔"，是金代当地村民为纪念孔子修建的。

好了，再说说我们的"望吴圣迹"吧。

这里讲的是孔子与他的弟子颜回的故事。颜回很好学，深得孔子称赞，出门总是带着他。传说有一次颜回跟孔子上泰山，孔子举目远望说，我看到吴国东门外拴着一匹白马，然后问颜回：你看到了吴国的东门了吗？颜回回答得好：看到了，还看到了拴马的带子。这就是"望吴圣迹"的典故。

吴国在今江苏一带，距泰山千余里，人的目力是达不到的，王充就曾在《论衡》中一本正经地证其虚妄。其实，完全不必过分拘泥于现实，当年，夫子师徒在泰山遥望南方，见白云悠悠如马似带，遂产生联想幽默一下亦无不可，孔子本来就不得志，凄惶度日很不舒服，再让他老板着脸，冷冰冰地过日子，岂不是更难受了吗？孔子也该笑一笑啊。实际上，孔子就是一个幽默的人。有一次在郑国，他与学生走散了，一个人站在城门边不知所措。学生向郑国人打听老师，郑国人说，有个像丧家狗一样的人站在城门边上，不知是不是你们的老师。后来子贡把这话告诉了老师，孔子听后开心地笑了，说这个比喻太贴切了！还有一次，有个人评价孔子说，他什么都懂，什么都不精。孔子知道后就笑着说，那么我该专攻什么呢？射箭？驾车？要不，就专攻驾车吧……孔子的生活绝对是辛苦而多彩的，如果他整天"要这样、要那样"地教训人，那就绝非孔子的风格了。颜回当然很了解老师，在这里又同老师幽默了一回，这个故事就变得很轻松了。

人们在此竖起了牌坊，更多地是在褒奖颜回。当年孔子奔走列国，屡遭困厄，是颜回最为坚定地跟随着夫子，他始终敬佩老师学说的博大精深："仰之弥高，钻之弥坚，瞻之在前，忽焉在后"（《论语》）。颜回的这种坚定不移的信念，这种高度尊师的精神，增强了孔子学说的感召力、凝聚力，使孔门弟子在困境中保持团结，以至孔子感动地说："自吾有回，门人益亲"（《史记·仲尼弟子列传》）。然而，恶劣的生活条件使颜回先孔子而去，孔子悲痛极了，哀恸呼号："天丧予！天丧予！"——老天呀！要了我的命啦！不久孔子也在悲伤和疾病中离开了人间。如今，我们登上泰山，在"望吴胜迹"的石坊处，总会想起孔子曾对颜回这位学深命短的弟子的赞誉："贤哉，回也！"是的，泰山记住了他们。

孔子庙

　　过望吴圣迹坊，拾级北上，台阶尽头坐落着孔子庙。庙为一进院落，山门上额书"孔子庙"，刻于民国二十三年(1934年)，是当时山东省主席韩复榘的手笔。孔子庙始建于明嘉靖年间，万历二十三年(1596年)，泰安知州秦懋约大概认为神山与圣人不能掺合，所以以非礼撤去。康熙十五年重建。山门外两侧石柱上有对联，刻于道光十二年(1832年)，泰安知县徐宗干题：

　　　　　　仰之弥高，钻之弥坚，可以语上也。
　　　　　　出乎其类，拔乎其萃，宜若登天然。

　　此联很巧妙，上联摘自《论语》，下联摘自《孟子》，是个拼盘，其大意是：

　　　　越敬仰真理越觉得高远，越钻研越觉得艰深，　（中等以上才智的人）才可以谈论高深的道理；

　　　　圣贤产生在众人之中，却远远高出于众人，要想学得圣人之道几乎像登天一样高不可攀。

　　孔子庙院内大殿正中供奉着"至圣先师"孔子的塑像。在泰山上奉祀孔子实际上绝非非礼也！

　　孔子一生钟情于泰山，他与泰山有着不能割舍的情缘。当年(前484年)，鲁

岱岳山古道与岱顶

哀公遣使迎孔子自卫返鲁，孔子此时已在各地飘泊奔走了14年，已是68岁高龄。老年归国，心情十分复杂，路经泰山时，不由感慨万分，写下了著名的《丘陵歌》：

登彼丘陵，岵嶷其阪。
仁道在迩，求之若远。
遂迷不复，自婴屯寒。
喟然回顾，题彼泰山。
郁确其高，梁甫回连。
枳棘充路，陟之无缘。
将伐无柯，患滋蔓延。
惟以永叹，涕霣潺湲。

大意是：
登上连绵的丘陵，山坡逶迤不断。
仁道看起来很近，追求起来却甚远。
不知走向何处，自我羁绊而困苦艰难。
叹息一声且回首，巍巍泰山耸入云端。
树茂石苍泰山高啊，梁甫与之相牵。

只是路上充满棘荆，我想登高却无此缘。
要伐除它而没斧头，又害怕它继续蔓延。
哎呀，只好长叹不绝，泪水打湿了衣衫。

诗中以"山道"比喻"仁道"的比兴手法，使人印象深刻。这首咏颂泰山的诗，不仅开创了中国文学史中以咏山水抒情言志的先例，更重要的是使人看到了泰山对孔子的巨大影响，泰山是他的精神支柱！甚至在他临终前，所想到的仍然还是泰山，他唱道：

泰山其颓乎！
梁柱其摧乎！
哲人其萎乎！

意思是：
巍巍泰山将要崩塌了！
粗壮的梁柱将要折断！
垂老的哲人快要逝去了！

孔子留恋人生，他还有太多的事要做，还有着太多的挂念，孔子怎么能死呢？然而他的生命还是走到了尽头。七天后孔子在他的学生悲痛的呼号声中，慢慢地闭上了双眼，歇下了疲惫的身躯。但是泰山并没有颓倒，孔子的思想和他的精神流传了千百年，至今也没有被人们忘记。孔子作为当今世界最杰出的古代思想家之一，就像泰山一样不朽，永远是中国人的骄傲。

143

孔子像两侧为颜回、曾参、子思、孟子，此四人也分别封圣，称为孔门"四圣"，而其中成就最大的当属"亚圣"孟子了。

孟子

孟子名轲，战国时期邹国(今山东邹城市)人，生卒年月说法不一，但他活了八十多岁却是公认的。现在我们习惯上常把孟子与孔子相提并论，言则"孔孟"。但孟子并非孔子的嫡传门徒，孟子出生时，孔子已经去世近百年了，孔子的学生也一个都不存在了。相传，孔子的孙子子思是他的老师，这也是不确切的，据《史记》记载，子思只活了六十二岁，孟子出生时，子思已去世差不多有三十年了。孟子自己说："予未得孔子徒也，予私淑诸人也"私淑，就是未能亲自受业但敬仰其学术并尊之为师的意思。至于他具体从谁而学，现在无人知晓了，最多可能就是子思的再传弟子。因为孟子的出生地离孔子的家乡曲阜很近，这使他很容易接受到孔子学说的熏染，连他自己也曾不无自豪地说过："近圣人之居若此其甚也"。孟子在世的时候，虽然做过官，但是并没有出名，是他与门人共同完成的《孟子》一书使其后来名声大彰。人们对孟子的了解，绝大多数来自《孟子》。《孟子》一书在后世被列为儒家经典，对后世儒学乃至中国文化的发展，产生了巨大的影响。宋元时期，孟子被封为"亚圣"，和孔子一样受到历代的尊奉。

孟子的生平也像孔子，幼年丧父，家境很不好，全赖母亲以纺织为业，精心把他抚养成人。孟子是以孔子学说的继承者和捍卫者自居的，他把孔子的侧重于个人道德修养的"仁"，发展为作为政治主张的"仁政"。提出了"民贵君轻"的观点，主张"行仁政"，使"黎民不饥不寒"，这在当时是难能可贵的，因此，人们给了他极高的评价，说孟子有"泰山岩岩气象"……孟子首创"性善"说，认为"恻隐之心，人皆有之；羞恶之心，人皆有之；恭敬之心，人皆有之；是非之心，人皆有之"(《孟子·告子上》)。此四心分属仁、义、礼、智四端。在孟子看来，一个人如果没有同情之心，简直不是个人。他打了一个比方：假如一个小孩跌到井里去了，看见的人都会大声疾呼，这就是同情心；他们大声呼，并不是为着要和小孩子的爹妈攀亲结友，也不是为着要在乡里朋友中间博取名誉，更不是厌恶那小孩的哭声，而是人人都有的怜悯之心驱使着他们去那样做的。同样，如果没有羞耻之心，没有谦让之心，没有是非之心就不是个人。他还说："大人者，不失赤子之心也。"也就说，真正的人要像三尺稚童那样不泯灭自己的自然天性，要以人应该有的样子立身于世，以真实的本色做人。

孟子的时代，正处于数国纷争的战乱中，和孔子一样，都有些生不逢时。孔子生于乱世而怀有"老者安之，朋友信之，少者怀之"的心愿，奔走于列国，吃尽了苦头。孟子也是如此，一生奔走呼号，也总是不被接受。他曾感叹道：按说五百年必有王者兴，……从周武王以来，已经七百年了，论年数，超过了五百；论时势，现在该是圣君出现的时候了。为什么还没有出现呢，是不是"天"不想让天下太平了？尽管这样想，他还是不肯放弃自己

泰山

游泰山古道与岱顶

的追求，他"知其不可为而为之"，游走于四方，倡导王道仁政，呼唤忠义孝悌，"以天下为己任"，"席不暇暖"，承担起了救民于水火的重任。其实他的要求也是很低的——"今夫天下之人牧……如有不嗜杀人者，则天下之民皆引领而望之矣。"——如今的统治者，只要有不特别爱杀人的，天下的人民就伸长脖子盼望了。可惜，"天下之人牧"少有"不嗜杀人"的，人民只得像牛羊一样引颈受戮，连生命最低的底线都保不住。孟子面对现实，再也无法泰然，他收起了"王道"，干脆大声喊出："闻诛一夫纣矣，未闻弑君也。"——只听说过诛杀了民贼独夫殷纣王，没有听说过这是以下犯上弑君的。面对着酷爱杀人的君主，孟子敢于如此"大逆不道"，真非一般人所能做到的。他实践了自己的诺言："当今之世，舍我其谁！"于是他就被后人称作了"大丈夫"、"伟丈夫"。

孟子的一生，始终在大声呼唤着人类的善与爱，这同孔子讲"仁爱"、同情泰山妇女、怒斥"苛政猛于虎"同出一源而又更为广泛、深刻。孟子与孔子有着共同的理想、追求，也有着同样的高贵人品。但是他们的性格却不尽相同。我们读《论语》，感受到的是孔子的温厚睿智，我们看到了一个慈祥的老人的形象。而读《孟子》，心中往往会涌起浩荡气概——"虽千万人，吾往矣！"只这一句，伟丈夫的傲骨便跃然于纸上，那方刚的血气令人动容。所以有人说，孔子如家长，孟子如兄长——一个可以依仗的大丈夫、老大哥！

历史对孟子的评价是：孟子有"泰山岩岩气象"。他留下的儒家的经典之作《孟子》，说理精辟，语言形象生动，充满了慷慨之情，可以称得上一部优秀的散文集。因此可以说《孟子》行文亦有"泰山岩岩气象"。是的，泰山岩岩！孔子岩岩！孟子岩岩！

我们的目光仍不愿离开孟子的塑像，眼前仿佛有镜头一幕幕闪过：两千多年前某个清晨，那个叫孟轲的中年男子，正带着他的学生，又一次默默地打点好车具，欲奔赴未知的前程。画面的背景中正是民不聊生的战乱岁月，失范的权力泛滥成灾，各种势力竞相角逐。与孟子同时代的商鞅，吴起，孙膑、田忌……均被各国所用而显赫一时，惟有这位儒者的清瘦背影，在愈驶愈疾的马车上轻轻摇晃、渐渐远去。正在淡出的画面里，破败的景象勾起了孟子的无限愤慨，只听一声长啸伴着木车的吱吱呀呀，从天尽头传来，久久地回响在历史深处……

曾参

字子舆，尊称为曾子，鲁国南武坡人，生于公元前505年，小孔子46岁，卒于公元前436年。

曾子为人沉静敦厚，笃信孔子及其学说，在孔门弟子中以孝行与修养著称。他早年在泰山一带打工，"力耕泰山下，天雨雪，甚冻，旬月不得归，思其父母，作《梁父吟》"（清·《泰山志》）。雨雪阻隔了曾参的归途，思念父母的心情无以表达，便以歌咏之，此歌沉郁苍凉，一波三叹，孝子的歌声感动了无数离家思乡的人，据说后世诸葛亮、李白都善于吟唱此调，但后来失传了。他的修养甚高，孔子说："孝，德之始也；悌，德之序也；信，德之厚也；忠，德之正也。参也，中夫四德也哉！"——孝敬父母是德的基础，尊敬兄长是德的发展，讲求信义是德的中心，为人忠厚是德的根本。这四条曾参都占全了(转引自袁爱国《泰山神文化》)。

曾参对孔子的学说有深刻而独到的理解，认为"忠恕"是孔子"一以贯之"的思想。他对孝道有深厚的研究，据说，他在孔子的指导下写成《孝经》一书，又说《大学》出自他手，总之，曾参的学说对后世产生过很大的影响。他在修身方面自律很严，他的做人标准，在中华民族优良传统的形成过程中起到了重要的促进作用，至今仍有着积极意义。他说："吾日三省吾身：为人谋而不忠乎？与朋友交而不信乎？传不习乎？"(《论语》)——我每天用三件事省察自己：为人家办的事尽心竭力了吗？与朋友交往不讲信用了吗？老师传授的学业用心复习了吗？

他还说："士不可以不弘毅，任重而道远。仁以为己任，不亦重乎？死而后已，不亦远乎？"(同上)——读书人不可以不心胸宽广意志刚强，因为他们的任务重大而前程遥远。他们把实现仁德作为自己的任务，难道还不重大吗？他们一直奋斗到死才停止拼搏，难道还不遥远吗？这句话成为千百年来仁人志士节身自励的铭言，激励着一代代知识分子去完善自身的节操与品行。这一富有献身精神的格言，是对民族精神宝库的重要贡献。

曾子对于交友也很有自己的见解，他说"君子以文会友，以友辅仁。"——君子用文章学问来交往朋友，并依靠朋友的帮助来培养仁德。古人对于交友是十分重视的，把朋友分作四种，一为"畏友"，就是敢于指出朋友的缺点，与朋友相互砥砺，共同提高；二为"密友"，相互之间无话不谈，亲密无间，并掩饰对方的缺点；三是"昵友"，吃吃喝喝不分你我，胸无大志，混在一起；四为"贼友"，有利益时聚在一起，相互利用，有危难时则相互出卖，一脚踢开。畏友是古人所推崇的交友方式，而曾子所说的正是畏友的类型，所谓"君子之交淡如水"，也含有这么一种意味在里面。他还说过："以能问于不能，以多问于寡，有若无，实若虚；犯而不校，昔者吾友尝从事于斯矣。"——有才能的人向没有才能的人请教，知识多的人向知识少的人请教，那么，有学问的人就会变得跟没有学问的人一样，知识充实的人就像空虚的人一样；受人侵犯而不计较，从前我的一个朋友就曾这样做了。这就又告诉我们，要向比自己强的人学习请教，这样才能促进自己提高，对人要宽宏大量，不要斤斤计较囿闭了自己。

《论语》中还有一段颇为发人深思的对话："孟氏使阳肤为士师，问于曾子，曾子曰：'上失其道，民散久矣。如得其情，则哀矜而无喜！'"——孟氏任命阳肤当法官，阳肤问曾子法官该如何当，曾子说："掌握政权的人已丧失了执政之道，民心早就离散很久了。你如果审出了犯罪的真情，也应该怜悯他们，不要沾沾自喜。"曾子的意思是，民间的犯罪率高了，这同执政者的失误是有关系的，百姓犯罪大多是出于无奈，审出了很多这样的案子，又有什么可值得高兴呢？

这位曾耕作于泰山之下的孝子由于修养甚高，著述颇多，被朱熹称作在孔子弟子中"曾氏之传独得其宗"，因而被奉为"宗圣"。可惜他在泰山脚下朗声吟唱的思念父母的歌声已经远远飘逝，我们无法听到了。

颜回

颜回，字渊，又称子渊，我们在前面已经认识他了，这是个十分了不起的人。颜回出生于周敬王二十四年、鲁昭公二十一年(前521年)，卒于周敬王三十九年、鲁哀公十四年(前481年)。他比孔子小了三十岁，只是命太短了，四十岁上便弃世而去。他的祖上是鲁国的望族，但是到了春秋末，颜家已经衰落，变得异常贫困，但他并不以为意，在逆境中苦学上进，孔子很喜欢他，对他赞不绝口："贤哉，回也！一箪食，一瓢饮，在陋巷，人不堪其忧，回也不改其乐"(《论语》)——颜回，多么有修养啊！一篮子饭，一瓢子水，住在破陋的巷子里，其他人都受不了这种困苦，颜回却不改变他的快乐。孔子又说："有颜回者好学，不迁怒，不贰过。不幸短命死矣。今也则亡，未闻好学者也"(《论语》)——有一个叫颜回的最好学习，他从不把怒气发泄到别人身上，不犯同样的错误。可惜不幸短命死了，如今没有这样的人了，没有听到还有谁像他那样爱好学习了。还说："惜乎！吾见其进也，未见其止也"(《论语》)——颜回死了真令人痛惜啊！我总是看见他在不断进步，从没有看见他停止过。

颜回曾是孔子学生中年龄最小的一个。相传孔子有弟子三千，其中贤者七十二人，而最为突出的又是"德行：颜渊、闵子骞、冉伯牛、仲弓，言语：宰我、子贡，政事：冉有、季路，文学：子游、子夏。"这便是所称的孔门"四科"，其中德行居首，而颜回则卓冠群贤。

颜回终生未仕，没有当过官，但是他对国家的兴衰却是十分关心，他经常同老师探讨治国的道理，如《论语·卫灵公》中有一段记载："颜渊问为邦，子曰：'行夏之时，乘殷之辂，服周之冕，乐则《韶》、《舞》，放郑声，远佞人……'""颜渊问为邦"，即颜渊问怎样治理国家，他发展了孔子的"德治"思想。在另一次同老师的讨论中，他就说出了这样两句著名的话"愿无伐善，无施劳。"意思是当政者不要毁弃善政，不要过分地劳役人民。他对社会的发展，有着善良而美好的愿望，他希望君臣都是道德高尚的人，施行仁政德治，民众有机会接受教育，各民族和睦共处。贤能不遗，仁义成风，只有发展，没有战争，阴阳协调，人民安康。这是对孔子希望的"小康"与"大同"社会的具体阐释。颜回的目光犀利，他的思想同中国古代好多哲学家一样具有着朴素的辩证唯物主义因素。《荀子》所载，颜回在与鲁定公的一次对话中说："鸟穷则啄，兽穷则攫，人穷则诈。自古至今，未有穷其下而能无危者也。"说得真是好极了。

颜回的修养是如此之高，他的死不仅令孔子痛惜，令他同时代的人痛惜，而且后人也始终在怀念着他：泰山西南，汶水北岸有地名叫"颜子坡"，就是纪念颜回的。

如今，颜子坡上每年都开出灿烂的花。是因这花的绚烂夺目，才使得古人把此坡命名为颜子坡的？还是此坡被称作颜子坡后，才开出了这美丽的花？我们不得而知了。但泰山脚下这开满山花的璀璨的山坡，总会使我们想起贫穷但光彩照人的年轻的颜回。

子思

子思（前483－前402年），孔子的孙子，相传曾受业于曾子，孟子又是他的再传弟子，因此在儒家各派中他既是曾子学派的代表人物，又是思孟学派的创始者。他继承了孔子的中庸思想，认为这是天下至道。孔子把中庸看作道德修养的最高境界和为人处世的最高原则，说君子讲中庸，而小人肆无忌惮；君子讲和，而小人无所不用其极。子思认为，中、和就是"诚"，诚是儒家最高的道德规范，它既是"天之道"，又是人通过主观努力可以取得的。这种"诚"的思想对后来宋代理学产生了重大影响。

子思对儒学发展的贡献还在于，他对儒家长期争论的"义"与"利"给予了新的解释。在此之前，孔子把人的道德品质同物质利益对立了起来，说"君子喻于义，小人喻于利"（《论语·里仁》），意思是君子懂得大义，小人只懂得小利，"利"在他的思想中是一个贬义的概念。而子思认为利与义是统一的，"义者，利之和也"，"利用安身，以崇德也"。这种观点更加符合人性，亦更加利于社会实践，对后世产生了较大影响（袁爱国·泰山神文化》）。

子思一生著述甚多，《汉书·艺文志》载《子思》二十三篇，现存《礼记》中的《中庸》、《表记》、《坊记》、《缁衣》四篇相传也为他所作。故后人尊奉子思为"述圣"。

孔子崖

孔子庙北面石崖峭立，被称作"孔子崖"，也是为了纪念孔子的。其石壁上有《鸣清题孔子崖诗》刻石等，

长白鸣清识，吴门严云霄书

刻于清嘉庆九年（1804年），其诗为：

> 高瞻远瞩重徘徊，小天下处孔子崖。
> 当日望吴谁侍立，同看白马一颜回。
> 物各有类类如此，见山类者叹观止。
> 孔子圣中之泰山，泰山岳中之孔子。
> 见其大者心泰然，人心中自有泰山。
> 求其所安皆自得，何须矜祷翠微天。

嘉庆甲子，余来守泰郡。阅山志，有吾师汪稼门中丞七古长篇，敬择孔子崖一段勒石，亦以申向往之意云耳。

此诗的大意是：

我一面在孔子小天下处和孔子崖上远眺，一面徘徊沉思。

当年孔子望吴是谁相伴？哦，是颜回同他一起看到了白马。

人和物皆各有其类，二人竟如此相似，所见皆同令人赞叹。

孔子是圣人中的泰山，泰山是五岳中的孔子，二者何其伟大。

是啊，像孔子这样广博的人内心深处安祥自得，不去争高低，

就象人们心中的泰山一样，泰山不语，自被视作天下第一山。

希望得到内心安详的自然会得到，不需要向上天痛苦地祷告。

我们佩服古人的见解：孔子圣中之泰山，泰山岳中之孔子。说得好极！

联系点实际的。首先，中国改革开放后，孔子同泰山一样，再度走向了世界：1988年，中国孔子基金会和联合国教科文组织联合举办"孔子诞辰2540周年纪念与学术研讨会"，世界五大洲25个国家和地区的300多位学者出席了大会。孔子被认为"是全世界民族的光荣"，"代表着人类最美好的理想"，"影响了全人类"。美国《人民年鉴手册》将孔子列为世界十大思想家之首。1988年，世界诺贝尔奖金获得者在巴黎宣布："人类要在21世纪生存下去，必须回首2540年前，去吸取孔子的智慧。"甚至，如今在美国的大峡谷，有一座山就被命名为"孔子山"……孔子同泰山一样，在中国、在世界，都是独一无二的，而一个伟人与一名座山竟是如此深有渊源，珠联璧合，这在世界文化史上恐怕没有第二例。

二是，我们今天应当怎样对待孔子及他的学说？

打开一部《论语》，简直像进了堆满珍宝的太阳宫，那久违了的话语竟是如此地闪烁着睿智的光芒而震撼着人们的心灵：

如"子曰：'为政以德，譬如北辰居其所而众星共之。'"——孔子说，国君用德来治理国家，就会像北极星一样有一定的方位而群星自然环绕着它。相信历代执政者都不会忘记这句话，只是他们对德的标准有不同定位而已。再如："子曰：'富而可求也，虽执鞭之士，吾亦为之。如不可求，从吾所好。'"——孔子说，财富可以合理地求得，即使做替人家拿鞭子的差使，我也愿意去做；反之，如果财富不能合理地求得，那么我还是做我爱好的事情。对此，如今某些谋财无道者不应该三思吗。

还有，"子曰：'见善如不及，见不善如探汤。'"——孔子说，见到好的行为，就象怕赶不上一样地努力追求；见到坏的行为，就像把手伸到沸水中一样赶快避开。如今社会上的坏事好像并没绝迹，而逐臭者似乎不怕开水烫，正津津于此道……

还有，"子曰：'人而无信，不知其可也。大车无輗，小车无軏，其何以行之哉？'"——孔子说，一个人不讲信用，不知道他怎么可以立身处世。这就好比大车没有輗，小车没有軏，它怎么能够行走呢？……

孔子的思想博大精深，其中很大一部分应该是人类的宝贵财富，他的学说也曾对中国的历史文化发展起到过重要作用。但是时至今日，是否仍有一些还有一定的借鉴意义呢？目前似乎并没有一个肯定的答案。试举一例吧，譬如中庸，孔子认为中庸是道德修养中的最高境界，而在我们今天的意识中它却带有着浓重

的贬意色彩，多少年来它所遭受的只是批判与诅咒。那么中庸是什么呢？首先，孔子学说认为，中庸是最高的道德境界。2000多年前，孔子便发现，人所常犯的错误有两种：一是"过"，就是冒进、偏激；另一是"不及"，就是保守、退缩。他认为只有走不偏不倚的中庸之路，才是修德修智、成就事业的本源，从这个意义上说，中庸就是"正常"。令人惊异的是与孔子同时发现中庸是最高道德境界的人，竟是思维方式与中国人颇不相同的古希腊大哲学家亚里士多德。第二，中庸是大修养。朱熹对中庸的注解是：不偏者谓之"中"，不易者谓之"庸"。用白话说就是：不走偏路、歪路，要走正路，就是中；对于正确的道理或行为，就要坚持下去、不朝三暮四、见风使舵就是庸。回顾历史，我们忽左忽右、忽冷忽热的事干得多了，以至于造成今天的工作就是纠正昨天工作的失误这样一种难堪的局面，这不该引起人们的思索吗？第三，中庸是真正的素质。目前，素质这个词成了时尚，被人们反复炒作，一时诠释的、阐述的五花八门，各类文章书籍铺天盖地，不同说法更是似而非，但是折腾来折腾去，就是不见人的素质有所提高，反而有点觉得每况愈下了。殊不知，中庸就是最基本的素质——人要懂得走正路、懂得"过犹不及"，懂得不断进步。就是这样简单。当然，中庸中还包含着朴实无华、包含着正经、严肃、认真等内涵，这些都是对我们良好性格的形成有所裨益的。第四，中庸反对说大话。半个多世纪中，我们在很长的时间里处于落后的状态，但我们创造的"口号"和豪言壮语却是十分发达无人能比的，有人把此称作"词语亢奋"，用现今的话来说叫做"作秀"，这是有违中庸的，一旦语言的成分大于了实干的成分，什么事都干不成、干不好，假大空的教训是很沉痛的。第五，中庸杜绝小人。历史上每个时代都会鱼龙混杂，不乏小人。小人唯利是图，见利忘义，故而变来变去，极大地败坏了社会风气。但是现代小人却似乎很得意：以前搞极左，干了很多恶事，那是"紧跟形势"；现在混水摸鱼，做了很多坏事，又是"适应改革开放的需要"。但是，如果用中庸的尺子量一量，他们便什么依仗都没有了。过去，我们曾在很长的时间中没有过上正常的日子，时不时地搞一场运动，来一点花样，反反复复不知浪费了多少时光，耗去了多少年华，失却了多少机会……如果中庸些，正常些，还会有这些事吗？鲁迅先生有个理论叫"拿来主义"，西方国家好的东西可以拿来为我所用，我们自己老祖宗的宝贵遗产为什么不能拿来为今天所用呢？当然我们也并不是没有拿来用，"小康"就是典型的儒家语言。真正的唯物主义者不搞历史的虚无主义，是不排斥正确的东西的，就犹如泰山精神中的包容兼收一样，泰山能成其大只缘不辞细土，我们要取得更大的发展也要更多地汲取营养，使一切有用的东西在我国的两个文明建设中发挥积极的作用。就犹如今天我们已经再一次地认识到了"德治"的重要性，党中央明确地提出了"以德治国"的战略决策，这并不是说明孔子有先见之明，而是我们已经走向了新时代。只要不断吸收好的东西，我们的五千年文明古国必将会像泰山一样充满生机，巍然永固。

　　另外，还有一点感到奇怪，孔子的孙子的孙子……住的房子都成了世界遗产，而属于孔子自己的东西——他的思想却不是世界遗产，难道房子比孔子高明吗？它应当列入世界非物质文化遗产！我们真的应该更加正确些地对待孔子啊。

此刻，我们已经同圣人们在一起待了很久，多少知道了一些他们的情怀与思想。同圣人在一起，精神上真是愉悦啊，愉悦中又带着丝丝莫名的伤感，我们为圣人感叹，为他们与泰山的关系感叹。面对这一切，我们又怎能不思潮起伏？

北斗台

在孔子崖东南，有石台四四方方，围以泰山花岗石栏杆，雕牛郎、织女、天鹅、北斗图案，据说过去台中心设石制日晷，刻有子丑寅卯等十二时辰，故此台是古人观天象的地方。中国古代的天文科学十分发达，早在夏代就已能依据北斗星旋转斗柄所指的方位来确定月份，制定了完备的历法。当时的日历称作"夏历"，一直沿用了近千年。因它能比较正确地反映天象，所以到了孔子时代，他还仍主张"行夏之时"，就是说采用夏历来充当国家的历法。商代继承了重视天象观测的传统，对日月食、恒星都有了一定的认识，更为重要的是，商代已有了世界最早的新星观测记录。春秋时期，天文学得到了进一步发展，《春秋》鲁文公十四年(前613年)秋七月记录了"有星孛入于北斗"，天文学家公认这是哈雷彗星在世界上最早的记录，比欧洲的记载早了670多年。大约在周初，我国已知用土圭观察日影，测定冬至和夏至的时日，《左传》记载了两次日南至(冬至)，一次在鲁僖公五年(前655年)，一次在昭公二十年(前522年)，两次间隔133年，共记录闰月48次，失闰一次，共计49次，这就是有名的十九年七闰的方法。这一历法的应用比欧洲早了约170年……北斗台证明着泰山上自古就有观天象的活动。的确，巍巍泰山之巅，可览八极，有时虽山下下雨，而山上仍晴，在此观天，堪称妙举。是的，泰山真的是很奇特，一座山而已，却自古就在作着关于"天"的文章——无论从哪个角度——这在世界文化史上也应是没有第二例的。

振衣冈

再回到天街。天街东首北侧有小山岗名"振衣冈"，其上多有宋人题名刻石，如刻于绍圣二年(1095年)的"上官钧题名"刻石、绍圣三年(1096年)"赵令非等题名"刻石等。而"振衣冈"3字则是明嘉靖四十五年（1566年），泰安州知州杨山所题。其字径大近1米，盖压了众多宋元人的题刻，明代人善于干这种事情，实在不知该让后人说些什么了。

碧霞祠

天街最东端，石阶之上，云雾缭绕之中有一处巍峨庄严的古建筑群，此即碧霞祠。祠内供奉的就是中国北方最著名的女神碧霞元君了。碧霞元君的影响在明清时期几乎遍及了整个中国，而此处则是她的祖庭。

好了，在这里我们就该来解开早在遥参亭时留下的那个疑问了。

碧霞元君

　　碧霞元君全称为"天仙玉女碧霞元君"，又叫"泰山玉女"，俗称"泰山老母"，民间则亲切地称之为"泰山老奶奶"。老奶奶的起源很早了，可以追溯到上古神话。《太平御览》引《黄帝玄女战法》：黄帝与蚩尤九战不胜，黄帝归于泰山，三日三夜雾冥。有一妇人，人首鸟形，黄帝稽首，再拜，伏不敢起。妇人曰：吾玄女也，子欲何问？黄帝曰：小子欲万战万胜。遂得战法焉。这位人首鸟形的女神虽然名称不断变换，但始终就没有离开过泰山，宋代以后，碧霞元君的称谓才逐渐固定了下来。

　　关于人首鸟形的神话可以追溯到原始社会。现代考古研究和大批出土文物证明，四五万年前的旧石器时代，已有发展到智人阶段的人类在泰山地区生息繁衍。距今约7500年的北辛文化，以及后来的大汶口文化、龙山文化，标志着这一地区文化的连续性和分布的广泛性。这就是原始社会中东夷氏族的发祥地。古代东夷人传说是炎帝的子孙，其图腾为鸟。以鸟为图腾的泰山周围各氏族部落结成联盟，舜是东夷部落联盟的首领。太行山以西，黄河中游的居民传说是黄帝的后裔。经过夏、商、周三代，终于融为了一体。闻一多曾说过："黄河中上游部落的集合图腾为龙，与中下游的凤(鸟)相结合，于是龙凤呈祥，形成了伟大的华夏族。"而其图腾"鸟"，这位神通广大的女神，据学者考证，后来就演化成了西王母，"西"字在此不是指方位，古代"西"同"栖"，是鸟栖在树上的意思。再后来，出现了女神碧霞元君，但其源头可以上溯到远古神话。泰山学者衰爱国先生指出，西王母与碧霞元君的信仰之间有着密切的承接关系，可谓深富见地。

　　但是，进入父系社会后，特别是到了封建社会，泰山成了封建帝王封禅祭天的圣地，当然不会允许一位女神来做山神爷。于是，经过长期混乱，终于树立起一位东岳大帝。但是泰山女神并没有被忘记。宋真宗封禅泰山时，便又将这位女神请了出来，因为宋真宗曾拉出了黄帝来做赵家的祖宗，而这位泰山女神当年曾帮助黄帝战胜了蚩尤，所以自然也可以帮助黄帝的嫡亲子孙摆脱困境了。然而，"天仙玉女碧霞元君"的封号究竟是谁加的，却至今还是一个谜。宋代的史书《宋史》、《文献通考》等，对宋真宗封禅记述甚详，但均未提到给泰山女神加"碧霞"的封号；明代的各类著作中，多有提及泰山女神的，但也未说明何时加封。一直到了明末，刘侗、于奕正《帝京景物略》，始称宋真宗东封泰山，"命有司建山祠安奉(女神)，号圣帝之女，封天仙玉女碧霞元君。"不过这大概只是后人借皇帝之口来给泰山女神加一个灿烂的桂冠。尽管如此，碧霞元君还是被民众接受了，她最终取代了东岳大帝，成了百姓心目中的主神。清代福格的《听雨丛谈》说："礼岱者皆祷于泰山娘娘祠庙，而弗旅岳神久矣。"泰山地区还有一则家喻户晓的民间传说：泰山老母与老佛爷争夺泰山，约好以先到者为胜，老母为女子，当然跑不过佛爷，但她小施智慧却成了胜利者。老佛爷不甘心失败，气得拔光了山顶上的树。这个故事的表层含义是解释泰山山顶上为什么没有大树，而深层含义却表达了民众对泰山老母的信

游泰山古道与岱顶

仰与喜爱。

20世纪20年代，顾颉刚等学者对北京郊区妙峰山碧霞元君庙会调查时，再一次印证了碧霞元君这位泰山女神的信仰肇始于原始社会中的女神崇拜。千百年来，生活在黑暗与苦难中的黎民百姓，面对残酷的现实，在长期的精神压抑中产生了日益强烈的恋母归根心态，故特别需要一个有力的偶像来作为精神的依托。碧霞元君就担任了母亲神的角色，获得了民众的广泛信仰。明末著名散文家、游历甚广的张岱，就曾不无惊异地说："元君像不及三尺，而香火之盛，为四大部洲所无"（《琅琊文集·岱志》）。明万历二十二年（1594年），王锡爵在《东岳碧霞宫碑》中说："齐鲁道中，顶斋戒弥陀者声闻数千里，策敝足茧而犹不休，问之，曰：'有事于碧霞。'问故，曰：'元君能为众生造福如其愿'"。"贫者愿富，疾者愿安，耕者愿岁，贾者愿息，祈生者愿年，未子者愿嗣；子为亲愿，弟为兄愿，亲戚交厚，靡不交相愿，而神亦靡诚弗愿。"——为求元君而奔波几千里，赶马的鞭子秃了，脚下磨出老茧仍不止息，——人们祈求于泰山女神的都是现实生活中困扰的问题，而这位女神庇护众生，惩治强暴，皆能如所愿，获得了百姓深深的爱戴，其祠庙曾遍布于全国各地。

今天，泰山女神仍高居泰山之巅，享受着善男信女的香火，召唤着去乡离国的游子，给人们带来平和安宁富裕幸福的期盼，仍在一如既往地为泰山增色。

碧霞祠建筑

碧霞祠建筑是很有特色的。泰山固然雄伟阔大，但要在山顶之上，建一处与元君娘娘身份相配的祠庙，却并不是件容易事。但是古代人做到了，巴掌大的地方，有山门，有正殿，有配殿，有3座神门，有钟楼、鼓楼、香亭、万岁楼、千斤鼎、火池，还有照壁、歌舞楼、御碑亭……而且为御高山疾风，殿为铜瓦、碑为铜铸，金光闪闪，俨然天上宫阙。人们到这里来进香不感其小反觉其大，古人用心实谓精妙。

碧霞祠最早建于宋真宗大中祥符元年（1008年），始称"昭真祠"，

碧霞祠

金代称"昭真观"，明代改名"灵佑宫"，清乾隆三十五年(1770年)重修，改今名。

祠分前后两院，正殿5间，在北院，面阔24.7米，进深15.1米，通高13.7米，四柱七架梁，重梁起架，十一檩前后廊式，九脊歇山顶。屋面瓦垄360条，象征周天之数，为防高山大风，明时盖瓦均为铁铸，清初易为铜瓦。大脊上饰双凤缠枝花纹，戗脊有六走兽和一个仙人，檐上瓦钉处饰立体走龙，均为铜铸。殿内槽柱上施四柁隔架斗拱，柱上施井字形天花板，正间内间和两次间均设石雕仰复莲纹须弥座神台，供奉碧霞元君神像。大殿建筑雄伟华丽，是泰山仅次于岱庙天贶殿的第二大建筑。

纵观碧霞祠整个建筑群，由于地形限制，南北长70米，东西宽仅36米，总面积不过2500余平方米，但它设计精到，选址巧妙，全然不显局促。碧霞祠位于天街东端地势徒然抬起之处，前院设有东、西、南3座高大的神门。游人一般自天街东来，由西神门进祠，而西神门下是峭拔如十八盘的百余级连续的台阶，由此进得祠来，忽见楼台严整，气氛肃穆，同天街风情迥然不同，人们首先感到了碧霞祠的赫赫气势。东神门与西神门相通，通往玉皇顶的盘道就在前院之中，且往南又开有南神门，人在此视野并未被封闭，因此小的空间便产生了大的空间的感觉。北面，碧霞祠山门高高屹立，不进山门仍不知祠内复有何物，使人更生神秘之感，犹觉此祠非同小可。及至进到北院，大殿之前有九脊重檐、黄琉璃盖瓦的香亭居中，亭两侧又有铜铸"金碑"，亭前又有千斤鼎、万岁楼，令人目不暇接，愈加感到了这里的不同寻常。而如果不如此布置，假若祠内空无一物，一览无余，区区300余平方米的天井，又怎能有此等韵味与效果呢？

泰山碧霞祠建筑群以其高超的建筑艺术受到了建筑学界的高度称赞，被认为是我国古代高山建筑的典范，是同类建筑中独具一格的神品。

铜碑

碧霞祠院内的两座铜碑均为明代所立，一为万历四十三年(1615年)的"敕建泰山金殿碑"，另一为天启五年(1625年)的"敕建泰山灵佑宫记碑"。

东碑亭

碧霞祠院内有东、西两个碑亭，其中分别有乾隆皇帝于乾隆六年(1741年)与乾隆二十二年(1757年)来泰山时所立的御碑。其中东碑亭中为"重修泰山神庙碑"，铭文为乾隆亲制，形制雄伟，惜铭文下部被游人磨毁，已不可读，惟碑阴两首乾隆御笔诗仍保存完好，这两首诗是用着他爷爷康熙皇帝玄烨登泰山时所作诗的韵脚。诗为：

登泰山恭依皇祖诗韵二首

其一

丹梯纡陟穿云脚，翠观平临待日头。

地迥顿教尘虑净，瞰空惟觉幻身浮。

果然万古宗天下，讵独千秋镇兖州。

大慰平生敬仰志，可无警句半岩留。

大意是：

登山盘道盘桓着穿过云旁，在玉皇庙向东方平视等待出日头。

极顶之高顿让世间的烦恼尽消，远望高空只觉在虚幻中漂浮。

泰山果然千万年来尊崇于天下，又岂仅仅只是镇山属于兖州。

登上泰山大慰我平生所愿，怎可没有警策之句在岩石上永留。

其二

天齐才让天居上，进步竿寻百尺头。

众皱峰如能变化，太空云舆作沉浮。

岂缘乘兴凌千仞，敬识凭高御九州。

继述何能蘉敢不，乾坤亭里久延留。

大意是：

泰山有意让天居于自己之上，为的是还有余地再进百尺竿头。

主峰周围起伏的群山如能变化，就会像天上云一样上下沉浮。

我非乘一时之兴登上顶峰，而是为了记载我做皇帝治理九州。

继承前代帝王的教诲，我在康熙帝题额的乾坤亭里久久停留。

西碑亭

西碑亭内的碑上也刻着乾隆的两首诗，这两首诗也用同样的韵脚。乾隆确是玩文字高手，无论诗好不好，形式上是把七律写得十分工整了。尤其这种"头、浮、州、留……"的韵脚在古韵谱里属于"险韵"，是很不容易写的。而乾隆却一发而不可收，除了这里，岱庙里还有，山上山下，似乎不下十多首，若不是他才气大，或者有秉笔太监帮忙，那可真难为了。这两首诗是乾隆南巡回京路过泰安驻跸灵岩时所作：

登泰山恭依皇祖诗韵二首

其一

春月南巡程限迫，题诗兴寄碧峰头。

设如亮度皆空过，终觉一心太率浮。

谒圣才辞曲阜县，登山遂至泰安州。

乾坤普照天襟廓，景仰奎章万古留。

大意是：

今春南巡的时间很紧张，只是乘兴题诗寄往泰山头。

如果两次路过泰山而不登，心中总会觉得有些轻浮。

刚拜谒了孔夫子离开曲阜县，登灵岩山又到泰安州。

神佛的胸襟广阔光耀大地，仰慕皇祖笔迹万古传留。

其二

瞬息十春岩电影，年来忧乐忆从头。

谁能石上三生认，且看烟中九点浮。

幻矣仙踪谢蓬海，悯哉民瘼指徐州。

云巢若问前巡事，泪洒空庭不忍留。

云巢是乾隆时期所建的行宫。大意是：

> 十年所见的景象转瞬就消失了，回忆几年来的忧乐还得再从头。
> 谁能三生辨认自己刻在石上的诗句，齐鲁之大也不过如烟悬浮。
> 变幻莫测啊仙人离开了蓬莱，悲悯人间疾苦啊水灾逼近了徐州。
> 泰山行宫若问前次登山事，也只好泪洒空庭不忍再在泰山停留。

"万代瞻仰"照壁

碧霞祠南神门外有高大照屏，上刻"万代瞻仰"四字，字大皆一米有余，表达了古人对元君的敬崇。

东岳大帝上庙遗址

出碧霞祠东神门北折沿盘道再上，可见一堵天然石壁巍然屹立，石壁前空地较为宽阔，地面上依稀可见殿屋基址，这即东岳大帝的上庙，庙已圮，仅有一碑形影相吊，此碑记录了东岳庙屡次兴废的经过，此庙于上世纪50年代初拆除。

大观峰

石壁上题刻遍布，洋洋大观，人称"大观峰"，而其中最引人瞩目的是唐玄宗李隆基御书的《纪泰山铭》了故又称之"唐摩崖"。这是当年唐玄宗封禅泰山时留下的亲笔题刻。《纪泰山铭》周围历代题刻层层叠叠，几乎没有人数的过来，据说不包括被压盖的就有七、八十处，这里几乎就成了古人的留言板，被发满了帖子。就让我们慢慢读来，感受一下古人的在泰山的心思与唐代皇帝封禅泰山的来龙去脉。

唐代封禅

唐朝，在我国古代历史上应是一段最辉煌的鼎盛时期，唐代皇帝封禅泰山似乎是具备了国家统一、国力强盛、国泰民安的种种条件了。唐朝皇帝自然不会错过这个机会。那么，就先让我们来了解一下唐朝的封禅情况。

李世民的"贞观之治"把唐朝带入了盛世，但是它却并没有来泰山封禅，因为他对封禅有了一个新的认识。史籍对此有简明的记载：贞观初年，群臣并请封禅，只有魏征认为不可，李世民听从了他的意见。贞观六年，平抚突厥，农业连年丰收，群臣又议封禅，太宗于是对群臣说：你们都劝我封禅，以我的本心，但使天下太平，家给人足，虽缺封禅之礼，也可德比尧舜；若百姓不足，夷狄内侵，纵修封禅之仪，又何异桀纣？仍然不同意。贞观十五年，众臣又请封禅，太宗诏准，但行至中途，天上有彗星之变，封禅又止。李世民对泰山封禅是有所向往的，但他不为求仙，不欲借泰山之名来提高自己，作为封建君主，能够把道德和政绩看得比封禅的形式重要得多，在这一点上他已远远地超过了前人。

唐高宗与武则天则到泰山举行了封禅大典。《旧唐书·礼仪志·封禅》

说："高宗即位，公卿数请封禅。则天既立为皇后，又密赞之。"高宗李治仁厚无能，早已下诏让武则天主持朝政，武氏密赞封禅，高宗当然言听计从，武则天是这次封禅的幕后导演，她要求主持禅地仪式，实际上是乘机扩大她的政治影响，为女皇登基作准备。麟德二年（665年）十月，封禅队伍从东都洛阳出发，一路上走走停停，正月初二到达泰山。根据武则天的策划，在泰山顶先由高宗登坛，行"初献"礼，然后由武则天登坛行"亚献"礼。当时，一位皇后在大臣面前抛头露面是不相宜的，于是她让宫人扯起大帷帐遮隔，成了真正的"幕后人物"。最后由赵国太妃行"终献"礼，完成了这次封禅。30年后，武则天称帝，这次她走到了幕前，亲率文武群臣登封中岳嵩山，礼仪一如当年封泰山。由泰山到嵩山，由亚献到亲祀，武则天圆了女皇梦。而武则天为什么不再封禅泰山而选择了嵩山呢？这是题外话，但我也会告诉大家的。

下面要说的就是我们今天真正的主人公唐玄宗李隆基了。

李隆基年轻时是一个干练有为的人物，他26岁那年（710年），一举平息了欲效法武则天当女皇的韦后之乱。两年之后李隆基登帝位，又以极其果断的行动粉碎了太平公主阴谋发动的政变，巩固了自己的权力，使唐朝动荡的政局重新稳定下来。李隆基大权在握后，裁汰冗官，整顿吏治，起用一批正直的人担任重要职务；同时大力发展农业生产，均田灭灾，社会经济迅速发展起来，出现了李唐王朝建立以来，也是中国地主阶级执政以来的最好局面，这便是历史上盛称的"开元盛世"。

如果论封禅泰山的必要条件的话，唐玄宗的开元盛世显然具备了这一条件。于是开元十二年（724年）末，李隆基采纳了张说等大臣的建议，下了《允许封禅诏》。

开元十三年十月，李隆基东封泰山，他问礼官学士贺知章为什么前世封禅的玉牒书秘而不宣。贺知章回答说：玉牒书是专让天帝看的文书，前代帝王有的想请求长生不老，有的想请求成为仙人，所以后世人都不知内情。唐玄宗说，我封禅泰山，是为天下百姓求福，没有个人的秘密请求，遂将告天玉牒公布于众。他的玉牒文大意是：高祖和太宗，受天帝之命建立唐朝，高宗封禅泰山，天下兴盛，中宗继承皇位，遭受挫折。上帝佑助我，赐给我忠武的品质，因此平息了内乱。我承帝位已经13年，承蒙天意，四海平安。今封禅于泰山，感谢天地给予的成功，并祈求上天给子孙以厚禄，给万众百姓以幸福。

把自身的道德修养同封禅的资格联系起来，唐玄宗在封禅史上开创了一个新的境界。他还强调封禅要节俭，这也充分表现了这位皇帝当时头脑的清醒；公开提出封禅是为"苍生祈福"，则更是以前任何一个皇帝所未能做到的。在专制社会中，国家的兴盛衰败，人民的平安疾苦均系于帝王一人之身，最高统治者的个人道德、性格、能力往往决定着社会的一切。唐玄宗封禅泰山的一系列表现，就今天来看，他在思想、人格上都比以前封禅泰山的帝王要强一筹。或者正是因为这一点，他亲自撰文书写的《纪泰山铭》一文，一直受到历代的保护、推崇，至今仍完好地保存了下来。

纪泰山铭刻石

此石刻于唐开元十四年(726年)，现存铭文，包括标题"纪泰山铭"和"御制御书"，共1008字，摩崖高13.2米，宽5.3米字径25厘米，隶书，字体端方雄浑，透露出太平盛世的气象，文辞驯雅大度，显示出他当年的豪迈胸襟。

他说："联宅帝位，十有四载，顾惟不德，懵于至道……"——我当皇帝14年了，没有什么功德，也不明白至深至高的道理。

他说："兹朕未知获戾于上下，心之浩荡若涉于大川。"——我不知道是否得罪了天地，我的心绪茫茫，就犹如进入了无边的大川。

他说："德凉者灭，道高斯起。"——不义的帝王必然灭亡，道德高尚的才能振兴。

他还说："道在观政，名非从欲。"——治国之道的高下主要看政绩，名声的好坏并非取决于自己的愿望。

唐玄宗封禅泰山，诚恳地公开承认自己道德与学识的不足，认为"名非从欲"等等，都表明了他敢于面对百姓把自己道德的高下放到实绩中去检验，这种气魄的确是难能可贵的，而且似乎也是前无古人的。

在书法艺术上，《纪泰山铭》也具有极高的价值，一向被推为汉以来碑碣之最。清金石家朱彝尊称之为："御书雄浑，若怒猊渴骥……若唐隶尽如此，何惭汉碑碣乎？"唐隶又称"唐八分"，是区别于汉隶的说法，一般认为唐隶在结构和笔势上较之汉隶变化较少，其艺术造诣逊于汉隶。但唐玄宗的《纪泰山铭》却并不逊色，他笔下的隶书有着一种全新的面貌，因此受到了历代书法家的赞誉。《述书赋》就称其书法为："开元应乾，神武聪明，风骨巨丽，碑版峥嵘，思如泉而壮凤，笔如海而吞鲸。"而且它自古以来便通体贴金，就显得更加绮丽了。《纪泰山铭》现为国家级重点保护文物。其全文为：

朕宅帝位，十有四载，顾惟不德，懵于至道，任夫难任，安夫难安。兹朕未知获戾于上下，心之浩荡若涉于大川。赖上帝垂休，先后储庆，宰衡庶尹，交修皇极，四海会同，五典敷畅，岁云嘉熟，人用大和。百辟佥谋，唱余封禅，谓孝莫大于严父，谓礼莫尊于告天，天符既至，人望既积，固请不已，固辞不获。肆余与夫二三臣，稽虞典，绎汉制，张皇六师，震叠九寓。旌旗有列，士马无哗，肃肃邕邕，翼翼溶溶，以至于岱宗顺也。

《尔雅》曰："泰山为东岳。"《周官》曰："兖州之镇山。"实惟天帝之孙，群灵之府。其方处万物之始，故称岱焉；其位居五岳之伯，故称宗焉。自昔王者受命易姓，于是乎启天地，荐成功，序图录，纪氏号。朕统承先王，兹率厥典，实欲报玄天之眷命，为苍生之祈福，岂敢高视千古，自比九皇哉。故设坛场于山下，受群方之助祭，躬封燎于山上，冀一献之通神。斯亦因高崇天，就广增地之义也。

乃仲冬庚寅，有事东岳，类于上帝，配我高祖。在天之神，罔不毕降。粤翌日，禅于社首，侑我圣考，祀于皇祇。在地之神，罔不咸举。

暨壬辰，觐群后，上公进曰："天子膺天符，纳介福"。群臣拜稽首，呼万岁，庆答欢同，陈诚以德。大浑叶度，彝伦攸叙，三事百揆，时乃之功。万物由庚，兆人允植，列牧众宰，时乃之功。一二兄弟，笃行孝友，锡类万国，时惟休哉。我儒制礼，我史作乐，天地扰顺，时惟休哉！蛮夷戎狄，重译来贡，累圣之化，朕何慕焉。五灵百宝，日来月集，会昌之运，朕何感焉。凡今而后儆乃在位，一王度，齐象法；椎旧章，补缺政；存易简，去烦苛，思立人极，乃见天则。

於戏！天生蒸人，惟后时乂，能以美利利天下，事天明矣。地德载物，惟后时相，能以厚生生万人，事地察矣。天地明察，鬼神著矣。惟我艺祖文考，精爽在于，其曰"懿余幼孙，克享上帝。惟帝时若，馨香其下"，丕乃曰"有唐氏文武之曾孙隆基，诞锡新命，缵戎旧业，永保天禄，子孙其承之"。余小子敢对扬上帝之休命，则亦与百执事尚绥兆人，将多于前功，而毖彼后患。一夫不获，万方其罪予。一心有终，上天其知我。朕维宝行三德，曰慈、俭、谦。慈者，覆无疆之言；俭者，崇将来之训；自满者人损，自谦者天益。苟如是，则轨迹易循，基构易守。磨石壁，刻金记，后之人听词而见心，现末而知本。铭曰：

维天生人，立君以理，维君受命。奉天为子。代去不留，人来无已，德凉者灭，道高斯起。赫赫高祖，明明太宗，爰革隋政，奄有万邦。罄天张宇，尽地开封，武称有截，文表时邕。高宗稽古，德施周溥，茫茫九夷，削平一鼓。礼备封禅，功齐舜禹，岩岩岱宗，衎我神主。中宗绍运，旧邦惟新，睿宗继明，天下归仁。恭已南面，氤氲化淳，告成之礼，留诸后人。缅余小子，重基五圣，匪功伐高，匪德矜盛。钦若祀典，丕承永命，至诚动天，福我万姓。古封泰山，七十二君，或禅亭亭，或禅云云。其迹不见，其名可闻，祇矞（走之）文祖，光昭旧勋。方士虚诞，儒书龌龊，佚后求仙，诬神检玉。秦灾风雨，汉污编录，德未合天，或承之辱。道在观政，名非从欲，铭心绝岩，播告群岳。

大唐开元十四年，岁在景寅，九月乙亥朔十二日景戌建。

碑文的大意是：

我即皇帝位已经十四年了，但是没有什么功德，也不明白高深的道理。我担当的是难以承担的职责，却安定了难以安定的局面。如今我不知是否得罪了天地，无所依托的心情像是坠入了无边无际的大河。全靠着上帝的赐福和前代国君积下的福荫以及宰相与大臣的共同扶持，才使得天下纷纷来朝，人伦教化普及，年年丰收，事事如意。公卿大臣于是就出主意，说什么孝莫大于尊敬父亲，知礼莫过于向天祭祀祷告；还说现在天已降下瑞兆，民望也已丰厚，建议我封禅。大臣们反复不停地请求，我则再三谢绝，但都没有得到众官的同意。于是，我便与几个大臣，查找《虞典》，研究汉代的礼仪，扩充朝廷的军队，封禅的威仪震荡了全国。东行的途中，封禅大军旌旗猎猎，人马有序，庄严而恭敬，像流水一样滚滚前进，顺利地到达了泰山。

《尔雅》说："泰山是东岳"。《周官》说："泰山是兖州的镇山"。实际上泰山是天帝的孙子，众仙的府第。泰山处在中国的东方，是万物发生的地方，所以起名为"岱"，意思是万物更替交代；其地位是五岳中的兄长，所以就被称作"岱宗"了。自古帝王受天于命，改朝换代，都要告知天地，报告成功，出示图箓，记载姓氏年号。我继承了前代帝王的一统江山，秉承前代的封禅制度，实在是想报答上天的眷爱和重托，为百姓祈求幸福，又怎敢自视甚高，与上古的"九皇"相提并论呢？于是，在山下设坛以接受八方的助祭；亲自在山顶祭天，将玉帛与牺牲在积柴上焚烧，希望能上达天听，实现与神的交流。这也就是古人认为的在泰山顶上祭天以增天之高在山下祭地，以增地之广的意思了。

这年的十一月庚寅日，在泰山祭祀昊天上帝，我朝高祖作配祭，天上的神灵无不降临。第二天，在社首山祭地，我的先父作为陪侍，所有地神无不祭到。第三天，会见众官，王公大臣进言说"天子接受了上天的符命，获得了大福。"群臣行跪拜礼，山呼万岁，君臣同欢，我则告诫说，德是第一位的。

浑天仪运行正常，天象没有异样的变化，社会的伦理道德也井然有序，这是各类高级官员的功劳；万物正常发展，万民诚信快乐，这又是众多州县官员的功劳。兄弟几人都能孝敬父母、相互友爱，善行遍及全国，这是多么美好啊。学者制定礼仪制度，史官编写封禅祭祀的乐章，天地安泰和顺，这是多么美好啊。少数民族、边远国家，借助翻译辗转前来进贡，这是历代帝王教化的结果，我还有什么可羡慕的呢？五种神兽、各类宝贝纷至沓来，积聚着好运，我是多么的感激啊。从今以后，我做皇帝要时时警戒：统一国家的制度，整治法律；校正旧有的典章，弥补政治的缺失；使各类规章制度简单易行，删除繁琐苛杂的政令和刑罚，树立做人的最高标准，这样才能显现出顺乎天意的自然法则。

呜呼！上天降生的百姓，由皇帝来治理，能给天下万众带来最大利益，才是明白了天下的事理。大地承载万物，由皇帝来辅佐，薄征徭、轻赋税，使天下人丰衣足食，才是明白了大地的礼数。天地明察，鬼神显灵。唯有我德才兼备的祖先，灵魂在天，他们对我说："我的孙子呀，只有你才能祭祀上帝，顺从天意，奉上香美的祭品。"于是天又对我说："兹有大唐文德武功先皇的曾孙李隆基，天赐予你新的命符，继承扩大前人留下的基业，永远守住天赐给的福禄，使子孙永承大业。"我晚辈斗胆答谢、颂扬天帝的美命，并与各部门的专职官员安抚亿万人民，希望功德要多于前代，小心避免日后的祸患。只要有一个人不能得其所，则所有的罪过都在于我；只要一心一意坚持到底。上天会明白我的心意。我坚持奉行"三德"，即"慈"、"俭"、"谦"。所谓慈，就是审慎对待各类言论，不以言废人；俭则是信奉"要将有时思无时"的古训；谦呢？即自满者人损之，自谦者天助之。如果是这样，就容易追循前人开辟的道路，守住前人创下的基业。

今磨削石壁，刻金石之词，后来的人见此文而知我心，窥一斑而知全豹。铭文说：

天生民众，要由皇帝来治理；皇帝受命于天，侍奉天帝而为天之子。时代不停留地过去了，新人一代一代地到来，不义的帝王必然灭亡，道德高尚的才能兴起。显赫的高祖、明睿的太宗，改换了隋朝的政权，统一了全国。国土的界限扩张到了天边，把疆域的边界开辟到了大地的尽头，武功称雄于海外，文治安定了全国。高宗研究历史，道德恩泽普及天下，辽阔的东方土地，被一举收复平定，具备了封禅的条件，功德可与舜禹比肩。岩岩泰山，佑我祖先。中宗继承前代国运，恢复了大唐的国号；睿宗继承了中宗的新政，天下重归于仁。两位皇帝少问政事，天下万物变得质朴敦厚。封禅成功，传之后代，我缅怀先人，重新开始五位圣人创下的事业。我的功劳并不高，也没有盛大的威严，只是恭敬地以礼仪祭天，接受天赐予的长命，我的诚实之心感动天帝，求天帝保佑我的人民。古代封禅泰山的，有七十二代君王，或禅亭亭山，或禅云云山。这些遗迹已经见不到了，但是留下了名声，遵循祖先的规矩，才能发扬光大前代帝王的业绩。古代方士虚幻怪诞，儒家的著作拘泥于小节；放荡的君主以封禅为名，寻求长生不死，金泥玉简只不过是在欺骗神灵。秦始皇封禅中途遇到了暴风雨，无功而返；东汉光武帝封禅，更是不合礼仪，玷污了七十二代君王的编篆。道德未符合天意，很可能会受到天给予的耻辱。治国之道的高下，主要看政绩；名声的好坏，并非取决于自己的愿望。我把自己的心情铭刻在绝壁上，告之众山群岳、五湖四海。

写得是真不错。然而，封建专制的土壤并没有造就"好皇帝"的功能，而是恰恰相反。李隆基称帝前期所取得的一系列成就及他铭刻于神山之上的种种宣言，均由于他在后期犯了许多错误（如重边兵而轻内卫、纵容内部纷争以及宠爱杨贵妃沉迷声色等等），而最终酿成了安史之乱，使唐王朝从此一蹶不振。如今，面对巍巍然的唐刻石，扼腕之际人们禁不住要长叹一声"此恨绵绵无绝期"了。

国之魂魄 · "登岱观海"刻石

在《纪泰山铭》东侧石壁上，刻于嘉靖四十一年(1562年)，嘉靖进士、御史、四川射洪县高泉人谢东山等题。题词之上刻有跋语：

孟子曰："孔子登东山而小鲁，登泰山而小天下，故观于海者难为水，游于圣人之门者难为言。观水有术，必观其澜。日月由明，容光必照。流水之为物也，不盈科不行；君子之志于道也，不成章不达"。

这段话摘自《孟子·尽心上》，意即孟子说："孔子登上东山就觉得鲁国变小了，登上泰山则觉得天下都变小了。所以见过大海的人就很难被一般的水所吸引，在圣人门下受过教育的人就很难被一般的言论所打动。观看水有一定的方法，就是必须要看它起伏的波澜。日月都有光辉，只要有缝隙的地方都可以照到。流水这种东西，它不填满地上的坑坎是不会前进的；君子立志于大道，不积累一定的成果就不能通达。"意思是，人要有高的境界，只有站得高才能看得远，只有努力钻研，打牢基础，并通过不间断的积累，才能最终实现自我。

"于山见泰岱之高"刻石

在《纪泰山铭》东侧石壁上，刻于嘉庆二十一年(1816年)，款为"督河使者李逢亨谨识"。于，比的意思。这句话是说山与山相比方能显出泰山的高大。暗中的含义是，人也要相互比较，要见贤思齐。

赵明诚等题名刻石

位置同上，刻于宋政和三年(1113年)，铭文为："太原王贻公，与天水赵明诚德父，政和三年闰月八日同登。"赵明诚，宋著名金石学家，词人李清照的丈夫，曾编《金石录》三十卷。因赵姓出自陇西天水，故名前冠以"天水"二字，德父是赵明诚的字。此类题刻在石壁上以及在其他地方还有很多很多，众多的文人墨客都以能登上泰山为自豪。

"天下大观" 刻石

在《纪泰山铭》题额之上，题刻年代不详。姜丰荣老师认为，岱庙现存有嘉靖十一年(1532年)济南知府杨抚所书的"大观峰"题词碑，其书体与此类似，故疑为明嘉靖年间杨抚所题。此四字既指巍巍泰山气象万千，文物遍布，为天下大观；又指此处石壁遍布唐宋皇帝、历代文人的雪泥鸿爪，实为洋洋大观。

"壁立万仞" 刻石

在《纪泰山铭》西侧，刻于明嘉靖间，泰安知州仲言永题。此题刻将《纪泰山铭》后跟随唐玄宗封禅的官员衔名压盖。乃是题景之作。

"天地同攸" 刻石

位置同上，刻于嘉靖十五年(1536年)，济南通判、上饶余南金题。此题刻也压盖了《纪泰山铭》之后的题名。古人认为天长地久，永不磨灭，谓泰山像天地一样久远，也可能是指《纪泰山铭》像天地一样永久。

"至哉坤元" 刻石

刻于康熙六十一年（1722年）。此句出于《易·坤》："至哉坤元，万物资生，乃承顺天。"坤乃大地，这是对大地的赞美，意思是登上泰山，俯视茫茫大地，是它滋生了万物，真是伟大啊。

"弥高" 刻石

刻于万历十年(1582年)，翰林侍讲韩世能题。此句出自《论语·子罕》："仰之弥高，钻之弥坚，瞻之在前，忽焉在后。"意思是越是敬仰老师孔子的学问，越觉得高远，越是努力钻研越觉得艰深，看着它在前面，忽然又到了后面。说明孔子学说的高深精妙和人生修养的不容易；同时也指泰山博大精深。此大观峰就曾叫"弥高岩"。

"青壁丹崖" 刻石

题刻年代不详，为题景之作，因石上之字多被描红，故称丹崖。

"岩岩"刻石

刻于清光绪三十三年(1907年)，天津徐世光题。语出《诗经·鲁颂》："泰山岩岩，鲁邦所瞻"。古人认为用"岩岩"一词形容泰山最为恰切了，岩岩并非实指，而是描写一种气象。泰山的气象如何？博大、有刚骨、生云吐雾、青未了、尊崇……总之难以一言以蔽之，而据说惟有岩岩二字能包括这一切，不信你体会去吧。

"置身霄汉"刻石

刻于康熙五十六年(1717年)，山东巡抚李树德题。意思是登上岱顶，好像置身于天的极高处，意谓人要向高处走，达到人生的最高境界；同时也极言泰山之高。

"大观"刻石

题刻年代不详，南昌王政题。指此石壁蔚为大观也。

"呼吸宇宙"刻石

题刻年代不详。形容泰山胸怀博大，生机勃勃，顶天立地，呼吸于宇宙之间。

"与国同安"刻石

题刻年代不详。与国，即举国、全国的意思。谓全国同泰山一样安稳，取"安如泰山"、"稳如泰山"之意。在中国历史上，人民遭受过太多的磨难与艰辛，不安定的日子给了他们太多的苦痛，几乎是周期性发生的战争、动乱，给人民心中刻上了挥之不去的阴影，因此中国有句古话叫"宁做太平犬，不当离乱人。"他们渴望安定、平稳的生活，把美好的象征意义赋予了泰山，希望泰山安则四海安，人民永远过上太平祥和的生活。

"与国咸宁"刻石

在大观峰西侧石壁上，刻于乾隆十三年(1748年)，知泰安府事、长白萨搓题。题词同样取"泰山安则四海安"之意，谓全国都同泰山一样安宁。

"尊崇"刻石

位置同上，题刻年代不详，谓泰山是所有名山中最为尊贵崇高者。

"名山圣水"刻石

题刻年代不详。因大观峰下有泉，故题。泉为"裂天泉"、"圣水池"，据说泉水甘甜，饮之令人神爽，有祛病功效。

"云峰"刻石

在大观峰西侧，康熙二十二年(1684年)康熙皇帝所书。云峰，本指云彩像山峰，此处意思是山峰像朵朵的云，形容泰山山峰众多，像天上的云一样。

康熙是一个了不起的皇帝，清史研究专家阎崇年称之为一个"伟大的政治家"。康熙在位61年，对内大力发展经济，对外坚定地坚持主权，国力空前强盛，国土面积达到了1300多万平方公里，清朝社会进入了秦始皇统一中国后最为鼎盛的时期。康熙本人一生注重学习，不仅学习汉文化，还努力学习西方科学知识，对西方语言、哲学、自然科学广泛涉猎，甚至还亲自学会了种牛痘。阎崇年老师说，他的优秀品质源自于他童年的不幸，虽然他出身于帝王家庭，但8岁丧父，10岁丧母，成了孤儿，他是在祖母的护佑下成长起来的。康熙的母亲病重期间，年幼的他日夜守在母亲身旁，滴水不进，母亲去世后，他终日啼哭，不思茶饭。就这样，在他年轻的时候便需要独自面对复杂的宫廷斗争，养成了坚毅的性格。他即位后一举平息了鳌拜谋反，亲率大军抗击沙俄入侵，并在尼布楚与沙俄签订了中国第一个平等条约，他还平复了蒙古贵族的独立企图，与西藏的达赖、班禅建立了良好的关系，终于为史称的"康乾盛世"奠定了基础。

乾隆恭颂皇祖勒崖"云峰"诗刻

刻于乾隆十三年(1748年)，是乾隆为歌颂其祖父康熙所题"云峰"二字所作，其诗为：

> 骊珠双颗勒云峰，占断岩岩景万重。
> 不似摩崖千许字，开元惟用诩东封。

大意是：

> 云峰二字像宝珠一样镶在石壁上，道出了泰山的岩岩气象。
> 而不象是唐玄宗的洋洋千言，那只是他对封禅的自我标榜。

乾隆夜宿岱顶诗刻二首诗刻

在云峰二字之下，刻于乾隆十三年(1748年)。诗为：

其一

> 攀跻凌岳顶，仆役亦已劳。
> 行宫恰数宇，旧筑山之坳。
> 迥为天为邻，瀚然云作巢。
> 依栏俯岱松，凭窗眺齐郊。
> 于焉此休息，意外得所遭。
> 恭诵对月诗，徘徊惜清宵。

大意是：

> 艰难地登上泰山极顶，从仆也已经劳累。
> 我的行宫有好几间，先前就建在山坳里。
> 这里已高得与天接近，就好像住在云层中。

倚栏俯视古松林，临窗可眺望齐国的原野。
能在这里休息，竟意外看到了如此的美景。
入夜了，我恭敬地诵读着康熙帝的《岱顶对月》诗，
久久地徘徊不眠，不舍得虚度这清静美好的月夜。

他对爷爷是极为佩服的。

其二

傍晚云雾收，近宵星斗朗。
天籁下笙竽，松花入帷幌。
神心相妙达，今古一俯仰。
始遇有宿缘，初地惬真赏。
清梦不可得，求仙果痴想。

大意是：

傍晚，云雾消散了，离天近的地方星斗格外明亮。
松的涛声就像天籁，松的花粉随风飘进了窗帘。
神与我颇有灵犀，古今多少事，只是俯仰间而已。
夜晚住在这里是我的缘分，初到此地我是真心地赏识。
希望得到好梦都不容易，而希望成仙则更是痴心妄想。

"超然尘表"刻石

　　题刻年代不详。谓泰山高出尘世之外，也指修养达到高境界的人超凡脱俗，超然世上。

"登峰造极"刻石

　　在大观峰东侧石壁上，刻于清嘉庆八年(1803年)，泰安县知县、长白舒辂题。这里指上升到泰山的最高点，也暗喻泰山景致达到最高境地，同时还指人学习、修养没有止境，要步步登高。古人爱登高，实际上所有的人都爱登高，登高是人的天性，高处自有高处的精妙。当代作家邵燕祥先生曾说过这样一段话："永远要记住，在某个高度上就没有风雨云层。如果你生命中的云层遮蔽了阳光，那是因为你的心灵飞得还不够高。大多数人所犯的错误是去抗拒问题，他们努力试图消灭云层。正确的做法是发现是你上升到云层之上的途径，那里的天空永远是碧蓝的。"(《报刊文摘》2005年2月)。我们体会到了没有，登上泰山有时就会有这种感觉。

"只有天在上，更无山与齐"刻石

　　刻于清嘉庆八年(1803年)，长白舒辂题。意思是只有天在泰山之上，而没有其他山于泰山比肩。意谓泰山天下无双。

"俯仰乾坤"刻石

　　题刻年代不详。意思是在泰山之巅，抬头可以观天，低头可以察地，也指

人达到一定的境界就能眼界开阔，心胸博大。

"体乾润物"刻石

在大观峰西侧石壁上，刻于乾隆十三年(1748年)。"体"，实行。"乾"即天，此处指天道。意思是泰山实行天道，兴云致雨，润泽万物。也暗指世事，意在呼唤尧舜，施恩泽于天下百姓。

"天根云窟"刻石

在《纪泰山铭》东侧石壁上，刻于康熙元年(1662年)，韩东题。天根，又名氐宿，二十八星宿之一。中国古代人认为，天上的星宿对应着大地上的某一地区，天上星象的变化预示着对应地区的吉凶祸福，这种对应的划分叫作分野。二十八宿中角宿、亢宿、氐宿的分野是兖州，泰山是兖州的镇山，所以泰山在星宿中的对应即是天根，天根属东方星宿，其神为青帝，主万物生长发育。云窟，指聚集云气的地方，能兴云致雨。"天根云窟"是古时人们对泰山的最古老的认识的总结，前面已经提到过，等一会儿，我们还要稍详细地介绍这一点。

"乾壮"刻石

"乾"即天，即阳，与"坤"相对，乾壮为"阳刚之气"的意思。此语指泰山乃充满阳刚之气的大丈夫也。

此外，这里还有"天日苍茫"、"高山仰止"、"日高月同"、"捧天擎日"、"岳宗"等等一大批题刻。总之，大多数是颂扬天与泰山的——泰山也代表了天。

宋摩崖与宋真宗封禅

大观峰东南石壁被称作"宋摩崖"，这就是我们在岱庙曾提到的宋真宗封禅泰山的《登泰山谢天书述二圣功德铭碑》了。除了刻在这里的之外，另有一处相同内容的石碑曾立在泰安城南，由五块巨石拼成，因其字朝北，故被俗称作"阴字碑"，惜 1951年被毁。

现在，我可以告诉大家，乾隆为什么嘲笑宋真宗了。

本来，封禅是国家统一、强大的盛世之君的专利，而宋王朝实际上始终就没有统一过。到了真宗赵恒，北方的辽、夏更是大肆入侵，边境烽烟不断，景德元年(1004年)，辽(契丹族)又大举进攻，一直打到黄河北岸的澶州(又名澶渊，今河南濮阳)。宋军在主战派宰相寇准的指挥下，大败辽军，但结果是得胜之师却仍然同契丹订立了屈辱的"澶渊之盟"，宋每年给契丹银10万两，绢20万匹，为后人所不齿。宋国境内也是灾害频仍，人民生活日益贫困，赵恒在这一背景下想到了封禅，他要通过封禅来"镇服四海，夸示外国"，以求巩固政权，真可谓病急乱投医了。

这位皇帝当然也知道他封泰山是不够资格的，于是便挖空心思，先是声称夜间梦见神人赐天书，接着又假造"天书"降于皇宫之内，遂改年号"景德"五年为"大中祥符"元年。"天书"为二丈黄帛，上书"赵受命，兴于宋，付于恒，居其器……""天书"之事引起了大臣的纷纷议论，有的大臣上书说："天何言哉，岂有书哉？"但宋真宗置之不理，仍一意孤行，甚至给大臣送礼贿赂以赞同他封禅。

于是，赵恒于四月下了封禅诏书，并派主和派大臣王钦若先期到了泰山。王到泰山后，未几日，泰山脚下就出现了"醴泉"、"苍龙"，山上长出了三脊草和灵芝……一应祥瑞之物都突然冒了出来。而且一天早晨，有樵夫上山砍柴，竟发现树上挂着一条黄绸，"天书"又降到了泰山。王钦若"闻讯"之后，立即飞报汴京，宋真宗心有灵犀，便以玉辂车载天书为先导，大张声势地来到了泰山，硬是在泰山演出了一幕闹剧，并自以为大功告成，仿唐玄宗刻下了这篇《述功德铭》。只是他的刻石被明代人铲去了大部分，在其上镌刻了"德星岩"三个大字，竟使得宋真宗的"功德"显得更加不圆满了。

宋真宗治国的政绩是没有的，唯有"天书"是他封禅的凭藉，他内心毕竟空虚，为了堵住世人的指责，他在泰山大封了一通"神"，什么"天仙玉女"、什么"济渊公"……并大修庙宇，如"天书观"、"天贶殿"、"昭真祠"等等。他的这些做法当时的人便已看透，感到可笑。史家对此嘲笑道："呜呼贤哉！"《宋史》还说："及澶渊之盟，封禅事作，祥瑞踏臻，天书屡降，一国君臣如病狂然。吁，可怪也。"是啊，造假终究不能成真，几千年"君权神授"的把戏，一旦做到极处，被人看透，封禅便失了存在的条件。

国之魂魄

封禅的历史意义

宋以后的皇帝不再到泰山封禅，而是改成了对泰山神的祭祀，规模也小得多了。但泰山封禅作为一种特有的历史文化现象，极大地影响了整个华夏民族的发展史，尤其是史家把它上推到了三代，同远古先民原始的泰山崇拜并行起来，更使封禅在对原始氏族联合、促进社会进步方面起到了积极作用。同时，由于封禅对于封建帝王在国家统一、社会稳定、国富民强，以及帝王的政绩、道德诸方面有着严格的要求，因此在客观上也对他们起到了一定的约束作用，使其有所检点，这总比容忍统治者无法无天、残民以逞，弄得民不聊生要强得多。封禅结束了，但它所引发的泰山其他的文化现象却没有终结，它的影响是巨大的。

清代皇帝与泰山

从宋真宗最后一次在泰山封禅以后，明代即变成了派官员祭祀泰山，清代延续了这一做法。清代的泰山祭祀始于清世祖顺治皇帝，之后康熙、雍正、乾隆等不仅派官员到泰山祭祀，有的还亲自登临，这对于利用泰山促进民族认同，加强民族团结起到了积极的作用。如顺治八年(1651年)、十八年(1661年)清世祖就曾两次遣官祭泰山。

接下来是清圣祖康熙皇帝，康熙在位时间长，一生同泰山多有联系，曾7次派官员祭祀泰山，本人也曾亲临两次。他第一次登上泰山举行祭祀活动是康熙二十三年(1648年)十月，《清史稿·圣祖本纪》载："冬十月壬寅，上次泰安，登泰山，祀东岳。"这虽不是封禅，只是南巡，但康熙对此十分重视，亲自撰写记录，称《南巡笔记》，他写道："二十八日出京师，经河间，过德州，阅济南城……十一日至泰山，石径棱嶒，缓步登陟四十里。御帐崖瀑水悬流，五大夫古松犹在岩畔……入南天门，扪秦时无字碑，至孔子小天下处，真可收罗宇宙，畅豁襟怀。题'普照乾坤'、'云峰'诸字。宿泰山巅，月色清朗，赋诗遣兴。来日登日观峰，看扶桑日出。下山祀于岳庙。岳为五方之长，故躬祀之，为苍生祈福……"

康熙对泰山不仅十分重视，而且情有独钟，他写过一篇文章叫《泰山龙脉论》，大意为：古今论九州山脉，只认为华山为虎，泰山为龙。而地理家也仅知道泰山起于东方，张左右翼为障。但终未搞清泰山之龙从何处发脉，朕细考形势，深究地络，遣人航海测量，知泰山实发于长白山……康熙十分明白泰山在汉民族人们心中的地位，他的《泰山龙脉论》为中原与长白山、汉族与满族的"一体"找到了理论根据。泰山从先秦72帝王直到秦汉的封禅，都有着寻求民族的联合凝聚和大一统政权形式的稳定与巩固的目的，而到了封建社会后期，泰山的这种功能依然存在，也就是说，追求中华民族大家庭的一统，一直从72代帝王延续到了康乾之世，这是历史的必然和人心所向，而泰山则再一次在这一追求中发挥了无可替代的作用，这正是泰山魅力的又一所在。

雍正皇帝在位时间不长，但他却为泰山办了两件大事。一是拨国库之款派内务府郎中丁皂宝大规模地修葺了泰山道路与庙宇。二是免除了百姓进山所需缴的香税银两，使百姓可以随意进山祷祀，富人的布施，国家也不提留，全部留在庙里，以供修缮房舍与道路。

乾隆到泰安的次数是所有古代帝王中最多的一位，前后共10次，其中六次登上岱顶。他屡屡提及封禅，而且都表现出对封禅的鄙视，他曾写过一首名为《登封台》的诗："登封降禅古来传，总属夸为可鄙旃。造极至今凡六次，无他只谢愧心虔。"——他认为古代皇帝封禅是浮夸虚伪的，只有面对现实，治理好国家，才是实政，而他六次登上泰山极顶，只是怀着一颗敬天的心，而不是想自我吹嘘，大做文章。他在泰山留下了大量的题刻，就如同我们所看到的。

"德星岩"刻石

宋摩崖上的其他题刻也很多，其中最显眼的就是"德星岩"三个字了，此三字是明朝嘉靖四十三年(1564年)曾代理泰安知府的翟涛所题，此字径既大，笔画又肥，把宋代刻石大部分破坏了，明代人这是什么德行呢？"破四旧"吗？

宋摩崖上还有"奇观"、"天高与山齐"、"天柱东维"、"蹑云捧日"等等古人的手笔。

大家看到，在泰山之巅，古人跟帖最多的大概就是个"天"字，古代人关心天，因为天对他们太重要了。于是，我们想起了一些沉重的话题。天，除了它的自然属性外，在古代中国人那里还有着更为复杂的意义：对皇帝来说，天是至高无上的，皇帝只不过是天的儿子，他们一面求天保佑，一面怕天惩罚，就如前面说过的天起到了裁判的作用。实际上，古人曾说过"天意即民意"，所以说到底，有理智的皇帝也会由此更多地想到并顾及到人民的意愿；而在百姓的意识潜层中，天还多了一层意思，就是除了希望风调雨顺、得到天的佑护、认为天不可欺不能作坏事外，更多的还是希望它能够主持公道，能制约统治阶级的过分残暴苛戾，给百姓以生存的空间。因为在中国漫长的封建社会中，从来就没有过真正意义上的法制，即使有所谓的法，也只不过是统治阶级手中的工具，老百姓根本不能指望得到法的庇护。此时"天"就成了法的不足的重要补充了，是"天"保证了社会秩序的正常运行。一般情况下，有了天的威严的炯炯目光，如果再碰上个把儿所谓的好皇帝，人民的日子还能过的去，巧了再遇上点儿什么盛世，社会也能够稍快地发展。但是如果在既没有法制，又把天给摈弃了的情况下，那就真的可怕了——最高统治者又是皇帝又是天，无所畏惧地什么都不放在眼里，弱小的百姓当然就更不在话下了。天意都不要了民意又算什么呢。结果，失去了天道，直搞得饿殍盈野、冤狱如山，经济崩溃，社会道德水准极度滑坡。最后倒霉的还是人民、是国家。没有了"天"，也就没有了最基本的游戏规则，老百姓遭致灾祸，但是却呼天天不应，喊地地不灵，无助的痛苦撕裂着心肺，小民们在彻底绝望的时刻，最后发出的哀号却仍然是"我的天啊！"

国 之 魂 魄

　　我的——天，它几千年来担负的职责真是沉重得很啊。

　　如今，中国终于进入了改革开放的新时代，法制逐步健全，科学日益发达，我们在物质上将不再靠天吃饭；在社会秩序上，将更不必把平安、公正、幸福再统统委托给天代理。天，该轻松一下了。

去东岳封号碑和洪武祭祀碑

　　去玉皇顶的路上，路北有着一圈石栏杆的平台上，立着两块形制奇特的石碑，此即我们在岱庙所提到的朱元璋立的《去东岳封号碑》和《洪武祭祀碑》了。这两块石碑并列立着，两边有框，共覆一块雕刻着象征帝王权位的云龙纹碑首，只是碑首是三角形的，显得十分少见。前面说过，自唐以来，皇帝屡屡给泰山加封，最后成了"天齐大生仁圣帝"。明太祖朱元璋登基后，则认为人给泰山神乱加封号并不是对神的礼敬，而是"渎礼不经"，是对神的不敬不恭，所以降旨去掉了泰山的所有封号，直接改称东岳泰山之神。朱元璋是明代的开国皇帝，少年时十分贫穷，曾在皇觉寺当过小和尚，然后又流浪安徽、河南等地。后因元朝末年朝政极度腐败，百姓无法生存，农民起义风起云涌，他便参加了红巾军起义，投靠在郭子兴部下。郭死后，朱掌管了军队，并攻下集庆(今南京)，自称吴国公，废除了元代的一些苛政，搜罗人才，壮大军力，相继击败了陈友谅、张士诚、方国珍等割据势力，1368年建都南京，称帝，建立

169

明朝，年号洪武。同年又攻克元大都，推翻了元朝统治。他是中国历史上真正的由赤贫的农民登上皇帝宝座的人，因此，他的认识与情感，以及他的一些做法就与以前的皇帝大有不同。那么，是否泰山在他心目中也不再那么高大了呢？不是的。

历史记载，朱元璋于洪武三年(1370年)第一次遣官员祭祀泰山神，在《去东岳封号碑》的碑文上他说了这样一段话：

皇帝制曰："磅礴东海之西，中国之东，参穹灵秀，生同天地，形势巍然。古昔帝王登之，观沧海，察地利，以安民生。"祝曰："泰山于敬则致，于礼则宜。自唐始加神之封号，历代相因至今。曩者，元君失驭，海内鼎沸，生民涂炭。余起于布衣，承上天后土之命，百神阴佑，削平暴乱，正位称职，当奉天地、享鬼神，以依时统一人民，法当式古。今寰宇既清，特修祀仪。因神有历代之封号，予起寒微，详之再三，畏不敢效。盖神与穹同始，灵镇一方，其来不知岁月几何。神之所以灵，人莫能测，其职受命于上天后土，为人君者何敢预焉！惧不敢加号，特以'东岳泰山之神'名其名。依时祭神，惟神鉴之。"

此文大意是：

皇帝诏曰：泰山位于中国东方，渤海之西，高大灵秀，与天地同生，气势巍峨。古代帝王登泰山而观沧海、察地利，以安民生。谨告上天，对泰山敬之，就要细致对待；礼之，就要符合程仪。自唐开始对泰山神加以封号，以致延续至今。先前，元朝末代之君丧失了统治国家的能力，以致国内动乱四起，人民痛苦不堪。我出身平民，接受上天的使命，依靠众神的暗中佑助，平息了战乱，当上了皇帝。我自然应该敬奉天地、祭祀鬼神，适时统领人民，像古人一样敬天治国。如今天下已太平，特重修祭祀礼仪。因泰山神历代都有封号，而我出身贫寒，再三思考，依然不敢效仿。神与天地同始，灵镇一方，神的历史已不知有多少年了，人怎么能知道呢？神授命于天帝，人间的皇帝又怎敢干预呢？所以我不敢再给泰山神加封号了，谨以"东岳泰山之神"为其命名，并按时祭之，望神明察。

原来如此。神，"与穹同始，灵镇一方"，"人莫能测"，那么，一位人间的皇帝，尤其是起于布衣、寒微的皇帝又怎敢给神滥加封号呢？用今天人的思维来理解就是科级干部怎么能任命局级干部呢？故而朱元璋又在另一个诏书中加以说明："岳镇海渎之封，起自唐、宋。夫英灵之气，萃而为神，必受命于上帝，岂国家封号所可加？渎礼不经，莫此为甚。今依古定制，并去前代所封名号。五岳称东岳泰山之神，南岳衡山之神，中岳嵩山之神，西岳华山之神，北岳恒山之神。"朱元璋的这一做法，是有着社会发展所带来的历史文化原因的。一路上我们讲了很多，从中是否可以发现，泰山封禅从秦始皇、汉武帝延续到唐代，其中是有着很大变化的。秦始皇、汉武帝的封禅秘而不宣，他们匍匐在神的面前，乞求神的保佑，诚惶诚恐，完全失去了自我；唐代皇帝却藉此来显示政绩，剖白胸怀，真正使人感到了与神的交流与对话。也就是说，泰山封禅已由秦汉的"神本位"转化到了"政本位"。虽然在唐代，帝王同神的交流依旧沿用着封禅大典的形式，但目的却是在更多地上演着自己的政治故

泰山

游泰山古道与岱顶

事。到了宋代，宋真宗的封禅尽管也是神乎其神，气势浩大，但神却成了皇帝的道具，一切都可以造假，神在旁观者的眼中几乎已没有什么"灵"可言了。所以在朱元璋看来，唐、宋皇帝是亵渎了泰山神灵，因此与其不断地给泰山神叠加封号，还不如还其本位，依时祭之更能体现出对神的虔诚。

对泰山神是如此，那么对泰山本身呢？朱元璋也有自己的观点，他曾经写过一篇咏泰山的歌赋，名《岱山高》：

此文通篇赞颂泰山风光，这在历代皇帝中似乎还是第一人。此前汉武帝刘彻面对泰山时就不知该说什么，一时竟茫然了，只能发出一连串的感叹："高矣！极矣！大矣！骇矣……"空洞得很。而朱元璋，一个和尚出身的皇帝，恐怕识不了多少字，能写出这样一篇文章来，确乎也难为了他。他写了泰山的高大广袤、云雾变幻、雷电起息、松苍鹤翔……竟是收放自如，颇有气势。甚至连"登泰山而小天下"这样充满儒家哲学思想的语句也被他不动声色地引入了文中。于是，我们就看出来了，朱元璋对泰山神的情感已远远不如对大自然造化的兴趣来得浓厚，不如对人间社会的观照来得浓厚了。即使他在文中仍提到了神，也是侧重了"神秀"的境趣，减少了"神灵"的意味。

朱元璋削掉了泰山神的封号，不再孜孜以求到泰山封禅祭天，应是社会发展的必然，虽然他仍然不断派人到泰山祭祀泰山神，但是从他开始，泰山便渐渐地走向世俗，走向民间。及至发展到清代，皇帝眼中的泰山，更成了诗赋的题材，绘画的摹本，他们为泰山的拔地通天、雄伟盖世而折服，为大自然造化的鬼斧神工而惊叹，泰山的形象成为他们抒怀与寄托情感的最佳对象。

与《去东岳封号碑》并立的就是《洪武祭祀碑》了。原先，岱庙中此类明代的告祭碑很多，但文革中全被砸毁，这两座碑成了唯一的幸存者，所以从史料价值来看，就显得弥足珍贵了。《洪武祭祀碑》说的是朱元璋在立国十年后，派遣他的外甥曹国公和两个道士来祭祀泰山神，其碑文是：

维洪武十年岁次丁巳八月丁末朔，皇帝谨遣曹国公李文忠、道士吴永舆、邓子方，致祭于东岳泰山之神曰：

朕荷上天后土之眷命，蒙神之效灵，以致平群雄，息祸乱，主黔黎于华夏，统控蛮夷，于今十年，中国康宁。然于神之祀，若以上古之君言之，则君为民而祷，岁有春祈秋报之礼。于斯之际，有望于神而祭者，有巡狩于所在而燎瘗者。今予建国以来，十年于兹，国为新造，民为初安，是不得亲临所在而祀神也。特遣开国功臣李文忠、道士吴永舆、邓子方以代予行，奉牺牲祝帛于祠下，以报效灵。自今以后，岁以仲秋诣祠致祭，惟神鉴之，尚飨。

祭文的大意是，由于神的保佑，他得以扫平群雄，止息祸乱，统一了国家。根据古代君主的做法，国君为人民而祈祷，每年春、秋，是要亲自前往泰山祭祀神灵的，但是建国十年来，人民刚刚安定，所以不能亲自去了，特派开国功臣李文忠等进献牺牲以报神灵……

让我们暂时离开主题，以"开国功臣李文忠"为由头再说几句关于朱元璋和明代其他皇帝的事儿。

开国功臣李文忠是朱元璋姐姐的儿子，一度姓朱，十九岁即为将，英勇善战，封曹国公，掌大都督府，兼领国子监事，后因劝朱少杀戮，忤旨被责，不久便病死了(亦有说被朱元璋毒死了)。那么，朱元璋到底是怎样一个皇帝呢?

朱元璋在起义前期，率领农民打击蒙汉贵族地主，"每遇敌，智勇奋击，身先士卒，故所向克捷。凡军中有所得，上(朱元璋)皆无取，辄令分给群下"(《明太祖实录》)。他的部队军纪严明，"兵不离武，市不易肆，开仓以济贫民"(同上)。所以获得了广大群众的拥护与支持。明王朝建立后，朱元璋对元朝的腐败丧国是十分清楚的。元朝是一个延续了不到100年的短命王朝，在它建立后不久，就已表现出了严重的腐败，尤其到了后期发展得更是十分惊人。元朝新皇帝即位，赏赐给贵族的金银都在几百万锭以上，田地也动辄千顷。各级官吏贪污勒索受贿成风，政府卖官鬻爵，大小有价。国库极度空虚，通货恶性膨胀。人民生活在水深火热之中。日益尖锐的民族与阶级矛盾，造成了一代王朝的迅速终结。朱元璋称帝后，十分重视吏治的整顿，严禁各级官员蠹政害民，对贪官的惩治极其严厉，凡贪赃钞60两以上者，均枭首示众。1376年，朱元璋发现每年地方衙门到户部核算钱粮时，都带有盖好了官印的空白文册，如户部驳其钱粮数字不准时，就重新填写。他认为其中必定有诈，下令将各地方衙门的主印长官一律处死，史称"空印案"。1385年，户部侍郎郭桓勾结浙西地方官吏侵吞税粮事发，朱元璋又逮杀数百人，下狱致死者几万人。他曾多次颁布诏令，限制大臣权限，使之不能僭越封建礼法，危及朱氏王朝利益。但是，他在这条路上走得过远了。1380年(洪武十三年)，朱元璋以"谋不轨"罪名诛杀左丞相胡惟庸，并借此大兴党狱，先后株连数万人，不仅元勋宿将被杀戮殆尽，而且覆灭了许多江南豪族。朱元璋对开国功臣很不信任，除了极端加强个人权力，废除宰相制度，自己亲自掌管六部，设置锦衣卫等特务机构，监视官员的一举一动外，还将自己的儿孙分封到各地，"据名藩，控要害，以分割海内。"然而，即使这样朱元璋仍不放心，惟恐官员对自己不忠，动辄生疑杀人。因为他当过和尚造过反(所谓反贼)，便对正常的话也过分敏感，如浙江府学教授林元亮替人写《谢增俸表》，中有"作则垂宪"句，北平府学训导赵伯宁替人作《万寿表》中又有"垂子孙而作则"的句子。"作则"和"作贼"在江南方言中同音，朱元璋就认为是骂他做过贼，一概处死。常州府学训导为本府作《正旦贺表》内有"睿性生知"句，"生"被疑为"僧"，还有"取法象魏"的"取法"被疑为"去发"，而"藻饰太平"则被认为是"早失太平"……便统统杀掉。大量无辜的知识分子，都被他迫害致死了。所以，连他的外甥李文忠也不得不劝他少杀人。是的，这令人不寒而栗的行径，历史上堪称少见，即使后有来者，也似乎是前无古人的。朱元璋视大臣如草芥，任意杀戮，使满朝文武朝不保夕，噤若寒蝉，服服帖帖，当然这是不会有好结果的，以至他一死，明朝就发生了政变。1398年(洪武三十一年)，朱元璋病死，根据他的遗愿，长孙朱允炆即位，是为建文帝。但朱元璋之子燕王朱棣却不按朱元璋的即定方针办，借口起兵，经过四年史称"靖难之役"的自相残杀，朱棣夺取了帝位，改元永乐。

话再说回来，朱元璋以及他的子孙祭祀泰山，大都出于明显的政治功利目

172

泰山

的，还有的是为了水旱灾害和其他一些需要解决的问题，但这些祭告碑已经见不到实物，其内容只能从史籍中读到了。

史书载，洪武十一年、洪武二十八年、洪武三十年，朱元璋共五次派官员祭祀了泰山。另据《岱史》记载，从洪武三年(1370年)到万历元年(1573年)的200年间，仅皇帝派人祭祀泰山就达28次，而地方官员的祭祀则是年年都有，无法统计了。

至于皇帝与神的关系，旅美学者黄仁宇在他的名著《万历十五年》中有一段万历皇帝到天坛祈雨的描述，十分翔实，可以看出当年泰山祭祀的影子。说是1583年(万历十一年)，京畿一带大旱，河流见底，井中无水可汲，在地方官员求雨无效之后，万历决定亲自向上天祈祷，他命礼部找出举行此列仪式的成例，并决定全体人员包括他自己均徒步前往天坛。仪式举行的前三天，皇帝开始斋戒，写好致上天的表文，亲笔称臣签上朱翊钧的名字，提前一天送到南郊神库。

1584年5月16日黎明，皇帝驾到皇极门，礼官报告官员们已在大明门整队已毕，队伍便浩浩荡荡地出发了。北京的百姓从来没有见过这样庄严而朴素的仪式场面，所有的人员包括皇帝一律蓝色布袍，领子和衣服下缘用黑布镶边，平时的金银玉带改成了牛角带，旗帜和乐队也概行免去。大街左边是两千名文官，右边是两千名武官，排成单行，和皇帝一起步行在北京的大街上。一般情况下，天子出行要"除道"，要求所有店铺关门，行人敛迹，大概相当于后来的"戒严"，但此次却不同，而是特别体现"皇恩浩荡"，让所有的人一睹"天颜"。天坛在北京城的南部，是万历的爷爷嘉靖于1530年所建，"万历皇帝在这同心圆的最下一层石阶上跪下祈祷，上香之后，又向上天叩头四次，文武百官列队站立在南墙之外，当皇帝跪拜时，赞礼官在昭亨门传赞，百官也一样跪拜如仪"。

"行礼既毕，皇帝召集大学士、六部尚书和其他高级官员在左棂星门外所设的帐篷内发表训词。万历声称，天时亢旱固然是由于他本人缺乏德行，但同样也是贪官污吏克剥小民、上干天和的结果。所以必须改弦更张，斥退坏人，引用好人。后来还发了敕文，告诫那些贪赃枉法，残害百姓的官吏务必痛加悔改，否则定当严惩不贷。同时万历又下令户部免征灾害严重地区的赋税一年。仪式结束，准备起驾回宫，宦官们让御轿抬到万历跟前，万历仍坚决不坐，继续同百官一起步行十余里回宫。

这就是"天子"对待天的态度。

"五岳独尊"刻石

去玉皇顶的盘道路东，两米多高的石上赫然刻着"五岳独尊"四个大字，是泰安府宗室玉构于光绪丁未年，即公元1907年题，内容当然是颂扬泰山的。但是，我们是否可以把它展开来说一说，也就是说是否可以暂且撇开泰山来单独说说"独尊"。在中国，独尊的意识很有些年头了，当人们对世界还几乎不了解的时候，人们即以为中国是"中央之国"，其他国家蛮夷而已，渐渐地故步自封了，在统治者那里更是惟我独尊了。千百年来，国家无论强盛还是衰败，言必称大唐、大宋、大明、大清。一直到了慈禧太后，堂堂"大清"的主宰者，在西班牙要走了"赔款"，葡萄牙又来"割地"时，竟发此宏论：什么西班牙、葡萄牙，我看就是这些洋毛子今天一个名，明天一个名，变着法儿来敲我们。到了清末那个时期，中国的封建统治走到了末路，在西方诸国的眼中完全失去了大国的地位，他们派驻中国的使节无一例外全是公使级的，甚至像并不强大的南美秘鲁等国也是如此，只是十月革命后，苏俄才派来了第一个大使。好一个中央之国，嗤笑了几千年夜郎，最终自己也成了夜郎。这就是"独尊"的效应，这效应给我们带来的是抱残守缺、堵塞信息、作茧自缚和落后挨打。独尊阻碍了历史的发展。

还可以再举一个例子。在中国的先秦时代思想文化是相当发达的，而诸子百家中，犹以老庄的道家较为重视世界观和方法论，有可能上升为哲学或宗教，但汉代以后罢黜百家，独尊儒术，道家的思想同其他各家流派一同失去了发展条件，从此萎缩，虽然后来的道教仍打着道家的旗号，却完全不是那回事了。专制主义提出了独尊儒术，儒家在一统后被尊为了儒教，但它显然并不是宗教，因为它无意去探讨人类的由来与归宿，而且也没有宗教的戒律。儒家学说也不是哲学，它没有去关心世界的本源和发展，没有去总结自然和社会科学的发展规律，它所注重的对象是社会伦理、社会秩序及维护社会秩序的原则与方法。所谓方法，古代即称作"术"，儒术是也，用现代的语言基本可以解释为"技术"或者"技巧"，就像作战的"战术"、行医的"医术"，看卦的"相术"……一样。正是受了"独尊"的制约，两千年来，中国人注重务实与"技巧"，并形成了不变的思维模式和生活态度，百家争鸣的局面再也没有出现过，真正意义上的哲学与民族宗教也没有发展起来，整个民族的思想逐渐趋于了单一与僵化。当然这怪不得孔夫子了，这是封建专制主义独尊的结果。

"昂头天外"刻石　而就在此题刻的侧旁，又有人于光绪戊申年，即公元1908年题了四个较小的字——"昂头天外"。于是就有了感想。

是的，"昂头天外"四个字说得实在是好极了。

让我们回眸历史，16-18世纪，是世界历史上的一个非常重要的时期。在欧洲，许多国家经过了思想启蒙这个变革后，正逐步走出中世纪而向近代社会迈进，市民社会和市场经济日渐形成，稍后的工业革命更是直接推动了工业化的前进步履。而在同一历史时期，中国则是经历了明末大动乱后，满人乘机而入，建立了当时人们认为的"异族"统治的大清帝国。这一历史时段，中西方都在变，但"变"的内容却大异其趣，二者之间发展的差距由此进一步拉大了。或者有人会说，那时中国在人文科学甚至在自然科学方面并不落后，我们有几大发明，有这个、有那个，很受英国科技史学者李约瑟的垂青。的确，我们前面说过，中国古代的科学特别是在天文学方面，有过辉煌的成就，比如对恒星、太阳系、日月食的观测，对历法的制定等方面都有独到的认识。但是到了这一时期，中国的科学包括天文学在内却处在了停滞状态，以致传统的历法与天象严重不符，明、清两朝帝王不得不把钦天监的

174

游泰山古道与岱顶

重任交给了"夷人"。而且更有甚者，我们足以引为自豪的古代发明，指南针被用来看了风水，火药制成了鞭炮……有学者还进一步指出，当时代表中国最高科学技术成就的《天工开物》一书，也并不是一部创造性的著作，而只是对中国传统使用技术的一次大总结，并没有起到推动中国科技发展的作用。换言之，如果说中国那时仍在传统社会中徘徊的话，西方则已开始了奔跑，二者发展差距开始以几何倍数增大。简单地回顾一下此时西方的科学成就，就会使我们惊讶不已。科学理论方面，笛卡儿的解析几何、牛顿力学、牛顿－莱布尼兹的微积分等，构筑了近代数理科学的框架；万有引力定律、质量和动量的概念、代数、对数以及光学原理、声学原理、地磁学、电学、生物学、化学等科学领域里的突破性发展，为近代科学的全面勃兴奠定了坚实基础；科学仪器方面，则是发明了显微镜、望远镜、温度计、气压计、摆钟、抽气机、风速计、计算尺和各种航海仪器。在人文社会科学和意识形态方面，弗兰西斯·培根提出了"知识就是力量"的著名观点。与此同时，诸如货币、利息、工资、商品的价值与价格等一批经济学概念也已产生。1748年，孟德斯鸠写出《论法的精神》，提出了三权分立学说，奠定了现代民主体制的基础。1751年狄德罗出任《百科全书》的主编，1762年卢梭发表了著名的《民约论》，1776年，以亚当·斯密出版《国富论》为标志，古典经济学正式诞生……西方国家已全面开始向近代转型。

但是，此时的中国却没有出现社会和知识转型的征兆。尽管中国学者在传统典籍的考据方面取得了很大成就，对传统知识进行了延伸与扩展，但却没有开辟出近代思想文化的新局面。这种状态实在不能再继续下去了。于是，有头脑清醒者大声疾呼了——要昂头天外！要把目光放得远一些！于是，我们看到一时间智者纷纷出来，主义也纷纷出来，维新派、洋务派"德先生"(democracy)、"赛先生"(science)……开始了艰难的救国。可是他们并没有成功，中国的落后已是积重难返，一百年过去，赤县仍是长夜。终于，到了今天，到了改革开放的新时代，历经了无数曲折后，中国人才真正昂起了头，改革开放，与时俱进，走向世界，走向未来……我们总算明白了，我们打破了封闭固守，不再妄自尊大，开始了新的登攀。是的，惟让这害人的"独尊"在这里警示世人吧。事实上，在"泰山精神"的词典里并没有独尊二字，它的"泰山不让土壤故能成其大"，是一种吸收与包容的精神；它的"登泰山方知天地大"，更是一种登高望远，胸怀若谷，破除自满，攀登不止的精神。而这正是我们中华民族赖以生生不息并再度崛起的精神原动力。在这泰山之巅，当我们昂起头，我们所看到的已远非当年孔夫子所看到的鲁国、齐国，而是整个环球——她的蓝色的大洋、绿色的大洲，她的过去和她的未来。站在泰山般的高度上，有着泰山般宽广的胸怀，努力开创出全新的时代精神，才能使中华民族永葆进取的姿态，使我们的祖国早日振兴。

再把话头说得小一点，用"独尊"来形容泰山也不好。有人说"五岳归来不看山"，为什么不看山呢？"山外有山，人外有人"，山外美景岂是五岳所能涵盖？哪里又有天下第一？江山代有才人出，各领风骚数百年。谁都不要再沾沾于独尊了，把头昂向天外，天外风光依然好。

由此，我们再一次地看到了，泰山同中华民族的优秀精神总是息息相关，总是在启示着我们这个民族走向新的彼岸。孔夫子时代，一批思想的巨人，为了站得更高，看得更远，提出了"登泰山而小天下"的千古名句。而两千年后，中国知识分子的思想发生了巨大的变化，目光也更加深邃，他们登上泰山，感受已与孔夫子全然不同了。如："绝顶遂攀跻，始知天地广"（明·王遴《玉皇顶》）；"到此方知天地阔，楚人不复说衡阳"（明·卢弦《岱游诗四首之一》）；"到此方知天地大，万里封疆只片云"（明·周怡《登泰山绝顶》）……一直到了本世纪初，以孙中山为代表的资产阶级革命先驱及早期共产主义革命家，大量引进了西方思想，包括马克思列宁主义，经过了几代人的不懈奋斗，中国才摆脱了封建的桎梏，开始走上了发展的道路。泰山告诉我们，只要我们继续广泛地吸收新知识、新科技、新观念，并不断地摈弃旧意识、旧传统、旧风俗……我们这个民族就大有光明的前途。

康有为登泰山的题名刻石

五岳独尊刻石周围，亦有大量刻石。康有为的题名刻石刻于民国五年（1916年）。康有为，广东南海人，光绪进士，授工部主事，曾七次上书光绪皇帝，要求变法。1898年发动变法维新运动，遭镇压后逃到国外。他是一个"昂头天外"的人，我们在后面还要介绍他。

袁克文等题名刻石

刻于民国三年（1914年）。袁克文，河南项城人，袁世凯次子，曾任清朝法部秘书。袁世凯死后，以卖文、卖字为生，1931年病死于天津，年42岁。

"登高壮观天地间"刻石

1983年徐向前题。徐向前（1901－1990），字子敬，山西五台人，无产阶级革命家，军事家，中国人民解放军创建人和领导人之一，1955年被授予元帅军衔。文革期间，同林彪、江青反革命集团进行了坚决斗争。改革开放后任国务院副总理兼国防部部长、中央军委副主席。对中国军队建设做出了卓越贡献。此刻石表现了共和国元帅的宽广胸怀。

此外这里还有"俯察万类"、"俯视一切"、"旷然天际"、"青云可接"、"目尽长空"、"静观自得"、"天路非遥"、"绝然高大"等等歌颂泰山，抒发胸怀的词句，而其中刻于民国十一年的"高处不胜寒"，便是我们提到的与红门的《看红叶诗》遥相呼应的唯一一处同类题材的刻石了。

泰山石刻简介

继续北去就到玉皇顶了，此处石道旁巨石林立，几乎所有的石上都有古人的手笔。这一带真可谓是露天的书法艺术博物馆，面对这些石字，我们应该做如何想？前面我们打过一个比方，古代石刻是一条沟通今古的时间隧道，通过它们，我们的所得远不只是可欣赏到书法艺术的佳品、了解历史，更重要的是古人在这里向我们敞开了心扉，他们之所以把自己心中最想说的话刻到了坚硬的泰山花岗岩上，就是想要与我们交流。就象现在的地球人把信息刻在金属盘上送往茫茫的太空去寻找知音一样，我们怎能不认真地读一读这些石字，与已在冥冥中的他们作一番情感上的呼应呢？否则我们就太辜负了他们的好意。

泰山石刻的源远流长，使整个泰山成了一部大书。在我国，将文字刻于石上已有几千年的历史了。据考证，中国最古老的刻石文字是现存于北京故宫博物院的"石鼓文"。其所刻书体为秦始皇统一文字前的大篆，即籀文。而泰山的"李斯小篆碑"仅比其晚了百余年。西汉时期，全国保留下来的刻石很少，泰山现已不存，但据史料记载，汉武帝元封元年(前110年)登封泰山时就曾立石刻字，《后汉书·张纯传》载："元封元年，帝乃东巡岱宗，……并上元封旧仪及刻石文。"此"刻石文"就是汉武帝登封泰山时所立石的铭文。东汉应劭任泰山太守期间还曾将此铭文著录到《风俗通义》第二卷里。到了东汉后期，刻石之风大兴，数量大增，且多有丰碑巨制，全国现存这一时期的石刻约有25处，岱庙内的衡方碑、张迁碑就是其中的较为著名者。魏晋时期，官府禁止立碑，《宋书·礼志》："建安十年，魏武帝以天下凋敝，禁立碑。"晋武帝咸宁四年诏："碑表私美，兴虚伪莫大于此，一禁断之。"人们只得将大碑改为小碑，并埋藏于墓中，故这一时期保存下来的碑刻甚少，全国仅有十余处。泰山的《孙夫人碑》就是这一时期的遗存。晋以后的南朝亦较少刻石，但北朝由于较多地受到了外来文化的影响，佛教造像、刻经、墓志都曾盛极一时，泰山经石峪金刚经就是这一时期的代表作。隋唐时期，刻石之风随着经济与社会文化的发展，进入鼎盛阶段，并形成了传统，历代不衰，一直延续到了今天。

根据姜丰荣老师2001年统计，泰山存历代石刻1406处。其朝代分布情况为：秦代2处(包括无字碑)、汉代2处、晋代1处、北朝7处、隋代1处、唐代37处、宋代118处、金代22处、元代36处。明清至当代1180处，其中建国后的83处。

一路走来，我们读过了那么多的石刻，我们被它们所吸引、感动，为它们而驻足、赞叹。泰山的石刻如此集中，题材如此广泛，所表现出的是中国独有的一种文化现象，刻石者欲通过不朽的泰山之石，将他们认为应当传之千古的精神，留给后人。透过苍古的石苔，我们聆听到了古人的心声，这是写在泰山的一部声情并茂的歌，这歌，道出了他们热爱祖国河山的心愿和期望祖国振兴、稳固、平安的殷殷愿望，抒发了他们富贵不能淫、贫贱不能移的浩然正气，表白了他们对天下一切的观点……石刻中所饱含的高韵深情与矗天而立的巍然泰岱融为一体，充分体现出中华民族自强不息的进取精神，这便是泰山石刻作为世界文化遗产组成部分的精义所在。

泰山自古是一座神山，岱顶更是代表着天，所以从这里我们还可以看到很多带有宗教色彩的文字，如"天路非遥"、"超然尘表"、"飞仙驻足处"、"万法唯识"等等，并通过它们看到古人至此的心情，以及他们所要表达的对社会和人生的认识，这是泰山石刻的又一类文化现象。东汉以后，佛教传入，对人的影响是广泛的，但是由于儒家思想的作用，古代中国的上层文化人士并没有把精力过多的放在宗教"来世"的幻想中，所以，宗教思想结合泰山的特定场景往往演化出新的内容，这些词句因景而题，使人在审美的联想中，感到心旷神怡、涤虑消烦，进而达到一种淡薄名利、剔透空灵、物我两忘的境界。

是钟惺还是谁来记不得了，在《岱记》中说，"碑者，山川之眼也。"真是不假。识人要看眼睛，识山要看"山眼"，通过读碑我们得以了解了泰山与古人，了解了中华民族生生不息的不朽历史。

青帝宫

在去玉皇顶的盘道路西，宫内供奉着泰山最古老的神——青帝广生帝君。青帝宫在泰山原有两处，一处在山下，一处在此，显然是宋真宗的杰作，但具体创建年代均不可考了。此处的这座重修于清，毁于民国，1996年修复，由南山门、大殿、东西配殿和东山门组成。 而关于青帝我们在后面还要提及。

无字碑

继续向上，玉皇顶山门下有一座石碑，高约6米，由石柱、顶盖石、顶柱石组成，石柱截面呈长方形，前后边宽约1.2米，左右边宽约0.8米，通体光滑，看上去很有些来头。但是奇怪的是这座碑上不着一字，人们称它"无字碑"，但无字岂能叫"碑"？于是有人说它是"阙"，也有人说它是"石表"，总之莫衷一是。此碑于何时为何人所立，也历来众说纷纭，有人认为是秦始皇立的，有人则说是汉武帝立的。而且，最近又有学者研究证明了此碑确属秦立。总之它的来踪迷离，甚至有人说它连石料也不是取自泰山，而且还说在阳光照射下，石碑会熠熠发光，隐隐现出几行篆字，远视似有，近看却无，使人不知其妙。

无字碑之所以无字，民间传说是因为秦始皇觉得自己的功德太大了，已经无法再用任何文字语言表达了，只好"秦始皇的碑———字不鏊了"。如果真是这样倒好了，可现在的情况却是这"碑"把自身都迷失了。那么，就先读一读附近的古今评论，看看它究竟是哪个时代的吧。

张铨观无字碑诗碑

无字碑旁有万历进士、御史张铨《观无字碑诗》碑：

莽荡天风万里吹，
玉函金简至今疑。
袖携五色如椽笔，
来补秦王无字碑。

古时相传无字碑下封藏着金简玉函。诗的大意是：

浩荡的风从远方吹来，石下藏的玉函令人心生疑惑。

我要带来五色的巨笔，为秦王无字碑添上斑斓一抹。

乾隆题无字碑诗碑

此诗作于乾隆三十六年(1771年)，我们在岱庙汉柏院已见过了，诗为：

本意欲焚书，立碑故无字。

虽云以身先，大是不经事。

大意是：

秦皇本欲灭绝文化而焚书，所以立碑也不刻字。

虽说这种做法史无前例，却是实在不尽情理。

郭沫若观日出未遂诗碑

此诗作于1961年：

夙兴观日出，星月在中天。

飞雾岭头急，稠云海上旋。

晨曦光晦若，东壁石巍然。

摩抚碑无字，回思汉武年。

大意是：

早晨起来看日出，星月挂在半空中。

大雾随着风急飞，浓云在海上翻腾。

晨曦显得很昏暗，却见石壁高高耸。

仔细观看无字碑，当是汉武的作品。

三个人，两种说法，到底谁的正确呢？

其实，关于无字碑的研究早就有了。顾炎武分析了《史记》记载，认为是汉武帝于元封元年所立，他在《山东考古录》中说："岳顶无字碑，世传为秦始皇所立。……取《史记》反复读之，知为汉武帝所立也。……《封禅书》云：'东上泰山，泰山草木叶未生，乃令人上石立之泰山之巅，上遂东巡海上，四月还至奉高，上泰山。'而不言刻石，是汉石无文字之证，今碑是也。……然则此无字碑明为汉武帝所立，而后之不读史者误以为秦耳。"此说出后，史学界基本予以认可，但也有人持异议，如清人孙何认为此碑"广窄长短制度与琅玡刻石相符，或亦是始皇立而未刻者"(《碑解》)。今人泰山研究专家姜丰荣老师也认为是秦始皇所立。郭沫若1961年登泰山时，写下了"摩抚碑无字，回思汉武年"的诗句，认定了顾炎武的观点。再者，东汉光武帝刘秀封禅泰山时，从臣马第伯写了一篇《封禅仪记》，文章写得生动翔实，记录了很多泰山的风光与风情，其中写道，在封禅台附近（即玉皇顶处）有石阙，"始皇立石及阙在南方，汉武在其北。"也就是说，秦始皇立石在南边，其北的这个当是汉武帝立的了。顾炎武虽然没有提到《后汉书》中马第伯的此文，但他的分析却与古代记载不谋而合。

然而，谜底的解开也并非如此简单，姜丰荣经过细致研究分析，仍然认为无字碑为秦始皇所立，他说：

从形制看，无字碑不属于碑碣，而是石阙。关于碑与碣的形制，许慎《说文》解释为："碣，特立之石也。"特别指出了是"立石"；又说："碑，竖石也。"唐李贤注《后汉书·窦宪传》又作了具体说明："方者谓之碑，圆者谓之碣。"秦始皇刻石纪功，大开立石之风，其所立石皆上小下大，上圆底平，文字环刻于四周，当称为碣。所谓碑，指方形或长方形的竖石，起初，碑多立于宫、庙门口或墓道口，用以测日影、拴牲口或用以引棺木下墓穴，后来才逐渐发展为在碑上刻文记事。至东汉，刻辞之碑代替了碣，其形制也渐趋统一。但在东汉以前，尚未见有像无字碑这样上覆石盖和顶柱石的记载，所以说无字碑实际上不属于碑，而应是阙。石阙的形制主要由三个部分组成，中部为阙柱，有四个面，多为长方形或略呈梯形；下部为柱础，而阙柱之下无榫，一般直接将阙柱下寝于柱础内；阙柱之上有顶盖，多为屋形出脊，其最顶部有顶柱石。无字碑与这一切均相符，而其之所以称碑，俗称而已。

另外，据《史记·秦始皇本纪》记载，秦代制度为"数以六为纪，符、法冠皆六寸，而舆六尺，六尺为步，乘六马……"从现存的石刻资料看，秦刻石的尺寸无不严格地遵守着"数以六为纪"的制度，亦即秦碑的尺寸或是六，或是六的倍数与减倍数。实测泰山无字碑，四隅棱面6.93厘米合秦尺3寸；左右二面上宽69.3厘米合秦尺30寸；下宽83.2厘米，合秦尺36寸；前后二面上宽110厘米，合秦尺48寸；石柱高499.5厘米，合秦尺216寸……经考察，无字碑的形制与《秦泰山刻石》是相同的，虽然它无字，也当为秦代的遗物。

同时，姜丰荣还发现，东汉马第伯《封禅仪记》所记载的始皇石阙就在现在无字碑所立的地方。马第伯是东汉光武帝登封泰山的侍从官，他自称在光武帝登封泰山之前，于建武32年(56年)二月与70人先上山视察封禅坛等设施，从他的记载中可以看出，秦汉封禅坛皆在岱顶玉皇庙院前后，始皇封禅台与石阙就在玉皇庙山门以南8米的平台上，亦即现在无字碑的所在。而作为石阙，它的作用却是用来象征着通往天宫的大门。

那么，无字碑之谜，究竟孰是孰非，看来还得"下回分解"了。

玉皇顶

沿大观峰西侧盘道再上，至最高处，那些一路上看似走不完的石阶终于到了尽头，我们终于到达泰山极顶了！

泰山极顶早先叫"太平顶"，上建玉皇庙之后改称玉皇顶。玉皇庙建在泰山绝巅，红墙碧瓦像是给泰山戴上了一顶桂冠。由山门进庙，最先看到的是院中央的"极顶石"。根据最新的测量数据，它的高度为"1532.2米"。极顶石卧在一圈石栏中，高不盈米，表面糙糙的，如果在别处，将是一块最普通不过的石头了。然而在这里，人们争相看着它，争相在旁边留影纪念，一块极普通的石头，引来了人们极大的崇敬。是的，它是28亿年前地球的杰作；是它，3000万年前从海槽中率先拱起，它的根植于1万米的地壳深处；它有着数百平方公里的基座，整座大山托举着它，使它高耸云天，以至玉皇庙中的玉皇大帝简直就成了它的守护神。望着极顶石，人们心中莫不思潮起伏，每个人的心里都会响起一曲《极顶颂》。不是吗？任何成功都来之不易，成功的本身总是辉煌的，但真正的成功者却并不以此而炫耀，就像这可敬的极顶石……

"古登封台"碑

玉皇顶是早年帝王封禅的地方，当时并没有什么建筑，只是一座祭天的土坛，不知何代在此修起了太清宫，后又改为玉皇庙。现在庙里还有"古登封台"、"柴望遗风"等碑、匾来纪念古时的封禅。

再说封禅

前面已多次提到过封禅，那么封禅为什么选在泰山呢？其中原因大概是多方面的。

一是地理原因。在中国历史上，泰山所处的黄河中下游地区首先进入了文明阶段。这一地区古称"齐州"，位于燕山之南，太行、秦岭之东，伏牛山、桐柏山、大别山之北，大海之西，是一片呈三角形的平原。古代这一地区有4条大河，即黄河、济水、淮河和长江。在这泱泱沃土之内，浩浩四水中间，拔地而起、雄峙天东的最高的山便是泰山。在这里生活着的初民们，以他们的认识所及，大地上最高、最大的山自然非泰山莫属，因此泰山最早的得名便叫"大山"。

泰山的"大"是古代人最早推崇它的原因之一，但这还不是主要的。因为当他们后来发现了更大更高的山之后，泰山的崇高地位并未削弱，甚至仍然在不断增强，如果我们仍然从地理位置的角度去进行考察，就会发现其中有一个同古代方位崇拜有关的更为深刻的历史原因。捎带着我们也就解答了在岱庙坊时提出的为什么泰山能养育万物，成为众山之首而举世共瞻的问题了。

第二则是我们要谈的东方崇拜了。这要从对太阳的原始崇拜说起。太阳给人们带来了光明、温暖、生命和繁荣，万物赖太阳以生存，太阳既升起在东方，因而东方就变得分外神秘。汉字"東"，《说文》释为"从日在木中"，即取太阳从树木中升起之象；《晋书·五行志》亦谓"说日木，东方也"。东方和太阳密不可分，在中国古代神话和文学作品中，太阳就被称作"东乌"、"东君"，东方成了尊贵的方位。例如，据"五行"说，东方属木，其色为青苍，故"东方曰苍天"；在"八卦"中，东方为"震"，"震为长男"；在"四时"中，东方为"春"，春乃四季之首，在"五常"中，东方为"仁"，仁是天地大德；在"五帝"中，东方是"青帝"，青帝是至高的天神……所以，如前面我们看到的，泰山上有了青帝宫。

这一切都显示了"东方"在中国人心目中的特殊地位，这种出于原始思维的东方崇拜，自然而然使地处中原之东的泰山先声夺人了。《文献通考》说："岱宗东岳，以其处东，北居寅丑之间，万物始终之地，阴阳交泰之所，为众山所宗也"。《风俗通》亦云："岱，始也；宗，长也，万物之始，阴阳交代，故为五岳长。昔王者受命，恤封禅之。"而泰山的取名，本身就有东方崇拜的含义，"泰"卦由乾、坤两卦组成，象征天地相交，阴阳交代，"则是天地交而万物通也，上下交而其志同也"。甚至到后来，泰山几乎与"天"等同

181

起来："青帝天神也，东岳属焉"。既如此，欲与天交流当然要选在泰山了。

于是，古代先民们在玉皇顶筑起了巨大的祭坛，然后燃起熊熊大火，把天空映得一片通红。此时的泰山成了一支巨大的红烛。这红烛把人们的企盼，把人们敬神敬天的美好愿望直送九霄，这曾是我们这座"东方大山"的一个何等辉煌的时刻！

三是泰山的形状所决定。有朋友问，比泰山高大的山因不在东方而得不到帝王青睐，既然东方如此重要，既然高度已不成问题，那么皇帝为什么不选择更为东方的其他大山呢？问得好。我想，对于后来的皇帝来说，泰山自古名气大是一个方面，选择封禅于泰山还有另外一个原因，就是因为泰山只有一个主峰，"一峰独峙"，"一览众山小"，正所谓"国无二君"，而泰山无二峰，这也是一个很重要的因素。举一个反证，武则天当了皇帝后，她就不选择泰山了，她要去嵩山，嵩山在中原并不在东方，为什么她还要去呢？因为嵩山有两个主峰——太室山和少室山，就像我们前面说过的双束碑的道理一样，明白了吗？再举一个反证，既然山的位置已不是问题了，那么西岳华山就在很多封禅皇帝的家门口，华山比嵩山和泰山高得多，肯定离"天"更近，但是皇帝决不会去封它，因为它有"东、西、南、北、中"五座齐名的山峰，这象征着什么？这不是乱套了吗，"卧榻之侧岂容他人酣睡"，"多中心即无中心"，皇帝们不说出来，但心中是最明白的。

玉皇庙

玉皇庙坐落在玉皇顶上，虽小但极富特色。玉皇庙的建筑轮廓线与玉皇顶山头的轮廓线自然贴合，可以说是泰山形象的完成和延伸。泰山有了玉皇庙，才使它有了从神山，圣山到民族精神之山的最集中的物化的肯定。在这里再次要强调的还是极顶石，玉皇庙的最为可贵之处就在于对于极顶石的构思处理上，原先这里就曾修有庙，而极顶石是埋在建筑物下面的，前面我们已经说过，明代万恭重修玉皇庙时将极顶石露出，《泰安县志》中记有"隆庆六年，万恭撤观(就是原先玉皇庙内的大殿)于巅北，出巅石而表之"。这一举措极富想象力，使玉皇庙狭小而单调的庭院顿有了无穷的意味，这种构思在处理人与自然的关系中突出了人的价值——此处的极顶石，被置于小小的院落之中，又圈上了石栏，几乎就成了一个微缩的泰山，一个泰山的"沙盘"。于是，人们费尽千辛万苦，只要登上泰山极顶，面对着这极顶石，就不但不会感到自己渺小，反而会使自豪感油然而生。过去玉皇顶曾有一副对联："地到无边天作界，山登绝顶我为峰"。表现的就是那么一种通过了不懈努力、艰苦登攀，终于达到了最高的境界时，而毫不掩饰地肯定人的能力、无比豪迈地张扬自我的豪情，人成了泰山一切文化现象的主体。

玉皇庙建筑的处理，又使人想起了卢卡斯先生关于泰山自然与文化独特结合的评价，他说"列入世界遗产的或是自然遗产，或是文化遗产，很少有双重价值遗产在一个保护区的。泰山把自然与文化独特地结合在一起了，这意味着中国贡献了一种特殊的、独一无二的遗产，它使国际自然协会的委员们眼界大开。泰山使我们认识到必须要重新评价自然与人的关系。"听吧，这就是泰山！这就是中国人营造的泰山！几千来中国人在"天人合一"思想的指导下，充分尊重自然，把人与自然完美和谐地统一在一起，怎能不令全世界刮目相看！玉皇顶的建筑是泰山无数此类例子中的典型一个，因此这座小小的庙宇也足以值得我们大加称道，足可以成为我们今天泰山之旅的真正高潮。

世界文化遗产是有其尺度的，它的定义为："从历史、艺术或科学角度看具有突出的普遍价值的建筑物、碑雕、壁画和具有考古意义的铭文、窟洞及其联合体……"看一看我们所走过的路吧，从岱庙到玉皇顶，所有的"具有突出的普遍价值的"人文遗存是如此完美有序地组合在一起，它们具有着极高的历史、艺术和科学价值，它们携带了如此宝贵而又丰富的历史信息，这一切不仅证明了我们祖国历史的悠久和民族的伟大，而且更证明了泰山是当之无愧的世界人类的不可多得的宝贵遗产。

而且，在整个登山朝天的序列中，玉皇顶的建筑也起到了举足轻重的作用。有如一首乐曲、一篇文章，岱庙如果是序曲，是起始的话，人们到达南天门算是一个高潮，而在这里则是达到了最高潮，玉皇庙为乐曲和文章画上了最后的结束符和句号。它是完美的。有诗曰："山如穹窿势浑成，盘道千重若龙腾。云中回首惊天路，岱顶犹忆遥参亭。"说得真好！——泰山"登天路"上的桥梁、岭峰、树木、牌坊、庙宇……从遥参亭延伸至玉皇顶的这一系列由盘道串起的自然、人文景观结束了，但人们仍然意犹未尽，古代泰山建设者所构创的这一切将久久萦绕在我们的心中。

好了，由泰山主盘道串连起来的一系列景点我们已经粗粗地看完了，但是在人们心中的"泰山"却远远没有到达"极顶"。现在日头已经偏西，我们还有点儿时间去领略岱顶妙区的更多奇妙的景点。那么，请继续跟我走吧。

仿秦刻石碑

由五岳独尊刻石向东去，又有众多石刻，其中一座大碑十分引人注目，这就是1992年根据古拓本复制的秦刻石碑。其形状类似于无字碑，截面基本上呈方形，四个角皆抹去，形成四个棱。碑的四面及四个棱上仿刻有秦李斯所篆的诏书。

"惟天为大"刻石

看，这是我们的古代朋友老韩的四个字。

——哪个老韩？

韩镐啊。看来在他的心目中只有到达天上才是最高境界，才是他的理想，所以到了对松山也不过是"渐入佳境"而已，他是个完美主义者。

日观峰

继续东去，即可到"日观峰"。日观峰古称秦观峰、越观峰，是在泰山看日出的最佳位置。它的北面有泰山著名景点探海石，其巅则为民国时期建立的泰山气象站，其东有危石对峙，称作"东天门"。

探海石

又名"拱北石"。此石长近7米，与地面形成30°夹角，似金蟾蹲踞翘首北望，也像一老人垂手北躬而拜。每天拂晓日出之前，总有人在此石附近，引颈东望以待旭日东升。这巨石既是岱顶的一奇景，又是泰山的一个标志性景点，总是它最先迎来了东方的太阳。

探海石的形成也是泰山的一种奇特地质现象。地质学家吕朋菊先生破解了它的形成：岱顶上的斑状二长花岗岩，垂直节理十分发育，它把岩石切割成许多厚薄不一的板状岩块。这种现象在拱北石周围十分常见，而垂直节理面比较平整，为人们提供了一个天然而又理想的刻石版面，所以岱顶上的许多摩崖石刻多分布在这种节理面上。这些由垂直节理切割成的直立板状岩块，在风化剥蚀过程中，由于重力作用的影响，常发生崩塌和倾倒。拱北石就是倾倒下来后，经过长期的球形风化作用，石块四面的边角被层层剥落，逐渐变成今日所见到得颇似剑鞘的形态。由于这种斑状二长花岗岩质地比较坚硬，抗风化剥蚀的能力相对较强，尽管饱经风霜，仍然在岱顶上巍然屹立着，吸引着万千的游人。

探海石附近也有很多摩崖刻石与碑刻，多是当代人的作品，如臧克家的"与天地永大"、王个簃的"五岳之尊"、方毅的"雄峙东海"、刘海粟的"云海"、沈鹏的"凌云气"等等。

观日长廊

在日观峰东侧，1984年建。泰山花岗石垒砌，西依山崖，东开大窗，亭廊相接。隆冬时节，在此观日出，又暖和又视野开阔。

东天门

在日观峰东，同月观峰处西天门一样，亦为两块对峙的天然巨石。古人认为此处"绝胜南天门，惜无阶梯，仅为鼪鼯雉兔之窟巢耳"（王衡《游泰山记》）。这个王衡很有意思，东天门仅仅是老鼠、兔子们的窝，怎么就能"绝胜南天门"呢？大概是受了钟惺的影响，但只不过只是邯郸学步，变得不伦不类。

伏虎门

在东天门东，《泰山图志》记："伏虎门，峡口险绝，下为鹰愁涧，深不可测。水东北流，会洗鹤湾"。古人曾刻《登日观峰观日出归后题诗伏虎门壁》长诗于其上。

东神霄山

在日观峰东南，与西神霄山遥遥相对。因山势险要，悬崖高耸入云，人多不敢上，俗称 "吓人峰"。

泰山气象台

日观峰之巅座落这一坐独特的建筑，建筑之上有各类天线，不少人觉得它是异类，对它十分不看好，认为它影响了泰山景观，如不能拆之也要包装修饰一番。而我们此刻却感到极有必要介绍它几句。

这就是我国最早的高山气象台——泰山气象台。此气象台的建筑形式中西合璧，石墙青瓦，灰色基调，一点儿也不抢眼，用句时髦的表达方式说，就是很谦虚地和谐着周围的环境。泰山气象台的前身是我国为参加第二届国际极年计划而建的泰山测候所，1932年8月1日首开气象记录。国际极年观测任务结束后，由竺可桢先生选址日观峰扩建为永久高山气象站。1936年1月1日迁入启用，称"国立中央研究院日观峰气象站"。蔡元培曾为之题写奠基纪念碑以资纪念并寄托希望，现气象站大门内南侧墙上还镶嵌着此碑，碑文为："中华民国廿四年六月廿六日，国立中央研究院日观峰气象台奠基。蔡元培谨记。"

如今，70年过去，泰山气象台已成为国家基本气象、天气预报指标站，其观测资料代表我国进行全球资料交换，其观测设备也已基本达到了国际先进水平，如计算机控制的"713型测雨雷达"的探测距离达到500公里，由于地势的关系，其效率是同类设备的数倍，而其对灾害天气监测预报的准确率也达到了很高的水平。

登泰山，我们看过了如此多的庙宇宫观、青瓦红墙，听说了如此多的封禅故事、帝王传闻。唯独在这里，我们有了全然不同的感觉。泰山不拒绝科学，中国最早的高山气象站跻身于泰山极顶，无意与玉皇庙、青帝宫分庭抗礼也并不显得逊色。并且，今天它也逐渐成了游人爱去的地方：泰山气象站在完成正常测报任务的同时，已作为科普教育基地，免费向游人开放。目前除了模拟大气观测场和科普画廊外，还将开放实时天气预报系统、实时气象服务系统、天气仿真系统、观测模拟系统以及泰山气候和地理知识。它将追踪时代最新科技，把当今最尖端科技在第一时间展示给游人。

泰山是一面镜子，它会映照出我们这个民族在历史潮流中不断进步的每一朵浪花——1936年，当中国第一批年轻的气象工作者，为了民族的振兴，为了科学的回归，在泰山极顶用百叶箱里极为简陋的仪器监测着当时的温度、湿度时，大洋对面，同样一座高山上，新研制出的射电望远镜已把人类的目光送到了银河系的中心……而今天，我们的差距缩小了，西方人能办到的，很多我们也能办到了。我们的载人飞船已上了天，我们正在实施着登月计划，这是何等了不起的成就！我们终于追上来了，泰山上，这座小小的高山气象站，是否也证明着这一点呢？

舍身崖

从日观峰东去，再沿小路南行不远，有一平台，平台的东、南均为万仞深壑，令人俯视心惊，这里就是"舍身崖"。古时候有人假借南朝梁武帝舍身同泰寺之说，讹称在此投崖可以成仙、可以报亲。因此常有男女为祈求父母病愈平安而到此以命许愿，跳崖舍身，这种以自己的生命换取父母平安的举动，今人会感到不可思议，自己死了，父母又靠谁来孝敬呢？明万历初年，山东巡抚何其鸣也认为此举不可为，为了禁止人们跳崖，便让人筑了一道墙，并将舍身崖改名为"爱身崖"，劝说人们爱惜生命。

无独有偶，还记得我们在遥参亭曾见过的"禁止舍身碑"吗？那是康熙五十九年(1720年)泰安州同知张奇逢撰文的石碑，碑额题"禁止舍身"四字，碑文反复劝导香客不要投崖舍身，说"舍身可以成仙、报亲"纯属诬妄，"假使舍身而仙可成，亲可报，则昔日之梁武帝不应饿死台城。今人之舍身岱顶，不应枉死非命矣。"又说"本厅于康熙五十六年十月，赴顶庙查收税票(香火税)，未经一月，目睹轻生者三，而成仙者何在？报亲者又何在耶？……与其毁身以辱亲，何如保身以养亲？与其身死以求仙，何如身存而积善？"张奇逢还捐俸加固了防止舍身的墙，并派专人轮流看守，此后三年竟无一人投崖而死。

——这些官员们既反对迷信，又有"以人为本"的精神，很不错。

其实，封建官员是不可能做到以人为本的，他们心中更多的是"皇上"，但也有些有良知的人具有民本思想，说到底也是为了巩固皇家政权。眼下党中央提出"以人为本"、"改善民生"是具有着很高境界的，这是中国社会发展到今天的飞跃性的历史进步，不过在这里不能展开说了。

——是吗？

现在有好多青年人对我们的过去不怎么了解了。在封建社会中，中国人经历了太多的苦难，生与死之间似乎也没有多远的距离，因为生也幸福不到哪里去，死也痛苦不到哪里去，老百姓就始终生活在兴也苦、亡也苦的深水热火中，于是就有了所谓民不怕死之说。但是即使民不怕死统治者们也不能表示赞成啊。何与张两位就是不赞成百姓枉死的，他们能有此爱惜百姓，立碑并拿出自己的工资来加固舍身崖屏障之举，也确实是难能可贵的，大概可以被称作"青天"了。

瞻鲁台

舍身崖平台的中间有一3米多高的大石，石旁有"瞻鲁台"三个大字，传说孔子曾在此深情地眺望过他的祖国。孔子是爱国的，有一次他要离开那个国家来？我忘了，好象是陈国吧午饭的米都下锅了，他却急得不等到米煮熟就要走人。但是当他被迫要离开鲁国的时候，这个老先生，拖了又拖，拖了又拖，就是不想走，弟子问他为什么会这样，他说这是离开我的祖国啊。说这话的时候，老人的眼中大概饱含着泪水。

游登山古道与岱顶

今天，也让我们顺着孔夫子的目光看一看目极之处：那东南方的大山是徂徕山，抗日战争时期，那里是著名的抗日根据地；那条河是大汶河，我国历史上一支重要的史前文化"大汶口文化"就发祥在这里。而这座美丽的城市，就是古城泰安。泰安已有2000余年的历史了，至清代，泰安城就已堪称繁华了："遥参亭前四民辐凑炊釜蒸沸……夜半灯火如繁星罗布。"但尽管如此，古人从泰山上看泰安城仍小得像"当襟仅衣结耳"——就像衣服上的一粒钮扣，实际上直至改革开放前，泰安城也没有什么变化，仍是极小极小。改革开放后，仅仅20多年过去，泰安便发生了翻天覆地的变化。从这里看下去，那些横平竖直犹如绿色河流的是马路，路旁的荫道树早已遮蔽了路面，横贯泰城东西的路都是新辟的大街：东岳大街、岱宗大街、擂鼓石大街……新修的大街与古老的登天轴线垂直，就好象现代文化同中国的古老文明构成的一个个巨大的坐标，这些坐标的每一个交叉点都是一首壮丽的歌。绿色中，造型美观的高楼大厦、大大小小的公园、湖泊、游乐场、城市广场，以及伸向了绿色田野的条条高速公路、国道、铁路和建设工地上高耸云端的起重机、卷扬机……把这个城市装点得分外美丽，并使之处处充满了生机。我们在这里似乎再次听到了历史前进的咚咚脚步声。

瞻鲁台刻石群

泰山刻石后有来者，瞻鲁台石坪上及其周围集中了一些近人的题刻，泰山石刻正随着时代的发展而不断地加进新的内容。如：

"岱岳云拥"刻石

启功题。启功(1912－2005)，满族，北京人。受业于著名史学家陈垣，长期从事文史教学与研究。工书法、绘画和古典诗词，有诗、书、画"三绝"之称。历任北京师范大学教授、博士生导师，全国政协常委，中央文史馆馆长，中国文物鉴定专家委员会主任，中国书法家协会主席、名誉主席等。"岱岳云拥"，一是说泰山的高大，二是指泰山的云雾奇观。

尹瘦石诗刻

尹瘦石(1919－1998)，江苏宜兴人，著名书画艺术家，曾任北京美术家协会主席、中国文联副主席、全国政协委员、北京画院副院长。他的人物画注重以形写神，书法功底深厚。其诗为：

> 志在小天下，特来登泰山。
> 仰观绝顶上，犹有白云过。

章蕴诗刻

章蕴(1905－1998)，湖南长沙人，著名妇女运动领导人，全国妇联第二、三届副主席。早年参加革命，在中共十一届三中全会上当选为中央纪律检查委

187

员会副书记，中共十二大当选为中顾委委员，第三、第四、第五届全国政协常委。其诗题于1984年：

> 八十谁言老，高峰尚可攀。
> 身临玉皇顶，脚下万重山。

"造化钟神秀"刻石

1983年赵朴初题。赵朴初（1907—2000），安徽太湖人，著名作家、诗人、书法家和佛教人士，中国佛教协会会长，中国佛学院院长，中国宗教和平委员会主席，中国书法家协会副主席，中国民主促进会中央常委、全国政协副主席。

"烟横云倚"刻石

1983年周而复题。周而复，原籍安徽，1914年生于南京，现代作家、书法家。"烟横云倚"指泰山云雾奇观，泰山出云吐雾，云烟萦绕，是有名的自然奇观。

赖少其诗刻

赖少其（1915—2000年），笔名少麟，广东省普宁县人，版画家、书法家。曾在皖南参加新四军，历任华北文联秘书长、上海美协副主席、安徽省文联主席、中国书法家协会名誉理事、安徽省书协主席等。工书，擅山水画、版画、篆刻。这是描写人们观日出的一首诗：

> 太阳大于斗，群山都抖擞。
> 按剑又狂歌，立马大关口。

我不知道这几行字是在什么背景下写的，怎么怎么，那么那么……
——厉害。
对了，太厉害了，泰山是敦厚平安之山，为何要在这里又"按剑"又"立马"的呢？看不懂。

"泰岳高耸万山从"刻石

陈毅题。此句颂扬了泰山冠盖群山的崇高形象与地位，是元帅心目中最为高大的山，中国的所有名山无出其右者。

"挟泰山以超北海"刻石

1965年郭沫若题。此句摘自《孟子·梁惠王上》，上下文是："挟泰山以超北海，语人曰'我不能'，是诚不能也，为长者折枝，语人曰'我不能'，是不为也，非不能也。"意思是说：把泰山挟在胳肢窝底下而跳过北海，的确是件不可能做到的事；若要为老者折取树枝作拐杖而说不能，则是不去做而非不能了"。"挟泰山以超北海"指的是违反客观规律，根本不可能做到的事情。但单独摘出来题在这里则似乎就表现了当时天不怕地不怕，"无所不能"，"人有多大胆，地有多大产"的大无畏精神，这是有悖于唯物论的，曾给我们的国家带来了灾难。郭沫若对中国古代文化知道得比谁都多，我们不明白他为什么要这样做，他不怕泰山这面镜子吗？而且，他还引了庄子《逍遥游》中的一句话"驭大鹏以游南溟"与此句凑成了一副对子，两句话若联起来，想表达的意思就更清楚了。亏了两句话没有放到一起，后者刻石后立在了岱庙东御座内。

陈兴亚题刻

瞻鲁台西北侧险峻的石壁上，还有民国人陈兴亚的题刻：

我心有险，不险亦险。
我心无险，虽险不险。

此话像偈语，颇具哲理，朋友们猜猜它是什么意思？好，我来告诉大家吧。它每句话有三个"险"字，第一个险字是邪恶或邪念的意思，第二个是险阻的意思，第三个则是危险。说的是：自己内心存有邪念，没有险阻也会有危险；自己心中没有邪念，虽有险阻也不会有危险。对吧？应当借鉴吧？

仙人桥

瞻鲁台西有一深谷，中间有三块巨石悬空夹挤，把两崖连在一起，因其形像桥，又属天成，十分奇妙，人称"仙人桥"，也是岱顶的著名景观。传说八仙之一的吕洞宾曾站在这桥上让一个有点儿仙骨的人上桥，与他同升仙界，但此人终因胆小未敢爬上去，吕洞宾很无奈，只好独自上天了。

仙人桥也是泰山的一处奇特的地质现象，三石连接成桥，完全是大自然的杰作。大家看，仙人桥东西两侧绝壁的岩石是一种古老的侵入岩，叫作"斑状二长花岗岩"，它是这座"桥"的桥头堡，而构成桥身的三块巨石，中间的一块是一种长英质的岩脉，它旁边的两块都是斑状二长花岗岩。三块巨石是如何桥接成桥的呢？地质学家认为，岱顶上的岩石，因受构造应力的破坏，产生了很多水平和直立的裂隙，把岩石切割成了大小不等、形状不一的石块块。在仙人桥未形成之前，这里的斑状二长花岗岩中含有一条宽约5米的"斜长角闪岩"的条带。斑状二长花岗岩质地比较坚硬，比较抗风化耐剥蚀；斜长角闪岩的性质却不够稳定，便在风化中土崩瓦解了，但是斜长角闪岩中还夹杂着一种不易风化的"长英质岩脉"，于是这些残存在斑状二长花岗岩中的长英质岩脉便基本成了悬空状态。长英质岩脉斜悬空了，两边的斑状二长花岗岩"石块块"就失去了依靠，一旦重力不稳定时就会从两边向中间坍塌。一天，终于坍塌了，恰巧，滚落下来的两块斑状二长花岗岩石块正好被残存下来的一个长英质岩脉的石块所支撑，于是就形成了三石支撑衔接的状态，这种概率是极小极小的。后来又因风雨掏空了三块巨石下面的风化物质，就成了今天我们看到的样子。怎么样，妙不妙？

189

宝藏岭

在仙人桥西。上有狮子石、五花崖，又有巨石如大鸟伏卧，叫"望海石"，其上有题刻数处。

崔应阶诗刻

在仙人桥西路南石上，刻于乾隆三十五年(1770年)。崔应阶(?-1782)，字吉升，江夏(今武汉市武昌)人。 以父荫任顺天府通判。雍正中，升任山西汾州知府。乾隆十五年(1750年)，任河南驿盐道，后提升为安徽按察使，奉命随总督尹继善审理罗田马朝柱案，二十四年，任山东市政使，上书请疏浚荆山桥旧河，以除济、渔二处积水。二十九年，上书建议于武城县东的牛蹄窝、祝官屯等处建石闸以控水。三十二年，请准疏导徒骇河及古钩盘河，以除武定(今山东惠民、信阳、商河等县)水患。后调福建。三十三年，提升为闽浙总督，加太子太保。三十五年，调为漕运总督；召任刑部尚书，迁左都御史。四十五年辞官。善长曲调，著有《烟花债》及《情中幻》杂剧各一本。此诗为：

> 岩岩岱岳镇崔牝，曲磴透迤倚杖来。
> 帝座遥瞻双阙迥，天门直上五云开。
> 石根葱郁松千尺，眼底苍溟水一杯。
> 七十二君封禅杳，只余秦篆蚀苍苔。
> 庚辰三月，楚崔应阶题。

崔牝：崔，含高大之意义，如崔巍、崔嵬等 此处指高山；牝，泛指阴性的事物，《大戴礼记·本命》："溪谷为牝"。此处指低矮之处。双阙，天宫的大门，此处即泰山南天门。石根，岩石的底部。杜甫《宿清溪驿奉怀张之绪》诗："石根青枫林，猿鸟聚俦侣。"

此诗大意是：

> 泰山岩岩镇服着天下的高山大地
> 我沿着盘曲入云的山道扶杖而来。
> 远远望见高及帝座之星的南天门，
> 南天门耸立于五色的祥云中敞开。
> 石旁的古松葱笼扶摇直上一千尺，
> 东方的大海远远看去就像水一杯。
> 古帝王的封禅烟消云散无处找寻，
> 只剩下秦始皇的断碣横卧于苍苔。

望海石

宝藏岭西有巨石如大鸟伏卧，叫望海石，其上有明代万历年间林古度题"双流翼注"四个大字和明代山东提学副使袁洪愈的"望海"二字。

"双流翼注"刻石

为题景之作，望海石两侧如鸟的双翼，石上有纹路，雨水分流两旁，故题之。

"望海"刻石

在望海石石坪上，刻于嘉靖四十一年(1562年)，其下有款："黄明嘉靖壬戌，山东提学副史袁洪愈书。"袁洪愈，袁洪愈，字抑之，吴县人。举嘉靖二十五年乡试第一。明年成进士，授中书舍人。擢礼科给事中。后出为福建佥事。历河南参议、山东提学副使、湖广参政，所在以清节著。卒谥"安节"。

此题刻有两重意思，一是此石即名"望海石"，二是在此望泰山云海效果最佳。

观日大平台

由瞻鲁台北去可至一线天等景点大平台。由瞻鲁台沿新修的南环天路可至新开发的景点。大平台是一片状若经石峪的大石坪，其西面云峰陡峭，其东面则无山峰，泰莱平原尽收眼底，是看日出的好地方。但是，风光最好、最值得一看的还是小环线自身。小环线的石阶步游路宽仅1米有余，沿途绝壁如削、怪石嶙峋、关隘重重、古木萧森，人行其间已完全感受不到登天景区中那浓郁的、无处不在的文化气息。大自然对泰山的馈赠是极其丰厚的。是的，正如前面所说的，早在远古时期，人们看重泰山的正是它的高大的形体、峻美的风光和独特的地理位置，然后才选择了它，把它尊为五岳之首、"天下第一山"，并在这里创造了灿烂辉煌的文化。但是，久而久之，人们认为，泰山最可称道的似乎只是文化了，自然美退居到了第二位。而且，由于泰山的美并不媚俗，它没有什么"猴子观海"、"仙人掀桌子"之类的名堂，也从不标榜看了泰山就不需再看别的山了。它的一切似乎都过分凛然、过分正气、过分一本正经，就像一个威严、睿智、敦厚又深沉的长者。它离人们喜欢的"小桥流水"、"小楼昨夜"、"晓风残月"……相去甚远，也不会"翠色随人欲上船"……但是它所具有的自然美却真的并不比国内其他任何名山逊色。今天我们看到的大平台环山小道，以及我们将在后石坞、桃花源、天烛峰、玉泉寺看到的自然景观都能说明这一点。泰山不会辜负每一位游人。

将军岩

在环天路侧旁，为一巨大石壁，高约30米，壁上有古树生于岩缝之中，人行其下大有"泰山压顶"之感。

刺天剑

在环天路侧旁。一奇石独立高耸，高近5米，好似利剑，直刺青天。石旁植被丰茂，唯有此石突出，每当白云飞过，就像宝剑刺破青天。

晚霞夕照

　　朋友们，天色渐渐晚了，夕阳正在落下。大家看，此刻，落日如烧，白云尽染，道道金光从云隙间射出，镀遍了眼前的一切，每座山峰、每座建筑、甚至每棵树木都变成了金色，景色美丽极了、奇妙极了，这就是泰山四大奇观中晚霞夕照。好吧，就让我们在这绚烂的泰山之巅，在这满山金光的暮色中结束我们的游程。谢谢大家，祝大家休息好，去迎接明晨旭日的升起！

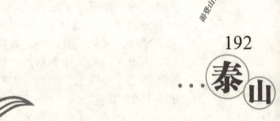

看日出、游后石坞、桃花源、灵岩寺

旭日东升

朋友们，今天是个好天气，现在东方已经微微发白，激动人心的日出时刻就要到了。

旭日东升是泰山最壮丽的奇观之一，古今多少人为看日出而登上泰山，又有多少诗人用他们激情的笔描述过它：晴朗的拂晓，站在岱顶举目眺望东方，一线晨曦由灰暗变成淡黄，又由淡黄变成桔红。继而天空的云朵，赤紫交辉，有如海浪涛涛，此刻只见满天彩霞与地平线上的茫茫云海融为一体，倾刻间万道霞光刺破云层——太阳还未出来便以它那热情的触角拥抱了整个宇宙，接着一弯金钩探出云海，金钩越变越大，终于成了一轮红得耀眼的金轮，大地顿时有了色彩、有了生机，黑压压的观日的人群立刻欢呼起来、跳跃起来，旭日的金光沐浴着这些虔诚的人们……

人们在泰山看日出，多以为太阳是由海中升起的，其实并不完全是的。泰山学者李继生老师对此有过研究：泰山距东海最近处约230公里，人的视距在大地上水准面上只有140公里，显然看不到海上日出。但由于泰山的高度和地理位置及光的折射作用，使海上日出在一定条件下确实能够看到。日出时，当日光平射岱顶，穿过地表长距离的上疏下密的大气层时，阳光折射约34′，将助增视距60余公里；当低层大气温度特别低时，其密度就远大于上层，如果夜间无风，上下气层未发生扰动，日光折射就可达52′以上，可助增视距95公里，这样就能看到海上日出了。另外一个条件是，在岱顶全年日出幅角的变动为60°，在这个范围内，日出的最近海域内有东北方向的莱州湾南部和东南方向的胶南琅琊山之南。东北能见夹角为5°46′正值夏至前后各37天；东南能见夹角为15°正值冬至前后各58天。所以在岱顶看海上日出，只有夏至和冬至前后才有可能，而两夹角之外的胶东半岛，由于又向海中延伸了约300公里，在这个范围内是任何情况下也看不到海上日出的。

好！太阳出来了，大家看！此刻，任何语言都变得苍白，让我们随着欢呼的人群，一起享受这动人的时刻吧！

今天我们很幸运，能够看到如此完美的日出。大家感到了吗？日出是动人心魄的，其实，除了那奇丽壮观的景色外，人们争睹日出还应有着更深一层的原因。人类自从来到这个星球上，大概最先认识的就是太阳，数不尽的岁月里，人们总是与太阳相伴，日出而作，日落而息，而太阳又是那么慷慨地把光和热给了人类，哺育了大地的万物。在这无数次的日出和日落之间，人类有了进步，社会有了发展。如今，人们仍盼望着日出，实际上是在潜意识中对新的一天，对更美好的未来的追求，这就是人的属性中永远进取、永远企盼、永远向上，不断获得新的突破的心理体现。因此，自古至今，泰山日出引来了那么多人的描述和讴歌——他们赞美着太阳，也赞美着人类自身。

据说，在岱顶不仅有可能看到海上日出，有时还能看到十分罕见的日珥。日珥是太阳表面喷射的焰状气体。平常只有日全食时人的肉眼才能看到。但由于泰山的特殊地理条件，这一罕见现象竟然屡屡出现。1581年六月中旬，明代文学家于慎行登岱顶观日出时曾见："平地涌出赤盘，状如莲花，荡漾波面而烨伟不可名状，以为日耶。又一赤盘，大倍于先所见，侧立其上，若两长绳左右汲挽，食顷乃定。"清代孔贞在《泰山纪胜》中亦云："日中忽如一灯吐焰，次如炬，次如瓶，次如樽，次如葫芦。上黄白，下紫赤，类薄蚀状。"那时，由于科学不发达，人们以为这是海中的日影。1962年夏，山东师范大学地理系副教授孙庆基登泰山时也见到了日珥，并揭开了这个谜。他在《五岳独宗》中描述："突地从地平圈上喷发出两个红色强大的火舌，初露时呈烛焰状，下宽上窄，玫瑰色，下浓上淡。倏忽间两火舌上端连成拱桥。"他解释了出现日珥的原因：天气晴朗，天旱无风，空气中水汽、飞尘较少，低层大气特别透明，折光度超过52′，日珥出现时，日轮尚在水平圈下1°左右，天空背景暗淡，便与日全食时所见日珥的情况大致相同。在泰山能见到这种奇异的现象，那真可谓妙极了。

云海玉盘

泰山的四大奇观中，还有一个是云海玉盘。泰山的云雾是很出名的。早在战国时，公羊高就在《公羊传》中赞美过泰山吐雾可致云的神奇。古人描写泰山"万古此山先得日，诸峰无雨亦生云"，把泰山的云雾同日出相提并论。的确，云海与"旭日东升"一样，都是壮美的自然景象。夏天，雨后初晴，大量水汽蒸发上升，加之夏季自海上吹来的暖湿空气被高压气流控制在海拔1500米左右的高度时，如果无风，在岱顶就会见白云平铺万里，犹如一

看日出、拜后石坞、桃花源、灵岩寺

个巨大的玉盘悬浮在天地之间。远处的群山全被云雾吞没，只有几座高峰露出云端，好似盘中之物。近处的游人踏云驾雾，仿佛来到天外，一旦微风吹来，云海泛波，诸峰时隐时现，像不可捉摸的仙岛。风若再大，玉盘碎破化作巨龙三百万，上下翻腾，搅江倒海，令人瞠目改容。如果此时你是从山半腰的雾里走来，你对云海就会有另一感受，有如混沌初开，迷雾尽消，眼前一片清亮，升华到了一个全然不同的崭新境界。对于泰山云雾，李白就曾在《游泰山》诗中感叹："云行信长风，飒若羽翼生……安得不死药，高飞向蓬瀛。"是的，这么好的腾云驾雾的条件，如果不好好利用，长上翅膀飞往仙乡，岂不是资源浪费吗？

泰山上还有另一种云雾奇观，有时你在泰山之巅，大雾笼罩了一切，正当你踟蹰不乐时，忽听满山响起一片欢呼声，你还没有反应过来，顷刻间，云雾顿消，满目竟成了朗朗乾坤，漫天的浓雾就好似被魔术师刷地揭去，大地的色彩立刻显得丰富无比。两秒钟之内，云到哪去了呢？千变万化的泰山云雾奇观真是令人惊叹不已。

碧霞宝光

泰山另一云雾奇观是"碧霞宝光"。若人置身岱顶，前面浓雾弥漫，背后有强烈的日光照射，在前面的雾幕上有时就会看到一个多彩光环，光环中会把人的影像反射出来。这种现象称作"宝光"，以峨嵋山最为多见，而在泰山则多出现在碧霞祠附近，故名以"碧霞宝光"。

雾凇雪凇

冬天的岱顶也是一个奇妙的世界。冬天，岱顶的气温常在零下10℃以下每当浓云密雾从山顶飘过，云雾中的水滴一遇到冷的物体就会迅速凝结为冰，结成洁白晶莹的"雾凇"。山东内陆地区每年冬季雾凇的日数约为2－5天，沿海不到一天，而在山顶却常达50天。下雪天也会出现这种景象。每当此时，泰山如披上了一身银装，苍松、枯草全都开满了洁白的花，巍巍泰山变得分外高洁，分外生动。勇敢的攀登者不畏寒冷，将可一睹雾凇所带来的水晶宫般的泰山奇妙景观。当然这一切是不可能在一天内全看到的了。

泰山气候

泰山地处北暖温带大陆季风气候区，受山区地理环境的影响，山上与山下平原及泰安城有较大不同。虽然从山脚到山顶的水平距离不足10公里，但高度差大于1400米，致使气候由暖温带到温带又到了寒温带，打一个比方，这一变化就像是从泰安到了承德又到了黑龙江的漠河。泰山之巅年平均气温5.3°C，比市区偏低7.5度，山上山下气温平均递减率约为每100米0.58°C，也就是说你每向上攀登100米，气温就会下降0.58度。夏天，泰山顶上最高气温只有20度左右，是避暑的好地方。

195

雨中登泰山

好天气登泰山固然好，晴空朗日一片明媚，早可以观日出，晚可以赏云霞，奇妙景色尽收眼底，但是天有不测风云，若是雨中来到泰山又如之何？没关系，雨中的泰山自有其美，泰山总不会让你失望。

当年，李健吾先生就是雨中登泰山的，为此他还写下了一篇流传甚广的游山佳作《雨中登泰山》。让我们也跟着他去看一看雨中的泰山吧。

是烟是雾，我们辩识不清，只见灰蒙蒙一片，把老大的一座高山，上上下下，裹了一个严实。古老的泰山越发显得崔嵬了。

我们来到雨地，走上登山的正路……人朝上走，水朝下流，流进虎山水库的中溪陪我们，一直陪到二天门。悬崖峻嶒，石缝滴滴答答，泉水和雨水混在一起，顺着斜坡，流进山涧，涓涓的水声变成訇訇的雷鸣。

路一直是宽宽的，只有探出身子的时候，才知道自己站在深不可测的山沟边，明明有水流，却听不见水声。仰起头来西望，半空挂着一条两尺来宽的白带子，随风摆动，想凑近了看，隔着辽阔的山沟，走不过去。我们正在赞不绝口，发现已经来到一座石桥跟前，自己还不清楚是怎么一回事，细雨打湿了浑身上下。原来我们遇到另一类型的飞瀑，紧贴桥后，我们不提防，几乎和它撞个正着。水面有两三丈宽，离地不高，发出一泻千里的龙虎声威，打着桥下奇形怪状的石头，口沫喷得老远。从这时候起，山涧又从左侧转到右侧，水声淙淙，跟我们到南天门……

山没有水，如同人没有眼睛，似乎少了灵性。我们敢于在雨中登泰山，看到有声有势的飞泉流瀑……一路行来，有雨自然也就格外感到意兴盎然。

雨中的泰山岂止是一幅画，也是一首诗、一曲动人的交响乐。"人朝上走，水朝下流"，这富有哲理情结，只有在雨中的泰山才体会得特别强烈，而这又怎是一个"妙"字可以写尽！

后石坞

接下来我们到山后去，去看一看大多数游人所不知道的一个绮丽的所在。从玉皇顶西去，沿北环天路可至后石坞。后石坞自古被誉为"岱阴第一洞天"，还被历代有识者称作"奥区"，此处何"奥"之有呢 去把，那里峰峭壁陡，古松幽奥，石刻遍布、古庙掩映，景色迥异于登天景区和岱顶，不去后石坞则则枉来泰山，请随我走吧。

北环天路

环绕岱顶北部的步游路，2000年建成。总长约4.2公里，宽1米有余，随山就势蜿蜒于古松奇石中，将许多著名景点串联起来，使泰山的人文自然内涵更多地呈现到了游人面前。此路环后石坞一圈，我们不必走回头路。

看日出、谒后石坞、桃花源、
灵岩寺

国 之 魂 魄

丈人峰

第三天

玉皇顶西去，路北有一巨石，两人多高，此石便是泰山著名的丈人峰了。巨石上书有"丈人峰"三字。所谓丈人，是古时人们对老年男子的尊称。后来演变成了专指妻父。大概是从《汉书·郊祀志》"大山川有岳山，小山川有岳婿山"演变来的。再后来，"泰山"独成了岳丈的代名词，据说其中还有着一段故事。《酉阳杂俎》载，唐玄宗封泰山时，三品以下的官员普晋一级，当时作为封禅使的张说(yue)趁机利用职权将女婿郑镒由九品提升为五品，随即更换了官服，唐玄宗见之不解，质问郑，郑无言可对；问张说，张也无可作答，倒是伶人黄幡绰灵机一动代答道："此乃泰山之力也！""泰山"一词一语双关，于是泰山便成了岳父——丈人了。这个故事让人哭笑不得。

泰山是何等神圣，当年鲁国掌权的诸侯季氏大夫想来祭泰山，孔子认为他没有资格，便讥讽道：泰山如果接受你这种人的祭祀，它岂不是不如林放了吗？林放是孔子的一个德才兼备的学生，颇懂礼义，"泰山不如林放"这个典故就是说泰山难道不如林放懂礼义，而容你胡来吗？也就是说泰山是不容辱没的。张说何许人也？贪官污吏而已，他的嘴脸在泰山暴露无遗。而古人把丈人峰留于此的历史与现实的唯一意义就是可作"史鉴"——它是历史的一面镜子，照一照对今天也有好处。

乾隆题丈人峰诗刻

乾隆游历甚广，他认为丈人峰并不在泰山，便写诗对题此三字的人给以予了讽刺，诗曰：

仙人对博寄幽托，岂实凌庐上玉京。
立字是谁称博古，居然移置蜀山名。

意思是：

仙人在名山下棋，是寄托一种幽然超脱之情，
别以为登上庐山就真的能进入天宫。
是谁自以为博古通今在这里题词？
岂不知你是将四川青城山的丈人峰移到了岱宗。

他肯定知道唐代"丈人"的典故，张说的行径令他鄙夷，他要替泰山说句公道话，甚至要从根本上否定丈人峰在泰山。呵，还是个挺当真的皇帝。

"国泰民安"刻石

丈人峰处石刻甚多，而其中最引人瞩目者是楷书"国泰民安"四个大字。这是日本友人柳田泰云(泰云柳田伊秀)的作品。柳田泰云是日本著名的汉字书法家，自幼从父学习汉字书法，功力深厚，能书篆、隶、真、行、草各种书体，尤善楷书。曾任日本学书院院长、日本读卖新闻社顾问、全日本学生书道联盟副会长，曾多次访华，举办书展，交流技艺。改革开放后，他来到泰山，曾书刻"李白《游泰山六首》诗碑"，立于遥参亭内。1990年是他生命的最后一年，为表达对泰山真挚的爱，他委托夫人柳田青兰、儿子柳田泰山率107人的日本书法代表团来泰山访问，并经中华人民共和国文化部批准，把对中国人民美好祝愿的"国泰民安"四个大字镌刻到了丈人峰南的巨石上。这一石刻是泰山在新的历史时期再一次与世界交流的标志。

历史上泰山的国际文化交流活动始终是很活跃的，汉唐以来，波斯(今伊朗)、天竺(今印度)、倭国(今日本)、新罗(今越南)、百济(今朝鲜)等

国的使者都曾登临过泰山，带来了异国的文化与文明。早在700多年前，日本九州正法寺住持僧邵元就来泰山开坛说法，修坛勒石；500年前，朝鲜僧人满空在泰山重建普照寺，翻译了大量佛经典籍。泰山留下了各国朋友的足迹，成为中国国际交流的历史见证。

"御霜"刻石

著名京剧表演艺术家程砚秋先生所题。程砚秋（1904－1958），原名艳秋，字玉霜，满族，北京人。程砚秋幼年家贫，学京剧，演青衣，并根据自己的嗓音特点，创造出一种幽咽宛转的唱腔，形成了自己的艺术风格，世称"程派"。上世纪30年代，日本入侵我国，程砚秋誓不为日本人演出，留起了胡须，并改字为"御霜"，表现出了崇高的民族气节。

此处石刻还有"天下第一山"、"凌霄峻极"、"东柱第一灵区"、"中天独立"等。

北天门坊

古称玄武门坊，早圮，后修复，在丈人峰西北，处在泰山主峰北面地形较为开阔平坦处。北天门石坊形制朴拙，造型近似中天门坊，额题"北天门"，为集经石峪大字而成。

摩云岭

在北天门以北。《岱览》云：阴道以北天门为隘，其北为摩云岭。岭东有"八仙洞"，《泰山道里记》认为此即东汉马第伯所说的"石室"，钟惺《登泰山记》中称："石壁百仞，松腋之左右，而半上得八仙洞"，其下为"石河"，等会儿我们会看到的。

明月嶂

在摩云岭北，群峰秀列，俨若屏嶂。古时山上有采芝庵，宋张景若结茅隐此。明月嶂北有山洞名懒张石屋，相传为明朝道士张三丰修炼处。

西尧观顶

这是一不高的山峰，古人称之为"尧观峰，"峰顶石坪可容数十人。在此北望，峰峦起伏，逶迤百里，叠嶂的群峰中有隋代古刹昆瑞山神通寺、有风光秀丽的锦绣川，目力好者，是否还能看到"齐烟九点"的济南风光？

东尧观顶

在西尧观顶正东，其巅也是一个较大的平台，它的东面是一片平川。在此东望，农田、村舍、水库、河流构成了另一幅图画。在泰山上俯视四周，南面是城市，西北两面是丛山，只有在这里才可一览田园风光，那点点的炊烟，淡淡的流云，使人感到亲切与轻松。

这里既然叫尧观顶，那么，尧又"观"了些什么呢？尧的时代，他的部落正渐渐地从游牧向农耕过渡。尧最想知道的就是如何加强统治、整顿秩序、如何知农时、抵御自然灾害。而这一切的答案，在人间是找不到的。于是他便像他的先人黄帝一样把目光投向了太空，请求天的佑助。天，是如此地奇特，日、夜、阴、晴、雷、电、风、雨、霜、雪……像是一个有生命的实体，又像是有一个冥冥者在暗中操纵，对人充满了诱惑。就像人的童年都会对宇宙、对天体产生无限的向往一样，人类的童年也是如此，他们对天体宇宙有着巨大的好奇，他们在追问时间的初始和空间的尽头，在苦思天的形状和地的模样。他们企求能同天对话，得到天恩赐的灵感……所以，尧爱观天，尤其是在泰山这样的山峰上。而且尧时代的人都爱观天——虽然他们不可能都到泰山来。顾炎武就说过"三代以上人人皆晓天文"（《日知录》）。于是便有了天人交流的社会氛围，有了天人的"互渗"，有了"祭天"，有了封禅。而在对天的研究中，尧肯定是佼佼者了。

尧不仅制定了最早的历法，而且还专门任命了主管天象的官员。《山海经》郭璞注引《启蛰》有这样一段记载："空桑之苍苍，八极之既张，乃有夫羲和，是主日月，职出入以为晦明。"这个"主日月"的羲和的职责就是"历象日月星辰，敬授人时"（《尚书·尧典》），大概就相当于后来的主管天文历象的太史令了，或者像今天的天文台长了。

所以，在这视野极其开阔的泰山山峰，尧如果来到这里，所要观的必然就是天。而天上的一切的确太美妙了：那转换着斗柄的北斗七星、那闪烁着光芒恒定不动的北极星、那火红的"荧惑"（火星）和冷冷的"岁星"（木星），还有那每天轮流着升起又落下的日月……天不是正在给人一种启示，向人提供了社会秩序的理想模式吗？正是受了天的启发，早先氏族社会中不讲等级名份、不重人神关系的原始状态被打破了，普通氏族成员祭神的权力被取缔，在意识形态上必须绝对服从少数圣哲的意志，人开始像"天"一样走向秩序。尧在这里的活动，是以天为主题的，所以附近的地名有"天空山"、"天津湾"、"天烛峰"、"天井"……俱与天有关。

后来，尧又遍访"四岳"，即四方有德望的人，推举舜作了部落首领。舜也经常在泰山一带活动，古书说"舜耕历山"，历山就在泰山之阴，那里现在还有相传舜曾汲过水的"舜井"。

鉴池

又名玉女洗头盆，在东尧观顶上。巨石上有一石穴，深、广若木盆，相传为泰山女神碧霞元君早年在后石坞修炼时洗头、梳妆的地方。《泰山道里记》载：鉴池"清可鉴发，俗呼玉女洗头盆"。《岱览》则说，鉴池四周景色绚丽，"东下为旋螺峪，北为凤凰池，东北为饮虎池，皆以水胜"。

翠屏峰

在东尧观顶东南望，山峰壁立，草木苍翠，犹如泰山的绿色屏风。

古松园

让我们告别尧和尧观顶。继续向东去九龙岗。路旁，映入眼帘的全是古松。泰山古松经历了数百年的风雨，一株株姿态各异，炼就了铁杆铜枝，不摧不折，令人肃然起敬。这里的古松同对松山的有所不同，对松山的松可望而不可即，在这里却是穿行在松林中，人与松作近距离接触，彼此融为了一体。中国人自古爱松，松树的风格对人多有启迪。此处，人们对泰山松的认识，对它们的命名、咏颂，就反映出了人情趣、追求和价值取向。在这里观松同在岱庙看盆景，以及同在登天景区看那三株两株的孤松感受全然不同了，这里是松的世界，松的天下，松是这里的主角儿，我们来探访古松，听古松的趣事，似乎就像面对着有生命的古人，聆听着它们在讲述千百年来我们闻所未闻的故事。

国之魂魄

第三天

而尤为难得的是，每当山风起时，此处松涛鸣响，其音大为奇特，古人称之为"天籁"、"太古音"、"宇宙音"……大家有谁听过松涛？没有？但接下来我们或许会听到的，这种奇特的声音甚至都不能用"声音"二字来表达，真的有如来自于太古、来自于天上，正所谓"此声只应天上有，人间哪得几回闻"。听松涛是有条件的，一是附近没有任何杂树。二是风要不大不小，太大了就变成林涛了，呼呼地犹如海浪，太小了则形不成"松涛"，大概风速须保持在"3.1416"级才行——开个玩笑。就让我们期待吧。现在，先来认识认识那些著名的古松。

千尺崖

在北环天路北面，此处石壁万仞，像一面巨大的墙。石崖上，古松从风化形成的石缝中横空出世，可谓咬定青山不放松，生命力令人惊诧。

孟母教子松

千尺崖上一大一小两株古松。在上者大，在下者小，其情状让人想起孟母教子的故事。孟母仇氏，教子有方。《三字经》上有"昔孟母，择邻处，子不学，断机杼。"的故事，给今人启示良多。孟母知道："染于苍则苍，染于黄则黄"。给儿子选择良好的学习生活环境，不辞奔忙，三迁居所。孟家原居邹城郊外马鞍山下，此处有墓地，隔三差五便有葬礼举行，儿童常嬉戏模仿葬仪，孟母心痛，搬家。新居处于闹市，商贾喧嚣，孟子效之，游戏锱铢必较。孟母恐子沾染市侩之气，再次搬迁。最后来到邹城学宫附近，此处虽居室简陋不堪，但学宫书声朗朗，孟母才安下心来。

孟母还知道"业精于勤荒于嬉"，一次小孟轲逃学玩耍，母亲将辛辛苦苦已织成的锦绢剪断，告诉儿子"废学如断绢！"从此，孟子勤学不息，终于成了一代圣人。

九龙岗

在尧观顶东南，为后石坞著名景点。其巅较为平阔，天风浩荡，万松戟立，而其上尤以姊妹松最引人注目。

立雪松

在东尧观顶西侧环天路南。为一高一矮两松，相靠甚近，似二人对话，而矮者缺一主枝。于是附会了一则传说。说是禅宗二祖慧可早年欲拜达摩为师，达摩认为他缺少慧根，不想答应，就说除非天上降下红雪，我才收你为徒。慧可并不灰心，侍立达摩左右达二十年。一日天降大雪，慧可望着漫天大雪忽然心生灵感，毅然拔剑断臂，鲜血染红了白雪。第二天早晨，达摩望着地上的红雪深为感动，便接受了这个弟子。

九龙探海松

在九龙岗东侧，九株古松散落有致，探身向东，每当云雾起时，恰似九条巨龙飞舞。

姊妹松

两株古松并列生长在九龙岗的悬崖上，此处三面凌空，为风雪之要冲，但几百年来，两株古树相偎相依，御霜傲雪，凛然不屈，出落得亭亭玉立，留下了无数动人的故事。

龟驮松

在九龙岗中段，一古松生长在6米方圆的5块自然石中间，另有一石向东翘首，长约2米，形似龟首，远远望去，奇松怪石相映成趣。相传远古时代，泰山后石坞还处在一片大海之中。海水有涨有落，潮涨时，大雾弥漫群岛；落潮时，群岛露出，变成大山。后来碧霞元君主宰了泰山，海水就再也没有淹没过后石坞。有一天，元君跟前一个叫玉皎的侍女奉命到后石坞采摘山果，突然听到隐隐约约的呼救声。玉皎放下竹篮向四面寻找，见到一只大龟被一块巨石压住。大龟说，过去每天潮起时它都要到后石坞来，可是有一天不小心被山石压住了，而潮水却再也上不来了。玉皎同情它，却无力救它，于是就把采来的山果给它吃，就这样不知坚持了多少年，以致乌龟化成了石头，后来玉皎就变成了松树。

老叟戏童松

在九龙岗南，两株古松一高一矮，高者树形魁梧，好似庄重的老者；矮者树体弯曲，似顽皮的儿童。这一老一少游戏于奥区，尽享天伦之乐。

四大天王松

位于九龙岗北、北环天路西侧。四株古松一字排开，株株粗壮遒劲，就像护卫着九龙岗的四大天王。四大天王是佛教的护法天神，俗称"四大金刚"，又被称为"风调雨顺"。中国佛教徒认为南方增长天王持剑，司风；东方持国天王拿琵琶，司调；北方多闻天王执伞，司雨；西方广目天王持蛇，司顺。组合起来便成了"风调雨顺"。风调雨顺正是泰山传统文化中的重要主题之一。

三义松

位于九龙岗北。三株古松生长在一起，好似相随相从，亲密无间，使人联想到三国时刘、关、张桃园三结义的故事。泰山上有纪念刘关张义气的"三义柏"，此处又有三义松，古人的气节在泰山得到了淋漓的弘扬。

松涛琴韵

在九龙岗西坡，数百株古松枝叶相接，遮天蔽日，青翠欲滴，蔚为大观。每当山风吹来，松涛如笙歌琴韵。这奇妙的"松涛"之声，古人认为是"天籁"、"宇宙音"、"天上之音"……正所谓"此音只应天上有，人间哪得几回闻"。松涛之声使后石坞显得益发幽奥。

三枝同根松

在后石坞南山坡上，古松围径2.8米，在距地面1.7米处，分成3个大枝向上生长，就犹如一母三子，同心同根，相依为命。

夫妻松

在天空山上，两株古松均有500多年树龄，5000多年来，两松根相连，干相依，枝相牵，叶难分，像白头偕老的夫妻。中国古代有民谚"夫妻本是同林鸟，大难来时各自飞"，而观此古松，则使人感到"夫妻本是同根松，生生死死总相依"。

松嶂

在元君庙东北山口处，一字排列着30余株古松，像一堵天然屏障守护着元君庙。相传碧霞元君早年在此修炼，终日与古松为伴，松树的灵气使她终于得道成仙。

青龙白虎松

在元君庙大殿两侧，两松对峙，左青龙，右白虎，成为元君殿前两位威风凛凛的护法神。在中国的道教中，有青龙、白虎、朱雀、玄武为天神护卫的说法，这四位天神最早来源于古代的星神崇拜。后来青龙、白虎专门护卫在太上老君的驾前，并有了封号，青龙号为"孟章神君"，白虎号为"监兵神君"，宋朝范致能《岳阳风土记》云："老子有二神像，谓青龙、白虎也。"而此两株古松位于碧霞元君殿前，威风凛凛，人们称之为青龙白虎松，更加增添了元军娘娘的威仪。

第三天

飞流挂翠松

在于天空山东侧，古松枝干均下垂生长，且主枝之间分成了若干层次，就像绿色的瀑布飞流直下。

幽谷挺秀松

在九龙岗南侧峡谷中，3株古松伴着后石坞的云雾，时隐时现，迷离飘忽，显得分外精神。

寿星林

位于后石坞东西长峡谷的南坡，近20株古松结伴生长，胸径均在2米以上，高大苗壮，气势不凡。在它们四周，无数棵年岁稍晚的古松姿态各异，犹如子孙般环绕膝下，更显出"寿星"们的苍古雄浑。

松峰叠翠

黄花栈北悬崖上的一组古松。群松高低错落，或挂于危岩，或挺立峰巅，无不郁郁葱葱，一派生机。古人于石崖上题刻"松峰叠翠"四个大字。

独秀松

位于姊妹松西侧的山岗上。此松处于群松之中，高大、挺拔、造型奇特，犹如鹤立鸡群。

卧龙松

在元君庙东北侧山坡上。主干粗壮，树身前探，形似卧龙。而枝条蟠曲，好似龙须、龙爪。

石门

在北环天路中段。此处北面是峭壁，南面是悬崖，环天路从状若门的两块巨石中间穿过，故称石门。

探海松

又名石门松、倚石得天松，为泰山油松。石门的南侧，一松伸向悬崖而生，就像在引首探海。此松长在石门缺少土壤的岩石缝中，生命力之旺盛，令人赞叹。

兄弟松

在后石坞索道下站的东南。两株古松并列而生，双双挺拔，长势苗壮，比肩而立，就像兄弟一般。

刑天松

泰山油松，在九龙岗北。此松主干顶部被风吹断，但是枝干粗壮，使人想到与黄帝厮杀，最后被黄帝砍断了头的上古英雄刑天。刑天虽断了头，仍不泯志，以乳为目，以脐为口，操大斧继续战斗不已，陶渊明曾有诗赞之："刑天舞干戚，猛志固常在。"开此松也正是以无头之躯顽强地生存于天地之间。

情同生死松

九龙岗东北、北环天路旁，两株古松，一荣一枯，生死相依，情深意长。

十八罗汉松

地处北环天路北面，为泰山油松。十八株古松粗细不同，姿态各异，虽老态龙钟，但不失生机，就像如来前的十八罗汉。

同根松

在九龙岗北，此松从根部分杈，主干不足80厘米。远看两大主枝就像双挺的两株古树，使人想到三国时曹植的诗句："本是同根生……"

绿孔雀松

位于九龙岗东，天烛峰景区界内。此松生长旺盛，多分枝，且呈下垂状，犹如孔雀开屏。

吴刚擒石松

又名松石同寿路南一巨石蹲踞在天空山悬崖边，欲倾欲坠，形势十分险要。路北有一古松长伸展长枝，像是在力挽巨石，故得名吴刚擒石。

伏羲女娲松

位于吴刚擒石松东南，与吴刚擒石松两相对应。此松大枝攀附于主干之上，扭曲生长，犹如汉画像石中伏羲女娲相拥状，故名。

看日出、游后石坞、桃花源、灵岩寺

六逸松

在后石坞娘娘庙透天门前，六株古松怡然自得，似有仙风道骨，使人联想起隐居徂徕山的李白等"竹溪六逸"。

擎天松

位于娘娘庙东南。此松主干粗壮、高大、挺拔，松枝生长舒展，似巨臂擎天。自古以来，泰山之上就有"天界"的说法，在这里，有擎天的古松、托云的巨树，天的文章作得是如此完美。

千三桧

在娘娘庙东侧院内。专家说，桧树多生长在海拔900米以下，而此树却在海拔1300多米处茁壮生长了500余年，实属罕见，故以其海拔高度命名。

卧虎松

在黄花栈中段的悬崖边，主干两人合围粗，向南倾斜，几乎与地面平行，状若虎身，其冠浑圆，犹如虎头。虎是力量的象征，而此松数百年来卧于此地，虽不是一个仰天长啸的虎，不是一个扑、剪、揿、翻的虎，它深藏山坳，却显得内向而不呆滞，寂静而有力量，正骚动着激奋的冲动，在未跃欲跃的瞬间，给了人无限的遐想。

天空山

由环天路最东面陡峭的石阶下来，就到了天空山下，天空山古称玉女山，在九龙岗东南，娘娘庙北。其石壁垂直而立，高约20米，摩空托日。其巅平坦，古人称作"尧观台"。石壁上布满古人题刻，其下有黄花洞、莲花洞。

后石坞元君庙

天空山南平地数亩，建有一处庵观，称"元君庙"，俗称"娘娘庙"，初建于明代。明隆庆六年1572年供昊天上帝像，万历十九年1591年修圣母寝宫楼。清顺治、康熙、乾隆年间重修，改称石坞青云庵。光绪重修时称石坞庙。民国以来，娘娘庙长年失修。上世纪90年代中期重新修复。庙分东、西两院，西院由山门、正殿、配殿以及吕祖洞等组成，正殿祀碧霞元君；东院高于西院，由"透天门"连接，院内有殿、亭、阁等古建筑，殿内供奉弥勒像。相传碧霞元君成仙前就是在此修炼的，故这里又称"玉女修真处。"

庙外有石阶小道东行可至天烛峰景区。

后石坞三官庙

位于娘娘庙上院。沿石阶向上，进"透天门"即为上院，上院由正殿、东配殿、圣母寝宫楼等组成。正殿祀天官、地官、水官。正殿西是圣母寝宫楼，该

后石坞娘娘庙

楼分三层，下为"吕祖洞"，中为"藏书楼"，上即圣母寝宫楼。院内有"独立石"一块。

黄花洞

庙后天空山下有两个石洞，西为"黄花洞"，因洞口石壁上开满黄花而得名。洞顶渗水成珠，串串落入洞底池内，十分奇异，故名"灵异泉"。又传仙鹤常来此饮水，所以又名"来鹤泉"。由于后石坞地处山阴，日照时间短，海拔又高，冬天洞内奇寒，据说滴水结成冰柱，到夏天仍未融尽，形成夏日冰柱奇观。清康熙年间，巡抚蒋陈锡在洞口题"灵山玉柱"四字；又有明万历间，工科给事中何士晋题"云根灵液"。清人赵国麟有"洞名黄花冽清泉，六月寒冰坚玉柱。疑是石髓自空流，倒泻岩穴成石乳……"的诗句。

莲花洞

在东院北侧石岩下，因洞口石瓣似莲倒缀而得名，洞内有石乳泉，与灵异泉类似。另一为"莲花洞"，洞旁古人题刻甚多，如"岱岳奥区"、"雪献(山旁)云凝"、"作出世想"、"松至此始涛焉"等等，古人把握大自然的美是很有独到见解的。

乾隆莲花洞诗刻

乾隆皇帝亦爱此处，曾题《莲花洞》诗两首：

其一为：

乳窦溶溶迸石泉，细淙洞口注成川。
谩言未是莲花候，四面峰形岂不然。

大意是：

泉水从钟乳丛生的洞中涌出，
细流淙淙流出洞口汇成了河。
现在虽不是观看莲花的时节，
四周的美景不正像莲花盛开？

其二为：

峰可拟莲洞难拟，洞和峰却不相离。
譬之太华开十丈，也自相资玉井池。

大意是：

山峰常可以比作莲花，山洞却难以比拟，
但是山洞和山峰总是处于一体而不分离。
譬如状若莲花的太华山六峰花开高十丈，
山峰也自与形似岩洞的玉井池相附相依。

碧霞元君墓

东院东侧有所谓"碧霞元君墓"，墓前有碑，上刻"敕封天仙圣母碧霞元君故墓。镇守山东兖州总兵官□建功重修。雍正十三年十月十五日。"敕封，即为皇帝所封。天仙圣母，是碧霞元君的美号。民间传说碧霞元君是泰山神之女，也有的说是黄帝遣七仙女迎西王母中的七仙女之一，或说是华山玉女，甚至说"元君即地神"。而实际上就如我们前面说过的，早在汉代，就有了泰山女神的传说，汉武帝就曾从泰山女神那儿获得了"五岳真形图"，古人便雕刻了玉女石像于玉女池旁奉祀。宋真宗东封泰山时用白玉重雕了女神像，拓建祠宇，明代将玉像换为铜像，而将原来的神像掩埋。如今这"墓"中所埋的大概就是其早先的石像或是玉像或是其他了。

黄花栈

出元君庙山门，西去即是岱阴古老的盘道"黄花栈"了。黄花栈又名"独足盘"，极言其窄而险。这条栈道是明万历年间于无路的峭壁前辟出的，但它不是凿栈孔用木桩建成，而是从深涧谷底直接用石垒起，再填以土修成，因此400余年过去了，栈道依然完好。栈道北侧巨石欲倾，黄花开满岩上；栈道之南深壑万丈，清泉响于涧中。

黄花岩

黄花栈北侧岩壁如倾，夏日里缀满黄花，石壁上古人题刻遍布如林古度所题"黄花栈"、李元鼎题"松籁云壑"、莫栋题"亘古丹丘"及"岱宗钟灵"等等。

209

石河

又名乱石沟，为泰山地质景观，位于后石坞索道下站、黄花栈西首，山沟中巨石嶙峋，大的如磨盘，小的若碾砣，叠叠压压绵延数里，泉水在石下流淌，只闻水声不见水，令人怦然心动。

此处也是泰山的著名地质景观。这里出露的岩石主要是傲徕山期侵入岩体的"中细粒片麻状二长花岗岩"和"细粒片麻状二长花岗岩"，岩石比较致密坚硬，抗风化剥蚀能力强，但垂直和水平两组节理充分发育，把岩石切割成许多厚薄不一的板状和柱状块体。此处由于季节和昼夜温差变化大，热胀冷缩的风化作用和冰劈作用十分强烈，使岩石发生崩解破坏，在重力作用下这些岩石沿垂直和水平两组节理面发生大规模崩塌，大量地滚落到山坡和沟涧内，有的沿沟涧呈带状分布，就称之为石河了。

石海

在玉皇顶北坡，犹如石河一样，众多大小不一的岩块，从山体上崩下，但呈片状分布，面积较大，犹如石头的海洋，称之为石海。

避尘桥

在黄花栈西首，横跨于乱石沟之上。意即过了此桥便已远离了红尘。初建于明代，原为石板桥，上世纪末重修加固。

观日出、游后石坞、桃花源、
灵岩寺

后石坞索道

我们不再步行了，我们要乘索道回到北天门。后石坞索道下起后石坞，上至北天门。1993年通车。全长518米，相对高差172米，共有25个双人吊椅车厢，运行速度3.5米／秒，整套设备由奥地利引进，是目前世界一流的单线循环自动脱挂吊椅式客运索道，也是国内唯一的自动脱挂吊椅式客运索道。此缆车视野开阔，乘于其中，后石坞风光一览无余。

桃花源索道

在后石坞索道上站南。从岱顶下山至桃花源可以走步游路，也可以乘缆车，如果你决定不乘缆车，而是沿着3公里的山道步行下山的话，那么，你将始终走在密林中，不必说别的成百种树种，仅松树就有泰山松、落叶松、白皮松、油松、黑松、赤松、日本松、华山松等10余种，让外行人难以辨清。现在的桃花源即使大风天也决不扬尘，因为有土的地方都有树和草，而没有草、树的地方则没有一丝土。多少年来，林业工人身居深山，像培育自己的子弟一样呵护着这一株株树木，为雄奥的泰山增添了浓浓的秀色。

桃花源索道建于1993年8月，全长2196米，也是从奥地利引进的，为"抱索吊箱式"。这种缆车同样视野极佳，可观360°景，乘上拦车，云山渺远，树海苍茫，俯视下界，感觉甚好，更何况"文武之道，一张一弛"，我们不能透支体力，还是乘上缆车"走车观花"吧。

——我们听不到松涛了吗？

噢？松涛？您还想着？看来今天我们是听不到了，不过可能还有机会。

桃花源－桃花峪景区

桃花源－桃花峪景区在泰山的西面，桃花源旧称"三岔"，意即3条溪谷汇聚于此的意思。这里海拔800米左右，三面环山，其下游是桃花峪，这两个景区在泰山风光中以"秀"著称。这里峰青溪宽，山光水色融为一体，灵石野花相谐斗趣，颇有些江南山水的情味。

乘上缆车，举目四望，可谓满眼皆绿，这里给人的第一印象就是树多而密，我们不能光说松柏，借此机会，就请朋友们听我讲讲泰山的植被。

泰山绿化

桃花源海拔800米左右，有着特殊的小气候， 植物长得特别繁盛。1989年北大教授、美学家杨辛先生来此时，有感于绿化得好，曾赋诗《游泰山桃花源、桃花峪》一首："石绣彩云，水映赤鳞。山披绿装，人美心灵。"并有注："桃花源山区绿化面积达90%，林区工人终年辛勤，默默无闻，而贡献极大，余谓：石美、鱼美、树美、工人心灵更美。"是的，在这里你最先感到的就是无边无际的绿，各种树木繁茂苗壮从溪岸直绿到山巅，从眼前直绿到天边。建国50多年来，已是三辈林业工人用他们的汗水浇绿了这层层岭、座座山。

现在泰山的森林覆盖率已达80%，植被覆盖率则达到了90%以上。目前，构成泰山植被的维管束植物有1136种，隶属136科553属，其中野生植物814种，栽培植物322种，这在北方地区已属十分少见。

有关泰山植被的分布情况大致如下：

在所有植物中，木本植物421种，占总数的37%；草本植物715种，占总数的63%。含15种以上的有11个优势科：禾本科，54属76种，菊科，50属25种；蔷薇科，19属52种，豆科，25属49种；百合科，13属32种；木樨科，8属22种；蓼科，3属21种；伞形科，15属17种；莎草科，15属17种；十字花科，15属23种；撒形科，19属25种。

泰山海拔高处植被以松林为主，人工油松林面积最大、分布最广，多为纯林。油松古树群分布在对松山和后石坞，面积约700亩。其次是侧柏林，全部是人工林，在海拔1000米以下分布。麻栎、栓皮栎也是泰山较多的树种，主要分布在三阳观、玉泉寺等处。刺槐林广泛分布于海拔800米以下的溪边、山腰、山麓和山峰缓坡处，以中天门、拦住山等处最为集中，全为纯林。改革开放后，泰山成功引进了大量风景型树种，并使之逐渐代替现有的用材林和炭薪林。

第三天

211

泰山四季自然风光

由于泰山具有典型的暖温带季风气候，四季变化分明，因而泰山风景区植被的季相景色也显得极为丰富。所以你无论何时到泰山来，泰山都不会使你白来——

春回大地，泰山上下"松拱一天翠，草生万壑青"，"泰岱春晓"的美景吸引着无数的中外游人前来"踏青赏春"。早春二月，条条山谷中，冰泉解冻了，小草从枯叶中钻出，红的桃花、白的杏花、金黄的迎春柳和连翘花缀满了枝头。进入4月，遍布西溪两岸的刺槐花自下而上次第开放，花白如絮，香气袭人，历时一月不绝。接着，山顶上大片的湖北海棠花绽开蓓蕾，整座泰山像是成了花的海洋。

夏季的泰山，层层林海常掩在茫茫的云雾之中，一旦天气放晴，尽得雨露滋润的绿木碧草显得油亮油亮，青翠欲滴，万壑千峰，处处流溢着自然造化的生命力。尤其是泰山的松树，多生长在峭壁悬崖之上，每当云出其间，苍松如龙，乍有风起，则似摆首舞尾，恰如在欢迎着游人的到来，对这一点大家已经有所感受了。

秋天，是泰山色彩最丰富的季节。黄栌、五角枫、花楸叶红似火；银杏、紫椴叶色黄如金；松柏不凋，依然青翠；栎树、水榆、槭树等尽管或褐或红或黄，色彩不那么鲜艳，但也给泰山的秋色增加了层次。灌木中最美的算是卫矛了，卫矛在松柏的陪衬下，万绿丛中一点红，色彩对比强烈而又协调。与卫矛相媲美的藤本植物爬山虎，在夏季虽不露声色，到了深秋却变得异常突出，或红满一坡，或紫盈一沟，象是大手笔的浓彩国画。秋天也是山果丰收的季节，山楂、柿子、软枣……把泰山装点得富丽堂皇。

泰山的冬天，棵棵松柏顶风冒雪傲然屹立在山巅，一片片翠绿的竹林不怕严霜挺立在溪边。尤其是在"雾凇"形成的日子里，千树万树似梨花怒放，需晴日，阳光照耀，整个山顶晶莹闪烁，犹如龙宫洞府。若是细雨过后，雨滴接触树枝凝冻成细小的冰棍，形成"雨凇"，山顶则又变成了玉的世界。"苍柏青松托玉盘"，"孤标百尺雪中见"，就是对泰山的冬景的赞颂。

野生花卉

桃花源景区还以野生花卉众多而闻名。泰山的野生植物中，野生花卉约200种，有较高观赏价值的76种，隶属23科66属。

野生花卉是栽培花卉之母，是不求回报，只要抓住一寸瘠土、一条石缝就默默地奉献着美的大自然的使者。它们没有显赫的声名，没有富贵的身份，似乎并不显眼，但它们并没有被人们忽略，野花不仅早就进了古人的视野，也进入了他们的诗赋："佳花异草含丹吐白者……灵禽怪兽啾鸣啸号之声……最为泰山奇胜。"——巍巍泰山之上，堪称最奇胜者，竟是并不想争半席地位的山草野花、灵禽怪兽！"回马岭前琦树古，水帘洞口野花红"——野花可同千年古树媲美竞辉。"秦碑金刻字，汉简紫泥封，胜迹全销歇，岩花日日浓"——秦汉封禅俱往矣，没有人记得了，唯有质朴无华、生生不息的泰山野花永不凋

春日出、游后石坞、桃花源、
灵岩寺

零，与天地同在。说得真是好极了！

你要是春天到泰山来，满山遍野的连翘、尖鹃、点地梅、白头翁、细茎鸢尾……争相开放，伴随着桃花、杏花、刺槐花，整座大山热闹极了。而夏天则有黄荆、斑百合、石竹、水杨梅、金针、珍珠梅等，万绿丛中，野花变得分外抢眼。而秋有马兰、千里光、红蓼、甘菊、风毛菊、落新妇、兔儿伞等。秋天的泰山是绚丽的，绿水、白云、青松、红枫中点缀着红的、紫的、黄的、蓝的、白的山花，使它显得比其他季节更富魅力与诗意。泰山野生花卉经历了漫长的自然选择，在十分恶劣的环境中代代繁衍，造就了优良的内部基因和外部形貌，正日益获得观赏者和研究者的注目。

泰山动物

泰山植被丰茂了，生态环境越来越好，动物自然也多了起来。尤其是鸟，泰山成了它们的乐园。走进大山，鸟语与花香，赏心又悦目，大山的美决非是"美如画"所足以形容的。

泰山鸟的种类现已占山东省鸟类总数的36%以上，有游禽、猛禽、攀禽和鸣禽。明嘉靖年间刊刻的《泰山志》中记录了泰山鸟类有27种，《泰山药物志》记述了50多种。建国后大力营林，植物的花、果、种子以及各种昆虫、鼠类为鸟提供了取之不尽的食物来源；而茂密的植被又为鸟提供了隐蔽和营巢的场所，泰山鸟的种类大增。现在不仅有大量的留鸟在这里生活，而且每年夏季还吸引了大批候鸟飞来筑巢、产卵、育雏；也有不少的旅鸟，在春秋迁徙时路过泰山作短暂栖息，秋冬季节也有些生活在中国北部或西伯利亚的鸟类飞来泰山越冬。泰山人爱鸟，把鸟看作人类最好的朋友，制订了鸟类保护规章，严禁捕鸟猎鸟；每当冬天大雪封山，护林员都要扫开积雪，撒放鸟食，保护弱鸟安全过冬；小型鸟喜爱竹林，人们便在山坡向阳处大片植竹，鸟们嬉戏竹中，冬暖夏凉，其乐融融；每年4月份自第二个星期开始的"爱鸟周"更是有关部门大力进行爱鸟护鸟教育的好时机，宣传活动深入到学校、工厂、机关、街头；夏季候鸟飞来，青年们便上山钉筑人工鸟巢，欢迎远方来的客人……人们的爱鸟之心得到了巨大的回报，如今，一些山东鸟类志中未载的鸟类如中白鹭、长尾雀也到来到了泰山，开创了山东鸟类新记录。更重要的是，由于鸟的增加，泰山森林几十年有虫不成灾，有鼠不成害，形成了良好生物链，为周边环境的优化发挥了重要作用。据统计泰山鸟类现已达到148种，其中13种属国家二级保护野生动物。泰山上下，鹰翔于长空，雀跃于枝头，鸟为泰山增添了几多欢快，几多意趣，几多真情。

以自然科学的眼光来看，泰山很高，但鸟类在各个高度都有分布。科学工作者发现泰山鸟类的活动情况可划分为三个垂直带：高山带，海拔1200米以上，鸟类占11%；中山带，海拔500－1200米，占38%；海拔500米以下，占41%。也有些鸟广布于三个不同的垂直带中，如部分隼科、鸦科、鹟科、雀科等。有些鸟则交替分布在低山和中山带，如杜鹃科和部分鹡鸰科鸟类。白腰雨燕集中分布在

第三天

海拔900米左右的傲徕峰一带，白颈鸦在繁殖前后分布在海拔550米的中山带，伯劳多集中在海拔300－400米之间的低山带。不同的鸟在不同高度的植被带捕食不同的害虫，而各类害虫都有其各自的克星，生态链就是如此地奥妙。

历史记载，泰山古代兽类也不少。《岱史》说泰山"有獐、麋、獾、兔……兔有两其足者，不能走，每跳一二丈许，曰跳兔。有黄鼠、苍狐、白狼，在深山穷谷，而登封之地则无也。《山海经》曰：'（泰山）有兽焉，其状如豚而有珠，名曰狪狪。'今未之见。"如今，"狪狪"为何物早已不知所云了，"跳兔"也已近乎为神话，甚至獐麋一类的大型动物，野生的也早已没有了。唯狼、狐、獾尚能偶见于深山老林中，其他常见的多是有害的啮齿类动物，如黑线姬鼠、大仓鼠等。这些鼠类为鸟和其他兽类提供食饵，在这个奇妙的动物世界中，亦不失其存在价值。

泰山有800多种昆虫，益虫约占8%，绝大多数为食植昆虫，对森林有害，但由于鸟的存在，相当多的虫类对植物并不构成威胁。如30多种蝶类，虽多属害虫，但它们的幼虫只有少数能变成成虫，形不成危害。而山间的蝴蝶翩翩起舞，闪动在山花草丛之间，也为泰山增添了色彩。另外，泰山还有一些国内稀有的昆虫，如泰山红蚧、泰山缺瓜螨、白头毛蚧等，在昆虫分类学上有着一定的意义。

桃花源

从缆车下来，桃花源给你的感觉是否同登天景区大不相同？这里几乎是四面皆山，山势俊美秀丽，以前曾有深富见地的朋友作如是言：这里没有令人惶恐的天门、天阶、天界；没有叫人怯步的仙亭、仙桥、仙坊；没有高龄孤韵、已经被神化了的秦松汉柏；没有摩崖石刻，没有亭堂。万木生于山麓，百花开在沟壑，一切都出于原始，出于自然。沿着古代帝王登封的御道上山，固然可以领略妙佳之处，但总觉得那里王气、仙气太重，笼罩太多的神圣光环，积淀了太厚的历史风尘。登天道上的每一棵树、每一块石头都被人审读过、想象过、界定过，游人只是沿着先人的思维向上盘旋。而游历桃花源则不同，它需要你从头去审视、去探索、去创造。它的那份生命的本真、形态的纯朴，使人更觉亲切。如果登天御道有它动人心魄的人文美，那么桃花峪则有它独具天趣的自然美。"愿寻古的就去十八盘，愿访秀的就来桃花峪。"这位朋友既说出了桃花源景区的自然美，也说出泰山博大精深具有不同层面、不同内涵的美的本质。

这里的自然美，的确不同寻常，只是好多还没有现成的旅游路可至，有兴趣的游人可作"探险一日游"。但这"险"的含义并不是危险，而是让游人自己去踏出一条前人没有走过的路，自己去把握方向，感受大自然的美。有学者说过，中国传统的登山方式是"文登"，文绉绉地走在已铺就的路上吟诗作赋，文绉绉地品评着先人已嚼烂的馍；而西方的传统精神却崇尚"武登"，越是别人没有去过的地方越要去，比胆量，比速度，比吃苦耐劳。改革开放后，泰山吸收了西方的这种文化精神，一年一度的国际登山节就是一种比速度的武登，探险游也是武登。

清风岭

从桃花源往西北去，有清风岭，其南侧石壁陡立，下有洞，深宽各约10米，人称"老虎窝"。其东石壁上有明人吴同春题"岱西佳处"，再东有残碑断垣，为元都观遗址。再北去有长城岭，俗呼大岭，齐长城经过这里，又有映霞峰、傅老庵遗址；庵旁有香泉，因旧时丁香花甚多而得名。

青岚岭

往西南去有青岚岭，山峰青苍。青岚岭之南为透明山，山有穴洞透过光线；东为龙山，上有姜倪寨。相传，姜倪是泰山的一个石匠，隋炀帝时，朝廷昏庸无道，百姓苦不堪言。全国爆发了大起义。姜倪在泰山揭竿而起，配合瓦岗军，几度大破隋军，助秦王李世民翦灭群雄，辅佐李渊在长安称帝，建立了大唐帝国。

梯子山

在公路北，远望山势层层递进，如云梯百级而得名。梯子山下有竹园，不远处又有核桃园、海眼、云梯涧、仙龙潭、牛角洞等古时命名景点。

笔架山

形似笔架。《泰山图志》称：此处"五峰排列，崖嵿倒悬，野鸟多巢于此"，风光既险且秀。

胭脂坡

在笔架山南，地上多燕脂瓣花，故名。相传碧霞元君早年就像所有的年轻女子一样很爱打扮，每天梳妆后都要擦胭脂涂粉，把自己装扮得十分靓丽。但是有一年大旱，老百姓闹饥荒饿死了很多人。碧霞元君心急如焚，再也无心打扮，把胭脂甩向了西山坡，从此山坡上每年都开满火红火红的胭脂花。

车道岩

在笔架山东，《泰山志》称此处："危崖倒悬，上多野巢。石岩上双沟如辙迹。"传说，当年吴道人在桃花源修庙供奉玉皇大帝，但是苦于山险路陡，采石运输极为困难，苦干了三年后，才仅仅把大殿修到半人高。吴道人发愁，夜里忽梦见天神驾车从天而降，车上装满了石头，神车落到了山岩上，在石上轧出了深深的两道辙沟。第二天醒来后，吴道人看到院子里堆满了石料，再到夜里梦见的山岩去看，辙迹赫然在目。这消息很快传遍了四乡八村，村民们都来帮助吴道人建庙，仅三天的工夫就完工了。从此这庙里的香火旺盛了几百年。

真人峰

老鸦峰南，一石若仙人，叫真人峰。据说，此峰得名，是为纪念张志纯的。张志纯12岁入泰安城会真宫学道，不久即道行超群，引度道徒，并发愿募捐，创建南天门，重修蒿里山神祠，被元帝赐号"崇真保德大师"，授东岳提点监修官。张志纯喜爱桃花峪、桃花源，曾作《桃花源》诗。96岁"羽化"后，被尊为"真人"，元代文坛盟主元好问为他作墓志铭。

老鸦峰

位于梯子山北。此处山峰宛如几案，山上有奇石似老鸦。南有摩耳石，石若垂帘，无苔痕，时或光彩闪烁。

以上景点是古人"探险"所得，是否真的如此，是否还有别的景观，是否可以到上述三条溪谷——沐龟沟、上桃峪、雁群峪去作一番考察？当代"探险者"均可作进一步挖掘。总之，走前人没有走过的路，是令人兴奋的。惜乎我们的行程中没有安排，只能说了。

一线天

泰山地质景点，在桃花源停车场西，两峰对峙，中间一线，人可从中穿过。它是断裂构造切割、风化剥蚀、流水搬运和重力崩塌等综合作用的产物。置身其中，只见两壁峭如刀削，俯看脚下巨石垒垒，仰望上空仅见蓝天一线。

猴愁峪

由桃花源一线天沿小路进山，山势险峻，幽谷之中，一条瀑布从天跌落。其名猴愁峪，极言其险峻。地质学上说，瀑布的形成因素多种多样，有的是冰川刨蚀作用差异形成的，有的是火山熔岩堵塞河床形成的，有的是河床岩性软硬不同和侵蚀程度差异形成的，还有的是横过河谷的断层活动形成的。猴愁峪瀑布属于后者，这里已进入了大山的深处，山苍水劲，景色别有一番韵致。而我们今天乘汽车下山，沿途景色不能细看了，继续"走车观花"吧。

鹦鹉崖瀑布

在彩石溪上游。瀑布西侧的山崖上有石突出，形似鹦鹉嘴，故名。瀑布之下有深潭，水色如碧，与周围青山相得益彰。

铃铛山

又名五峰叠翠山，在彩石溪南。桃花源景区以秀见长，山色清丽婉约，苍翠欲滴。五峰叠翠山的五座山峰一字排列，重重叠叠像一串铃铛，峰上奇石众多，如老鹰石、靴子石等等。附近著名景点有混元池、雪花山、笔架山、翠屏山、映霞峰、独秀峰等。

彩石溪

彩石溪在桃花源溪谷中段，溪床如彩石铺就，一条条石纹五彩纷呈，阳光照耀下，弯弯曲曲的溪水像五彩的飘带，斑斑斓斓分外生动。

彩石溪是泰山著名地质景点，彩石溪的主要矿物成分为"斜长石"和"角闪石"。岩石中发育有众多由长石和石英组成的"长英质岩脉"，呈浅白色，条带宽窄不一，有平直和弯曲的，有近于平行和相互交切的，形态多种多样，变化多端。它们与"灰黑色斜长角闪岩"构成了色彩绚烂的彩石河床，流水漫石而下，十分奇特，使人感到这里就像是一个画家的调色板，又像是这个画家打翻了他所有的颜料瓶子，各种色彩都搅到了一起。莫非是当年大自然要在此借着溪水调色作一幅大画吗？而地质学家则说这里是观察泰山岩群残余包体及这些残余包体与望府山变质侵入岩体新老关系的重要地质考察点。对地质学有兴趣的朋友可以研究研究。

赤鳞鱼

此处溪水中有泰山珍稀鱼种赤鳞鱼。什么是赤鳞鱼？《岱史》载，泰山"有斑文，四五寸许，四五月生岳北溪涧中，过此则无矣。""斑文"即赤鳞鱼，又名石鳞鱼，据说与我国云南洱海的油鱼、弓鱼、青海湖的湟鱼、长江的鲥鱼，并列为我国五大稀有名贵鱼种，曾为清代贡品。赤鳞鱼是一种小型野生鱼种，属鲤科，鳞细密紧凑，背呈微蓝色，腹白，体侧鳞片微黄，中间一条金色的线，尾呈红色，像是涂上了胭脂。赤鳞鱼在阳光下是彩色的，闪闪发光。这人间的珍奇、水中的精灵总是溯水上行，遇到小瀑布便奋力跃过，一次失败了就再一次，直到跻身上游，让人惊叹它那小小的美丽的身躯竟有如此执着的追求和不达目的势不罢休的韧性。

元宝石

又名石舟。桃花溪中有三潭相连，其中最大的是"龟湾"，湾旁有巨石似覆舟，又似倒扣的元宝。旧时称之为"石舟"，今叫"元宝石"。相传，桃花源深处有一座"宝库山"，藏满了财宝。有一年发大水，冲出来了一只硕大无比的银元宝，大得像个碾砣银光闪闪。于是有些贪心的人就想把它搬回家去，但每当把银元宝抬起来时，它就长大一倍，后来根本抬不动了。再后来，只要人去摸摸它，它就要长，一直长到房子那么大。人们以为这一定是神物，再也不敢去碰它，甚至每月都定时来烧香。但是附近有一个财主却不死心，始终算计着如何能把元宝弄回家。有一天，他找来石匠、银匠、打铁的，费了一晚上功夫，把银元宝劈下来一大块，可是没想到，银子劈下来后却变成了石头，连元宝本身也成了石头，从此就再也不发光了。

217

猛虎沟

又名斗虎涧、老虎沟，位于映霞峰西北。此处沟谷幽深，两岸草丰树茂，相传当年乾隆皇帝曾在此射虎，又传此处是孔子称"苛政猛于虎"的地方。

映霞峰

在黄石崖西北。其峰高耸，朝阳照耀下，山峰映出彩霞。峰东南有浅沟峪，峪口为牛角洞；峪沟深处称湘子洞，传为八仙之一韩湘子的修真处。

黄石崖

又名黄池崖，在游览公路的东侧。此处山崖石质色黄，土质亦黄，是泰山地质的又一特殊现象，现此处为泰山林场黄石崖工队驻地，工人在此育苗，培育出大量泰山珍贵苗木。

钓鱼台

透明山下桃花溪旁有大石，石面光滑如砥，相传姜太公曾在此垂钓，是的，我们早就知道了姜子牙相中了泰山这块地方，只是后来无奈让给了黄飞虎。

碧峰寺

钓鱼台北，有山峰黎黑如铁，山势似鸟鸦欲飞，称龙鸦峰。峰下有"碧峰寺"遗址，原寺内供奉铁佛，故又称"铁佛寺"。现寺内还存有明代孙绪于1571年题刻的《重修佛殿记》碑，碑体型不大，字迹完好。

降福山

原名褔负山，在桃花峪北。山上怪石林立：象鼻石、老鹰石、棒槌石、蹲猴石……山东南有平地数亩，是"云台庵"的故址。山西北有吴道人庵故址，现在这里殿宇已倾，瓦砾遍地，断碑仆碣隐于荒榛之中，颓墙残垣空立苍岩之上，自有一番苍凉之意。

吴道人庵遗址

在降福山西北，青天峪源头，山坞仅亩余，千仞绝壁环抱，崖壁下石洞幽深。原建筑遗址三层递进而上，仍可见当年规模。现在这里殿宇已倾，瓦砾遍地，断碑仆碣隐于荒榛之中，颓墙残垣空立苍岩之上，再也看不到它当时的兴盛，古庵成了一片废墟。然而，仍有游人喜欢到这里来，因为这里自然风光依旧美好，碑虽倒字依然可读，泉虽塞水依然甘冽，残墙颓垣更使人多有所思，使人留恋忘返。或许这就是美学中常称的"废墟美"？是的，这种美会给人一种历史的厚重感，让人真切地感受到岁月变迁的力量，尤其当有了参照物——人的新的创造时，这种感觉会变的特别强烈，以至震撼人的心灵。

桃花峪

　　车到桃花峪，也就是到了这一景区的出口了。来到桃花峪，人的第一印象会感到这里好像不是泰山。泰山不是雄、奥、幽、旷吗？但这里却既无险峰又无苍岩，山是那样青，水是那样宽，举目四望，山光水色融为一体，灵石异花相谐斗趣，俨然一幅江南山水的情调。是的，桃花源景区的特色就是"秀"，其风格同我们已经去过的那些景区形成了鲜明的对比。可以打一个比方，如果说泰山是大自然精心雕塑的一座石像的话，那么桃花源就是这座石像的眼睛，它是泰山最为细巧、最为传神的所在。

　　相传，古时这里的桃树甚多，从山坡到山顶，众多桃树自早春3月至4月次第开放，红成一片，因此古人又称此地为"红雨川"。张志纯曾作《桃花峪》诗："流水来天洞，人间一脉通。桃源知不远，浮出落花红。"乾隆皇帝也曾游桃花峪，并留下诗句："春到桃花无处无，峪名盖学武陵乎？五株不见苍松老，半点何曾受污涂。"这后一句说得好，这里最大的特点就是没有受到物质与"文化"的污染，一切都是那么真，那么清纯与靓丽，玲珑精致而极少人为的破坏或加工，完美地保存了大自然天成的情趣。

娘娘庙

　　景区的出口处，有一座小小的元君庙，是古时为方便当地百姓进香而修建的。小庙修于何年，无需太去关心了，只是庙中的一块残碑，可依稀辨认出"万历三十二年"的字样，不知这是创修还是重修的年代。而庙中的两棵古树，一松一柏，却是分外地苍老，好似在努力地证明着这座古庙的历史久远。

灵岩胜境

　　下面我们继续乘车去灵岩寺。泰山支脉很多，山下及主峰之外还有着众多的名胜古迹，这些名胜古迹或受泰山影响而产生，或与泰山有着内在的文化联系，它们簇拥着泰山，形成了一个以泰山主峰为中心的阔大的风景名胜群。今天我们选择游览的地方是灵岩寺。灵岩寺在泰山西北济南长清县万德镇的灵岩山下，距泰山主峰直线距离约20公里，从桃花峪路口走104国道北去大约15公里，20多分钟车程。

　　灵岩寺是我国著名古寺之一，历史上与浙江天台国清寺、湖北江陵玉泉寺、南京栖霞寺并称"域中四绝"。

灵岩山

　　处于泰山北侧张夏——崮山地区的寒武纪地层结构带。这一地层的剖面俗称为"馒头山剖面"，由早古代浅海环境中沉积的石灰岩和页岩组成，石层中有着不同年代的生物化石，总厚度510米左右，从老到新一层又一层，犹如一部不同时期、不同岩石与不同古生物躯体写成的地质大书。张夏寒武系标准剖面在我国地质学上占有重要地位，是我国古生物种属的命名地和模式标本原产地，是不可多得的自然遗产。

灵岩山是石灰岩构成，由于风化的缘故，其山顶平坦而四面如壁立削，远望似古代官印，方方正正，所以古代又称其方山或玉符山。

灵岩寺的传说

相传前秦和尚朗公在昆瑞山创建了神通寺后，便在泰山周围往来说法传经。来到此地后，只见猛兽拜伏，乱石点头，朗公说，此山有灵性。于是方山就有了灵岩之称，之后朗公在此兴土木，修起了最早的寺院。到了公元446年，太武帝灭佛，寺院尽毁。北魏孝明帝正光元年520年法定禅师重拓宝地，规模愈加宏大，并正式定名为"灵岩寺"，法定禅师于是被视作了"开山之祖"。又到了北宋景德年间(1004－1007年)，朝廷赐名"景德灵岩禅寺"；明代成化年间(1465－1487年)，曾奉敕改名为"崇善禅寺"；明代嘉靖时期又改回今名。灵岩寺在鼎盛时期，曾有僧舍数百间，僧众500百余人，一时远近闻名，前来进香朝拜者络绎不绝。再加之此处风光好，人们更是趋之若鹜，以致清代学者王士祯说："灵岩为泰山最幽绝处，游泰山不游灵岩不成游也"。可见灵岩在人们心中的地位实在非同一般了。

明代，灵岩寺规模空前大，有伽蓝殿、地藏殿、十王殿、韦驮殿、观音殿、般舟殿、后土殿、千佛殿、藏经殿、达摩殿、五花殿、超然亭、依翠亭、铁袈裟亭、辟支塔等大型建筑30余处。这些殿宇分布在千佛殿四周，或单独成院，或廊舍相连，依山就势构筑，层次分明，气势恢宏，确不愧于跻身中国"四绝"。

明朝末年，战乱不息，灵岩寺渐渐冷落，数百年过去，昔日丽刹终至荒废。建国后，此处长期驻军，反倒避免了文革冲击，保护了一批珍贵的文物。改革开放，灵岩寺对外开放，尚完好地保存了双重山门、钟鼓楼、大雄宝殿、千佛殿、御书阁、辟支塔、墓塔林、积翠证明龛等历史遗存。

灵岩胜境坊

由104国道东去，行不久，车窗外废弃的古道上一座青石牌坊高高耸立，坊额两面俱书"灵岩胜境"四个大字。牌坊四柱三门，四柱前后有雕花的抱鼓石，柱端四只朝天　两两相望。牌坊为清乾隆二十六年建，是灵岩寺的西大门，到此就意味着进入灵岩寺了。

通灵桥

东行，有两座石桥跨溪而建，北面一座是弃用的古桥，南面是新桥，两桥都叫"通灵桥"，俗名成"大石桥"，古称"崇兴桥"。桥旁有石碑两块，一为北宋大观年间的《齐州灵岩崇兴桥记》，碑文记述了当年灵岩寺住持仁钦禅师用建筑献堂（今大雄宝殿）的余资修筑这座石桥的经过。另一是明代的《重修通灵桥记》碑，碑文除了记述修桥的经过外，还描述了灵岩的美景："(山石)若龙蟠、若虎踞、若狮象，……左右群峰簇秀，万壑争流"，"与泰岱并美。"桥身北侧两株古柏探身崖上，盘曲多杈，其姿沧桑。桥下沟壑叫"大横沟"，其东面又有一条溪，叫"小横沟"，溪上也有一座单孔石桥，称作"明孔桥"，俗名"小石桥"，此桥是何代遗物不得而知，惟知曾于明代重修。来到灵岩，举目所见，竟无一物不古！

明孔山

明孔桥得名于其南面的山，山上有一孔贯通，可以透过光线，故名。

站在此处，纵目远望，只见东面的朗公山上一奇石酷似老僧，老僧后面众多古柏就像其弟子，亦步亦趋尾随其后，形态极为逼真，这就是有名的灵岩胜景之一"朗公讲法"。

黄茅岗

继续前行，路南有大片自然石出露地面，人称此处为黄茅岗，岗上有砖柱方亭一座，名"接官亭"，是古代僧人迎接官员的地方。路旁有题刻，说是苏东坡的诗，诗曰"醉中走上黄茅岗，满岗乱石如群羊。岗头醉倒石作床，仰视白云天茫茫"。看来苏学士真的喝高了，否则一首短短的28个字的七言诗，怎么会用三个"岗"字，两个"石"字，两个"醉"字？这可是犯了诗的大忌。

十里松

前面又有石桥一座，过了桥，北面石壁上刻有"十里松"三个大字。其实，放眼望去，灵岩山上几乎一株松树都没有，水成岩的山是不适宜生长松树的。倒是此处株株柏树又粗又壮，苍古葱郁，气势非同寻常。但是，柏树为什么被称作松树呢？据说，原来此处方言，"柏"字念作"bèi"音与"悲"同，"悲树"、"十里悲"，多么不吉祥，于是所有的柏树，一律地被称作了松树。"十里松"指的是一段两旁长满古柏的缓坡路，其长度似乎不足一里，古人对于景点的夸张功夫真是十分了得。

大灵岩寺碑

穿过十里松，迎面一块巨碑，上书"大灵岩寺"四字，为元代人的作品。碑的东面石壁上镶满了古人题刻的石碑，其中有乾隆的诗碑8块。我们在这儿下车吧。

一山门

大灵岩寺碑的北面就是灵岩寺的山门了。其中一山门面阔3间，中间开门，上为五脊硬山顶，门前有一对石狮；门内两侧间塑有金刚一对。

天王殿

进一山门，过接引桥，即为天王殿，又叫二山门，仍为3间硬山五脊顶。殿内祀布袋和尚，为弥勒的化身。两侧有四大金刚，同时还陈列历代各类石刻17块，其中宋代黄佑年间的《佛顶尊胜陀罗尼真言并序》经幢，北宋熙宁年间的《敕赐十方灵岩寺碑》，金代明昌年间《灵岩寺田园记》以及明代正隆年间的《释迦宗派图》等等，都是些十分珍贵的文物了。穿过天王殿，有钟鼓楼东西对峙。

大雄宝殿

北面大露台上就是始建于宋代，初名"献堂"的大雄宝殿了。因明代供奉观音、文殊、普贤三菩萨于其中，故改称今名。大雄宝殿为前廊后殿连接一体，前后都是五开间，进深四间，中间三间辟门。前为硬山卷棚顶，南面有出廊；后为硬山五脊顶，其上覆灰瓦。其总体建筑是清代中期重修的，而地基柱础则是宋代的，重修时局促潦草，没有按原样恢复，以致柱础大而柱子细了。

"藏拙"刻石

此石碣镶嵌在大雄宝殿的外墙上，我不知道在佛教胜地为何题此二字，也不知道佛教中是否有此教义。但这的确是很值得人们听取的忠告。藏拙的意思就是人要有自知之明，不要去卖弄自己不擅长的东西。譬如一个人严重五音不全，那你就别唱歌，或者在家里唱唱，如果你非要到大庭广众之下去引吭高歌，那样子肯定会令人捧腹。再如一个人不会写字，自创的体儿就像蚯蚓在爬，也没有文采和想象力，那么你就藏起你的"拙"来，别价写条标语题诸名山，引人嘲笑。当然，如果他各方面都不行，其"拙"藏不胜藏，却又技痒难耐，那也就无可奈何了。

五花殿遗址

大雄宝殿后面是五花殿废墟，现仅存四面辟门的高大石砌墙体和部分环廊石柱、石鼓及柱础等。五花殿亦名"五花阁"，《岱史》记载："大雄殿北为五花阁，上供三大士，下供圆通菩萨。阁四面皆五楹、四门，曲廊绕之。宋嘉祐中琼环长老建。"现在我们看到的门前八棱石柱和刻有精美图案的石构件，均为宋代遗物。

摩顶松

五花殿东石坛内有一株古柏探首东南，此即灵岩寺内著名的"摩顶松"，当然它也是一株柏树了。据说《大唐新传》讲过这样一个故事：说是玄奘法师去西域取经时曾抚摩灵岩寺一株小柏树讲道，说我西去你就头朝

霜日出、游后石鸡、桃花源、
灵岩寺

西，我归来你就头朝东。过了好多年，柏树的头偏向了东方，众弟子皆喜，说师父快要回来了。果然唐僧不久就归来了。摩顶松便由此得名。有趣的是紧挨古柏树生长了一棵柿子树，人们取"柏"、"柿"二字的谐音，为之取名为"百事如意"。当然，当地方言"百"亦念作"bei"，不过在这里不会产生歧义，就很吉祥了。

千佛殿

摩顶松北就是千佛殿大院了。千佛殿是灵岩寺的主体建筑，始创于唐、拓于宋，明清均有过重修，但较好地保持了原貌。大殿面阔七间，进深四间，单檐庑殿顶，上施黑瓦和绿色琉璃瓦，彩绘斗拱，疏朗宏大，出檐深远，一看就是按《宋营造法式》制作的，具有鲜明的宋代风格。顺便说一句，中国古代有两种国家制定的建筑规范图书，一种是《宋营造法式》，另一个是《清营造则例》，泰山主景区的皇家建筑多是按照《则例》修建的，斗拱较小而密集，檐也出得短了。千佛殿内顶部正中有八角二龙戏珠藻井，宏丽华贵。殿内正中须弥座上供三尊释迦分身大佛：中为毗卢佛，相传为宋代藤胎泥塑，现经文物部门鉴定为木胎；东为药师卢舍那铜佛，此佛铸于明成化十三年(1477年)，据说用铜5000斤；西为阿弥陀铜佛，铸于嘉靖二十二年(1543年)。

千佛殿彩塑罗汉

国 之 魂 魄

大殿的四面墙的神台上摆放着无数小佛像，其中多数是明代木雕。而最为精绝的是殿内四壁台座上的40尊彩色泥塑罗汉。这些罗汉均作于宋、明，呈坐姿塑于80厘米高的台座上，平均每座高110厘米左右，通体施彩，技法高超。40尊罗汉身体比例适度，衣纹舒展自然，且无一人神态动作雷同，有讲道的、有读经的，有沉思的、有愤怒的；有在建筑工地，以准绳测物的；还有两人正在辩论，各不相让而面红耳赤的。其中啼哭的如见其泪，谈笑的如闻其声；体胖者，肌肤圆润；瘦弱者，筋骨毕现……总之它们个个栩栩如生，呼之欲出，显示出那一时期中国雕塑艺术的高超水平。如此精美的雕塑在国内确实罕见，不知泰山王母祠中文革时期被砸毁的"七真"像(后面还会说到)可否与之媲美，此外大概只有太原晋祠中著名的42尊宋代侍女塑像是它的姊妹篇了。所以清末梁启超称其为"海内第一名塑"；1983年，国画大师刘海粟参观后更称之为"灵岩名塑，天下第一。有血有肉，活灵活现"。又是"天下第一"，我不明白为什么非要这样说呢？西方的那些拉奥孔、维纳斯、掷铁饼者、安提弩斯、阿波罗雕像以及后来米开朗基罗直至罗丹们的雕塑应当算第几？

——你说得好像不对，不能一概而论。拉奥孔、维纳斯都是些是石雕，而我们的是泥塑，不能类比，艺术手法是不同的。

对不起，我疏忽了，的确是不同类型的艺术形式，谢谢您。

第三天

灵岩寺辟支塔

辟支塔

　　千佛殿西面山坡上有高塔，唐天宝年间创建，宋代重修，名"辟支塔"。塔基石筑，四周浮雕阴曹地府图像；塔身砖砌，8角9级12檐，通高54米，每级4门6窗，塔内底层有塔心柱，底四层塔内设登塔阶梯，自五层起改为实砌塔体，登塔须沿塔檐上仅70厘米宽的平座绕转再上，直至九层。塔顶铁刹直刺云端，垂下8根铁链由塔顶八大金刚拽引加固。辟支塔为灰白色，耸立在万顷苍翠之中，显得特别雄奇秀美，所以"翠峦峻塔"，成为灵岩最主要的胜景之一。

般舟殿旧址

　　千佛殿后有般舟殿旧址。墙基断垣上有明代李复初题写的"持戒"、"绝俗"四个大字，以及历代文人官宦与寺僧唱和、题咏灵岩寺的诗文碑十余块。

御书阁

　　千佛殿东北是御书阁，最初为唐代惠崇禅师所建，现存的建筑是明代重修的。此阁红墙上覆绿色琉璃瓦，歇山九脊顶，说是因唐玄奘在此译经，"文皇赐以手敕，因建阁以奉之"的故事修建的，所以起名"御书阁"。阁前有北宋大观年间仁钦禅师篆书的门额以及明万历年间重刊的御书阁碑。阁的石壁上镶嵌着历代的石刻题记。

千岁云檀

国 之 魂 魄

　　御书阁下有门洞，可通往北面的小院，门洞上方的古垣上有千年青檀一株，青檀之枝繁盛华茂，生机万千；其根盘曲突出，疙疙瘩瘩，就像一朵云，这也是灵岩一景，叫做"千岁云檀"。穿过门洞是青瓦平房组成的四合院，曾是民国时期山东省主席韩复榘的别墅，俗称"韩宅"。这位先生据说学问不十分大，但很爱附庸风雅，民间关于他的笑话很多，《关公战秦琼》是一个，他老爹吃"点心"也是一个，另外他还会"作诗"，当然灵岩这个地方内涵太深，不好写，他不敢涉足，没听说他有这方面的作品。可是他写过长城："远看锯锯齿，近看齿锯锯，有朝一日倒过来，阳沟阴沟又阳沟"。他还会写趵突泉："趵突泉，泉趵突，咕嘟咕嘟直咕嘟"，挺押韵。还写过泰山，也有特色："远看像座山，近看还是山，有朝一日倒过来，上头大来下头小"，绝吧？韩复榘选了这么好的地方来住，肯定会佳作连篇的。开个玩笑了。

　　——他爹吃点心是怎么回事？

　　一个笑话，不说了。现在已经说多了。

卓锡泉

　　千佛殿东面，御书阁东南的峭壁下有清泉数眼，其中一叫"卓锡泉"，一为"双鹤泉"，另一个叫"镜池"，是当年僧人饮水的源泉，不过现在的水量没有当年大了。

所谓卓锡，灵岩寺《达摩面壁像记》碑称："(少林)始至无水，(达摩)以杖剑刺地，随举而涌，引而东出，世因号以'锡杖'。"此后，锡杖便成为法师云游时随身执持的法杖了，而僧人到达了某寺，便称为"住锡"或"卓锡"，即立锡杖于某处之意。

灵带河

由卓锡泉处东行，有一洞谷，名灵带河，上有石桥就叫灵带桥。过桥北去，沿石阶盘道可以登山。

铁袈裟

灵带桥西南约30米处的峭壁下有一大块生铁，半埋地下，黑而不锈，其状犹如一巨大的袈裟，其旁曾筑有"铁袈裟亭"，早圮。宋人张舜曾作有《铁袈裟》诗一首："线蹊针孔费掺掺，铁作袈裟信不凡。大庾岭头提不起，岂知千古付灵岩。"铁袈裟是何物，至今众说不一，令人好生奇怪。

可公床

沿盘道北去，中途有一宽阔的平台，这里是北魏法定禅师初创灵岩寺的遗址。继续前行，至悬崖附近，有一石铺小路可向东去，石路北依峭岩，南临深壑，由此南望，灵岩寺全貌可尽收目中。东去约100米，崖壁之下有两层石岩，上面一层平坦如床，其侧有题刻"可公床"，相传为真可禅师入定之处。其上东壁有乾隆诗刻两处，西壁上有大字"灵岩一派"；其下还有明末清初僧人如晓书刻的《东晋朗公传》。东去，立壁下有石室，深约4米，宽20余米，其内壁有吾庐题刻的"名山石室"等字；石室外面石壁上有古人留下的"禅林洞天"题刻。

白云洞

沿盘道再上又见一石路紧贴峭壁拐向东南，沿此路前行约20米，见一石洞面向西南，石壁上有题刻曰"白云洞"。白云洞分两进，第一洞高约4米，宽约3米，石壁上有乾隆皇帝题白云洞诗八首，其中一首是题白云洞的"天半嵌岩名白云，清空无雨亦氤氲。前春忆得探奇到，路至英英蔚处分"。二进洞口人工砌成了拱形，洞高约两米，两进共深约15米。据说洞底还有狭窄洞口可容一人进入，里面高低起伏，深不可测，风涛振荡，人皆恐惧不敢下。

一线天

沿石路继续前行可至一线天。一线天位于狮尾峰与灵辟峰之间，宽仅容一人通过，高约5米，长10余米，此景观也叫小天门。沿石径继续南行可到灵辟峰南的朗公石，此处看此石已不像老僧，惟其西南有一方形巨石犹如天然供桌，俗称"香炉石"，挺有意思。

证明龛

循陡峭石路继续攀登，即到了灵岩山北崖的最高处，俗称功德顶的所在。其上有石龛，称作"证明龛"，龛的前面，有一石砌的方形殿堂，堂内有一高大、宽阔的石洞，石洞开凿于唐贞观年间，内雕释迦牟尼坐像，高约5米，体态丰雍，容貌生动，衣饰飘逸。像侧原有四侍者菩萨，今剩其二，龛内石壁上唐大中八年(854年)《修方山证明功德记》和唐宋题刻多处。

墓塔林

灵岩寺的西面碧树丛中，有唐以来历代住持高僧的墓塔计167座，墓塔由塔座、塔身和塔刹组成。塔座或方或圆，有须弥座亦有莲花座。塔身形状也不同，分别为圆柱体、多角长方体和金钟形体，上刻塔主名号及年代，塔顶一般为长方形雕花瓣覆体或圆形相轮，上置宝瓶或相轮式宝尖。灵岩寺墓塔同嵩山少林寺墓塔的不同之处，在于它全为石制，而少林寺墓塔则多为砖建。诸塔中以慧崇塔最为著名。慧崇塔建于唐天宝元年(742－755年)，塔为石砌单层方形，重檐，南面辟门，东西面雕半掩之门，有侍者作欲出状。门上雕有狮首、飞天、伎乐、力士等图案，工艺古朴庄谐，为我国墓塔中的精品。林内还有墓志铭81块，其中日本僧邵元于元至正初撰定的《息庵禅师道行碑》，堪称古代中日文化交流的见证。郭沫若曾有诗题此："息庵碑是邵元文，求法来唐不让仁。愿作典型千万代，相师相学倍相亲。"

灵岩是泰山之脉的一颗明珠，果然"游泰山不游灵岩不成游也。"

好的，灵岩游就到这里结束吧，我们返回。

沿104国道东行，南面是风光秀丽的太平湖，湖水碧波荡漾，湖畔有大型浮雕长廊，展现了中国从大禹治水以来，兴修都江堰，整治黄河，修通南北大运河等等一系列重大工程的水利发展史。湖西还有大型的现代游乐园，里面的游乐项目惊心而又刺激，是孩子们和年轻人喜欢的地方。

北面山坳叫樱桃园，开发于清朝同治年间。据古碑记载，泰安人鲁品方在此隐居，并为其居所命名为"樱桃精舍"，樱桃园由此得名。樱桃园入口处山势平缓，山民广辟茶园，所产茶叶品质上乘。走进山中，茶树渐少而樱桃树遍布，每至春季樱桃成熟时节，山上山下万绿丛中红星点点，景色煞是俏丽。再往里走，樱桃园里面有江北最大的泰山抽水蓄能电站：群山环绕中一汪碧水，新建的水库形成了"高峡平湖"的景观，这里已成为国家工业旅游基地，游客到此既可徜徉于俊秀的山水之间，又可深入到地下巨大的山洞中观看那令人震撼不已的水力发电现场。抽水蓄能电站为当今国际流行的调节电能方式，其工作方式是上游水库与下游的天平湖配套使用，当夜间市场用电处于低谷时，便利用电网中多余的电能将下游水库的水抽往上游水库；而在用电高峰时放出

第三天

上游水库的水，借势发电，为紧张的电网提供新的能量。今天我们来不及去看了，如果朋友们有机会再次光临泰山，到此可作一日游。

——给我们讲讲韩复榘他老爹吃点心的故事吧，反正在车上，说着玩呗。

咳，好吧，也不能老是阳春白雪啊。韩复榘，河南人，说是他刚当了大

墓塔林

官，乡下的土地主老爹去看他。老爸来了，受到高规格接待，摆了大酒宴伺候，晚上住着最好的房间，第二天一早，就有勤务兵送了东西来。老头一看，精致的小盒里一块方方的玩意儿，闻闻挺香，嗯，老头想，准是点心。还有一盆温和水，噢，这是让俺喝的。还有手巾，是让俺擦擦手啊。老头就擦了擦手，然后坐下来，先从瓷盆里舀了半茶缸水喝了，接着扒开点心的花花包装就咬，一口咬下来，哎呀，怎么又硬又滑不受用？有心不吃吧又怕别人笑话，好歹把那一大盆子水喝光了，才把点心送进了肚里。韩老爹这一天跑了五趟茅房，也不敢张口说话，一说话就满嘴冒泡泡，坐上大酒席也是吃嘛嘛不香了。第三天早晨，勤务兵一看昨天送来的东西没了，心想这老太爷还挺讲卫生，便又端来了一套。这下子这个韩老爷子可真犯怵了，思来想去，心里话这高级点心肯定别人都吃，俺要不吃不显得土老冒吗？人家要是看不起俺不要紧，看不起俺儿可不中，咬了咬牙就又吃了。这一天他跑了十趟茅房。第四天勤务兵又来了，老头儿一看到"点心"就吓坏了，恨自己不争气，于是找到儿子说：不中，不中啦！俺水土不服得家走啦！回到家后，县长来看他，老头子向县长夸耀说：俺儿那里啥都好，早晨的点心也不孬，可俺用不惯，只吃了俩就受不了啦。县长问他吃的什么点心呀，他比划了比划，描述了描述，县长大人明白了，心里大笑，口中却说：那东西俺也是天天用啊。老头子听了简直羡慕得无以复加，便小声问道：您用了以后没跑肚吧？

　　插科打诨了，纯是噱头，不过其中好像也隐着一种现象：韩复榘此人当然早有历史定论了，大概不算好人，但老百姓能拿他来取笑，说明并不特别恨他，否则，对那些毒焰甚炽戕害百姓的人，百姓提起他们的名字来就恨得牙痒，恨不得寝其皮，决不会拿他们来说事的。举个例子，泰安原先有个县长叫冯汝骦，任职期间贪卑无耻，泰安人深恨之，便在此人解职后为他铸了一座铁像，浑身铸满铜钱，使之跪于遥参亭前，人人见之则唾之。现铁像已无存，但记载此事的《冯汝骦铁像记碑》仍保存在岱庙内，碑文称："民国三、四年间，河南冯汝骦为泰安县长，贪酷无所不至。及去后……人出钱一文为铸铁像，六年夏立于遥参亭前。适曹光楷莅任……督吏埋铁像；十二年，邑人搜出(复)立之，后冯汝骦又贿人埋之；十七年秋，邑人又觅得立原处。二十年秋，韩主席以奖廉惩贪，倡导群僚重修包公祠，附祀清官傅、张二公……(并)移铁像于祠门外，流芳遗臭，后之来者视此(乎)？"韩主席即韩复榘，修色公祠大概是在作秀。不过，登山中路也有一块碑提到过他，还记得吗？他为保护泰山还是作了点儿好事的。所以，仍是那句老话：百姓心中有杆秤。

　　好了，到了宾馆了，十分感谢大家啊，晚安了！

　　——您不必老是那么客气，都成朋友了，还见外？

230

泰山

游泰山西溪、傲徕峰

泰山西路

　　朋友们，早上好！这是登泰山的另一条路，它的起点是天外村，所以现在人们称它"天外村路"。又由于这条路位于登天古道的西面，是沿着泰山西溪上山的，因此人们又习惯地称它为"泰山西路"。

　　与红门登山盘道平行的中溪之水发源于中天门的中溪山，而西溪之水则发源于泰山主峰，因此西溪水量更大，溪谷也更为宽阔、更有气势，故自古为登岱者所喜爱。如果说登天景区以"幽"见长，讲究曲径通幽，千种情致，万般风光，被峰遮着、被楼挡着，只能一路走着来慢慢体味泰山之美的话，那么，西溪则是"三面画屏开"：那百丈崖、长寿桥、扇子崖、傲徕峰……均不躲躲藏藏，全都平铺开来，构成了一幅优美的天然山水画，游人到此尤觉视野开阔，景色宜人，心旷神怡，因而这一景区又被称为泰山的"旷区"。

　　游人到此可有多种选择，一是由天外村广场乘旅游车直达中天门，二是沿着穿行于丛林中的石阶小道步行至中天门，三是由长寿桥向西去，不到泰山主峰，而是到泰山主峰之西的另一著名山峰傲徕峰作一番别开生面的游览。

天外村广场

　　大家脚下的这个广场是为方便游人乘车以及向游人提供更多的泰山文化

信息而于2000年修建的。由于广场主要由一方一圆两部分组成，暗喻着中国古代"天圆地方"的思想，因此也被称作"天地广场"。广场占地约3.5万平方米，其中方形广场边长36米，中央镶嵌着大汶口文化中著名的⊗符号，有的学者认为这是"日月山"的图案，有天地交泰之意；也有的学者说它是"日火山"，是早期人类在泰山顶上烧柴祭天，以求与苍天对话的柴望仪式的形象表达。我们认为其意很可能是后者。

方形广场

广场四周围以石栏，栏板上镌刻着孔子、孟子、李斯、司马迁、李白、杜甫、元好问等42位名人咏颂泰山的诗辞文赋。据不完全统计，古今以泰山为题的诗文超过10000首(篇)，这里所选的只是沧海一粟，而且品位参差。但是从这些少量的诗文中，我们也足以窥见了古人心目中的泰山是何等的高大、神圣与不同寻常。是的，游人未上山先看古人咏山，让古人引领着我们去领略泰山那瑰丽的风光与无尽的故事，先作一番大山的神游，亦是十分惬意的。而我们已经到过了泰山主峰，在此再看一看古人怎样说泰山，我们的认识也必将会有所升华。

就让我们来读一读吧，栏板上的诗文以逆时针方向排列，依次是：

1、仁者乐山，智者乐水

　　　——先秦　孔子

此语摘自《论语·雍也》第二十三章，其全文为：

子曰：智者乐水，仁者乐山；智者动，仁者静；智者乐，仁者寿。

孔子用两句排比对仁者(仁德的人)和智者(聪明的人)两种性格的人进行了分析。

大意为：孔子说，聪明的人喜欢水，仁德的人喜爱山；聪明的人活跃，仁德的人娴静；聪明的人快乐，仁德的人长寿。

宋代理学家朱熹对此注道"智者达于事理而周流无滞，有似于水，故乐水；仁者安于义理而厚重不迁，有似于山，故乐山。"

2、登泰山而小天下

　　　——先秦　孟子

此语摘自《孟子》第十三篇《尽心上》第二十四章。其全文为：

孔子登东山而小鲁，登泰山而小天下。故观于海者难为水，游于圣人之门者难为言。

大意为：孟子说：孔子登上东山(今蒙山)便觉得鲁国变小了，登上泰山就觉得天下变小了。所以见过大海的人对一般的水就看不上眼，在圣人门下学习过的人就很难被一般的言论所打动。孟子以孔子登山作比喻，告诫弟子要站得高看得远，善于积累，不断进取。

游泰山西溪、傲来峰

3、泰山不让土壤，故能成其大。

——秦 李斯

这段话我们在岱庙时就已经知道了，在这里我们再详细地作一介绍。此语出自《史记·李斯传·谏逐客书》。其上下文为：

……臣闻地广者粟多，国大者人众，兵强则士勇。是以泰山不让土壤，故能成其大；河海不择细流，故能成其深；王者不却众庶，故能明其德。

大意是：……下臣听说土地宽广粮食就充足，国家强大了人丁就多；兵器精良士卒就勇敢。泰山因为不舍弃微细的泥土，才得以如此高大；河海不加选择地容纳点滴的涓流，才能够如此深广；君王不拒绝广大民众，才能显示他的恩德。

李斯此人就不再多说了。

4、人固有一死，或重于泰山，或轻于鸿毛。

——汉 司马迁

这句话摘自《汉书·司马迁传》的《报任安书》。

司马迁(前145－前87)，西汉伟大的史学家、文学家，出身于中下层官吏家庭，十岁时随父到长安，开始学习古代典籍，并就学于儒学大师董仲舒。二十岁时，他奉父命南游，第一次来到了泰山。泰山的高大雄奇、泰山的圣贤遗迹以及泰山神秘的封禅传说，无一不打动着、吸引着年青的司马迁。他徜徉于泰山的峻峰秀水之间，久久不忍离去，泰山在他心中留下了永远抹不去的记忆。

元封元年(前110年)，汉武帝准备东巡齐鲁，封禅泰山，这是千载难逢的盛典，而其父司马谈侍从武帝到洛阳，却因病不能前行了。司马谈自知不起，把儿子叫到身边，父子俩执手而泣，父亲说：如今天子要封禅泰山，而我却不得从行了，真是命不济啊！我死后，你将接替我的职责成为太史令，将天下变化兴废的历史记录下来，我真的怕史载中断啊，你一定要完成我的愿望！

司马迁牢牢记住了父亲的教诲。三年后他继承父职，作了太史令，太初元年(前104年)，主持进行了历法的改革，将《颛顼历》改为夏历。改历完成后，开始写作《史记》，这年他二十四岁。就在他专心著述时，灾难意外降临。天汉二年(前99年)李陵抗击匈奴，兵败投降，引起朝廷震惊。司马迁深知李陵为人，说他委身于敌只是迫于形势，并不是真的投降。汉武帝闻听大怒，认为他大逆不道，为叛徒李陵辩解开脱，判了他死罪。根据旧例，当时有两个条件可以免死，一是拿钱赎死，二是受宫刑就是阉割的刑罚。司马迁家贫无钱，只得接受了宫刑……或许有人说，如若这样，人不是都可以不死了吗？不是的，面对死与"不死"的选择，更多的人还是选择了赴死，因为在当时的种种酷刑中，残酷的宫刑给人带来的无论肉体还是精神上的痛苦，甚至远超过死亡。司马迁为什么选择了更大的痛苦呢？他在给益州刺史任安的书信中，说及了此事。

司马迁对自己所受的奇耻大辱自然是悲愤万分，他认为自己是个刑余之人，而之所以隐忍苟活，只是因为大业尚未完成，心愿不得了却。信是这样写的：

……仆之先人，非有剖符、丹书之功，文史、星、历，近乎卜祝之间，固主上所戏弄，倡优所畜，流俗之所轻也。假令仆伏法受诛，若九牛亡一毛，与蝼蚁何异？而世俗又不能与死节者次比，特以为智穷罪极，不能自免，卒就死耳。何也？素所自树立使然。人固有一死，死有重于泰山，或轻于鸿毛，用之所趋异也。……仆虽怯弱，欲苟活，亦颇识去就之分亦矣，何至自沉溺缧绁之辱哉？且夫臧获婢妾犹能引决，况仆之不得已乎？所以隐忍苟活，幽于粪土之中而不辞者，恨私心有所不尽，陋没世而文采不表于后世也……

　　大意是：我的先人，没有获得剖符、丹书的功劳，（所谓剖符、丹书，是古代国君给立了大功的臣子的凭证。剖符，把竹符分作两块，君臣各执一块，上面写着同样的誓言，表示永久信任；丹书，把誓词用朱砂写在铁制的契券上。有这种东西的功臣，其子孙若犯罪，可获赦免。）他们只是掌管文献、史籍、天文、历法一类的事情，近乎占卜、巫师之间的官，就像乐工、优伶一样被畜养着而受到世俗的轻视。假如我伏法被处死，就像九牛身上失去一根毛，同蝼蚁又有什么两样呢？世俗之人是不会把我的死同死于节义的壮士相提并论的，只是认为我智虑穷尽、罪恶极大，自己无法解脱，而终于被杀罢了。为什么呢？这是因自己的建树本来就被人轻视所造成的。人总是要死的，有的人死得比泰山还重，有的人却死得比鸿毛还轻，这是因为他们死的意义不同啊。……我现在虽怯懦苟且地活着，但我也懂得死节与苟活的分别。为什么自己甘心受污辱呢？奴仆婢妾等人都能下决心自尽，而我为何又如此不得已呢？我这样忍辱偷生，幽禁在污泥浊壤中甘心忍受的原因，就是怕理想不能实现、庸碌无闻地终了一生，而文章著述不能流传后世啊。

　　在司马迁的人生抉择之中，他首先想到的是泰山，泰山早已深深地植根在了他的心中，伴随了他一生。是的，司马迁早年对泰山的喜爱，再加上先父临终的遗恨，使他对泰山的崇敬之情刻骨铭心。遭到李陵之祸后，他的痛苦心情无以复加，"每念斯耻，汗未尝不发背沾衣也"——每想到这一屈辱，大汗就湿透了衣衫。但他却不断以"重于泰山"来激励自己，忍辱负重，顽强地活下来，终于完成了著述大业。而他所著的《史记》，被称作"无韵之《离骚》，"在中国史学、文学与文化精神史上永远闪烁着光芒。今天，"重于泰山"已被作为崇高的境界引入人生哲学，这种不畏艰难和自强不息的可贵品质，始终在激励着百折不挠、勇于创新的民族气质，强化着凝重深沉、坚韧不拔的泰山精神。

5、驱车挥驽马，东到奉高城。
　神哉彼泰山，五岳专其名。

　　——三国　曹植

　　这两句诗摘自曹植的五言古诗《驱车篇》。

　　曹植（192－232），字子建，曹操的第三子。三国时期，曹操、曹植都是影响巨大的杰出人物。曹操是著名的政治家、军事家、文学家，建安文学的领袖。曹植则是"建安七子"的核心人物、当时最负盛名的作家，《诗品》称之为"建安之杰"。曹氏父子长期生活、征战于泰山周围地区，受泰山的影响，创作了众多的泰山诗文，这些作品或慷慨激昂，或词采华茂，为泰山的文化宝库增添了异彩。

曹植自幼聪慧，为人率直，深得曹操喜爱，几次欲立为太子，他自己也是踌躇满志"愿得展功勤，输力于明君。怀此王佐才，慷慨独不群"。但是他却"任性而行，不自雕励，饮酒不节"，比起他的兄长曹丕善于笼络左右、收买人心，"御之以术，矫情自饰"来，自然身处下风，失去了曹操的宠爱。曹操死后，曹丕即位，对曹植尤为严苛。曹植被遣往了封地临淄，不久，就遭到监国使者灌均的诬告，说他"醉酒悖慢，劫胁使者"。曹丕本想借机杀人，但是碍于母亲卞太后的干预，便只好"从轻发落"，将曹植贬为安乡(今河北晋县)侯，《世说新语》由此还编了一个"七步诗"的故事，继又改封鄄城(今山东鄄城县)侯。曹丕死后，曹叡即位，曹植被封为东阿(今山东东阿县)王，继而又徙封陈王(今河南淮阳)……从曹丕即位到太和六年的十一年中，曹植迁来迁去，"号则六易，居实三迁，连遇瘠土，衣食不继"，就像飘荡的飞蓬，不知命运将把他带向何处。更加之当时国家分裂连年战乱，给人民带来了无尽的痛苦，"白骨露于野，千里无鸡鸣。生民百遗一，念之断人肠"(曹操《蒿里》)。这一切都使曹植终日郁闷。忧苦中，他死在了淮阳，年仅四十一岁。

纵观曹植的一生，后期个人的失意即使不提，即使早期，面对严酷的社会现实，他心中也是充满着伤悲而常发"忧生之嗟"。诗人在《泰山梁甫行》给我们描绘出了一幅海边人民悲惨生活的画面："八方各异气，千里殊风雨。剧哉边海民，寄身于草野。妻子像禽兽，行止依林阻。柴门何萧条，狐兔翔我宇。"人民流离失所，栖身于荒野林莽之中，土地荒芜，村舍废弃，衣不蔽体，狐兽横行……诗人没有力量改变这一切，也无法摆脱自身的生存险境。在这种状况下，泰山——又是泰山，成为了他精神的栖息之地。是的，曹植在建安时期就期望能为国效力，至少也要像司马迁那样，成一家之言，流传后世。他把泰山视作自己建功立业的象征与寄托，写下了一系列有关泰山的诗章："愿蒙矢石，监旗东岳"(《责躬诗》)；"抚剑西南望，思欲赴泰山"(《杂诗》)；"飘摇周八泽，连翩历五山(即五岳)"(《吁嗟篇》)……他的整个精神世界似乎都与泰山融在了一起，以致他在《盘石篇》中更是直接地宣称"我本泰山人"。曹丕死后，曹植说自己也将魂归泰山。他的封地东阿有座小山叫鱼山，与泰山遥遥相望，是泰山的支脉，又名"少岱山"，曹植经常登临，他希望死后能葬在鱼山之下。但不久他又徙封陈王，并卒于陈地，他的后人把他葬到了鱼山，终于实现了他魂归泰山的夙愿。曹植可谓是同泰山生死相随了。

曹植的六处封地均距泰山不远，在迁徙的往返中，多次游览泰山，观览名胜，泰山一次次给予了诗人灵感。泰山是多么美好啊，它与污浊的现实形成了巨大的反差，莫非在泰山能找到心中的理想境界？他的心追之，神往之，泰山

果然给了他精神的慰籍，这首《驱车行》就是以赞颂泰山神仙来寄托自己情怀的浪漫诗篇：

> 驱车挥驽马，东到奉高城。
> 神哉彼泰山，五岳专其名。
> 隆高贯云霓，嵯峨出太清。
> 周流二六堠，间置一二亭。
> 上有涌醴泉，玉石扬华英。
> 东北望吴野，西眺观日精。
> 魂神所系属，逝者感斯征。
> 王者以归天，效厥元功成。
> 历代无不遵，《礼记》有品程。
> 探策或长短，惟德亨利贞。
> 封者七十帝，轩皇元独灵。
> 餐霞漱沆瀣，毛羽被身形。
> 发举蹈虚廓，径庭升窈冥。
> 同寿东父年，旷代永长生。

堠，古代计路程的土堆，五里单堠、十里双堠，二六堠即十二堠，六十里。亭，供行人休息的场所。吴野，苏州一带的原野。

此诗的大意是：

> 我驾乘着劣马拉着的车，来到东岳奉高城。
> 遥望五岳之首的神奇泰山，只见其峰高耸云中。
> 路旁有着堠与亭，伴我走过了一程又一程。
> 泰山之巅涌出甘美的泉水，遍地的精玉远近闻名。
> 望吴峰上一览吴地风光，西眺则可见落日的壮景。
> 情与景早已交融，古人也会感叹我的这次远征。
> 已逝去的登封帝王，其功绩可否与泰山交相辉映？
> 历代都在追循着他们，《礼记》中已记载得很分明。
> 探讨封禅的是与非，有德的帝王追求的是人和政通。
> 是的，封禅者已有七十二君，只有黄帝修成了神灵。
> 食日霞，吸夜气，身披上鸟的羽毛便能腾空飞行。
> 抖起翅膀跃上青天，飞越层层碧空直达九重天庭。
> 我要像东华帝君那样长寿，永蹈仙籍万代长生。

6、泰山一何高，迢迢造天庭

——西晋 陆机

此句摘自陆机的五言诗《泰山吟》。

陆机(261-303)，字士衡，三国吴郡(今江苏松江附近)人。吴亡后，与其弟陆云同至洛阳，二人文才倾动一时，时称"二陆"，是西晋太康文坛最著名的作家。陆机曾居官平原内史，世称陆平原，后追随成都王颖，受命讨长沙王乂，兵败被谗遇害。陆机崇尚儒术，为诗词藻华丽，有《陆士衡集》。

前面已经给大家介绍过，这首诗是一首挽歌。古人认为人死后魂归蒿里，

遂以《蒿里》为民间送葬时的挽歌。此种艺术形式后来演变为"泰山吟"，并收入乐府曲调。《乐府题解》："泰山吟，言人死精魂归于泰山。"关于蒿里山我们已经知道了，而挽歌是什么呢？《古今注》说：《薤露》、《蒿里》，本出田横门人。横自杀，门人伤之，为作悲歌。汉武帝时，李延年将其分为二曲，《薤露》送王公贵人，言人命短促，有如薤叶上的露水，一瞬即干，《蒿里》送士大夫庶人。由于这些歌是挽枢者所唱，故称挽歌，汉至魏晋时流行。曹操的著名的泰山诗《蒿里》，也是借用这种乐府古题的形式来写的。请看陆机的这首诗：

泰山吟

泰山一何高，迢迢造天庭。

峻极周以远，层云郁冥冥。

梁父亦有馆，蒿里亦有亭。

幽岑延万鬼，神房集百灵。

长吟泰山侧，慷慨激楚声。

其诗意为：

泰山是多么高啊，可直达遥远的天宫。

它的周围多大啊，云层之下深奥幽冥。

梁父有鬼魂的客舍，蒿里有供食宿的鬼亭。

在小山迎接众鬼，山上的庙宇则集会神灵。

呜呼！放歌泰山旁，其情切切声凄清。

7、峨峨东岳高，秀极冲青天。

岩中间虚宇，寂寞幽以玄。

非工复非匠，云构发自然。

——东晋 谢道韫

此三句诗摘自东晋女诗人谢道韫的《泰山吟》。

谢道韫，陈郡阳夏(今河南太康)人。谢安之侄女，王凝之之妻。女诗人聪慧有才辩，所作诗赋当时颇有名气。有一个故事讲了她的聪明：有一天下雪了，谢安问，用什么可以比喻下雪？谢安的侄子谢朗说："撒盐空中差可拟"，谢道韫应声对曰："未若柳絮因风起"，谢安大悦，世称"柳絮才"。原有集二卷，已佚，今仅存数首。从谢道韫之后，《泰山吟》就渐渐脱离了挽歌的形式，成为专咏泰山的诗篇。她热爱泰山，把自己的一腔热情都注入了诗中，甚至要将自己的生命永远伴随着泰山。

泰山吟

峨峨东岳高，秀极冲青天。

岩中间虚宇，寂寞幽以玄。

非工复非匠，云构发自然。

器象尔何物，遂令我屡迁。

237

　　　　　　　逝将宅斯宇，可以尽天年。

诗中"虚宇"指山洞。

诗的大意是：

　　高高的东岳泰山，秀峰直刺云天。
　　山间幽深的岩洞，沉静而又昏暗。
　　它绝非人工所造，一切均出于自然。
　　泰山究竟什么样？使我把观察的角度屡屡变迁。
　　我要居住在泰山的洞宇，在这里终极天年。

8、泰宗秀维岳，崔崒刺云天

　　　　——南朝　谢灵运

这两句诗摘自谢灵运的五言古诗《泰山吟》。

谢灵运(385－433)，南朝宋诗人，祖籍陈郡阳夏(今河南太康附近)，世居会稽(今浙江绍兴)。祖父是谢玄，十八岁就袭封康乐公，故世称谢康乐。他博览群书，工书画，诗文纵横俊逸。武帝时曾任太尉参军，少帝时贬为永嘉太守，因不得意，便肆意遨游，纵情山水，晚年作临川内史，因谋反被流徙广州。

谢灵运是魏晋以来开创山水诗派的第一个诗人。自他以后南朝的谢朓、何逊，唐朝的孟浩然、王维等许多山水诗人相继出现，并以他们优美的山水诗篇丰富了中国的诗歌园地。这首诗用词生僻，但从峻奇高大、兴云致雨、帝王封禅、明堂遗迹等几个方面来写泰山，也算把握住了泰山在自然与文化几个方面的特征了。

　　　　　　　　泰山吟
　　　　泰宗秀维岳，崔崒刺云天。
　　　　岝崿既崄巇，触石辄迂绵。
　　　　登封瘗崇坛，降禅藏肃然。
　　　　石闾何晻蔼，明堂秘灵篇。

"肃然"，即肃然山，在莱芜市境内，传说是古帝王禅地的地方。

此诗大意是：

　　泰山极高才称作"岳"，巍巍山峰刺破了云天。
　　山岳高大而又险峻，触石生云雨水将天下洒遍。
　　祭天把玉简埋在高坛下，祭地则将玉简埋于肃然山。
　　石闾山何等阴沉昏暗，汉明堂密藏着封禅的书函。

9、日观仙云随凤辇，天门瑞雪照龙衣

　　　　——唐　卢照邻

这两句诗摘自唐卢照邻《登封大酺(pu)歌》。

卢照邻(635？－689？)，字升之，号幽忧子，唐范阳(今河北涿县)人。他一生只作过几任小官，很不得意，晚年又得顽疾，卧病十余年，由于政治上的坎坷失意和长期病痛的折磨，最后自投颍水而死。他的诗多为七言，在形式上有了很大的创新，对诗的格律形式也进行了一定的探索。他与当时的著名诗人

王勃、杨炯、骆宾王同以"文章齐名天下"，被称作"初唐四杰"。有文集二十卷，《旧唐书》有传。其全诗为：

登封大酺歌

日观仙云随凤辇，天门瑞雪照龙衣。

繁弦绮席方终夜，妙舞清歌欢未归。

"大酺"，指古代帝王在全国大庆的日子里，特许民间举行饮酒会，而在一般的时候，三人以上无故聚饮是犯法的。卢照邻所歌颂的登封大酺，当指高宗李治封禅结束后在泰山大宴群臣的情景。据《旧唐书·高宗纪》记载，乾封元年正月初一高宗至泰山，祀昊天上帝于山下封祀坛。正月初二，皇帝升山行封禅之礼。正月初三，禅于社首山，祭皇地祇。……初五，皇帝亲临山下朝觐坛受朝贺，宣布大赦天下，赐酺七日……这首七绝正是写的这次大酺的盛况，由此也可见泰山封禅活动的一斑。

此诗大意是：

日观峰的彩云追随着万岁的车驾，

南天门的瑞雪映照着皇帝的龙衣。

轻盈的琴声在盛宴中回荡了将近一夜，

美妙的歌舞更使人快乐得忘了归期。

10、天门一长啸，万里清风来。

——唐 李白

这两句诗摘自李白的《游泰山》诗六首中的第一首。"一生好入名山游"的李白来到泰山之巅，思绪迸发而激情难收，泰山的风光与灵气竟使他一气写了6首咏山抒怀的诗歌《游泰山》。

李白(701－762)，字太白，号青莲居士。出生于碎叶(今吉尔吉斯斯坦托克马克城附近)，后迁居四川绵州昌隆(今四川江油)。李白少年好学，涉猎广泛，除儒家经典、古代文史名著外，还"好剑术"，相信道教，有超脱尘俗的思想，也有建功立业的政治抱负。开元十四年，李白25岁，为了实现自己的理想，"仗剑去国，辞亲远游，"漫游于长江中下游一带。开元二十四年(736年)，李白移家山东任城(今济宁市)，此后寓居山东达23年之久。天宝元年(742年)，纵游泰山，同年被召入京，任翰林院供奉。但是他并未得到重用，而是看到了更多的社会黑暗和腐败，他深感失望与痛心，一年之后就离开了京城。天宝十四年(755年)，安史之乱爆发，李白因受永王李璘之乱牵连，被流放夜郎，途中遇赦东归。后投奔从叔当涂县令李阳冰，不久病卒，年62岁。

李白是中国文学史上最伟大的浪漫主义诗人，唐开元、天宝年间诗坛上的灿烂巨星，被誉为"诗仙"。他在泰山留下了绮丽的诗文，也留下了他在那一时期的心路历程。他的诗成为泰山文学宝库中不可多得的珍品佳作。这六首《游泰山》诗都蕴含着深刻的现实意义，反映了李白丰富的精神世界，诗中表现出的那种纵横于天地之间的自由放逸的精神追求，给人以强烈的艺术感染，成为中华民族的宝贵精神财富。

游泰山六首之一

> 四月上泰山，石平御道开。
> 六龙过万壑，涧谷随萦回。
> 马迹绕碧峰，于今满青苔。
> 飞流洒绝巘，水急松声哀。
> 北眺崿嶂奇，倾崖向东摧。
> 洞门闭石扇，地底兴云雷。
> 登高望蓬瀛，想象金银台。
> 天门一长啸，万里清风来。
> 玉女四五人，飘遥下九垓。
> 含笑引素手，遗我流霞杯。
> 稽首再拜之，自愧非仙才。
> 旷然小宇宙，弃世何悠哉。

"六龙"，指皇帝的车驾，皇帝出行用六匹马拉的车。"绝巘"，极陡峭的山崖。"金银台"，传说神仙居住的地方。"九垓"，极高的地方，亦称九重天。"流霞"，神话中的仙酒。

此诗大意是：

> 四月里，春光正好，我踏着平阔的御道登临泰山。
> 当年，皇帝的车驾登山，新修的大道随着河谷盘旋。
> 御马绕过的苍山翠峰，现在已长满了青色的苔藓。
> 飞瀑从绝崖跌落，水流与松涛的合奏竟是声声哀怨。
> 眺望北方，层峦叠嶂，入云的险峰好像要向东折断。
> 通天的门洞尚未打开，地下却好似已经雷鸣电闪。
> 登上高处遥望蓬莱，仿佛看见了那里住着的神仙。
> 啊，南天门！仰天长吟吧，清风也来为我解忧烦。
> 看呀，美丽的仙女四五位，飘飘然降下了九天。
> 仙女含着笑，伸出纤纤玉手把美酒敬到我面前……
> 叩首欲邀再相见，可惜我无法超脱凡俗的人间。
> 在泰山，宇宙都变小了，弃却尘世该是多么悠闲！

在过去的文学史上，李白的这些诗一向被归入他的"游仙"类诗中，认为多具消极因素，因而名气似远不如他的其他带有现实主义色彩的作品。但是读了这些诗，我们却能深切地感到泰山给了诗人一种精神力量，而使得这些诗不仅具有一种开阔豪放、飘逸清新的风格，而且也具有发人深思的积极意义。让我们再来欣赏一首：

游泰山六首之六

> 朝饮王母池，暝投天门关。
> 独抱绿绮琴，夜行青山间。
> 山明月露白，夜静松风歇。
> 仙人游碧峰，处处笙歌发。
> 寂静娱清辉，玉真连翠微。

游泰山西溪、傲徕峰

想象鸾凤舞，飘飘龙虎衣。

扣天摘匏瓜，恍惚不忆归。

举手弄清浅，误攀织女机。

明晨坐相失，但见五云飞。

从王母池到天门关(南天门)，其间几十里崎岖山路，在诗人笔下却一朝一夕轻轻带过，毫无登攀之苦。诗人以他独特的游山方式，怀抱名琴，独自行走在夜色朦胧的群峰之间；天门关之上，群山皆小，极目远眺，显得山明露白；风停歇了，松涛敛声，尘氛静绝。在这"神山"之巅，思绪的羽翼不由然地把浪漫的诗人带进了神幻的意境。诗人此刻仿佛也已成仙步入了"天界"，伸手要把那状如匏瓜的星星摘下来，又到清浅的天河中嬉戏，不料却误攀住织女的布机……这是多么优美动人的诗情。自信"天生我才必有用"的李白，热爱生活，对前途始终没有丧失过信心，正因为如此，对社会上一切腐朽庸俗的事物也就极端蔑视："安能摧眉折腰事权贵，使我不得开心颜！"而"神山"上的神仙是最能远离世俗、俯视一切的。李白的思想性格受到泰山夜晚这一独特环境的启导，写下了这首诗，这是对污浊现实的反抗，是挣脱异己力量而求得自身解放的一种方式，尽管这种意念中的彻底解放只是短暂的一瞬——"明晨坐相失，但见五云飞"——而不等同于现实，但它却闪现着人类艰辛跋涉的精神历程，为人们在实践中求得真正的解放给予了慰藉和力量。这正是民族精神在泰山的另一种表现，它将积极引导人们去思索、去寻找人生的真谛。

11、岱宗夫如何，齐鲁青未了

——唐 杜甫

这两句诗摘自杜甫的《望岳》。

杜甫(712－770)，河南人，是中国文学史上伟大的现实主义诗人。他的诗具有鲜明的时代色彩和强烈的政治倾向，沉郁顿挫、气势宏阔，被称为"史诗"，他本人也被誉为"诗圣"，与被称作"诗仙"的李白一同成为了中国诗坛上最耀眼的两颗巨星。

杜甫的一生可谓命运多蹇，贫困交加。但35岁以前，正逢开元盛世，经济状况也还凑合，诗人度过了一段快乐的时光。在这一时期，他先南游吴越，后北游齐赵(山东、河南、河北)，称作他一生的"壮游"时期。游齐赵时，杜甫结识了苏源明、高适、李白等人，经常同他们登高怀古，饮酒赋诗，并和李白结下了"兄弟"般的友谊："醉眠秋共被，携手同日行"。在这壮游中，祖国无比丰富的文化遗产和壮丽的河山，充实了他的生活，扩大了他的视野与胸怀，为他今后艰辛而执着的人生道路确定了方向。《望岳》就是这一时期的代表作。

《望岳》诗大约写于737年(开元二十五年)，这一年杜甫25岁。他初至齐鲁，一下就被雄伟俊秀的泰山所吸引所折服了，以至还未及登山就按捺不住心中的激情，写下了这首咏颂泰山的不朽诗章。这首诗通篇洋溢着青年诗人面对泰山所被激发出的风发意气和蓬勃向上的进取精神。年轻的诗人在壮游中从泰山所汲取的精神力量成为了他一生的拼搏动力。

望岳

岱宗夫如何，齐鲁青未了。

造化钟神秀，阴阳割昏晓。

荡胸生层云，决眦入归鸟。

会当凌绝顶，一览众山小。

综观杜甫的一生，早年的《望岳》诗似乎就是他人生的誓言："会当凌绝顶，一览众山小"，"会当"是唐人口语，意即"一定要"，此诗中的意思就是一定要到达极顶，达到人生的最高境界。在古时，文人总是把登山的道路比喻为人生道路或追求真理道路的艰难，这种笔法首创于孔子的《丘陵歌》："……枳棘充路，陟之无缘。将伐无柯，患滋蔓延"。后代诗人多受此影响，如屈原《离骚》中的"路漫漫其修远兮，吾将上下而求索"，张衡《四愁诗》："我所思兮在泰山，欲往从之梁父艰……"李白的《行路难》："欲渡黄河冰塞川，将登太行雪满山"等都属此类。但杜甫却不是这样，他写登泰山是从"望"字着眼的：

泰山是座怎样的山？峰峦万里青郁苍翠，齐鲁之外，还可望见。大自然把奇丽美好全都赋予了泰山，它是天地间神秀之气的集中所在。泰山是如此之高，每当日出和日落之时，山之上下明暗迥然不同，判若清晓与黄昏。望见山中层云迭出，舒展飘拂，心中就像洗过一般明净、畅快。而凝神远望，目力所及处，那点点的飞鸟是否正归往山林……哦，我一定要登上泰山极顶，去领略那最美好的。

242

"阴阳割昏晓"，据姜丰荣老师解释，"阴"是山的下半部分，"阳"则是上半部分。太阳斜照时，泰山上部被照到的地方是亮的，而下部未被照到则是暗的。过去人们一般认为阴阳是指山南山北，但既是"望岳"，山北何以望得到呢？所以是有道理的。

壮游结束后，杜甫来到长安，这正是安史之乱的酝酿时期，当权的是奸相李林甫和杨国忠，杜甫不但不能实现他的"致君尧舜上，再使风俗淳"《奉赠韦丞丈二十二韵》，的政治抱负，而且生活也每况愈下，过起了"朝扣富儿门，暮随肥马尘"(同上)的屈辱生活，甚至经常挨饿受冻，十天半月吃不饱饭，衣裳更是千纳百结。在饥寒的煎熬下杜甫没有回避艰苦，而是继续握紧手中的诗笔，写出了人民的痛苦和统治阶级的腐朽。杜甫45岁到48岁期间，正是安史之乱最剧烈的时期，国家岌岌可危，人民灾难惨重。在羌村，在新安道上，他目睹了各种惨象，他终日和腹中无物的父老们挣扎在一起，和送孩子上战场的母亲们痛哭在一起，这使他写出《悲陈陶》、《哀江头》、"三吏"、"三别"这些高度现实主义的作品。杜甫晚年"漂泊西南"，又度过了十一年的穷苦生活，即使如此，他也仍爱和劳动人民往来，而厌憎官僚，"不爱入州府，畏人嫌我真。及乎归茅宇，旁舍未曾嗔"。他生活很苦，四处漂泊，但仍不忘记自己的追求，此间，他竟又写了数百首诗，著名的《茅屋为秋风所破歌》、《闻官军收河南河北》就是这时期的优秀作品。770年冬，杜甫死在了湘江的一条破船上。之后，直到813年他的孙子杜嗣业才把停在岳阳的灵柩归葬河南。纵观他的一生，虽然大多数时光是在贫穷中度过，但是他的心中始终装着"会当凌绝顶"的坚定信念，他诗歌的艺术造诣也终于无论从内容还是形式上都达到了辉煌的"绝顶"。

杜甫笔下的泰山是如此美好，对美好的追求总是艰难的，但杜甫却把难字隐去了，那就是说无论难还是不难，总是一定要登上绝顶的。杜甫的一生实践了自己的誓言，无论在怎样困苦的环境中，他都没有退缩，没有作出世想，他达到了人生的顶峰。这种决心，这种意志也是一切有所作为的人所不能缺少的。这也就是《望岳》诗千百年来一直为人们所传诵，被推为"绝唱"，而至今仍能引起我们强烈共鸣的原因。"李杜文章在，光芒万丈长"（韩愈《调张籍》）。杜甫的诗将永远同不朽的泰山一起光耀华夏。

另外，还要补充一句的是，杜甫后来当然是登上了泰山绝顶的，有诗为证："昔我游山东，忆戏东岳阳。穷秋立日观，矫首望八极……"（杜甫·《又上后园山脚》）。

12、鸡鸣日观望，远与扶桑对。

沧海似镕金，众山如点黛。

遥知碧峰首，独立烟岚内。

此石依五松，苍苍几千载。

——唐 李德裕

这是唐代诗人李德裕的《泰山石》诗，诗已全录。

李德裕（787－850?），字文饶，赵郡（今河北赵县）人，唐代后期宰相，政治家。父李吉甫，唐宪宗时宰相。李德裕少年好学，善为文章。他薄视科举，以门荫入仕，又以监察御史充翰林学士。历穆、敬、文、武四朝，任浙西、淮南等镇观察使、节度使。还朝后，历任中书舍人、御史中丞、兵部侍郎、兵部尚书、门下侍郎同平章事（宰相），加官至太尉，封卫国公。在政治上他主张强化朝廷威权，维护统一；主张抑制不服从朝命的藩镇，反对姑息；主张整顿吏治，反对虚浮和朋党结交；重视门第，反对进士浮华。长庆、宝历年间，在浙西（今江苏镇江）观察使任上，他废除了境内祀典以外的祠庙1010所，私邑山房1460座，谏止敬宗要浙西进奉银器和缭绫。会昌年间，李德裕为相，深得唐武宗李炎信任。武宗尊信道教，鉴于佛教长期盛行、寺院经济恶性膨胀，严重影响国家的课役征发，会昌五年（846年）决定废佛。李德裕支持武宗的废佛行动。他还打击弄权的宦官，使宦官势力有所削弱。李德裕是个有作为的宰相，唯度量不宽，20余年间，和牛僧孺等相互排斥，史称"牛李党争"。宣宗即位，遭牛党打击，贬潮州司马，再贬崖州司户，卒于贬所。著有《会昌一品集》，新、旧唐书有传。

《泰山石》是一首五言律诗。所谓泰山石，指的是岱顶拱北石，也许当时拱北石尚未得名，故泛泛称之。此诗以日出与泰山石为题材，着重写石，与以前的诗人从宏观着眼，整体描绘泰山不同，而是以小见大，表现自己的观点，应是有一定品位的。从此以后，泰山的一石一木，甚至山花野草，无不成为诗人的咏颂或寄情的对象。

诗中"碧峰首"，即拱北石。"侬"：比较的意思。

此诗大意为：

> 鸡鸣之时登上日观峰，极目向遥远的东方观看。
> 东海被映红好似黄金销熔，群山则似被浓墨渲染。
> 远远地便看到了拱北石，独自耸立在茫茫云雾间。
> 它比起有名的五大夫松来，更苍古了不知几千年。

13、诸山知峻极，五岳独尊严

——宋 石介

两句诗摘自石介的《泰山》。

石介（1005－1045），泰安徂徕人，世居徂徕山下桥沟村，字守道，宋初著名的文学家。因曾在家乡徂徕山下讲学，所以后人称他"徂徕先生"，后又和孙复、胡瑗在泰山书院开馆收徒，提倡师道，被合称为"宋初三先生"。石介性格刚强，是个以疾恶如仇著称的悲剧式人物。

石介祖上皆以耕田为业，自其父亲孙丙才开始出来做官。他年轻时入应天府南都学舍从范仲淹学习，1030年（天圣八年），石介与欧阳修、蔡襄、马永伯等同登进士第，开始为官。石介抱负极强，以复兴儒学，重整道统（儒家传道的系统），廓清政治为己任，"遇事发愤，作为文章，极陈古今治乱成败，以指当世贤愚善恶，世俗颇骇其言"（欧阳修·《徂徕石先生墓志铭》）。

石介继承孔孟的民本思想，提出"民者，国之根本也"；"人皆曰天下、国家。孰为天下？孰为国家？民而已？有民则有天下，有国家；无民，则天下空虚矣，国家名号矣……"——什么是"天下"？什么是国家？百姓就是国家，有百姓就有天下，否则天下就名存实亡。善于治理国家的人，一定重视百姓，因为百姓是国家的根本。他还积极主张澄清吏治，简约宽民。他在《明禁采》中尖锐地批评朝廷说：今山泽江海有禁，盐铁酒茗有禁……一切与人民生活有关的皆有禁，唯独宫室奢靡过度不禁，豪强兼并不禁，吏贪于天下不禁……这种大胆的言论在北宋初年是不多见的，因此欧阳修称赞他"虽在畎田不忘天下之忧"。

石介为官性格耿直，敢于直谏，"指切当时，是是非非，毫无顾忌"，宋仁宗赵桢少年登基，宠幸美女，饮酒无度，钟鼓连昼夜。对此，石介上书直谏，仁宗心中很不高兴，所以虽有宰相杜衍等举荐石介，仁宗就是置之不理。庆历二年（1042年）夏，因杜衍再次推荐他才被召为国子监直讲。第二年，范仲淹、富弼、欧阳修、杜衍等人被仁宗器重，皆任高官要职。四人以天下国家为重，日夜谋虑，思致太平，范仲淹提出"均公田、厚农桑、修武备、减徭役……"等十项整顿政事的法令，此即所谓"庆历新政"。石介对此欣喜若狂，精神振奋，认为报效国家的时候到了，他说：这是大好事，应当歌颂。于是，写下了《庆历圣德诗》，赞革新派，贬保守派，指责反对革新的夏竦等人为大奸。石介的行为使夏竦等一批反对派怀恨在心，自此成为死敌。当时，同任直讲的孙复提醒石介说：

"你的灾祸到了。"果然，夏竦为解切齿之恨，便命人摹仿石介笔迹，伪造了一封石介给富弼的信，内容是革新派计划废掉仁宗另立新君。奸计果然得逞，变法遂告失败。庆历五年(1045)，范仲淹等人因被保守派诬陷搞"朋党"活动，相继被罢职，石介也在"朋党"之列，成为众矢之的，外放到濮州(今山东鄄城县北)任通判，未到任所便病死家中，终年四十一岁。

石介去世后，苏轼称他"堂堂世上文章主，幽幽地下埋今古。直饶泰山高万丈，争及徂徕三尺土"。怀念他的人，还为他和孙复在泰山建起了"鲁两先生祠"以彰显他的高风亮节及泰山的千古精神。

他后来的故事我们接下来还会知道得更多。 先看他的诗：

泰山

七百里鲁望，北瞻何岩岩。

诸山知峻极，五岳独尊严。

寰宇登来小，龟蒙视觉凡。

此为群物祖，草木莫锄芟。

"知"，显现的意思。

此诗大意是：

方圆七百里的鲁国人，北望泰山何其高大。

众山中它独领风骚， 五岳中它威名高挂。

登泰山始觉天下小，南望龟蒙山则更不在话下。

泰山为万物发生之地， 一草一木也不要剪伐。

这首诗写得倒是很轻松，赞颂了雄伟高大的泰山，一句"龟蒙视觉凡"，更是抒发了他不甘平庸，决心成就大事业的胸怀。诗末还透露出了他的名山保护意识。

14、恨君不上东封顶，夜看金轮出九幽。

——宋 苏轼

这两句诗摘自苏轼《和子由〈韩太祝送游泰山〉》。

苏轼(1036－1101)，字子瞻，号东坡居士，眉州眉山人今四川眉山县。宋嘉祐二年(1057年)，与其弟苏辙同举进士，父苏洵是大器晚成的散文家。苏轼、苏辙兄弟是北宋政坛、文坛上引人注目的双星。当时苏轼与父苏洵、弟苏辙并称"三苏"。苏轼幼年常读石介诗文，深受石介影响而对泰山心向往之。苏氏兄弟的泰山诗文，多为唱和之作，各具不同的意趣与才情，为泰山的艺文园地增添了奇葩。

这首《和子由〈韩太祝送游泰山〉》中的"子由"即苏辙的字，所谓"和"(hè)就是依照别人的题材及体裁用原韵作诗词，又称"次韵"。诗中的韩太祝即韩宗弼，生平不详，太祝是其官职。苏辙于熙宁六年(1073年)因反对王安石变法，被贬齐州(今济南)任掌书记(知府的从官)，熙宁八年春，他南下泰山，游长清四禅寺、灵岩寺，至泰山。出行前友人韩宗弼以《送游泰山》诗相送，苏辙又和其韵回赠韩宗弼一首《次韵韩太祝〈送游泰山〉》，其诗是：

　　　　　　美君宫局最优游，笑我区区学问囚。
　　　　　　今日登临我独往，终年勤苦粗相酬。
　　　　　　春深绿野初开绣，云解青山半脱裘。
　　　　　　回首红尘读书处，煮茶留客小亭幽。

　　苏辙南行，除了写下此诗外，一路还写了《初入南山》、《四禅寺》、《灵岩寺》、《岳下》等四首诗。他把这些诗寄给了在密州(今山东诸城县)任知州的兄长苏轼。他们兄弟二人感情甚笃，"进退出处，无不相同，患难之中，友爱弥笃，无少怨尤，近古罕见"。苏辙到山东后，苏轼希望与弟靠近，便奏请朝廷，由杭州通判徙往密州，路过济南时，兄弟俩曾有过短暂相聚。苏轼在密州曾写下了著名的《水调歌头·怀子由》，词中名句"但愿人长久，千里共婵娟"已成咏唱手足之情的千古绝唱。苏轼读了苏辙的诗，即作《和子由四首》相赠，其中之一就是这首《和子由〈韩太祝送游泰山〉》：

　　　　　　偶作郊原十日游，未应回首厌笼囚。
　　　　　　但教尘土驱驰足，终把云山烂漫酬。
　　　　　　闻道逢春思濯锦，便须到处觅菟裘。
　　　　　　恨君不上东封顶，夜看金轮出九幽。

　　因"和诗"追求相同韵脚的缘故，用词往往生僻。诗中的"十日游"指短暂的聚首游览，借用"十日饮"之意，语出《史记·范雎传》秦昭王与平原君书："寡人愿与君为十日之饮"。"尘土"是自己的谦称。"濯锦"代指诗人家乡，意岷江可濯锦也。"菟裘"原为地名，此处指告老引退的地方。"九幽"指极暗处。

　　诗的大意是：
　　　　　　济南郊野的欢聚是那么短暂，不应去回忆不愉快的贬官缘由。
　　　　　　只要自己尽力报效国家，最终会得到山一样灿烂厚重的奖酬。
　　　　　　听说你每到春天就思念家乡，仕途险恶也应寻下后路以备退休。
　　　　　　真遗憾你未能登上泰山顶，去看那红日冲破夜色喷薄出九幽。

　　诗写得就像家书，兄长之情跃然纸上，很是感人！于是，又想起了一段南怀瑾先生讲过的故事，说是宋代二程夫子与王安石的两党之争中，苏东坡受到株连被投进监狱，有谣言说他将被杀头。在这非常恐惧与痛苦的时刻，苏东坡写下了遗诗，自题为："予以事系狱……自度不能免死狱中，不得一别子由，故作二诗，授狱卒梁成，以遗(wei)子由"。诗中两句为"与君世世为兄弟，又结来生未了因。"这诗不知怎么传到皇帝那里去了，宋神宗也颇受感动，便说："我并没有要他死啊"。是的，我们从古代文学作品中看到过男女之间有太多太多希望世世做夫妻的，但世世要作兄弟的还真不是很多。

　　但是苏辙为什么没能登上泰山顶，给哥哥留下遗憾呢？且听下回分解吧。

15、东来亦何求，聊欲观海岱。

　　回瞻最高峰，远谢徂徕对。

　　　　　　　——宋　苏辙

　　此四句诗摘自苏辙的《岳下》，系第一句与第二十句。

246

泰山

游泰山西溪、徂徕峰

苏辙(1039－1112)，字子由，十九岁即登进士第。熙宁二年因反对王安石新法，遂徙齐州掌书记，十年还京。他晚景凄凉，1093年(元祐八年)，哲宗亲政，苏辙曾在一年中遭三次贬官，最后远谪广东。直至徽宗立，他才遇赦北归，寓居许昌，杜门谢客，过了十二年孤寂闲居的生活，直到政和二年病逝。

　　他的这首诗描绘了宋代皇帝到泰山封禅的情况，真实地反映了当时奢靡的景象，与民间的萧条疾苦形成了强烈的反差。其全诗为：

岳下

东来亦何求，聊欲观海岱。
海西尚千里，将行勇还退。
岱阴即齐疆，南往曾历块。
春深草木长，山暖冰雪溃。
中巷无居人，南亩释耕耒。
车徒八方至，尘坌百里内。
牛马汗淋漓，绮纨声綷縩。
喧阗六师合，汹涌众流汇。
无复问谁何，但自舍耽爱。
龙鸾画车服，贝玉饰冠佩。
骅骝蹴腾骞，幡旆飞暗暧。
腥膻及鱼鳖，琐细或蒲菜。
游情愧无赀，技巧穷殊态。
纵观愕未已，精意殚一酹。
出门青山屯，绕廓遗迹昧。
登封尚坛遗，古观写旗队。
戈矛认毫末，舒卷分向背。
雍容太平业，磊落丰碑在。
往事半蓬蒿，遗氓但悲慨。
回瞻最高峰，远谢徂徕对。
欲将有限力，一放目所迨。
天门四十里，预恐双足废。
三宿遂徘徊，归来欲谁怼。
前年道辕辕，直上嵩岭背。
中休强饮食，莫宿时盥颒。
稍知天宇宽，不觉人寰秽。
岁时未云久，筋骸老难再。
山林无不容，疲荼坐自碍。
自知俗缘深，毕老守阛阓。
何当御清风，不用车马载。

　　诗中的"历块"，一小块土地，意为路途短，很快能到达。"绮纨"，指王公大臣。"綷縩"，衣服摩擦的声音。"一酹"，将一杯酒洒地表示祭奠。"六师"，亦称六军，朝庭的军队。"写"，通卸。"队"，通坠。"远谢徂徕对"，在远处辞别徂徕，谢，辞别对，面向。"归来欲谁怼"，谁怼，怨恨谁。"轘辕"，山名，在河南省的登封、巩县交界处。"颒"(hui)，频频洗手。"疲苶"(nie)，极度疲劳。"阛阓"，街市。

此诗大意为：

我来齐州复有何求？ 且去看看东海与泰山的风景。
岂知到海边还有千里远，东行的勇气不由地消失尽净。
泰山之北便是齐州的疆界，何不就近南游岱宗——
泰山的晚春草木旺盛，山上的冰雪早已消融。
但街巷中却人丁稀少，城南的农田亦无人耕种。
于是想起了真宗登封，车骑扬起的沙尘竟百里飞腾。
仆役挥汗如雨，王公贵族的华服相互摩擦发出响声。
皇家的军队汇集，人马犹如滔滔的洪水向山脚奔涌。
不管是什么人，都随心所欲抢占喜爱的房舍宿营。
皇帝的朝袍缀满纹饰，冠冕上的贝玉雕得既细且精。
皇家的车马争先恐后，锦旗翻飞遮出了大片阴影。
祭天的牛羊鱼鳖及精美菜肴，全都应有尽有安排消停。
但因游荡懒惰，天帝并未赐福，伪造天书愈加显得技穷。
封禅之举令人惊愕，莫非一杯酒洒地就能打动神灵？
门外青山俱在眼前，而走遍全城却不见当年封禅的遗踪。
帝王祭天的封禅坛，就像脱离了旗杆的幡绫而孤独伶仃。
封禅之举就像戈、矛一样易辨，是是非非人人都能分清。
皇帝仪容丰雍好似有太平业绩，颂德的丰碑也仍在大观峰。
虽然这一切都被杂草淹没，留给百姓的却是愤慨与伤痛……
要告别泰山了，再次回眸高峰，并遥向徂徕山辞行。
是的，本想拼力登上岱顶，将千般风光尽收眼中，
可惜要走四十里山道，就怕累坏双脚无法返回济南城。
在山下徘徊三天终未成行，回家后这份恨悔谁又能同情？
前年曾因事去过登封县，并从北坡登上了嵩山主峰。
中途休息勉强进食，住宿时不得不一遍一遍洗手不停，
虽然知道了天宇的广阔，但仍不知人间竟如此污秽不净。
一年四季的时光不能说太久，而人老了却不能再年轻。
泰山博大无所不容，都怨我疲乏困顿不能登极顶。
这是我的俗缘还太深，留恋市井热闹大概要伴我终生。
什么时候能像神仙那样腾飞，不需车马就能八方恣行？

苏辙确实缺乏勇气，去大海嫌远，登泰山怕累，都没办成。但是他又很有勇气，敢于公开批评当朝皇帝。世上，敢如此的又有几人？

16、泰岳倚空碧，汶水卷云寒。

　　——宋　辛弃疾

这两句词摘自辛弃疾的《水调歌头 巩采若寿》。
辛弃疾(1140－1207)，字幼安，号稼轩，济南历城人。辛弃疾是南宋著名爱国志士，词坛大家。1161年(绍兴三十一年)，金海陵王完颜亮发动侵宋战争，辛弃疾

当时22岁，聚众加入耿京起义军，任掌书记。率师归来后，著《御戎十论》，向宋政府陈述宋金形势，要求备战抗金。淳熙四年(1177年)开始词的创作，他把满腔爱国激情以及南渡以来的无限感慨和义愤，全部寓寄在诗词中，他的词慷慨激昂，纵横驰骋，继承发展了苏轼豪放派的词风，后人以"苏辛"并称。

辛弃疾与泰山渊源甚深。少年时，他与泰安人党怀英同学，两人才华出众，关系融洽，曾一道同游泰山。他在泰安投奔耿京，走上抗金之路，立下战功……后来在他的作品中有很多都涉及了泰山，下面这首词便是其一。

这首词是为巩采若祝寿而作的。巩采若曾任南宋湖州太守、明州长史等官职，其祖籍当在泰山一带，辛词称赞了他一番，鼓励他收复京都汴梁，从而能回到自己的家乡泰山。词中收复中原的情感跃然纸上，令人感动。词曰：

水调歌头 巩采若寿

泰岳倚空碧，汶水卷云寒。萃兹山水奇秀，列宿下人寰。八世家传素业，一举手攀丹桂，依约笑谈间。宾幕佐储副，和气满长安。

分虎符，来近甸，自金銮。政平讼简无事，酒社与诗坛。会看沙堤归去，应使神京再复，款曲问家山。玉佩揖空阔，碧雾翳苍鸾。

词中颇多名词是借指，如"长安"，是指南宋京都临安。"分虎符"，指的是带兵守地。"近甸"，地名，靠近京都，也是指临安。

其大意是：

泰山倚着清澈的蓝天，汶河上空寒云翻卷。这里集聚了如此奇特秀丽的山水美景，就像众多的星宿降落人寰。巩君八代家传儒学，登科易如反掌，尽在谈笑间。充任辅佐太子的幕僚，一团和气满临安。

带兵把守关隘，今又佐治京都，常进金銮殿。政事公正、诉讼简要，结社饮酒赋诗篇。知你已身居要职，别忘记光复京都汴梁，去深情地问候家乡的泰山，并去揖拜广阔的中原，那中原的彩云中正藏着青色的凤鸾。

"款曲问家山"，古人"家"、"国"并论，辛弃疾将泰山称作"家山"，实际上在心中已将其视作了"国山"。辛弃疾自幼热爱泰山，心中始终有着泰山，词中嘱托巩采若收复中原，拜望泰山，殷殷爱国之情呼之欲出，感人至深。

17、厥初造化手，劈此何雄哉。

——金 元好问

元好问(1190－1527)，字裕之，号遗山，山西忻州人，生活在金元之际民族矛盾剧烈冲突的时期，是我国金代唯一有成就的诗人，被历代评论家公认为"一代宗工"。他长期在泰山活动，写下了众多与泰山有关的诗歌，对金代泰山文化的发展作出了贡献。《游泰山》是他泰山诗作中最有名的一首，也是历代所有的泰山诗中颇富特色的一首。

游泰山

泰山天壤间，屹如郁萧台。

厥初造化手，劈此何雄哉！

天门一何高，天险若可阶。

积苏与垒块，分明见九垓。
扶摇九万里，未可诬齐谐。
秦皇嶒威灵，茂陵亦雄材。
翠华行不归，石坛满苍苔。
古今一俯仰，感极令人哀。
是时夏春交，红绿无边涯。
奇探忘登顿，意惬自迟回。
惜无赏心人，欢然尽余杯。
夜宿玉女祠，崩奔涌云雷。
山灵见光怪，似喜诗人来。
鸡鸣登日观，四望天氛霾。
六龙出扶桑，翻动青霞堆。
平生华嵩游，兹山未忘怀。
十年望齐鲁，登临负吟鞋。
孤云拂层崖，青壁落落云间开。
眼前有句道不得，但觉胸次高崔巍。
徂徕山头唤李白，吾欲从此观蓬莱。

这一首长篇游记诗，因题目为"游泰山"，所写的便不只是泰山，而更多的是游中的所感所悟。诗人把描绘与议论熔为一炉，几乎每写一景，都禁不住感慨一番。因此诗人写出的泰山，既是眼中的，也是心中的——

巍巍泰山，就像擎天巨柱支撑在天地之间；
造化是如此神奇，竟能创出这样雄伟壮丽的高山！
它的天门真的很高，但险奇的天界却有天梯可攀。
而那山顶上的茅房土舍，分明已远远高过了九天。
还记得《齐谐》中"扶摇九万里"的大鹏吗？
在这等高大的泰山面前，你会相信那绝不是虚妄之谈。
遥想当年，秦始皇、汉武帝……都曾功盖一世，纷纷前来封禅。
然而，今天的祭坛上早已长满苍苔，帝王们也一去不返。
仰俯古今，百感交集，兴亡之事自有历史评判。
正是春夏交替时节，山间绿树葱葱，野花开遍，
放眼望去红绿交错，无涯无边。
巍峨的大山中，怎会有这般清丽俊秀的奇景，
徜徉其间，令人不胜留连。
可惜呀，无人能分享我的喜悦，使我无法开怀尽欢。
夜晚寄宿于玉女祠中，雷鸣电闪，云涛滚翻，
莫非是山灵知道诗人的到来而高兴得把真形显现。
山鸡鸣叫时，登上日观峰，放眼望去，四野云净雾散。
刹那间，天边的青霞如波涛涌动，
太阳神乘着六龙之车从东方来到人间。
我曾游过华山、嵩山……
而在我心里久久萦绕不能忘怀的只是泰山。
向往泰山十年了，备好登山鞋，我早打算要亲自攀上山巅。

游泰山西溪、傲徕峰

孤云扫拂着石崖，岩岩青壁在云中时隐时现。

啊，泰山是如此瑰丽，真不知道该怎样描写，

只觉得胸中激情万丈，心潮就象起伏的峰峦。

还是从徂徕山请来李白吧，

我要同他一起吟颂泰山，再去观赏蓬莱奇观。

元好问这首诗写得豪迈奔放，颇有气势，在结尾处又将五言改为七言，更显得跌宕起伏，可谓调动了全部心气，但是最后还是感到不如意，要请李白来帮助。泰山太大了，很难写，这就怪不得元好问了。其实，谁又能把全部泰山纳入一首诗中呢？就像汉武帝面对泰山时的茫然："高矣！极矣！大矣！特矣！壮矣！赫矣！骇矣！惑矣！"再如近人邱山宁写的一首诗："泰山何其雄，万象都包容。泰山何其大，万物都归纳。泰山何尊严，万有都包含……"真的，一万个人眼中有一万座泰山，谁也写不全，写不满意。

18、流水来天洞，人间一脉通。
桃源知不远，浮出落花红。

——元 张志纯

此诗标题为《题桃花峪》，四句已全录。这首诗我们在桃花峪已经提到过了。

张志纯，元代道士，号天倪子，又号布金山人，泰安布上保(今肥城市马埠乡张家庵村)人。原名张志伟，元世祖召见后赐名"志纯"，就是他建起了泰山南天门——前面我们也已知道了。其家乡2004年修葺供奉他的祠堂。

桃花源典故出自陶渊明《桃花源记》："晋太元中，武陵人捕鱼为业，缘溪行，忘路之远近。忽逢桃花林，夹岸数百步，中无杂树，芳草鲜美，落英缤纷……"俨然一个和乐安宁美丽平等的世外之境。泰山的这条峪谷亦多桃树，故自古就将此处比作世外的桃花源。

其诗意为：

桃花峪的溪水来自天上的仙洞，

天和人本就一脉相通。

桃花源其实并不遥远，

从那儿漂出的瓣瓣红花正跳跃在浪花中。

道教的主要思想就是"天人合一"，用四句小诗，借用对桃花源溪水的描写，不动声色地就把这一思想表达出来，这是得道高人的高明之处。

19、风云一举到天关，快意平生有此观。
万古齐州烟九点，五更沧海日三竿。

——元 张养浩

此诗句摘自张养浩的七律《登泰山》。

张养浩(1270－1329)，字希孟，号云庄，济南人。元代中期著名政治家、诗人、古文家和散曲作家，官至礼部尚书。作为高官，他亲民、爱民，在赈济

灾民中劳累而死，这在元代实为第一人。历史记载，天历二年(1329年)"关中大旱，饥民相食"，张养浩受命赈灾，行前，年迈的母亲拉着他的手说："我年迫八旬，汝法亦素，此别之后，再无见期"。他与老母挥泪相别，日夜兼程赶赴陕西。一路上的情景极其悲惨，"犬衔枯骨筋犹在，鸦啄新尸血未干"，他五内俱焚，到任四个月以来，夜以继日，不敢懈怠，救民于水火之中。由于他"罄思竭虑"，"忧劳悲戚"，再加上年岁已大，当灾民稍得安顿后，便一病不起，溘然长逝，时年59岁。百姓闻知噩耗后，"哀之如失父母"，为他立碑颂其功德。

张养浩少年有才，为学勤苦，"年方十岁，读书不辍。父母忧其过勤而制止。养浩昼则默诵，夜则闭户，张灯窃读"。在他自己根据时序编定的《归田类稿》诗卷中，第一篇是他十七岁所作的《过舜祠》，第二篇就是《登泰山》了，故此诗应是他青年时代所作。其诗为：

登泰山

风云一举到天关，快意平生有此观。

万古齐州烟九点，五更沧海日三竿。

向来井处方知隘，今后巢居似觉宽。

笑拍洪崖咏新作，满空笙鹤下高寒。

诗中"齐州烟九点"指济南八景之一的"齐烟九点"，即济南附近的华山、鹊山、凤凰山、药山等九座孤山。"红崖"是古仙人名，传说尧帝时已三千岁。"笙鹤"：仙乐声。

此诗大意是：

伴着和风、轻云一口气登上了南天门，

平生能有如此美妙的游览令人多么高兴。

终于看到了"齐烟九点"的古老奇观，

也一睹了"泰山日出"的壮丽美景。

以前居住狭窄知识浅薄犹如井底之蛙，

今后就算住到鸟巢好像也觉得海阔天空。

笑拍着洪崖仙人的肩膀咏唱新歌，

满天的仙乐飘然而下与大地、与泰山共鸣。

张养浩青年时代写的这首诗，表现了他初次登上泰山的欢愉心情。诗人将自己融入诗中，因为泰山的高大，反观到自己的渺小，提出要宽广胸怀，站到高处，去实现一种崭新的自我。大概这也是"诗言志"这样一种境界吧。

20、岧峣泰岳柱苍穹，万壑千岩一径通。
象纬平临青帝观，灵光长绕碧霞宫。

——明 宋濂

这四句诗摘自宋濂的《登岱》。

宋濂(1310－1381)，字景濂，号潜溪，别号玄真子等，浦江(现在浙江义乌)人。明初开国大臣，学者。他家境贫寒，但自幼好学，曾受业于著名理学家吴莱、柳贯、黄溍。元朝至正年间，元顺帝曾召他当翰林院编修，他以奉养父母为由，固辞不就，避入龙门山著书。十余年后，朱元璋起兵，与刘基等被聘入应天(今南京)礼贤馆，任儒学江南提举，命为太子讲经，常侍朱元璋左右，曾为之讲《尚书》、《左传》。明洪武二年(1369年)，朱元璋诏修《元史》，宋濂出任总裁官。书成授翰林学士。宋濂为开国文臣之首，博通经史百氏，文章雄丽温雅，享有盛名，四方学者皆以太史公相称；他久为太子师，对太子言行皆以礼法讽劝，一度深受朱元璋宠信。洪武十三年(1380年)，朱元璋杀丞相胡惟庸，因受胡案牵连，太祖欲置濂死，幸靠皇后、太子力救乃免。遂举家远迁茂州(今四川茂县)，次年死于中途夔州(今四川奉节)。其全诗为：

岩峣泰岳柱苍穹，万壑千岩一径通。
象纬平临青帝观，灵光长绕碧霞宫。
凌晨云幔天涯白，子夜晴摇海日红。
玉露金茎应咫尺，举头霄汉思偏雄。

"象纬"，指日月及金木水火土五星。"平临"，水平对正。"玉露金茎"，汉武帝迷信神仙，在京都长安神明台建"承露盘"，接甘露，以为饮之可以延年，托举承露盘的铜柱称金茎，故以玉露金茎代指京都。"霄汉"，指天空极高处，喻指皇帝。"偏雄"，谓才行特出，与众不同的人，此处指皇帝朱元璋。

诗的大意为：

高峻的泰山支撑着苍穹，盘道穿过千崖万壑直达岱顶。
日月五星的水平正对着青帝观，神灵之光环绕着碧霞宫。
凌晨的云如薄帐挡不住东方发白，出海的红日正欲升腾。
遥看京都似乎并不遥远，仰望朝廷，思念着皇帝的恩情。

这首诗怎么评论呢，谢谢皇帝的重用之恩？不杀之恩？越是害怕他越是歌颂他，这是中国好多文人的怪圈。

21、秦汉旧封悬碧落，乾坤胜概点浮沤。海明日观三更晓，风动天门九夏秋。

——明 方孝孺

这四句诗摘自明方孝孺的《夏日登岱》。

方孝孺(1375－1420)，字希直，又字希古，浙江宁海人，受业于宋濂。

明建文帝即位后，将方孝孺招至南京，委以翰林侍讲学士之职。建文帝年纪尚轻，缺乏治国治军的本领，方孝孺是他的老师，更受到充分信赖和倚重，"国家大事，辄以咨之"。方孝孺对建文帝赤胆忠心，全力扶持。建文帝害怕他的叔叔们王权过大，拥兵为患，就采用齐秦、黄子澄的削藩建议，但遭到以燕王朱棣为首的诸王的反对。方孝孺便替建文帝起草了征讨燕王的诏书和檄文。

朱棣在攻下南京后，篡得大明皇位，迫令方孝孺为他起草即位昭书。方孝孺反对朱棣篡权，宁死不从，掷笔于地说："死即死耳，诏书不草！"燕王大声说："诏不草，灭汝九族！"方孝孺针锋相对地说："莫说九族，十族何

国 之 魂 魄

第四天

253

妨！"朱棣又反复劝说方孝孺：这是我们自己家的事，你不要管。又说：你不要自找苦吃，我欲效法周公辅佐成王。方孝孺还是不买帐，他说：好，我写！便从地上拾起笔来，大书四字"燕贼篡位"。朱棣气急败坏，叫人将方孝孺的嘴角割开，撕至耳根，说就灭你十族！方孝孺依然不屈。

方孝孺在就义前，作绝命赋道："天降乱离兮，孰知其由；奸臣得计兮，谋国用犹；忠臣发愤兮，血泪交流；以此殉君兮，抑又可求？呜呼哀哉，庶我不尤！"朱棣为了折磨他，将他的亲人在他面前一一处死，先是父母辈的、继而妻子、子女，后来是所有的亲戚，最后是学生，共873人，行刑期长达7日之久，血流成河。最后将孝孺在午门内凌迟处死，据说剐了3000刀。我的天呀，真令人不寒而栗，这杀人的皇帝！

方孝孺宁死不屈的气节，受到人们的尊敬。早在明代万历年间，就有人为他建祠、立亭。著名戏曲家汤显祖还曾为他树了墓碑。但是，当时的县令害怕因此获罪，下令将它们都捣毁了。今天，方孝孺的诗刻于泰山，让我们回忆了这段历史，更加明白了独裁专制社会的残暴。让我们恭恭敬敬地来读吧：

夏日登岱

振衣千仞思悠悠，泰岱于今惬胜游。

秦汉旧封悬碧落，乾坤胜概点浮沤。

海明日观三更晓，风动天门九夏秋。

更上云端频极目，紫微光电闪吴钩。

"碧落"，指天空，语出白居易《长恨歌》："上穷碧落下黄泉，两处茫茫皆不见"。

其诗大意是：

岱顶抖衣思绪悠悠，今天算是一次快乐的畅游。

秦汉封禅已不知所踪，天地之间泰岱风光实在难求。

日观峰半夜天就发白，南天门的盛夏也清冷如秋。

再攀绝顶皱眉远望，北方雷鸣电闪处正隐现着吴钩。

诗人的心情十分复杂，泰山给了他愉悦，但惆怅的事却仍在心头。大概此时燕王已经起兵了。"更上云端频极目，紫微光电闪吴钩"，频，皱眉；紫微，天区名，指北斗星及其以北的地方，引申为北方。吴钩，兵器名，相传吴王阖闾命国中作金钩，有人就杀掉自己的两个儿子，以血涂钩，使之锋利无比，后来泛指兵器，引申为战争。诗人知道内战已不可避免，却又无力制止，亦不知结局如何。大好河山，莫非要毁于战争，诗人身在泰山之巅，忧国忧民的心情浓郁强烈。

还想说一句的是，他的老师宋濂比他聪明，你老方也来个"举头霄汉思偏雄"，与皇帝虚与委蛇一下，不就完了，反正是人家家里的事，犯得上你如此"愚忠"吗，你也实在是愚之太甚了。都说是"砍头不要紧……"大丈夫不怕死，自己的头不要也就罢了，怎么又搭上了873颗脑袋？孔子孟子会教你这样做吗？"舍我其谁"，只不过是说舍"我"，没说舍我十族，愚啊。开句含泪的玩笑吧，呜呼！

22、海日低波鸟，岩雷起窟龙。
谁言天下小，化外亦王封。

——明 李梦阳

这四句诗摘自明代诗人李梦阳的五律《问郑生登岱》二首中的第一首。

李梦阳(1473－1530)，字献吉，号空同子，庆阳(今属甘肃)人。出身寒微。少而好学，二十一岁中举，二十二岁成进士，历官户部主事、员外郎、郎中，终江西提学副使，四十三岁罢官家居。在二十年宦海生涯中，他刚直不阿、疾恶如仇，指斥国戚、弹劾阉竖，敢于和大贵族、大官僚、大宦官进行斗争，曾几番下狱、数次罢官，可谓清节不渝、胆气过人。他的诗作，虽褒贬毁誉不一，但他的人品，则足称封建时代正直士大夫的典型，受到历代彰扬。

李梦阳在文学上是前七子的领袖，他鉴于当时台阁体诗文千篇一律的弊端，决心倡导复古以改变不良文风，主张古诗学魏晋，近体学盛唐，在当时影响很大，但他也流于了盲目崇古之弊，徒尚形式，以致以模拟剽窃为能，以艰深的文字掩盖内容的浅薄。他在乐府、歌行的艺术上有一定成就，尤其是七律，专宗杜甫，有一些气象阔大之词。其全诗为：

问郑生登岱之一

昨汝登东岳，何峰是绝峰？
有无丈人石，几许大夫松？
海日低波鸟，岩雷起窟龙。
谁言天下小，化外亦王封。

诗中郑生，即郑作，字宜述，自号方山子，为诗敏捷，常游于李梦阳门下。"波鸟"，随着海浪升起的太阳，鸟，指太阳，古人把太阳称作太阳鸟。"岩雷"，山崖的雷声；"窟龙"，隐在洞穴中的龙，古人认为龙能兴云致雨，每出洞行雨时便伴随着雷电。泰山的白龙池是自宋以来天旱祈雨的地方，池北有忽雷湾，传说天将下雨时，雷声便由此发生。"化外"，旧时指中国教化达不到的地方。

其诗的大意是：

你最近登上了泰山，泰山的哪座峰是最高峰？
有没有丈人峰？有几株五大夫松？
太阳随着海涛升起，惊雷在白龙池旁发生。
谁说登泰山天下就变小了，再远的地方也归皇上统领。

诗人对泰山极为关心。郑生恰从泰山归来，诗人便忍不住询问起来，从山峰到奇石、到古松，生怕遗漏了任何细节，表达了他欲了解泰山的急切心理。前面几句还行，然而，后一句不知所云了，难道你如此害怕皇帝？来个狗尾续貂。

23、天门倒泻银河水，日观翻旋碧海流。
欲转千盘迷积气，谁从九点辨齐州。

——明 王世贞

这四句诗摘自明代诗人王世贞的《登岱六首》之四。

王世贞(1526-1590),明代著名文学家、史学家,字元美,号凤洲,亦称州山人。江苏太仓人,嘉靖二十六年(1547年)进士。官至南京刑部尚书。

王世贞出身于将门之家,性格与众不同,读书过目不忘。21岁时中进士,授邢部主事。他为人正直,不附权贵,秉公执法。当时有一姓阎的逃犯,躲藏在锦衣都督陆炳家中,他不顾情面将阎犯拘捕。陆炳托当朝权相严嵩说情,世贞不许,严嵩大恨。后来兵部员外郎杨继盛因弹劾严嵩十大罪状,被酷刑下狱。王世贞经常送汤药,又代其妻起草诉状。杨被害后,他以棺殓之,严嵩因之大恨。

嘉靖三十八年(1559年),其父王　任蓟辽总督,在抵御外敌时误中敌计,致使滦河失事,被逮入狱。王世贞闻讯后,弃官奔走,与弟王世懋整天跪伏在严嵩门前,涕泣求告,结果仍未能挽回,父被杀弃市,兄弟两个号哭,持丧归家。

直至隆庆元年(1567年)穆宗即位,其父方得昭雪,赐祭葬。严嵩死后,王世贞作长诗《袁江流钤山冈》、《太保歌》等,斥诉严嵩父子罪恶。并辞官十年,不与权奸同流合污,得到时人敬重。

王世贞学问广博著述颇富,与李攀龙、谢榛等被称为"后七子",在文学上同李攀龙齐名,世称"王李"。李攀龙死后,世贞独领文坛二十年,一时士大夫、山人、词客甚至僧人莫不奔走门下,"片言褒奖,声价骤起"。但他的诗多以模拟古人为能事,提倡"文必西汉,诗必盛唐",影响所及,成为一时风尚。

王世贞的这次登泰山在他的散文《游泰山记》中有所记录,此诗当作于嘉靖三十八年(1560年)四月,即其父入狱前的一个月,世贞已知老爸处境不妙,特来泰山求祷。这就是他的所谓第三次游泰山。其诗为:

尚忆秦松帝跸留,至今风雨未全收。

天门倒泻银河水,日观翻旋碧海流。

欲转千盘迷积气,谁从九点辨齐州。

人间处处襄城辙,矫首苍茫迥自愁。

诗中"千盘",指十八盘。"积气":云雾。"襄城辙":指迷途。

诗的大意是:

想起始皇避雨留下的五大夫松,至今仍是风骤雨急。

雨后的山水像银河般泄下,而云似大海一样永不平息。

欲去十八盘却被云雾遮迷,"齐烟九点"又向何处寻觅?

人世间处处都有迷途,抬头远望一片苍茫令我难断愁丝。

此诗是围绕着"迷茫"来写的,中国古代知识分子,往往出于正直的本性和儒学的传统,敢于坚持正义和真理,但那个时代却不允许他们这样做,于是迷茫与愁绪便浓浓地萦绕在了心头。面对泰山,他在另一首诗中发出了"人间处处襄城辙,矫首苍茫迥自愁"悲愤呼声。他的《重登岱岳四首之三》表示了同样的情感:"北极垂衣闾阖远,中原回首夕阳寒。长余一掬人间泪,来日风尘未敢弹"。《之四》说得更加明确:"返照金泥时自跃,过云古髓向堪愁。君王未许东封奏，空向长安问子侯"。封禅的功臣未得封赏，反而导致身亡，这种结局要在父亲身上重现吗？语句虽婉转，却是有力的控诉。

24、忽出尘寰赋壮游，试从九点辨神州。
浮云直上千峰色，落日常悬万里秋。

　　　　——明　于慎行

此四句摘自明代诗人于慎行的七律《登岱八首》的第三首。

于慎行(1545－1607)，字无垢，山东东阿人，明末著名政治家、史学家、文学家。十七岁中举，隆庆二年进士，授编修，累官至礼部尚书。他性情耿介，刚直不阿，因得罪首辅张居正，告病还乡。张居正死后，才被重新起用。万历十八年，上疏请早立太子，致万历皇帝朱翊钧大怒，于慎行第二次乞休归籍，此后家居十七年。直到万历三十五年(1607年)才再次被推荐起用，诏加太子少保，兼东阁大学士，入参机务，但此后十三天就去世了。

于慎行的家乡东阿县，距泰山仅二百余里，县境内鱼山、谷城山、云翠山均为泰山西部余脉。鱼山被称作少岱山，因此他曾多次自豪地说自己是岱畎人。他钟情于泰山，一生共七次登之，创作了大量的泰山诗文。这首诗是他第三次登泰山时所写。其全诗为：

　　　　　　　登岱八首之三
　　　　忽出尘寰赋壮游，试从九点辨神州。
　　　　浮云直上千峰色，落日常悬万里秋。
　　　　紫塞东临沧海断，黄河北滚大荒流。
　　　　秦封汉禅成丘土，留与人间不尽愁。

诗中"紫塞"，指北方边塞的长城。"大荒"：原野。"丘土"：废墟。

其诗大意是：

　　　　这次远游好像进入了仙境，我要从"九点齐烟"看中国。
　　　　飞动的云令泰山千峰增色，肃杀的秋光迎接夕阳的坠落。
　　　　塞外的长城向东直入沧海，滚滚的黄河北去径向阔野。
　　　　秦汉祭天的坛场早成废墟，留给人间的只有悲哀与困惑。

诗中突出了一个"愁"字，此愁是忧国忧民之愁。于慎行一生对社会现实一直予以关心，以天下为己任。万历二十七年九月他在泰山送冯琦进京时，曾写诗鼓励他说："努力事明主，庶令泰道昌。"(《泰山对酒赠冯琢吾少宰》)明万历以后，朝政腐败，上下隔阂，万历皇帝竟30年不上朝，凡事皆搁置难行。同时，官府赋役加重，百姓不胜负担，对此，于氏在泰山诗中多有所寄寓与忧虑："天门咫尺君应见，比似人间路更难！"(《登岱八首》之二)"流亡今欲尽，几处有桑麻！"(《泰山道中》)他不仅慨叹自己道路的艰难，而且对黎民生活予以关注，表现出了一个有良知的知识分子所应有的忧患意识，这对一个身居高位的士大夫来说，确是难能可贵的。

257

25、新月控钩朝挂玉，长风吹浪暮疑烟。

——明 崔应麒

此诗我们在经石峪已经读过了。

26、百里看山眼，迢遥岱色分。
应为天下雨，不断封中云。

——明 董其昌

此四句诗摘自董其昌的五绝《望岱》。

董其昌(1555－1636)，明代画家、书法家、绘画理论家。字玄宰，号思白、香光居士，华亭(今上海松江)人。曾任庶吉士、南京礼部尚书、太子太保。其画长于山水，善于用墨，层次分明；用笔则皴、擦、点、染互施，丰富多变；设色则青绿、浅绛兼用，或艳丽而不妖妍，或闲淡而又沉着。其书法初学米芾，后自成一家。其书画既佳，作诗亦应如作画，请看其诗：

> 百里看山眼，迢遥岱色分。
> 应为天下雨，不断封中云。
> 汉简千秋秘，秦松万壑闻。
> 何当驰匹练，高揖碧霞君。

"汉简"，指汉武帝封禅时埋在封禅坛之下的玉简，玉简上有告天之文。"万壑"，指全国各个角落。"何当"，何时。"驰匹练"，驰，疾驰；匹练，喻指一匹快马。

大意是：

> 在百里之外观察泰山，远远地辨别着它的容颜。
> 泰山令天下普降喜雨，封禅坛的白云从未间断。
> 武帝密埋的玉简已逾千年，始皇封的秦松在全国传遍。
> 何时能驰骏马登上极顶，拱手行礼在女神碧霞元君前。

此诗表现了对泰山的向往。不过，看起来，他的画很可能比诗要好。

27、松亭亭，石屹屹，
偃盖万古青，坚确千年历。
故乘风雨夜飞来，不是秦王鞭策激。

——明 萧协中

此诗题为《飞来石》，诗文已全录。

萧协中，字公韠，明代太子少保、兵部尚书萧大亨的次子，泰安人。他幼读诗书，在科举之路上却未取得什么功名，只是因为他父亲在朝中为官的"福荫"，才被恩赐为上林苑监丞，辅佐主管皇家园林的官员收拾花园。后又升任顺天府治中，相当于唐代"司马"，佐助尹丞，协理府事，是个小官。崇祯末年，他辞官离京，回到了泰城萧家旧宅。崇祯十七年，李自成的部将郭昇率军攻打泰城。萧协中听说城被攻破，便"北向再拜"投井而死。泰安旧志书说他"生平精文翰，犹尚气节，蒿目时事，辄扼腕唏嘘。"他的著作有《绿远楼赋》、《泰山小史》等，现仅存《泰山小史》。泰山有史始于明代，嘉靖年间汪子卿撰《泰山志》，万历年间查志隆撰《岱史》，均记述了历代封禅望祭、灵宇宫室、物产灾祥、登览诗文等，有纲有目，是史志体例。而《泰山小史》，虽书名冠以"史"，却非史志体例。全书不分篇章，只是以泰山"中路"、"岱顶"、"岱阴"、"岱西"、"岱阳"、"岱东"等不同景区为主线，历数泰山的峰岭崖嶂、泉瀑池涧、碑碣摩崖、庵观寺院、洞穴奇石、古树名木、乡贤名人等等，加以简要说明，并以诗记之，或可视作诗集，全集共记景观、人物一百五十条。

诗的大意是：

五大夫松亭亭而立，飞来石身姿不俗。
松则万古常青，石则坚毅万古。
石是雨夜飞下来，并非始皇来督促。

此诗主要写飞来石，兼及五大夫松。诗中说飞来石与秦始皇毫无关系，但它也同五大夫松同样有名。是不是有"处士松"的意味在里面，看不懂。

28、日观晴光傍午开，茫茫东见海为杯。
九州积气峰前合，万里浮云杖底来。

——清 施闰章

此四句诗摘自施闰章的七律《登岱四首》之四。

施闰章(1618－1683)，字尚白，号愚山，江南宣城(今安徽省)人，顺治进士，授刑部主事。康熙时，应试博学鸿儒，为翰林院侍讲，撰修明史。他官至江西参议时，正当大乱之后，天灾人祸，地方残破，人民生活极其悲惨。而政府急征军粮，限期迫促，他看到这种情况，写下了《湖西行》、《临江悯旱》等诗，反映人民苦难，表达了对人民的同情。他的诗温文雅静，与清初诗人宋琬齐名，有南施北宋之称。著有《学余堂集》、《试院冰渊》等八十余卷。其全诗为：

日观晴光傍午开，茫茫东见海为杯。
九州积气峰前合，万里浮云杖底来。
邹鲁山灵真莽荡，吴阊练影漫徘徊。
昆仑不到终遗憾，欲驾苍龙首重回。

诗中"邹鲁"，邹为孟子故乡，鲁为孔子故乡，意为文化昌盛之地。"山灵"，山神，此处指泰山的影响。"莽荡"，远阔无际。"吴阊"，指苏州城门。"练影"，指白马的影像，此处指孔子与颜回师徒"望吴"的故事。"漫"，徒然。"昆仑"，神话中的大山。"苍龙"，青色的马，《周礼》，马六尺以上为龙。"首重回"，头难回，意即永不返回。《史记·司马相如传·喻巴蜀檄》，"方今田时，重烦百姓。"索引："重犹难也。"

其诗大意为：

近晌午日观峰才云开雾散，东望大海显得就像水一杯。

259

莫非天下的云都聚到了泰山，争先恐后地从脚下涌来。

孔孟之乡的泰山影响深远，我为看到吴国的白马而空徘徊。

不到昆仑才是真正的遗憾，好想驾马西去再不返回。

不必"昆仑不到终遗憾"，古今多少学者指出了泰山就是昆仑。至于他看不到白马，必然的，他怎能比得上孔子与颜回？看来此人有眼不识泰山，必须借他一双慧眼了，让他看个清清楚楚，明明白白，真真切切，从而懂得泰山是不会使人遗憾的。

至于泰山就是昆仑，后面还会找机会再给给朋友们说说的。

29、云中辞岳麓，枕上见祖徕。

他日临千仞，回看海一杯。

—— 清　王士祯

此四句诗摘自王士祯的五律《岱下作二首》之一。

王士祯（1634－1711），字子真，号阮亭，别号渔洋山人，山东新城（今山东桓台）人。顺治十五年进士，由扬州司理累官至刑部尚书，是清初最著名的诗人。王士祯善文、词，尤工诗，为一代宗匠，主盟诗坛数十年。他少年时即以诗闻名，主张作诗以神韵为宗，把"不着一字，尽得风流"作为诗的最高境界。王士祯一生曾四次到过泰山，写下过不少表现泰山风物景致、借山咏怀的诗章。这首诗是他第二次泰山之行时写下的。那是康熙八年（1669年）王士祯奉调南下，赴任途中过泰山。其时正值早春，和风徐来，满眼新绿，泰山的一切那么美好，诗便脱口而出——

篮舆名山里，悠然怀抱开。

云中辞岳麓，枕上见祖徕。

他日临千仞，回看海一杯。

仙人骑白鹤，邀我共徘徊。

"蓝舆"，山轿。海一杯，像一杯水的东海，同前诗的意思相同，语出李贺"一泓海水杯中泻"。

诗的大意为：

乘山轿畅游名山，碧峰秀水慰我情怀。

云雾中辞别岱麓，睡梦里见到了祖徕。

日后我必亲登极顶，回首眺望杯水般的大海。

那时必有仙人骑鹤到来，邀我一起在仙境徘徊。

30、齐鲁望青苍，巍然无如泰。

洞含天下云，峰高夜不昧。

—— 清　孔尚任

此四句诗摘自孔尚任的五言古诗《拜泰山三贤祠有感》。

孔尚任（1648－1718），字聘之，号东塘，自称云亭山人，山东曲阜人，孔子第六十四代后裔。孔尚任自幼聪颖好学，二十岁左右就成了才学出众的秀才，但此后乡试却屡屡不中，于是便出钱捐了一个国子监生的头衔，1684年（康熙二十三年），康熙南巡返经曲阜，孔尚任被荐去御前讲经，甚得赏识，破格录用，次年入京为国子监博士。康熙三十八年六月，历经十余年，三易其稿的传奇《桃花扇》终于完成。一时间《桃花扇》与洪昇的《长生殿》轰动京城，传为佳话。孔尚任还与顾彩合撰《小忽雷》传奇，描写唐代梁厚本与郑盈盈的爱情故事，鞭笞暴虐骄横的权奸，痛斥趋炎附势的小人，主题思想与《桃花扇》一脉相承。《桃花扇》写出后不久，孔尚任即遭罢官，而罢官的原因至今人们也不知晓。此后他滞留京城三年，于康熙四十一年（1702年）回到曲阜，过起了平民生活，直到七十一岁去世。孔尚任熟悉泰山，他的剧中人物，很多都与泰山有关。而且他写下的一批泰山诗文也是脍炙人口的佳作。其全诗为：

泰山三贤祠祀孙明复、石守道、胡安定三先生，久圮废，黄昆圃学使茸而新之，诗以志盛。

齐鲁望青苍，巍然无如泰。
洞含天下云，峰高夜不昧。
所以讲习人，杖履于此会。
孙君自晋来，担簦极狼狈。
选地初结庐，亭亭超万籁。
徂徕亦有人，肮脏胸襟大。
比邻就执经，师友两相赖。
发明孔孟心，辟除杨墨害。
海陵有胡生，闻风千里外。
裹粮远相从，慕德如嗜脍。
同耽朝野忧，各抱古今慨。
春秋志尊王，杂霸力淘汰。
出处多直言，撰著芟芜荟。
岱麓片席同，鼎足建赤帜。
不啻麟出游，宛矣凤来哕。
人亡迹尚存，世迁道未艾。
谁令旧祠荒，鲁儒贫如丐。
黄公持文衡，清操绝芥蒂。
济溺起衰文，海宇被汪濊。
登岱缅三贤，访古摩松桧。
不惜月俸钱，栋瓦依址盖。
岧峣云表中，四壁图重绘。
梁父矗障屏，汶水横衣带。
礼器两厢陈，郁邑四时酹。
乃知先后贤，脉脉接肝肺。
俎豆共一堂，千秋不复蔡。

"簦"，雨伞。"有人"，同友人。"肮脏"，古语中刚直倔强的样子，陆龟蒙《甫里集·纪事》诗，"感物动牢骚，愤时颇肮脏"。"执经"，手捧经书从师受业。"春秋志尊王"，指孙明复所著《春秋尊王发微》。"杂霸"，春秋时期思想流派，指王道参杂霸道进行统治，为儒家所反对。"芟芜荟"，芟，删除；芜荟，杂乱。"赤旆"，旆即旗，汉代用的红色旗帜。"哕"，象声词，凤凰的鸣叫声，古人以凤鸣比喻贤才遇时而起。"文衡"，原意是拿秤秤物一样来评论文章，此处指选拔生员的学政使。"郁鬯"，祭祀用的香酒。"俎豆"，泛指祭祀。"蔡"，凋落。

　　这首诗写于康熙五十年(1711年)，六十四岁的孔尚任再次游历泰山。这年夏天，王士禛在家乡病故，孔尚任前往吊唁。他们二人早在京城就交往密切，尤其是孔罢官后滞留京城，生活无着，王不避忌讳，多方周济，孔一直将王视为师友知己。此行中，他遇到了王士禛的门生，时任山东学政的黄叔琳(字昆圃)。此时黄应泰安人请求，自割薪俸，将泰山三贤祠修葺一新，在山东引起了很大反响。落成仪式上各地官绅学士、宿儒名流纷纷祝贺，赋诗题词。孔尚任大概就是受到黄的邀请前来聚会，并作诗以赞其盛的。诗中"杨墨"，指杨朱和墨翟，杨朱主张为我，墨翟主张兼爱。是战国时期和儒家对立的两个重要学派。关于三贤祠及诗中的人物，后面还有较详细的介绍。

　　此诗的大意是：

> 齐鲁大地的青山一座座，没有一座比泰山更雄伟。
> 白云洞蕴含着致雨的云，日观峰的夜晚依然不黑。
> 因此研究儒学的人，不远千里拄杖跋涉到此聚会。
> 孙复明从陕西而来，背着书箱举着雨伞十分狼狈。
> 草创陋舍演习春秋，名声便大噪传遍了整个社会。
> 徂徕石守道也是个人物，磊磊落落不是等闲之辈。
> 近邻居手执经书拜师学业，亦师亦友相敬又相随。
> 阐发孔孟的思想，扫除杨朱、墨翟非正统的错悖。
> 胡安定是江苏海陵人，孙、石的事迹如贯耳之雷。
> 使他不远千里赶来，向往圣哲就像追求佳肴美味。
> 三贤关注着朝野的忧患，感慨着古今的得失兴废；
> 淘汰霸道的弊端，孙明复写出了《春秋尊王发微》。
> 他说的都是正直之言，撰写著作剪除掉种种芜荟。
> 三贤聚于岱麓局促之地，其学说如大旗一样飘飞。
> 不仅像麒麟出游预示祥瑞，也好似凤鸣动人心扉。
> 三贤虽去遗迹还在，世道虽变而学说却好评不退。
> 齐鲁之地的儒生穷似乞丐，遂使三贤祠多年荒废。
> 黄公掌管山东学政，其清廉操行消除了嫌隙误会。
> 救助贫困振兴文教，黄公之举九州敬仰恩泽广被。
> 登泰山缅怀三贤业绩，寻幽访古为祠的毁颓伤悲。
> 不惜拿出自己的月俸，使古祠原地重建再放光辉。
> 新修的祠堂高耸云中，墙壁上有三贤事迹的彩绘。
> 梁父山是祠的屏风，汶河水像衣带一样飘荡低回。
> 祭祀的器物陈列在配房，一年四季按时供奉祭醉。
> 应知三贤与黄叔琳心贯神通，脉脉不语情接肝肺。
> 把三贤崇奉在同一座殿堂，千秋万代再也不损毁。

262

泰山

后来三贤祠变成了五贤祠，又毁了修，修了毁，直到上世纪90年代再次修复，当然我们接下来会知道它的故事的。

31、兜舆迢迢入翠微，往来白云荡松飞。
白云直上接天界，山巅又出白云外。

　　　　　　　　　　——清　蒲松龄

四句诗摘自蒲松龄的七言古诗《登岱行》。

蒲松龄(1640－1715)，字留仙，一字剑臣，号柳泉居士，山东淄川蒲家庄人。少即聪慧，十一岁从父读书，十九岁应童子试，深得施闰章、王士禛的赏识。当时学政施闰章称其文卷"如空中闻异香，百年如有神"，但他却屡试不第，直到七十一岁才得到了个"岁贡生"的名衔。他一生怀才不遇，穷困潦倒，全部家产仅是几亩薄地、三间老屋。好在三十一岁上，到了同乡友人江苏宝应知县孙蕙那里当了师爷，一年后回到故乡，便始终当教书先生，直到七十一岁告老还乡。蒲松龄一面教书糊口，一面几乎是穷尽一生的精力，历时四十余年，完成了旷世奇书《聊斋志异》。此书共四百九十余篇，写鬼写妖、刺虐刺贪，使"读者耳目，为之一新"(鲁迅《中国小说史略》)。

由于淄川离泰山不远，更由于泰山的魅力，蒲松龄曾多次登泰山，结交了泰山朋友、考察了泰山民俗，搜集了很多创作素材。《聊斋志异》中有关于泰山的篇章达二十余篇，另外他还写下了一批赞颂泰山的诗、文、赋等作品，如他的泰山诗赋就有《齐鲁青未了》、《登玉皇阁》以及我们已在前面提到过的《秦松赋》和这首《登岱行》。这些作品成为泰山文库中的不朽佳作。其诗曰：

兜舆迢迢入翠微，往来白云荡松飞。

白云直上接天界，山巅又出白云外。

黄河泡影摇天门，千峰万峰列儿孙。

放眼忽看天欲尽，跂足真疑河星扪。

瑶席借寄高岩宿，鸡鸣海东红一簇。

俄延五更泰半炊，洸漾明霞射秋谷。

吴门白马望依稀，沧溟一掬堆玻璃。

七月晨寒胜秋暮，晓月露冷山风吹。

倾刻朝暾上山嘴，山头翠碧连山尾。

及到山下雨新晴，归途半踏蹄涔水。

回首青峰倚天开，始知适日日边来。

诗中"泡影"，比喻虚幻或无望的事，此指黄河金带，由于受诸多自然条件的限制，此景观能见到的机会极少，故诗人用此词形容。"列儿孙"，指大小山峰罗列泰山之下，好似泰山的儿孙。"洸漾"，同汪洋。"沧溟"，大海。"一掬"，一捧，即"大海水一杯"的意思。"玻璃"，彼时的玻璃同珠宝一样珍贵。"朝暾"，指早晨的太阳或阳光。"蹄涔水"，指路上留下的牛马蹄迹中的水，泛指路上的积水。

诗的大意是：

乘山轿进入青苍的泰山，白云悠悠在山腰飘荡。

白云纷飞直上天界，玉皇顶却高高地在白云之上。

黄河之影漾动着南天门，众山皆小就像子孙儿郎。

举目似乎看到了天边，踮脚便可摸到天河的波浪。

夜晚寄宿在华贵的客舍，鸡鸣时东海现出一簇红光。

一时间天空像半熟的米色，霞光几缕把山头照亮。

苏州城门的白马依稀可辨，大海如杯水盛满宝藏。

风急露冷晓月更寒，岱顶七月的早晨比晚秋还凉。

突然红日跃出海面，群峰从头到尾现出本来模样。

大雨过后天气放晴，可下山时积水仍在脚下流淌。

回首大山正倚着苍穹，才知道自己刚刚路过了太阳。

蒲松龄真是了不得的浪漫主义文学大家，"回首青峰倚天开，始知适自日边来"，是别的人感觉不到，更说不出来的。

32、人带断霞过小渡，鸟冲飞絮入斜阳。
鞭丝帽影垂垂远，日观天门望望长。

　　　　——清　赵执信

这四句诗摘自赵执信的七律《晚晴过岱下》。

赵执信(1662－1744)，字伸符，号秋谷，晚号饴山或饴山老人，清益都颜神镇(今淄博市博山区)人。赵执信九岁即能为文，康熙十七年(1678年)举乡试第二名，次年中进士，十九年选翰林院庶吉士，次年授翰林院编修……但是正当他青云平铺之时，却因在皇太后的忌辰演出《长生殿》被人举报，以致他与洪　等五十余人被革职除籍，酿成大祸。这年他二十八岁。当时山东学政黄叔琳说他生性傲岸，磊磊落落，耻于投靠，所以才越高、名越大，嫉妒者越多。的确，赵执信作为才高位显的年轻士子，身处宦海，却不懂官场险恶，屡屡得罪权贵和小人而不自知，这种下场也便在意料之中了。祸殃发生后，赵执信承担了所有罪责，刑部官员欲罗织洪　的罪名，他断然拒绝，索要贿赂，他置之不理。这种勇气和傲骨世所少见。此后，赵执信拒绝做官，再未复出，直到他八十三岁去世。他是一个悟透了"人生"，才明白"韬晦"的人，故能有此高寿。

削职返乡后，赵执信长期寄情于山水之间，他在大自然中排遣郁闷，开拓胸襟，寻得精神慰藉。他一生至少四次登上过泰山。第一次是康熙三十五年(1696年)，他把泰山作为起点，开始了他的南游，"昨行泰山东，白云翁天门……"，到杭州，入鄱阳湖，经南昌，到达广州。饱览了江南风光，会见了许多友人，写下了大量诗篇。第二次南行是在康熙四十一年(1701年)，这年春天，赵执信先至泰山，写下了《暮春泰山道中遇雨》以及这首《晚晴过岱下》：

　　　　烟披岳麓翠帷张，雨邑春畴细草香。

　　　　人带断霞过小渡，鸟冲飞絮入斜阳。

　　　　鞭丝帽影垂垂远，日观天门望望长。

264

岭半桃花陇头麦，肯输物色与江乡。

"断霞"，片片云霞。"鞭丝帽影"，快马加鞭地疾驰，指速度快。

诗的大意是：

　　泰山脚下的炊烟蒙蒙，像绿色的幕帐，

　　雨后的春田，嫩芽细草散发着芳香。

　　行人伴着晚霞经过小小的渡口。

　　归鸟随着柳絮冲向云中的夕阳。

　　策马挥鞭渐去渐远，很快就要离开泰山了，

　　但心中却恋着南天门呀，我在深情地眺望：

　　啊，岭上的桃花开了，田中的麦苗儿青，

　　泰山的美景岂能亚于江南的水乡。

诗写得真是舒服啊，清清新新，不事雕凿，写自然、写生活，优美极了，全然展现了一个无欲无求、热爱大自然、热爱生活的中国古代知识分子形象。能把泰山写得如此轻松，没有封禅、没有拜神、没有皇帝、没有套话，只有摈弃了官场名利的羁绊，完全从一个平民的角度来观照泰山，才能产生这样的作品。

33、晓日一轮藏海雾，天风万壑响松涛。

　　——清　洪昇

　　这两句诗摘自洪昇的七律《游泰山四首》之一

　　洪昇(1645－1704)，字昉思，号稗畦，戏曲作家，浙江钱塘(今杭州)人。他出生于明朝灭亡后的第二年，当时清朝正在进行统一全国的斗争，浙江又是反清斗争比较激烈的区域之一，因此他在动荡中度过了青少年时代。他在二十五岁以前就到过北京，后因家庭受到清王朝的迫害，弟兄都流寓在外。他再次北上，在京城度过了长期的国子监生的生活。洪昇创作的《长生殿》比孔尚任的《桃花扇》早十年，这部描写唐明皇杨贵妃之间爱情的历史剧，深刻揭露了现实社会的腐朽，表达了作者的兴亡感慨。《长生殿》案后，洪昇被革籍入狱，此时他已四十五岁，入京十五年，尚未博得一官半职，连国学生的头衔也被夺去，真如时人所说"可怜一曲长生殿，断送功名到白头"。客居京城期间，洪昇向王士祯、施闰章学诗，使他具备了良好的文学修养。回到江南后，他心情抑郁，寄情于山水之间，在浙江吴兴酒醉落水而死。

　　洪昇客居京城，常常往返于京杭之间，其中四次途径泰山，留下了近二十首咏颂泰山的诗篇。这首诗是他第一次登泰山时写下的：

　　　　满山灯火杂低高，侧上篮舆不惮劳。

　　　　晓日一轮藏海雾，天风万壑响松涛。

　　　　水帘洞古流泉细，歇马崖倾置屋牢。

　　　　怪底寒岩春色晚，新花四月绽樱桃。

　　"牢"，牛马圈。"怪底"，怪不得的意思。

　　此诗大意是：

　　　　盘道上布满了游客的灯火，侧身横行的轿夫不怕辛劳。

　　　　一轮朝阳隐在东海的雾中，山谷中响起天籁般的松涛。

古老的水帘洞泉水淙淙流，歇马崖石倾如屋可作马牢。
怪不得寒冷的山崖春色晚，樱桃树四月才把花枝扮俏。

34、北立玉皇巅，群峰总臣仆。
此山帝王尊，万乘纷驰逐。

——清　赵国麟

此四句诗摘自赵国麟的五言古诗《泰山纪游》。

赵国麟，字仁圃，泰安人。清康熙年间进士，曾任长垣(今河南长垣)知县，并代理内黄县之职。此时内黄大饥，他便开仓放粮数百万石赈济百姓。同年黄河决堤，河水直逼长垣城，他又率官吏百姓不分昼夜筑坝抢险，打捞灾民，修起了坚固的堤防，使长垣永绝水患。他"当官清峻，以礼导民，民戴之如父母"(《清史稿·赵国麟传》)；乾隆年间官升刑部尚书，后迁礼部，拜文渊阁大学士；乾隆六年退隐归田，讲学于青岩书院，教授乡里弟子，"来学者尝数百人"，有"侍赵公坐一日，抵十年养气"之说。他一生著述甚多，如《大学困知录》、《小圆杂记》、《文统类编》、《居岱渊源》等。后来泰安人将他列入了五贤祠中。

此诗作于康熙五十年(1711年)四月，凡一百韵，洋洋千言。作者在诗中介绍了泰山中路、岱顶、后石坞、大小天柱峰、望天门、仙鹤湾等一批景区、景点，抒发了游山的感受，是一首小百科全书式的泰山诗篇。诗前有引言，更便于读者了解诗意。

泰山纪游并引

辛卯四月十一日，同金子枚仲、韩子公度、门人侯长麓、张汉张、黄子壮、黄健庵登岱，宿登封台。十二日，遍游岱顶，下后石坞；十三日登九龙岗至大烛山，仍宿后石坞；十四日，由伏虎门下仙鹤湾至艾窝而归。作诗百韵纪事。

我家泰山下，赋性耽岩谷。晨夕对不厌，春秋时往复。

兹晨值首夏，高兴倍畴昔。童冠六七人，登临岂辞数。

聋翁同予癖，加以长顾陆。退之偕籍喜，能诗兼撰录。

江夏大小阮，携琴致不俗。杖履发青岩，后先步趑趄。

列嶂悬青霄，锦屏映晴旭。层阁耸山腰，丹扉带支麓。

出郭尚陂陀，入云自兹俶。回睇见徂徕，罗罗指边幅。

过访白骡冢，流览万仙阁。茅茨高下安，樱桃参差熟。

迤逦度水帘，纡折历云壑。遥望白石亭，金经镌山腹。

何人歇马崖，长风撼古木。憩足登仙台，玉虚宫殿肃。

路转逾黄岘，一屏障全岳。芙蓉插云端，始见真面目。

峰云互吐吞，松石争盘礴。怪秘呈形模，移步换头角。

或若髻旋螺，或若笠覆篝。或若巾岸帻，或若冠铁帻。

或奋若翼张，或怒若爪攫。静或若狮蹲，动或若龙跃。

翩或若鸿惊，丛或若猬缩。或离而欲奔，或聚而欲触。

升者云为阶，坠者云为络。立者云为带，卧者云为幄。

奇幻劳应接，徘徊恣领略。振衣弥高岩，罡风吹謖謖。

一线通天门，何年巨灵凿。双岩蔽日月，仰窥天一束。
崔嵬迭壁垒，巉峭森剑锷。斧劈与刀皴，披麻连解索。
寸肤不着土，万仞皆刀斫。其阳盛瑶葩，其阴积冰雹。
倏忽异气候，烈日不能虐。铁锁云中垂，猿攀额频颟。
前趾后目睹，后冠前履𫏋。望途行弥远，身进足反却。
屏气慎登陟，忽若出囊橐。直凌登封台，浩歌震列宿。
诗追太白篇，图仿叔明轴。豪饮吸川鲸，高谈炙车毂。
醉看月蟾沉，卧听天鸡喔。晓起失万山，空蒙雨霢霂。
须臾土囊来，荡漾云雾廓。东登日观峰，扶桑逗光昙。
海水映远岫，晶盘盛碧渌。南上仙人桥，三石鬼工斲。
众山势汹涌，翠浪长空泊。西到西天门，立石无倚着。
云气成苔藓，飞白鸿都亚。北立玉皇巅，群峰总臣仆。
此山帝王尊，万乘纷驰逐。摩挲无字碑，叹息开元作。
铭德立纪功，函泥更缄玉。金石志绸缪，风雨半残剥。
更陟吴观峰，练马终渺邈。弥毂仰止情，倚杖思孔卓。
举头已天外，万古胸怀拓。凌虚与倒景，神仙焉可学。
探幽且尽奇，莫使山灵嚎。阴洞名黄花，灵区富蕴蓄。
缘涧挹空翠，满路闻异馥。到门钟磬静，依山楼阁簇。
石窦滴琼浆，羽冠献芝粥。云收皓魄回，天空沉澄濯。
枯桐鼓杳森，灵籁答肃穆。夜色沉幽梦，晨光换新局。
蔚蓝浸青葱，翠微染黛绿。千松与万松，小烛共大烛。
照天松作焰，插地山为托。既览九龙胜，更寻双凤乐。
苍髯张偃盖，珠蕊结璎珞。山川供品题，天地任啸谑。
旷怀古今空，遐览尘世促。一宿使神凝，再宿使神足。
何时结云栖，长此蠲荣辱。归兴贾余勇，桃源问津错。
甸甸逾伏虎，战兢过仙鹤。上登愁跛牲，下度惧猱玃。
乱山鸟兽寂，深涧峰峦矗。攀崖掷琪草，失路冒丛朴。
季后心彷徨，阮迷行彳亍。樵子度蜀道，同人会洪灊。
搜奇四日游，讵比谢公蹻。吁嗟归路难，颇似昌黎哭。
高步防倾危，悲乐恒倚伏。乃知遗物心，所思畅吾欲。
向平志虽赊，兹游亦陵铄。回首望龍樅，烟霞染佩眼。
称宗镇青方，乡土信所独。到庐意拳拳，赋诗酒重酌。
忽梦九天游，阊阖闻仙乐。齐州几点烟，俯视不盈握。
岂惟天下小，泰山止一粟。启户瞻岩岩，恍然似有觉。

　　"长顾陆"，擅长绘画，顾，东晋画家顾恺之；陆，南朝画家陆探微。"大小阮"，西晋阮籍与其侄阮咸，阮籍善弹琴，阮咸长于琵琶。"高谈炙车毂"，能言善辩，滔滔不绝。"白骡冢"，在红门东梳洗河畔，相传唐玄宗登泰山时乘白骡，礼毕下山至此，白骡累死，遂封为"白骡将军"，并垒石为冢，现冢无存，仅留巨大石碑，传为白骡冢碑。"月蟾"，月亮。"土囊"，山洞，此指白云洞。"飞白鸿都垩",飞白,一种汉字书体,笔画中露白,一般用枯笔写出;鸿都,鸿都门,汉宫名门,泛指门;垩,刷墙用的白涂料;此处指钟惺在西天门的题词,其字至今为白色。"皓魄回",日落后月亮升起。"沆瀣濯",沆瀣,夜半的露水;濯,清朗。"枯桐",僧人敲的木鱼,因木鱼多用梧桐木制作,故称之。"讵比谢公躅",讵比,怎么能比;谢公,指谢灵运;躅,足迹,引申为事迹。"昌黎哭",典出韩愈,韩愈喜爱古迹,恨自己出生太晚好多古迹没能见到而泪水双流,此处指赵国麟等因爱好山水而登山受苦。

篇幅所限,不再译作白话。

此诗的前十六句写自己热爱泰山,恰逢四月,春光明媚,而同行的人亦皆爱山,且具诗画、音乐之才,于是从青岩书屋出发了。

接下来二十四句写从山麓到中天门,这一路上,经过红门石、白骡冢、万仙楼、山民的茅舍、水帘洞,看到了高山流水亭、经石峪,路过了歇马崖,直上黄岘山。

以下二十二句专门写云,诗人笔下的云与山峰互相吞吐,瞬息万变,有的像飞鹰、有的如蹲狮,有时似惊鸿,有时像猬缩……奇形怪状,令人应接不暇,领略不尽。

再下二十六句写攀登十八盘,"一线通天门,何年巨灵凿",十八盘两侧,双岩对峙,天若一线,登山者前人的脚跟紧贴后人的帽冠……看着很近,走起来却远,连猿猴都愁得蹙眉。

再下面四十句写登上了山顶,先是抒发喜悦的心情,作诗饮酒,高谈阔论。第二天在岱顶看日出遇雨,但这并没有影响诗人的情绪。他们上日观峰,远眺东海,去仙人桥、西天门,上玉皇顶,观无字碑、唐摩崖,又到了吴观峰,顺着当年孔子的目光,远望吴国阊门,回思圣人业绩。在岱顶上,诗人发出感叹:"北立玉皇巅,群峰总臣仆。此山帝王尊,万乘纷驰逐。"——站在泰山最高峰,众山皆小就象一群仆从,它有帝王般的尊崇,天子们纷纷前来祭封。接下来三十四句写后石坞,诗人探幽寻奇,来到了黄花洞,这里山谷幽静,满山异香,天空湛蓝,古松成片。万千青松中,大、小天柱峰拔地而立,泰山就像它们的烛台。又浏览了九龙岗等景点,诗人发了一番议论,"旷怀古今空,遐览沉世促","何时结云栖,长此蠲(juan免除)荣辱"。长期住在泰山,世间的红尘荣辱谁还计较呢?

然后二十八句,写从天柱峰到艾洼的下山之路。这条路险似蜀道,且迷失了方向,直教诗人发出"吁嗟归路难,颇似昌黎哭"的感叹。他还告诉人们"高步防倾危,悲乐恒倚伏。乃知造物心,所忌畅吾欲"——人走得高了要防止跌下,福兮祸所倚,高兴时要想到隐伏着悲伤,从而要事事小心,不能为所欲为地做事。诗中"淇澳"即艾窝,今名艾洼,我们还要去的。

最后十句,"到庐意拳拳,赋诗酒重酌。忽梦九天游,阊阖闻仙乐。齐州九点烟,俯视不盈握。岂惟天下小,泰山止一粟。启户瞻岩岩,恍然似有觉"。诗人回到家中,总结了此次登山的心得:俯视齐烟九点,尚不足一握,岂止天下小,泰山更像一粒粟,开窗再看泰山时,心中似乎多了一些所悟。这十句便是"诗眼"了,要"昂头天外"啊,赵国麟登泰山所思甚为独特,仔细读读他的诗，是很有意思的。难怪他成了五贤之一。

35、閟殿崇东国，唯神配极闻。

钟沉汶源水，香如泰山云。

——清 沈德潜

这四句诗摘自沈德潜的五言律诗《谒岳祠》。

沈德潜(1673－1769)，字确士，号归愚，清长州(今江苏苏州)人。他从23岁继承父业，过了40多年教馆生涯。乾隆四年(1739年)中进士，时年已六十七岁，官至内阁学士兼礼部侍郎。七十七岁辞官归里。在朝期间，他的诗受到乾隆的赏识，常出入禁苑，与乾隆唱和、论诗，使他的作品和诗论风靡一时，影响很大。他的近体诗宗盛唐，为当时诗坛的主要流派。其全诗为：

> 閟殿崇东国，唯神配极闻。
> 钟沉汶源水，香如泰山云。
> 桧柏森灵气，碑铭辨古文。
> 升阶肃瞻拜，万虑静纷纭。

所谓岳祠即岱庙，其中的閟殿即天贶殿。

诗的大意是：

> 齐鲁大地天贶殿最为尊崇，只有泰山神配得上这声名。
> 庙里的钟声远传汶水之畔，殿前的香烟直达九霄云中。
> 桧柏古木蕴含着森严的灵气，碑刻铭文尽现出古人的文风。
> 登上高台恭敬地瞻拜泰山神，心中杂念俱消而气平神静。

此诗表现了作者对岳祠的虔诚心态。

36、五岳巨镇推岱宗，插天万仞青芙蓉。
荡胸层云浩如海，夜半日跃扶桑红。

——清 沈廷芳

这四句诗摘自沈廷芳的《登泰山歌》。

沈廷芳，字椒园，清仁和人。乾隆初由监生召试鸿博，授庶吉士，官至河南按察使。诗学于查慎行，古文师法方苞。此诗咏松了泰山风光，评价了历代皇帝封禅的不同，最后指出了泰山是平安之山。其全诗为：

> 五岳巨镇推岱宗，插天万仞青芙蓉。
> 荡胸层云浩如海，夜半日跃扶桑红。
> 初经回马岭，路转山腹行灵空。
> 旋过水帘洞，倒悬雪练喷长风。
> 石磴盘盘历尽十八曲。
> 始觉扪参抚井呼吸与天关通。
> 左招碧霞君，右叩青帝宫。
> 羽衣金节飘飘下，半空邀我游戏秦吴东西峰。

其间秦松汉柏雷雨已摧朽，焉辨七十二代玉简金泥封。

身绝顶高攀云松摩崖剔古篆，剥蚀如烂铜。

独有无字碑，屹立寒云中。

我欲大书补其阙，恐惊山鬼驱虬龙。

还寻祖龙避雨地，更访天宝盘游踪。

祈天符命理无据，矧以纵欲希神功。

粤稽重华事柴望，肆觐群后昭协同。

周王时迈陟乔岳，明望敷对来球共。

东巡自古有典礼，讵尚封山刻石夸豪雄。

吾闻泰山之云肤寸合，氤氲倏欻弥苍穹。

化为淋雨泽万国，神灵酬秩宜三公。

默赞我后效燮理，永穰旱涝销兵戎。

和平作颂觊神听，多黍多稌歌年丰。

"扪参抚井"：抚摸参星与井星，形容泰山极高。"羽衣"：指神仙。"金节"：指神仙出行时的仪仗。"祖龙"：秦始皇。"祈天符命理无据"：是说有的皇帝是靠一些迷信的手段来进行封禅，是没有道理的。譬如东汉光武帝刘秀，就是靠"河图"、"谶纬"作为封禅依据的，而宋真宗却是靠的"天书"等。"重华"：舜帝。"肆觐群后"：肆，遂、即；觐群后，会见东方诸侯；皇帝举行完封禅大典后都要在山下会见诸侯。"周王"：周天子。"时迈"：《诗·周颂》中的篇名，是周天子巡狩时祭天及山川的乐歌。"陟乔岳"：登泰山。"明望敷对来球共"：明，显示；望，望祭泰山；敷对，指天下的鬼神都来朝拜答对；球，美玉；共，通"供"。"氤氲"：云气聚合。"倏欻"：转瞬，极短的时间。"酬秩"：酬答泰山的等级。"宜三公"：像对待三公一样；三公，辅佐皇帝掌管军政大权的最高官员；古代皇帝对待五岳皆以三公的等级。

"我后"：指当代皇帝。"燮理"：协助治理。"穰"：去除。"销兵戎"：消灭战争；泰山自古就是平安的象征，《晏子春秋》载，齐景公起兵欲伐宋国，来到泰山，梦见二丈夫立而发怒，占梦者告诉他此乃"泰山之神怒也"，晏子遂以此进谏景公，景公便停止了此役。"稌"：泛指稻谷。

诗的大意是：

五岳之中泰山最为尊崇，峻峰入云像青色的芙蓉。

山腰的云犹如无边的海，半夜的日出将东方映红。

初次来到回马岭，峰回路转大山之中是如此空灵。

接着到了水帘洞，高挂的飞瀑喷薄而下声如长风。

十八盘好似天梯，觉得众星可摘与天关息息相通。

左手招呼女神碧霞元君，右手叩响古老的青帝宫，

众神仙从天上飘然而下，邀我去游秦观、吴观峰。

秦松汉柏已枯朽，又怎去分辨七十二代帝王遗踪。

飞身攀上绝顶找寻摩崖古篆，惜已剥蚀就像烂铜。

独有无字碑屹立寒风中，我想补其字又怕山鬼惊。

找寻秦始皇避雨的地方，探访唐玄宗去过的山峰。

河图、天书不是封禅的理据，况且为私欲而劳神功。

舜帝当年柴望祭天，在泰山会见诸侯形成大联盟。
周朝天子巡狩登泰山，祭天求神将珠宝美玉上供。
封禅自古就有规矩，哪里还需要封山刻石夸豪雄？
听说泰山之云触石而出，转眼间云气聚合满天空，
天下降甘霖——这是神灵谢泰山，规格之高如三公。
默助吾皇强国富民，免除旱涝之灾永远离开战争，
和平的歌唱给神听，佑护天下风调雨顺多多收成。

泰山是平安之山，他说对了。诗中"吾闻泰山之云肤寸合，氤氲倏 弥苍穹。化为淋雨泽万国，神灵酬秩宜三公。默赞我后效燮理，永穰旱涝销兵戎。和平作颂觊神听，多黍多稌歌年丰"。从上古帝王的柴望、封禅开始，泰山就成为和平、吉祥、安定的象征，数千年来，这一观念从未消失，至今泰山仍然在华夏民族的心目中，代表着国泰民安、风调雨顺、政通人和、百业兴旺。诗中暗指的"天书"我们知道了，至于"河图"下面还会提及。

37、俯视海气白，天水相混并。
鸿濛破一罅，滉漾朱霞红。

——清 纪昀

这四句诗摘自纪昀《晓发泰安距泰山二十五里不及登》。

纪昀(1724－1805)，字晓岚，一字春帆，晚号石云，清河间人。乾隆十九年(1757年)进士，授翰林院庶吉士，成为乾隆身边的文学侍臣。二十二年任翰林院编修。后因事流放乌鲁木齐，三十五年"恩命赐还"，次年返京。三十八年(1773年)，乾隆设《四库全书》馆，以纪昀为总纂官。经过8年的辛勤劳作，完成了第一部《四库全书》，又经过10年的艰苦努力，终于完成了煌煌二百卷的巨著《四库全书总目》。而纪昀也因此擢升为内阁学士兼礼部侍郎、礼部尚书、协办大学士、国子监事，可谓荣宠至极，而今天他又很在电视剧中"红"了一番。

纪昀对泰山十分熟悉，在他的笔记小说《阅微草堂笔记》中，有大量以泰山作背景的狐鬼神怪的故事，这些故事传达了他对世情、伦理、人生的见解。除了《阅微草堂笔记》中的泰山小说外，纪昀的泰山诗也是很有特色的。他第一次路过泰山是乾隆二十八年(1763年)，因公事在身，不能借"公出"搞旅游，所以没有登临。第二次是乾隆二十九年八月，纪昀归家奔父丧，又经过泰山，亦无法登览。但两次他都写下了诗，居然凭想象对泰山的雄伟俊秀、云海日出、圣贤遗迹作了准确描述，真是了不起。其全诗如下：

游山不游岱，一览群峰青。
有如研百氏，而不窥六经。
古人访五岳，不惮万里行。
云何跬步地，蜡屐靳一停。
壮游良所爱，于役自有程。
薄暮宿泰安，驱马鸡三鸣。

是时日未出，东望青冥冥。
少焉宿霭破，突兀无孤撑。
白云流溅溅，才挂山腰横。
想见万仞顶，咫尺扪晨星。
俯视海气白，天水相混并。
鸿濛破一罅，滉漾朱霞明。
阳乌矫翼上，浪卷羲轮赪。
荡涤蛟蜃气，寥廓天地清。
安得排云上，一快磊落情。
但愁奇伟景，使我心目惊。
风云月露手，大故非所婴。
登高不得赋，瑟缩难为形。
兹游虽未眤，且免羞山灵。
愿读十年书，万卷储精英。
培养雄直气，郁勃胸中生。
振策天门上，奋袂超峥嵘。
兴酣吐奇语，高咏群神听。
訇然千山响，下界惊雷霆。

　　"研百氏"，研究诸子百家即先秦至汉初各种学派的书籍。"窥六经"，
窥，观看；六经，即《诗》、《书》、《礼》、《乐》、《春秋》、《易》。
"跬步"，半步之遥，很近的意思。"蜡屐"，以蜡涂鞋底，增加摩擦力，喻
登山。"靳"，吝惜。"溅溅"，昏暗不明。"羲轮"，羲轮，太阳；赪，
红色。"蛟蜃气"，乌烟瘴气。"手"，无常。"婴"，遇见。"郁勃"，盛
茂状。"訇然"，象声词，轰地一声。

泰山

　　诗的大意是：
　　游山若不游泰山，只是远观众山青，
　　好比读诸子百家，而不看《六经》。
　　古人出寻访五岳，汲汲不惧万里行。
　　我距泰山只半步，为何不能为之停？
　　非我不爱玩，只是因公出差有章程。
　　傍晚留宿泰安城，明晨驱马又远行。
　　此刻日未出，东方沉沉天不明。
　　顷刻之间云层动，滚滚翻腾无支撑。
　　白云飘处仍昏暗，缕缕横在山腰中。
　　好像见到泰山顶，可以举手摸晨星。
　　俯视东海云气白，天水一色难分清。
　　云层裂开露一线，红霞涌处晨曦明。
　　金轮腾空起，云飞浪卷迎来太阳红。
　　荡涤蛟蜃之气，天宽地阔乾坤清。
　　如何才能登岱顶，使我舒怀畅心情？
　　只怕景色太奇伟，令我内心生震惊；

又怕风云多变幻，奇景大概难相逢。
登高不赋诗，萎缩蜷曲难自容。
此次无暇登泰山，且免羞辱泰山灵。
愿意再读十年书，万卷书中储精英。
培养雄壮正直气，激情勃勃胸中生。
举杖庆祝登天门，挥袖再攀超峥嵘。
诗兴正浓吐奇语，高歌一曲众神听。
轰然一声千山响，人间惊闻似雷霆。

此即典型的诗言志也，真是胸有诗书气自华。面对泰山，饱读诗书的纪晓岚诉说了自己的志向："愿读十年书，万卷储精英。培养雄直气，郁勃胸中生。振策天门上，奋袂超峥嵘。兴酣吐奇语，高咏群神听。君然千山响，下界惊雷霆。"不鸣则已，一鸣惊人，大快人心，但是敢把话说得如此豪壮的，也就是纪晓岚吧。读了他的诗，是否知道了他的为人？可惜他的"奇语"今天的人大多不懂了，也不想听了，便悻悻地说人家铁嘴铜牙。曲高和寡，你不理解他也就罢了，干吗那电视剧还把他塑造成托个大烟袋，嬉皮笑脸，一味媚观众之俗的小丑样子？难道我们今天的笑料还少吗？

38、苍山负雪，明烛天南。
望晚日照城郭，汶水徂徕如画，而半山居雾若带然。

——清 姚鼐

此句摘自姚鼐的散文《登泰山记》。

姚鼐(1731－1815)，字姬传，一字梦谷，清安徽桐城人。乾隆二十八年进士，历任山东省副考、刑部郎中、四库全书纂修等。不久后弃官回乡，主讲于江南、紫阳、钟山书院，前后凡40年。论学主张集"义理"、"考证"、"词章"为一体，是桐城派的主要代表人物之一。

《登泰山记》是一篇著名的游记，作于公元1774年冬，文章主要写泰山盘道、泰山雪景和泰山日出，描写逼真，虽距今已200多年了，但很多景物犹在，读之如在其境，使人感到亲切，其原文为：

登泰山记

泰山之阳，汶水西流；其阴，济水东流。阳谷皆入汶，阴谷皆入济。当其南北分者，古长城也。最高日观峰，在长城南十五里。

余以乾隆三十九年十二月，自京师乘风雪，历齐河、长清，穿泰山西北谷，越长城之限，至于泰安。是月丁未，与知府朱孝纯子颍由南麓登。四十五里，道皆砌石为磴，其级七千有余。泰山正南面有三谷。中谷绕泰安城下，郦道元所谓环水也。余始循以入，道少半，越中岭，复循西谷，遂至其巅。古时登山，循东谷入，道有天门。东谷者，古谓之天门溪水，余所不至也。今所经中岭及山巅，崖限当道者，世皆谓之天门云。道中迷雾冰滑，磴几不可登。及既上，苍山负雪，明烛天南。望晚日照城郭，汶水徂徕如画，而半山居雾若带然。

戊申晦，五鼓，与子颍坐日观亭，待日出，大风扬积雪击面。亭东自足下皆云漫，稍见云中白樗(chu)蒲数十立者，山也。极天云一线异色，须臾成五彩，日上，正赤如丹，下有红光动摇承之，或曰，此东海也。回视日观以西峰，或得日或否，绛皓驳色，而皆若偻。

亭西有岱祠，又有碧霞元君祠。皇帝行宫在碧霞元君祠东。是日观道中石刻，自唐显庆以来，其远古刻尽漫失。僻不当道者，皆不及往。

山多石，少土。石苍黑色，多平方，少圆。少杂树，多松，生石罅，皆平顶。冰雪，无瀑水。无鸟兽音迹，至日观数里内无树，而雪与膝齐。桐城姚鼐记。

其文的白话：

泰山的南面，有汶河水向西流；北面，有济水东流。泰山之阳的溪水都流入汶河，北面的则流入济水。在泰山南北分界的地方，有古代齐国的长城。泰山最高峰为日观峰（应为玉皇顶），在齐长城以南十五里。

我在乾隆三十九年十二月，从京都北京冒着风雪，经过齐河县、长清县，穿越泰山西北麓的山谷，跨越齐长城之险阻，才到达泰安。这月的二十八日，与泰安知府朱孝纯（字子颖）从泰山南麓攀登。盘道长四十五里（实为约九公里），全是用条石砌成台阶，共七千多级（应为六千六百多级）。泰山正南面有三条溪谷，中间一条流至山下后，环绕泰安城南下流入汶河，这就是郦道元《水经注》中所说的"环水"。我们开始就是顺着中间这条溪谷上山，过了中天门，再顺着西面那条溪谷继续攀登，于是就到了岱顶。古时候，是顺着东面那条溪谷进山的，道上有天门。所谓东面的溪谷，即古人所说的"天门溪水"，我没有到过这里。现在所经过的中溪山岭和岱顶，凡拦阻盘道的山崖险阻处，世人都称之为天门。盘道中云雾弥漫，冰雪溜滑，石阶几乎不能攀登。等到登上了山顶，白雪覆盖着苍山，雪光照亮了南天。望着傍晚的阳光照耀着的泰安城、汶河和徂徕山，好像一幅山水画，停留在山半腰的云雾就像一条带子。

十二月二十九日，天将明，与朱子颖坐在日观峰巅的亭子上，等待日出，山风扬起的积雪打在了脸上。日观峰以东，自脚下皆云雾弥漫，隐约见到几十个如白海蜇般站立着的东西，原来是露出云海的山峰。东方天际的云出现了一线异样的颜色，不一会儿变成五种色彩；太阳升起，其色纯红如朱砂，其下有红光摇摇晃晃地承托着，有人说，这就是东海。回头看日观峰以西的山峰，有的被阳光照射到，有的则没被照到，于是红色和白色相混杂，都像是屈身表示恭敬。

日观峰以西有东岳庙，还有碧霞元君祠。皇帝登泰山临时下榻的行宫在碧霞祠之东。这一天还观看了盘道两侧的石刻，大多是唐显庆以来的，而遥远的古代石刻则消失了。偏僻的不在盘道两侧的石刻，没有来得及去看。

泰山多岩石而少土，岩石为青黑色，其形状多平坦方正，很少有圆形的。杂树不多，大多是松树，生长在石缝里，树冠皆为平顶。因为冰雪封山，没有瀑布，也没有鸟兽的叫声和足迹，从南天门至日观峰数里之内无树木，而积雪与人的小腿同深。桐城姚鼐记。

遥泰山西面远、俯瞰徕峰

姚鼐笔下的这条路我们走过了，但我们不是雪中游泰山，故没有他的这些体会。文中"樗蒲"，一般解释为博具骰子，《本草拾遗》称海蜇为"樗蒲鱼"。故姜丰荣认为樗蒲即海蜇，"稍见云中白樗蒲数十立者，山也"——泰山云海中露出的几十座因披雪而变得圆滚滚的山峰就像大海中漂浮的白海蜇，这种比喻真是妙不可言。

39、秦碑汉树，要明月呼来，共论今古。
海色晴边，一声鸡报曙。

  ——清　吴锡麒

这几句词摘自吴锡麒的《齐天乐·游岱宿碧霞宫下》。

吴锡麒(1746－1818)，字圣征，号穀人，清钱塘(今浙江杭州市)人。乾隆四十年(1175年)进士，由翰林院编修官至国子监祭酒。曾主持过扬州、安定等书院。长于诗、词，骈体文也名噪一时。此词写夜宿碧霞祠，想象与神仙聚会，以及泰山夜晚、日出的景象。

其原词为：

  丹梯直上凌阊阖，冥冥欲通天语。

  白细如萦，青长不了，铁索一条来路。

  奇松对舞，

  早透顶寒涛，暗生云雨。

  稳着芒鞋，采芝常愿伴樵侣。

  仙灵进夕会好，听瑶环翠玦、飞响何处。

  壑引虬吟，林招鹤梦，拓出琼壶如许。

  秦碑汉树，

  要明月呼来，共论今古。

  海色晴边，一声鸡报曙。

词的大意是：

  盘道直达南天门，高高地要同天对话。

  汶水细细萦绕，齐鲁无际青未了，来路像铁索一样悬挂 。

  奇松相对而舞，

  五更松涛令人寒，松荫中似觉云生雨下。

  绑好草鞋，深山采芝常与樵夫把伴搭。

  今晚与神仙约会，佩玉叮咚，不知声发何处？

  山谷引来龙鸣，丛林诱人来作驾鹤升天梦，辟出仙境绝佳。

  秦碑汉树甚古，

  呼来明月，谈古论今乐无涯。

  东方欲晓天晴好，一声鸡鸣满天霞。

这首词的意境很像我们在岱庙看到的定亲王的诗："时同野鹤看桃去，或领山猿采药回。"此人来到泰山见神仙、做美梦，爽呆了。你说泰山好玩吧？还是那句话，不同的人对泰山的理解是有很大差异的，有的人把泰山视为人生

第四天

275

最高境界的精神之山，有的人把它看作神山，有的人只不过是来玩一玩，各取其便，都不错。

40、登日观，俯黄河，水荡荡，山峨峨。

——清　魏源

此四句诗摘自魏源《岱岳吟》上。

魏源(1794－1857)，字默深，湖南邵阳人。道光二十五年进士，官至高邮知州，和龚自珍齐名，思想也相近，虽然他"以经济名世"，不以诗人或文章家著名，但他的山水诗仍很有特色，显得形象飞动、生机勃勃。

魏源熟于政典章故，精通史学、文学、地理学、佛学，著作甚多。他所处的嘉靖、道光之时，清朝已入衰世，他以天下为己任，讲求经世之学，力图以此谋求国富民强，从而成为晚清学术的开风气者。他曾主持《皇朝经世文编》的纂辑事宜，对海运、水利诸政多所建言。又遵友人林则徐嘱托，编辑《海国图志》100卷，率先介绍西方各国的历史地理状况，主张学习西方先进的科学技术，提出"师夷长技以制夷"是中国近代向西方寻求救国真理的先行者之一。

从诗中可以看出，魏源至少三次登泰山，他的诗主要写了泰山周围河流分布的状况，以多变的河流衬托泰山的坚毅、高大、稳固，并希望减少黄河决口的危害，表达了诗人忧国忧民的情怀。其诗曰：

岱岳吟上

呜呼岱宗之脉胡来哉，或言辽东渡海来。

不然中原莽荡数千里，何以崛起平地雄崔嵬。

丙子之冬登日观，大雪茫茫无所瞰。

辛巳之春寻石峪，摹拓摩崖游太促。

壬午之夏偕游侣，未极峰巅愁酷暑。

三度登岳未悉岳真形，搔首岳读惭山灵。

齐鲁阴阳今踏遍，始识禹檩非漫经。

熊耳外方桐柏及陪尾，中干横行屡伏起。

始由淮北分干来，每过一峡辄分水。

为峄为蜀徐沛间，初峡吕梁穿泗水。

再峡阴平起东蒙，亦犹少室少华争华嵩。

三峡为陪尾，遂起徂徕峰。

再过莱芜原岭峡，始瞻东岳插天雄。

正干西尽东平麓，回顾葱岭如转毂。

怀抱邹鲁肘腋间，乾转坤旋灵淑育。

不有旷平不显发隤，不有纡回不显变化。

东南横行逆西北，直于昆仑遥揖逊。

宜乎封禅朝百灵，掉尾神龙殿区夏。

七十二泉汶泗源，旺湖水櫃渟其间。

运河黄河一再截，遂疑地脉亡其元。

但见中原渡海为岛屿，几见岛屿又复登中原。

登日观，俯黄河，水荡荡，山峨峨，

沧桑陵谷何其多。

登岱岳，俯齐鲁，川渎中条传自古。

稽首黄河决北勿决南，川渎洪荒还大禹。

此诗主要写泰山周围水脉山势，与其他的诗颇有不同，作者把地理学、水文学的研究用诗的形式表现出来了。

诗人首先说的是泰山的脉络，根据康熙《泰山龙脉论》，他也不得不认为泰山之脉发于长白山。他说，长白山南麓分二支，其一支蜿蜒而南至旅顺口的铁山入海，其龙脊在渤海中时隐时现，形成海中诸岛；另一支至登州的福山登陆后，向西南延伸八百余里结为泰山。

以下说了自己几次登泰山的情况，接着介绍了中原大地的山水分布。其中熊耳山(伊河、洛河分水岭)、外方山(嵩山古时曾称其名，此处非指嵩山，其长约200余公里，伊河、颍河分水岭)皆在河南省西部，为秦岭东段的支脉；桐柏山在河南省南部，主峰为淮河源头；陪尾山在山东泗水县，是泗水的源头。这些山都是江河的发源地。

诗中所谓"中干"、"分干"之"干"，指山间的涧谷。中干即淮河源头，始于桐柏山，东流经河南、安徽到江苏省入洪泽湖，再由江都县入长江，全长约1000公里。淮河下游原有入海河道，黄河夺淮后，河道淤高，遂逐渐开始注入长江。

东蒙山也在山东泗水县，与陪尾等四山同为泗水源头，因其四源并发，故得其名。泗水西流历经泗水县、曲阜、兖州，再南折经济宁市鲁桥镇入运河。古泗水自鲁桥以下又循今运河河道至南阳湖、昭阳湖，至江苏沛县东，再南至徐州市东北循淤黄河东南流至清江市西南，注入淮河，全长数百公里，是淮河下游第一大支流，所以过去往往淮泗连称。金以后，自徐州以下一段，为黄河所夺；元后，鲁桥、徐州间一段又为南北漕运所经，成为大运河的一部分，泗水之称，从此即只限于上游鲁桥以上部分。清咸丰五年(1855年)，黄河北迁，金、元以来为黄河所占夺的一段故道淤为平地，古泗水下游即不复存在。这一历史时期，水灾频仍，人民深受其患。诗中的"蜀"，即蜀山，在山东省西南的蜀山湖中。诗中"为峰为蜀徐沛间"即概括了泗水流域。

"樏(lei)"，传说禹上山所乘的器具。

"莱芜原岭峡"，是汶水的发源地。此水西流注入东平湖。徂徕山之阴、泰山之阳的涧水均流入汶河。

"少室山"，在嵩山。嵩山有三山，东为太室山、中为峻极山、西为少室山，而以太室、少室为大，嵩山是其总名。少室山主峰玉寨山(1512米)，为嵩山最高峰。少华山，亦称小华山，在陕西华县东南，因其东有太华山(华山)而得名。

"转毂(gu)"，指载运货物的大车。此处指远看一座座的山就像一辆辆满载的大车。

"邹鲁"，代指孔孟。邹为孟子故乡，鲁为孔子故乡。

"殿区夏"，殿，镇服；区夏，诸夏，指中国。

"决北勿决南"，决北指在黄河北岸决口，决南指在黄河南岸决口。黄河决口历史上多发生在河南省濮阳、兰考一带，凡北决，河水皆归大清河，最后在河北静海或天津附近入海，这条水道基本属大禹治水时的黄河故道，产生灾害较小；凡南决，河水多入涡河夺淮入海，造成极大灾害。魏源称黄河"决南勿决北"，就是祈求黄河能循故道流入大海，不要给百姓带来灾难。

诗的大意是：

泰山之脉从何处来？有人说从辽东渡海来。
否则中原浩荡几千里，泰山为何独崛起？
丙子年冬登岱顶，大雪茫茫无所见。
辛巳之春去游经石峪，欲拓大字未能及。
壬午夏天偕友来，天气太热没登顶。
三次登山不识山，面对山神生愧意。
泰山南北都游遍，才知大禹登山乘撵（木旁）不为虚。
熊耳、外方、桐柏以及陪尾山，涧水穿越群山中。
水由淮北开始分，每过一峡又分流。
初经峄山、蜀山徐沛间，好比泗水穿过吕梁山。
流水再发东蒙山，就像少华、太华争高低。
主流源于陪尾山，徂徕之峰在其北。
汶水源自莱芜原岭峡，始见泰山高高柱天地。
汶河西入东平湖，回眸苍翠之山一座座。
孔孟之乡邹鲁之间何其近，扭转乾坤把美德育。
没有迂回不显变化，没有平凡则不显峻极。
泰山位于华夏东南延伸至西北，直与昆仑相迎揖。
最宜祭天封禅朝天神，神龙显灵祐九州。
七十二泉及汶、泗，多少湖塘在这里。
运河、黄河再三决，莫非地脉失元气？
只见过大陆游移成岛屿，没见岛屿重又回陆地。
登上泰山顶，俯视黄河流，唯见河水荡荡，高山巍巍，
沧桑高山、河谷多密集。
登岱岳，看齐鲁，河川自古存大地，
我求黄河决北勿决南，就如大禹治水时。

41、岱宗尚有六朝松，凌汉峰下青未了。慎勿雷雨化龙去，折取一枝度群峭。

——清　康有为

此诗是康有为的《普照寺六朝松》，诗已全录。

康有为(1858－1927)，字广厦，号长素，又号更生，广东海南人。光绪二十一年(1895年)进士。早年学习传统儒学，但国家的危亡，现实的刺激，使他对旧学产生怀疑。1879年，接触到西方资本主义思想和当时的改良思潮，开

278
泰山

游泰山西溪、俯瞰峡峰

始揉和中西之学，改良政治。他曾七次上书光绪皇帝，要求变法，并组织强学会、圣学会、保国会，办报纸，鼓吹改良主义理论。1898年依靠光绪皇帝发动变法维新运动，受到慈禧镇压，逃亡国外。1912年组织孔教会，发起"定孔教为国教"的活动。1917年参加张勋复辟活动，不久失败。一生著述甚多。

康有为于1916年(民国五年)曾登泰山，记得吗？我们见过他在岱顶的题名刻石，此诗也应作于此时。诗中"慎勿雷雨化龙去"说的是五大夫松被龙卷风卷走，人皆传松化龙而去的典故。此诗以六朝松自喻，颇有"留得青山在"的意思。

诗的大意为：

泰山还有六朝松，凌汉峰下青葱葱。

千万莫被风卷去，折取一枝度险情。

诗文的高低不在于用了多少冷僻的词，多少古怪的典，朴朴实实就能表达主题的才是好作品。

42、际天碧海浮云卷，入塞黄河落日圆。

——清 毛澄

此两句诗摘自毛澄的七律《日观峰》。

毛澄(1843－1906)，字蜀云，清四川仁寿人。光绪四年进士。曾先后三次出任泰安知县。他心地慈善，居官正直，关心民生，犹重视文教，修和圣墓以尊先贤，建学校以育青年，山东巡抚周馥称"所办高小学校为全省之冠"。其诗为：

日观峰

逸兴何人似谪仙，醉骑白鹿过山前。

际天碧海浮云卷，入塞黄河落日圆。

路古旧闻松化石，池空曾见藕如船。

安期老去文成死，谁见元君入道年。

"安期"，即安期生，先秦时期方士，后被道家传为仙人。《史记·封禅书》记汉武帝曾遣使去蓬莱寻他。"老去"，指年老去世成仙。"文成"，指齐方士少翁，他以鬼神见汉武帝，被拜为文成将军，后因方术不灵，乃造假帛书，被汉武帝识破杀死。

其诗大意是：

谁有脱俗的雅兴像谪仙李白，醉后骑着白鹿经过泰山。

东海上空浮云翻卷，一轮红日落入黄河显得格外圆。

旧时传说泰山古松化为石，藕池干后其藕极肥大如船。

安期成仙文成受死，谁知碧霞元君出家修炼是哪年？

还记得毛蜀云这个县令吧，当年秦刻石失踪，他破案的功夫十分了得，"大索十日"终于找到。从此诗可以看出他受过地道的儒学教育，不信神，连碧霞元君也不相信。

好了，42首诗文终于读完了。从这些作品中，我们特别强烈地感受到，透过来自数千年历史长河中的信息，泰山，作为中华民族精神文化的象征，分明已深深地植入到中国精英阶层的意识潜层。在这些诗中，我们看到绝少是纯粹写景、无感而发的，诗人以泰山作比兴，面对泰山直抒胸襟，几乎全都表达了一种关于自身对历史、现实、社会命运、朝政时弊、民众苦乐的关心与见解，无不洋溢着一种磅礴的气度。在泰山的这一独特环境的感召之下，人的情感倾向于豪壮、激荡甚至热血沸腾，泰山给我们这个一度沉闷的民族，以呐喊的力量，以抖擞的精神。它，就是这样，不断地唤醒着民族的灵魂，滋润着民族的情感，陶冶着民族的进取意识；同样，也是它，一刻也没有离开过人们的目光，它对于我们民族最终形成具有独特价值的文化精神起到了巨大的作用。大概正是因为如此，泰山才受到了全世界的瞩目，才成为了世界人类的共同遗产。

从这些文字中，我们还看到了泰山给予人的启示是多方面的，影响是广泛的，我们可以提取出其文化精髓，并将这些由泰山而发的思想情感、由泰山所悟出的人生哲理称之为"泰山精神"，那么此处至少可以概括为以下几点：

一是不断进取勇于超越的精神。泰山通天拔地的雄姿，激发了人们登攀向上的渴求。"登泰山而小天下"、"会当凌绝顶，一览众山小"，"愿意再读十年书，万卷书中储精英。培养雄壮正直气，激情勃勃胸中生。举杖庆祝登天门，挥袖再攀超峥嵘。"等等，无不反映了中国人的超越意识。就犹如人们对自然的认识在不断深化一样，具有了这种精神，人们便更强烈地认识到了自我的作用与责任，从而更加努力地向上，自强不息，去实现更高的人生理想。

二是捍卫尊严永保正气的精神。司马迁把人生的价值以泰山作尺度来衡量，"或重于泰山，或轻于鸿毛"，长期以来规范了中国人对人生价值的认识，使得中国历代的知识分子及民族精英有着不可动摇的人生价值观："达则兼济天下"，而一旦壮志未酬，甚至落难，也不甘堕落，"穷则独善其身"，不与污浊势力同流。甚至有"舍生取义"者，有"杀身成仁"者，做到了"重于泰山"，也维护了自身尊严。正是具有了这种精神，中华民族才成为古今中外最成功地抵御了异族势力的侵略和同化的民族，成为虽历尽坎坷但最终昂扬地立于世界民族之林的伟大民族。这使我们又想起了中路盘道上衰家普的刻石"感斯山之永固兮，国家柱石曰严曰峻，巍然吾民族之威棱"。对此说得就更加清楚了。

三是积极入世乐于奉献的精神。泰山同人相伴的各个时代，始终与人息息相通，最能体现出每一时代的进步精神，鼓励人去参与、奉献。表现在人的精神历程上，则显示了这样的一条轨迹：在远古，人们想象出泰山神话来作为自身力量的象征；先秦哲人则把登泰山之路喻为实现自己理想的道路，文人笔下的仙境，则是打破时空界限、神人共处的美好境界，其用意仍在追求自己的理想。民族危难时，泰山又总是唤起人的匹夫之责，给人以巨大的精神力量……泰山时时反射出人的主体意识和奉献精神，这精神鼓舞着一代又一代中国人关心国事，关心民众，所谓"恨君不上东封顶，夜看金轮出九幽"不正是这么一种情结吗？中国优秀人士的先天下之忧而忧，振奋入世的精神在泰山表现得淋漓尽致。

四是善于吸收和勇于扬弃的精神。在中华民族的发展历史中，各式各样的意识形态都曾为泰山所吸收，然而大浪淘沙，只有正面的内容保存了下来并得到了弘扬，而那些有悖于人民利益，违反科学精神的东西则最终被摈弃了。泰山兼容博收，不让土壤，数千年间，积累了我们这个民族众多的优秀品质，但是另一方面，那觅神、天书、封禅又是上演得何等煞费苦心、轰轰烈烈，但是在古人的眼里这一切却是"秦封汉禅成丘土，留与人间不尽愁。""秦汉旧封悬碧落，乾坤胜概点浮沤"……早已失去了历史的意义。与之相反，几乎所有的登岱诗文都在歌颂攀登、日出、青松以及挺拔的峰、不朽的石、飞动的云……都在歌颂孔子、孟子、太史公等一批在泰山留下了不朽印迹的巨人。泰山精神永远是积极、向上，催人奋进的。

　　五是对国家统一、人民安定、社会和谐的不懈追求的精神。自古以来泰山就是平安之山，无论是早期的封禅，还是民间的信仰，所追求的无不是国家太平，止息战争，人民安居乐业。诗人来到这里受到泰山的感染，所表现出的也是这么一种情怀："玉佩捛空阔，碧雾翳苍鸾"、"默赞我后效燮理，永穰旱涝销兵戎。和平作颂觊神听，多黍多稌歌年丰"、"稽首黄河决北勿决南，川渎洪荒还大禹。"当国家面临危难时，这种期盼则变成了强烈的忧国忧民意识："更上云端频极目，紫微光电闪吴钩"……历史上世界四大文明古国有三个消亡了，只有中国生生不息，永世屹立于世界的东方，这不能不说同泰山无关，远古的封禅使中国的民族获得了认同，统一在一起，此后的中国多灾多难，但对平安、稳定的追求始终没有放弃，使它终于走向了振兴的道路，而其间又有多少心系"泰山"的英雄，为之不懈奋斗，给古老的民族带来了新生。——在接下来的游览中，我们还会更强烈地感受到这一点。以泰山为载体的这一精神，早就植根到每一个中国人心中，"泰山安，则四海安"，实际上就是把稳固的泰山作为象征，希冀永葆社会的平安和谐。

　　当然这还仅仅局限在这些有数的诗中，很不全面，随着我们游览的继续进行，我们将会对泰山了解得更多，泰山精神也会更丰满地展现在我们面前。

　　好了，很久了。让我们离开方形广场，继续我们的游程。

石雕连廊

　　方、圆两座广场之间有一条长约30米的连廊将二者联结了起来，连廊两侧为石阶，中部是一幅巨型石雕，石雕长27米、宽3米，由众多的人物组成，表现了开元盛世唐玄宗东封泰山的宏大场面。据史书记载，唐玄宗的封禅队伍十分浩大，"六甲按队，八阵警跸。孟冬仲旬，乘舆乃出。千旗云引，万戟林行。霍获灿烂，飞焰扬精。原野为之震动，草木为之风生……万方纵观，千里如堵，城邑连欢，邱陵聚舞……尧云往，舜日还，神华灵郁，烂漫乎穹壤之间。"队伍中的马匹，按不同颜色以千匹为一方队，远远望去犹如彩锦。封禅队伍中有少数民族"戎、狄、夷、蛮、胡朝献之国"的首领，还有外国如日本、新罗、朝鲜、昆仑等数十个国家的国王、使者、陪臣等。其登山的人员"仗卫罗列岳下百余里"，阵容之巨可见一斑。

　　连廊外侧耸立着12根高7.2米的九龙盘旋石柱。每根石柱有三部分组成，上端为圆形的云头纹饰，中部是5.4米高的深浮雕九龙柱，下部是1.5米高的方形基座。12根龙柱代表了曾到泰山举行封禅祭祀大典的12位帝王：黄帝、舜、周成王、秦始皇、汉武帝、东汉光武帝、隋文帝、唐高宗、唐玄宗、宋真宗以及康熙、乾隆。

每一根龙柱基座上均镌刻有四幅表现这个帝王登封泰山的浮雕图案，如代表黄帝的龙柱讲的是黄帝"会鬼神于泰山"的故事。第一幅雕刻黄帝出行，陪同，尤风伯、雨师、凤凰、蛟龙皆来护卫，第二幅是黄帝乘坐大象驾辕，六马拉着的龙车与木神毕方并行，龙、凤、虎、狼前后簇拥，巡狩泰山；第三幅是黄帝会鬼神于泰山之巅；第四幅是九天玄女向黄帝授密法战书。

而代表汉武帝的龙柱讲的则是武帝"封泰山铸神鼎"的故事。汉武帝刘彻是一位被史家称作具有雄才大略的皇帝，曾8次来到泰山，5次登顶修封。汉武帝多次封禅，其中尤数第三次最为壮观，据史书记载是"山上举火，下悉应之"，惊天动地。传说那时西王母自天而降，赠武帝"五岳真形图"，武帝大喜，将宝图带回长安，并铸大鼎一只，号称"神鼎"。关于汉武帝的封禅，我们后面还会说到的。石雕还表现了汉武帝在泰山立"无字碑"，在岱庙栽植柏树的事儿。龙柱每幅图案的下部还刻有当时所处朝代的钱币和典型的纹饰图样，以期显示出中国各个朝代经济文化的发展历史。其他的我就不再一一介绍了。

圆形广场

直径108米，广场中间是由松柏、山石组成的直径达36米的绿岛；围绕绿岛的是车行道，道旁可同时停靠6辆旅游车，即使旅游旺季游人乘车也不虞拥挤。车道内沿，有泰山景点的信息展示台，以大幅照片的形式，向游人介绍了泰山最著名的景点30多处。

广场四周为绿化地带，广植松柏、青藤和各种花草，有条条石子铺就的小路贯穿其间，并点缀以奇石、清流，使广场具有了一种有别于城市的山野情趣。是的，古人把此地取名为"天外村"，正有着渐远城市、暂离红尘之意，不可太热闹，如今广场秉承此意，追求古拙、清纯，修建得可谓得体。

如果不选择从此处乘车上山，可步行循小路北去至中天门，这是一条左拐右拐，始终穿行于丛山中的小道，在此等大山里作这等攀缘，只要心静气平，那真是最好的享受。我们不去主峰了，我们西去到傲徕峰看看。

龙潭水库

由西溪谷中的"大众桥"溯溪而上，行不远即见一高坝立于谷间，坝中之水如镜，尽收峰峦秀色——水中的倒影似乎又是一幅天然的泼墨山水画。大坝修成于1942年，上刻"龙潭水库"，为顶溢式，每当多雨季节，库水从坝顶溢出，形成一道50多米宽、20多米高的白瀑，人工造景造得十分大气。

建岱桥

水库北，又有一桥横跨溪谷，这座桥是建国后林业工人所修。60年代初，绿化荒山的任务基本完成，林业工人为了进一步发展生产建成了这座桥，并取名为"建岱桥"——建设泰山之意也。桥修得十分大气，沿西路通往中天门的游览客车就从桥上通过，它是当代泰山建设者的一座丰碑。

白龙池

建岱桥北溪谷中，有碧水一池，曰"白龙池"，池不大，但水长年不涸。关于白龙池，有一个动人的故事。传说东海龙王有一幼子，心地很善良，一次龙王命他在泰山降一场暴雨，但他不忍心降暴雨冲毁百姓的房屋及庄稼，便降了一场绵绵细雨。龙王知道后怒其违迕，就把他贬为一条小白龙困在这里受苦。小白龙被贬人间却并不以为苦，变成了一个英俊少年到岱南田家做工，田老汉见他勤劳忠厚，把自己的女儿许给了他，爱情使小白龙幸福，日子过得甜蜜和美。小白龙白天干活晚上浇田，每次都浇得畦满地透，但没有一人听到辘轳声，邻人怀疑，就暗中窥视，竟见数丈白龙入井吸水，吐入畦内，窥者惊骇呼喊，白龙只得现形含泪与妻子告别说："我事已泄，我家住在傲徕峰百丈崖下……"这个故事很久远了，但人们喜欢这个有人情味的小白龙，便把它一直讲到了今天。

玄圭石

白龙池北有巨石，像古代帝王举行典礼时所灼一种玉圭，上小下大，有人在石上题"玄圭石"三字，每逢山洪涌来，激流从巨石两侧泻下，声势浩大。

白龙祠

在白龙池畔，是古代祈雨的地方。据宋代碑碣记载，自汉唐至宋，历代皇帝都派重臣到这里投金龙、玉简，焚香求雨。宋元封五年(1082年)，宋神宗曾封白龙为"渊济公"，并建神龙祠一座。明代泰安知州袁枪曾在此题写白龙颂歌："白龙之潭，渊渊莫测。有祷则应，沛降甘泽。粒食生民，四境即宅。灵承神庥，永祀功德"。这一带题刻多为宋人所为，清初史学家顾炎武曾在此考得米芾等宋人题名石刻15处，后又有人考得16处，现大部分仍存。

黑龙潭

白龙池北半公里，就是西溪最负盛名的"黑龙潭"了。潭北有一高近百米的断崖叫"东百丈崖"。瀑布挂于崖上如千尺银练急垂直下，跌入中间一个潭中，这个潭俗称"老龙窝"；接着又从"窝"中涌出，像是集聚了更大的力量，再跌进下面的一个潭即黑龙潭中。千百万年前，泰山形成的时候，这里肯定没有什么窝什么潭，而流水年复一年地冲刷、日复一日地淘旋，竟把坚硬的泰山花岗岩冲出了两个几丈深的大坑，造出了一个有名的景观。

黑龙潭瀑布的西边，还有两道山崖，人称"中百丈崖"、"西百丈崖"。雨后，3个百丈崖俱不示弱，争相把它们收集到的雨水还给大地，场面壮观极

黑龙潭瀑布

了。擅长形容大自然的古人把这叫做"云龙三现"。天旱时，中、西两个百丈崖瀑布涸了，而唯黑龙潭瀑布源头甚长，它依然在流着，依然在不懈地从事着它千万年来从未止息过的穿石之作。

长寿桥

从黑龙潭向北望去，一座石桥横跨在东百丈崖之上，桥长60余米，中间为单拱，单拱左右各有两个水大时泄洪的肩拱，明显仿赵州桥。桥栏为铁制，漆成红色，既显轻巧又格外醒目，造型十分生动，这就是长寿桥。长寿桥与飞瀑，一静一动，一红一白，一横置一竖挂，为西溪山水倍增情韵，像是在这幅旷远的山水画上加了一笔重彩。

阴阳界

长寿桥桥下是巨大石坪，石坪的边沿上有一天然白色石纹，宽近1米，长约40米，人们把它叫作"阴阳界"。有趣的是，阴阳界南为悬崖百丈，界北则石平如砥，人们不能越过界限半步，否则必不能生还——大自然在这里居然用它的特殊语言在给人们上着哲理课，告诉人们什么是"极限"、什么是"分寸"，并且告诉你中立也不行，倘若你站在白线中间，虽可保一时无恙，但终须小心翼翼，一动也不敢动。这造化真叫人叹为观止！更引人思索的是，过去硬是有人不理睬大自然的法则，坠入深渊了，于是人们沿着阴阳界又修起了一道坚固的铁栅——这就像人间的法律。

大石坪和阴阳界是泰山著名地质景点。石坪为傲徕峰岩体"中细粒片麻状二长花岗岩"，形成地质年代为25亿年左右。岩石主要矿物成分为斜长石、微斜长石、石英和黑云母。抗风化剥蚀能力比较强，更加之长期流水冲刷的作用，所谓"户枢不蠹"，几乎看不出风化的迹象，就形成了这样宽大而表面平滑的大石坪。阴阳界，实际上是一条由长石和石英组成的花岗岩质岩脉，呈灰白色，近于直立地产出在中细粒片麻状二长花岗岩中，也就是说深深地镶嵌在二长花岗岩中，所以这条线是永不会磨损的，它与围岩界线十分清晰，色彩鲜明，故使人联想良多。

"洗我国耻"刻石

吴迈刻于1932年6月。还记得吴迈吗？这是他在泰山的另一处抗日呐喊。

"还我山河"刻石

下有款：民国念一年，莱芜巩西峰。"念一"即廿一，即1932年。这个巩西峰我不知道是谁，但是我知道那怕一个最普通的中国百姓，来到了泰山的怀抱，也会油然生爱国之心。是的，在那个时期他们共同的心声是收复被日本人夺去的东三省，但几千年来，这是一以贯之的，所有的民族特点和百姓来到泰山，心中所想的都离不开"祖国"！

第四天

285

竹林寺

竹林寺

　　如果不过长寿桥径直往东北去，可至中天门。游览公路旁有泰山著名古刹竹林寺。此寺创建年代无考，但在唐时就已颇有名气。元代元贞初年，固陵僧法海重修；明代永乐年间，高丽僧满空拓建。《岱览》载："泰山竹林寺者，名冠天下。"明代后期，该寺毁于一场大火，明代御史肖协中曾在《泰山小史》中记其事说："寺遭回禄（火灾），佛入石洞，门闭而不可得。迄今云雾烟雨时，犹能遥见旧日楼台"。历史上竹林寺曾是一处有很大影响的北方重镇，为禅宗之临济宗在山东的十方丛林，梵宫林立，高僧辈出，磬声佛号，响彻入云。其后又有高丽名僧满空禅师携徒航海而来住持竹林寺达10年之久。可惜，至建国前这里只剩青竹万杆，而寺庙早已踪迹俱无了。2000年，根据《泰山总体规划》，竹林寺终于得到了修复。新修的竹林寺北倚钟锣峪，南临西溪，为仿唐建筑，大木架结构，占地4700多平方米，建筑面积1600多平方米；以山门、天王殿、大雄宝殿为中轴线，两侧辅以雷音堂、文殊楼、钟鼓二楼和禅房，以爬山廊连接主体建筑，形成二进院落，是目前泰山复建的最大一处唐代建筑。

无极庙

　　而过桥往西北去是泰山著名的傲徕峰景点。桥北先见一座小庙，这就是"无极庙"了。无极庙建于民国年间，1925年张宗昌督鲁时，兖州镇守使张培荣封其夫人为无极真人，并在此建此庙，供奉该"真人"。庙由山门、正殿、东西配殿和禅房组成，全石结构。山门联曰："天台岩下藏五百，须弥顶上隐三千"。院内石筑正殿三间，门额"太虚灵妙"，楹联称："玉楼琼华高山阆苑，青琳翠水俯视昆仑"。正殿前有东西配殿各三间，西院为禅房院，有西屋、南屋各三间。

天胜寨

　　由无极庙西北行，小道穿过山居人家。山民的生活很富裕，很悠然，鸡刨于树下，犬缩在门前，一派山情野趣。继续西行，山势变得险峭，有巨石如门把守山隘，石上有今人所题"寨门"二字，这就是历史上有名的西汉末年农民起义军"赤眉军"的泰山根据地"天胜寨"的寨门了。

　　赤眉军的故事发生在王莽新政时，王莽当政，频繁发动战争，加重人民负担，逼得百姓无法生活，爆发了一场全国性的大起义，赤眉军就是其中重要的一支起义队伍。新莽天凤五年(18年)，琅邪(山东诸城)人樊崇在吕母海曲起义的影响下在莒县率领百余人起义，扎寨泰山，转战黄河南北，队伍迅速扩大。吕母死后，其队伍也并入樊崇起义军，人数达到数万。这支队伍作风淳朴，纪律严明，颇有战斗力。王莽惊恐了，便派出心腹更始将军廉丹和太师王匡，搜罗了10万人，向樊崇反扑，妄图一举消灭这支起义队伍。樊崇军为了同官军相区别，每人都用赤色涂眉，因此人称为赤眉军。结果赤眉军在成昌(泰山西南东平一带)大胜王莽军，杀死廉丹，王匡逃脱。成昌大捷后，起义军乘胜向西发展，人数达10万人，王莽在东方的统治从此崩溃。

三透天

　　走入寨门，山势变得开阔。起义军的遗迹在这里仍依稀可寻，据说那一一可指的柱窝、栈孔、石臼、房基石等均为赤眉所为；附近还有一洞，因洞中有3孔透光，人称"三透天"，传说是起义军的暗堡，洞前有开阔平地，称为演武场；西南山岗处有相传是起义军练马的地方，称作"跑马场"。从"三透天"向北又有一洞，叫"刘王洞"，洞可容数十人，内有天然石几、石床等。"刘王"名刘盆子，泰山人，原为牧童，参加起义后仍为义军牧牛，为"牛吏"，后因他

第四天

扇子崖

是西汉远支皇族，起义军攻占长安后，被拥为皇帝，年号建世，起义军有了自己的政权。但最后，他们终未能斗过豪强地方武装，失败了，樊崇等惨遭杀害。巍巍泰山记住它所造就的英雄豪杰，长期以来百姓一直称傲徕峰为"穷汉峰"，就是以其巍峨的身姿来形容那些虽穷但有铮骨，且意志坚强的英雄们。除了赤眉军之外，以泰山作为起义根据地的，据史载还有春秋末年的奴隶起义领袖柳下跖，东汉末年与黄巾军相呼应的东郭窦、公孙举，以及唐末黄巢等，他们活动的地点好多至今仍可以辨认。

游泰山西溪·傲徕峰

扇子崖

天胜寨西北有一峰，兀自独立，东西宽而南北窄，像一把扇子，故名"扇子崖"，传为赤眉军的了望台。扇子崖三面峭立如壁，唯西南稍有斜坡，但块石累立，人多不敢上，1990年，村民于崖壁上架设了扶栏和铁索，人们始得以登上其巅。扇子崖顶尚有明代房屋遗迹，据说是泰安举人王无欲为避明末战乱而修的读书处，也不知此房是如何建成的。

上去扇子崖上才发现，原来上面平阔，可容数十人，登上在崖顶远眺更明白了，到此来只有天胜崖一条路，其他三面俱是陡崖千丈概莫能攀，难怪起义者选中了这里。

扇子崖断裂

泰山地质景观，位于扇子崖处。因为扇子崖同其东侧的狮子峰和西侧的傲徕峰原是一个整体，为一长条状的平整山脊，同属泰山的第二级夷平面，后来在扇子崖的东西两侧产生了两条北西向断裂，经过风化剥蚀逐渐形成了两个山口。虽然这里的侵蚀切割强度较主峰一带稍弱，但地形仍十分陡峻，长峡深谷、奇峰绝壁举目可见。

青桐涧

站在崖顶四望，其北有青桐涧，因涧中古时多青桐而得名，又因青桐可炮制女儿茶而闻名。明代中期李曰华《紫桃杂缀》说，"泰山无好茗，山中人摘青桐芽饮之，号称女儿茶。"明代查志隆在《岱史》中也说，泰山人于青桐涧采制青桐芽制女儿茶，"异于南茗"。《红楼梦》第六十三回写道："闷了一茶缸子女儿茶，已经喝过两碗了。"可见女儿茶在当时已经很有些名气了。而现在稍有些年纪的人都记得，泰安人以前喜欢用蜜饯青桐籽冲水喝，不知那又叫什么茶。

宝瓶崖

又名壶瓶崖，在青桐涧北，山谷对面，崖壁上有石质风化形成的图形，状若古瓶，惟妙惟肖，十分逼真。

龙角峰

在扇子崖东北。山峰状若龙角，是泰山有名的72峰之一。山半腰有峰似柱，上有山寨遗址。古称"九女寨"，传说是历史上赤眉军起义时，女兵扎寨的地方。

国之魂魄 · · · · · · ·

牛倌石

宝瓶崖之巅奇石甚多，有一石兀自独立，就像一人站立，此石下又有群石如牛，就像一个牛倌在放牛，相传这就是刘盆子。

火焰山

在宝瓶崖西北1公里处。《泰山述记》称："一峰黑飙特异"，像被火烧过。我们已经走过了泰山很多地方了，知道经石峪是孙悟空"晒经"的地方，其他还有"水帘洞"、"高老桥"、"南天门"……再加上这里的火焰山，都是《西游记》里面的地名，于是有学者就说，泰山是《西游记》创作的原形，并写了长篇大论的文章，我们相信也许有可能是这样吧。可是此后便有人津津乐道了，说泰山就是花果山。这就不对了，泰山怎么会成了花果山，成了猴子玩的地方了呢？泰山如果变成了花果山，那么可以打一个比方，就像把释迦牟尼变成了"大师兄"——岂不是太看低泰山了。

第四天

鸡笼峰

在弄水岩南，山形浑圆如鸡笼，峰下有泉，名"下泉"。泉中有巨石如鼓，称作"石鼓"。此处山水宜人，为古人所钟情。

元始天尊庙

在扇子崖西，建于明代。因为整座庙宇基本都是用石头建成的，所以过去叫石庙。庙依山势而建，山门朝东，东西长而南北窄，内由穿堂、正殿和东、西配殿组成，殿前有3间卷棚式建筑，中间开门。西为"无梁殿"，券石拱顶，全部石作，顶上覆以瓦。殿内神龛供奉元始天尊像一尊，前有金童玉女捧桃侍于两侧。据道教的说法，元始天尊生于混沌之前，化生为天宝君，居清微天玉清境，所以称作玉清，元始天尊常以手持混元珠像居于大殿神像之中位。另一位是上清灵宝君，又称灵宝天尊，居禹余天上清境，灵宝天尊常以手捧如意之像居于元始天尊的左侧。再一位是太清神宝君，又称道德天尊，即太上老君，居大赤天太清境，道德天尊常以白须白发老翁、手执羽扇之像居于元始天尊右侧。元始天尊是道教的最高神灵"三清"之一，在一般的庙宇里常与另两尊大神共同供于"三清殿"中。此三位天尊在泰山却并未守在一处，原始天尊在此地，太上老君在王母池之东的老君堂，而灵宝天尊则不知何往了。天尊四周有黄天化、殷洪、哼哈二将等塑像，皆为神话小说《封神演义》中的天兵天将。殿前门额上有王无欲所题"天尊殿"三字。西配房为穿堂式，穿越西上，又有并排的三座殿宇。中间双层者为"吕祖祠"，内有重塑吕洞宾像，祠西是"太阳宫"，东是"地母宫"。再往东北有一处自然洞，前为石条砌厅，上书"圣贤祠"。

天尊松

位于元始天尊庙内，古松探枝东南，荫蔽半个庭院，此松虽地处一隅，不在泰山主景区，但其形态苍古，独立特行，因此也很受到文人的赞颂。

地母宫 太阳宫 吕祖祠

西配房为穿堂式，穿越西上，又有一溜排开的3座殿宇，东是"地母宫"，西是"太阳宫"，中间双层者为"吕祖祠"，内有重塑吕洞宾像。地母宫东北有自然洞一处，前为条石砌厅，上书"圣贤祠"。这3组建筑因受地形限制，体量不大，但是背依高峰，前临深豁，且视野开阔，倒也耐人寻味。

此处所供奉的俱是道教的神，泰山的道教有着源远流长的历史。

泰山道教简说

古老的原始崇拜，帝王的封禅，给泰山提供了道教发展的沃土。泰山崇拜、封禅与祭祀都与道教的"天人合一"、"天人感应"的宇宙观十分契合；而中国古代求仙访药、长生不死的人生冀望，又推动了帝王纷纷东巡到泰山祭祀天地，因此泰山逐渐成了道教势力的重要基地。

泰山作为"神山"的早期地位的确立，与中国古代的"五行学说"有着密切的关系，泰山之所以被称作五岳之一，就是五行学说的产物，这对后来的道教发展影响很大，因此泰山道教起源很早。前面说过，据传早在战国时期，方士黄伯阳就修隐于岱阴的鹿町山岩洞，后人称之为"黄伯阳洞"，而秦皇汉武，结合封禅大肆寻药求仙，更使方士往来于泰山，进一步加重了泰山的道教色彩。

西汉中期以后，泰山的道教活动变得频繁与普遍。西汉末年，樊崇率赤眉军驻扎泰山，借道教巫术来维系军心，发布号令。东汉末年张角发动黄巾军起义，是以太平道为组织工具，号召民众相应。黄巾军主力曾在泰山一带与曹操作战，为太平道在泰山的传播起了很大作用。东汉顺帝时，天师道徒崔文子在泰山采药炼成"黄散赤丸"，于瘟疫流行时救人万计，更使道教在泰山建立起深厚的民众基础。

魏晋时期，以长生、修仙为本的神仙道教在帝王和士大夫中十分流行。当时封建统治者对知识分子实行严厉的思想控制，迫使部分士大夫脱离仕途，隐逸山林，炼丹服药，以求摆脱险恶的现实，得道成仙。如曹植曾长期徜徉泰山，写下了不少著名的游仙诗，他在《仙人篇》写下了"东过王母庐，俯观五岳间"的句子，这证明当时泰山就已有了专门供奉西王母的祠宇。西王母是道教中第一女神，泰山王母庐是文字记载最早供奉西王母的宫观，可见泰山在当时道教中的地位已是相当高了。

唐高祖李渊称帝后，以为得天下是道教始祖老子佑助的结果，于是认老子为李唐的祖先，并封其为"太上玄元皇帝"，大力推崇发展道教。唐高宗、玄宗接连封禅泰山，高宗、武则天在泰山建起供奉老子的岱岳观、老君堂，斋醮造像，祈求神仙保佑。据说此时，作为道教神灵之府的泰山经常出现"仙迹"：相传唐玄宗时，泰山女道士张炼师居岱顶玉女祠。而早先张炼师曾与李某同至泰山学道，后来李某以家有妻妾为由辞别而归，官至大理丞。安禄山叛乱时，李携妻至襄阳，后又独去扬州，途中与张炼师相遇，张邀其至家中。李见张炼师家门庭壮丽，殿宇巍峨，颇生感叹。又见堂前舞妓婆娑，中有持筝者酷似家妻，越发感到奇怪。歌舞毕，张炼师呼来持筝者，赏以沙果，并系于裙带之上，遂散去。第二天，李某再到这里来，只见一片荒地，没有人迹。他赶忙回到襄阳寻找其妻，竟见她的裙带上果然拴着沙果。问其故，妻子说：梦中曾有舞妓追我，说张大仙唤你去拨筝，我便同去，临别时仙人以沙果系于我的裙带之上。李某这才知道张炼师已经得道成仙。唐代宗大历八年，张炼师曾陪京都大臣朝拜岱岳，据说至今万仙楼东侧桃花洞断崖上，还存有张炼师的题刻。

宋真宗封禅泰山后，封泰山神为"天齐大生仁圣帝"，并建殿供奉，每年三月二十八日都要举办盛大的庙会，庆贺泰山神生日，使得大规模道教活动成为泰山定制。金、元之际也是泰山道教的全盛时期。道教在金代之前通称"天师道"，金大定七年(1167年)，王重阳在山东宁海(今牟平)创立了以道教为主，兼融儒释的全真教，也称"全真道"、"全真派"。其教旨以"澄心定意，抱元守一，存神固气"为"真功"；以"济贫拔苦，先人后己，与物无私"为"真行"。功行俱全，故名全真。此后，道家正式分为正一、全真两大派别。正一派道士一般不出家，称做"火居道士"或"俗家道士"；全真派道士须出家。泰山道教以全真派居多。

王重阳的众多弟子中,以年轻的丘处机修行最苦,道行最高,影响最大。丘处机19岁拜王重阳为师,以穴居乞食度日。后来他携弟子来到泰山长春观,人称"长春真人"。据《元史·释老传》载,南宋嘉定十四年(1221年),丘处机率领十八弟子,朝见成吉思汗。当时元兵大肆杀伐,丘处机极力加以规劝,说欲得天下者,必不能嗜杀人。他的努力得到了明显效果,元军杀戮大为收敛,使得全真教在灾难深重的民众中声威大振,而且,此举在新崛起的蒙古贵族中产生了很大影响,全真教受到了元代统治者的青睐。丘处机被成吉思汗称为"丘神仙",元世祖忽必烈也赐号丘处机为"长春演道主教真人"。《泰山小史》载:"泰山南址有长春观,丘以全真为教,元时赐'无为演道大宗师',别号'长春',后去峄山遂仙。"《岱史》也说,长春观内有丘神仙牒牌,刻成吉思汗皇帝敕旨。后来,丘处机的女弟子訾守慎主持长春观,元帝赐号"妙真"。前面我们多次提到过的全真教著名道士张志纯,12岁入五峰山学道,不久即道行超群,引度道徒,并发愿募捐,创建南天门,重修蒿里山神祠,被元帝赐号"崇真保德大师",授东岳提点监修官。张志纯96岁"羽化"后,元代文坛盟主杜仁杰亲为其作墓志铭。

明、清两代,道教命运江河日下,但民间道教组织,如崇尚巫术的白莲教等却如洪水泛滥,渗透于各地,规模较大的民间结社进香活动也成为风气,泰山女神碧霞元君的信仰在中国北方广大地区形成,几乎出现了一统天下的格局,成为了道教以民俗形式的延续。实际上,民国以后,道教组织逐渐减少,取而代之,民间信仰均以民俗形式出现了。

道教作为多神教,其神谱系统"杂而多端",信仰也十分杂乱,既有天神、仙人、真人,又有从佛教中搬来的神,还有志怪小说、民间传说中的圣贤人物、历史英雄、高人逸士,以及如碧霞元君一类的民间诸神。如前面我们看到的元始天尊、玉皇大帝、东岳大帝、西王母、斗姆、三官、吕洞宾,甚至炳灵王、延禧真人等等都在泰山占有一席之地。

但是道教在泰山绝非一花独放,泰山不仅没有跻身于道教十大洞天之列,甚至在三十六小洞天中也只是名列第二。泰山的宗教文化是多元的,佛教传入中国后,也很快就在泰山发展起来,魏、晋、南北朝时,一度十分兴盛;而到了隋、唐、北宋时期,封建统治者对儒、释、道"三教并用",泰山融三家为一体,它的"神山"内涵也由此变得更为丰富。

傲徕峰

出元始天尊庙西门,循小道再西去就到了傲徕峰。傲徕峰在泰山主峰的西南,离观察者较近,所以从城里看它,觉得很高,甚至超过了主峰,实际上一旦走近了泰山之后,它就不高了,故当地有句俗语说:"远看傲徕高,近看不及奶奶(指泰山主峰)腰。"其实站在它的下面仍然觉得它实在是并不矮。要想上傲徕峰,不能像登泰山主峰那样"登",而必须攀爬。

月亮泉

在傲徕峰下，隐于高阔各数丈的垂壁之中。泉呈半月状，水质清洌，终年不涸。石壁上有今人所题"月亮泉"三字。泉旁有爬山虎，爬满了半个石崖，使此泉显得更加幽古。

太阳石

在元始天尊庙西、月亮泉东，北侧是万丈悬崖，悬崖上翠柏掩映之中，有一天然红色印记，圆如旭日。此处翠柏如海，红石如日出海上，故称作太阳石。

傲徕峰岩体

泰山地质景点，位于傲徕峰处。此地狮子峰、傲徕峰与扇子崖出露的岩石都是"黑云母二长花岗岩"，这种岩石的岩性比较单一，颜色较浅，主要的矿物成分有斜长石、钾长石、石英和黑云母，次生矿物有绿泥石、绿帘石、绢云母等，具片麻状构造，岩石比较细密，抗风化剥蚀的能力较强，是一种古老的侵入岩，同位素年龄为23－25亿年。曾遭受一定程度的变质及混合岩化的影响，岩体内常发育有大小花岗质岩脉，有的地方还保存有一些地层残留体，太阳石就是这种混合岩化的产物。

傲来峰石崖陡峭如壁，看来我们是上不去了，原路返回吧。

——导游，泰山还真的不错呢。我想问问你，人为什么要旅游？你见过的游人多，知道不知道？

这要问你自己，我是导游，您是旅游者，你为什么要出来旅游呢？

——反正我也说不上来，有的时候跑出来，花一把钱，赚一身累，当时觉着索然无味，但过上一年半载，又想出去了。怎么回事？

我也说不太清楚。我记得美国有一个研究行为科学的人，好像叫马斯洛，他的学说曾在中国风靡一时，当然他说的也不一定对，他说人的需求分为5个层次。最低一个层次是活命，那些生活在贫困线以下的人，只要能活着就十分不容易了，尊严啊、理想啊，什么都谈不上，这类人最典型的就是乞丐。如果存活不成问题了，温饱了，活得像个人了，那么再一个层次就是安全的需求了，就希望天下太平，希望人身和财产有安全保障。在这个基础上更高的一个需求层次便是"爱"，进入了精神层面，然后是"受人尊重"，而最高的层次则是"自我实现"。旅游同前两个层次大概是不搭界的，它应该介于后三者之间，是一种精神的追求。孔子爱旅游，朋友来拜望他，他高兴，因为他感到自己得到了爱和尊重；他去拜望别人，譬如老子，老子热情接待他，他更是高兴，很有受到尊重的成就感。所以古人经常骑着头驴儿，颠儿颠儿地到处跑，不是为了活命，不是为了温饱，也不是为了安全，他们追求的是一种精神的满足。而司马迁起点更高，早年他到泰山来旅游，就是为了学习知识，为今后的自我实现打基础，也就是说他旅游的目标不仅仅是为了玩，为了浅层次的快乐。所以后来他受到宫刑，差点而要了命，这时候"旅游"给他带来的精神滋养起作用了，他要跨过前四项，直接向自我实现去冲刺。

——你说的有道理。改革开放前，把旅游看作是"封资修"的东西，不让旅游。就是叫你游，你每月几十块钱的工资买的起车票、住得起旅馆吗？所以现在出来旅游本身就有一种满足感、自豪感，譬如我们去过张家界、黄山、武夷山什么的，经常是逢人就说，显摆显摆，我们满足啊。而我们的朋友还有的去过港澳台、新马泰、欧洲六国……更是自豪得不得了。

当然也并不仅仅为了自豪，旅游可以启智慧，开眼界，壮精神，强体魄，长知识，净心灵……它给人带来的精神愉悦和收获远远超过了吃喝玩乐的快乐。前面有朋友说过旅游的"六要素"，这个六要素我认为主要是针对旅游的提供者来说的，指的是旅游提供者要搞好吃、住、行、景区建设、购物、娱乐等等方面的服务，而并不是说旅游者的活动目的就局限在这6个方面。旅游者是构成旅游的主体，他们的需求是多方面的，而不能事先就拿这6个字框住他，而忽视了作为旅游的更为广阔的领域，尤其是精神领域。

——对，这次在泰山好像就与以前不太一样。

而且同在家里看电视、上网也不一样，是吧？

——不一样。

再说说黄山、武夷山看？

——黄山太美了，石头、山峰各有形状，有的像孙悟空，有的像猪八戒……武夷山也美啊，它山下有条宽阔的溪，可以乘竹筏观景，每位60元。不过它们的文化好像不太行，不如泰山。

不，它们的文化也是非常丰厚的，只是每座山的文化内容不同、形式不同、介绍得不够，有一些没被人们感受到罢了，也就是说旅游的作用没有充分发挥出来。其实泰山如果不介绍，不识者更多，大多数人也不过仅仅知道它有索道，是世界遗产而已，您承认吧？

——又提起来了。您是不是也要借我们一双慧眼了？

那是开玩笑了。其实大家在口口声声地赞叹风景区的美，这已经是进入了审美的层面，获得了精神的愉悦，有所收获了。这种身临其境的感觉是其他方式不能代替的，就像球迷一定要到球场去看球一样，所以只要有条件，我们都愿意出来旅游。大家这次选择了泰山，太好了，你们将会感受到泰山风景区的美是很高层次的，随着我们逐渐地穿透"宫墙"，我们定会领略到泰山的大美。

——你还没忘这个茬？哈，你这个导游厉害，逮个机会就当王婆，有意思。

又回到我们的住处了，今天的游览就到这里吧，感谢诸位啦，拜拜！

第五天

汉明堂 玉泉寺 天烛峰

朋友们，早晨好。今天我们到泰山的东麓去，那里又是一个崭新的天地。

泰山的登山道路，我们已经去过三条了，也就是红门的中路，桃花峪路和天外村的西路。还有一条路在泰山东南，自上梨园经柴草河到中天门，这是汉武帝登封泰山时所走过的路，不过因为此路已废圮多年，而且也只是到中天门，我们就不再去了。

我们这次游泰山，还有最后一条登山路线在泰山的东北麓，这里就是泰山自然景观最为壮观神奇的天烛峰登山道，或称"天烛峰游览区"了。今天要向朋友们介绍的就是这个景区以及它周边的一些景点。

好吧，我们上车。

现在我们行驶在笔直宽阔的泰佛公路上，"佛"指的是"佛爷寺"，又叫玉泉寺。今天我们先顺路看一看汉明堂遗址，然后去佛爷寺，再由佛爷寺返回，主要游览天烛峰景区。汉明堂遗址在泰安城区东北约4公里处的谢过城村附近，谢过城的故事已经给大家讲过了，是孔子活动过的地方。

汉明堂遗址

呵，4公里，转瞬即到，这里就是汉明堂遗址了。

在前面的游览中我们已多多少少地向大家介绍了先秦72代君王，以及秦始皇、唐高宗、唐玄宗、宋真宗的泰山封禅，但是对来过泰山8次的汉武帝，以及东汉光武帝刘秀是如何封禅泰山的，我们却没有提到，今天就在这里向朋友们作一简单的介绍吧。

那么，先说说"明堂"是什么名堂。所谓明堂，是古代天子修建了用以上通天帝，下统万物，聚会诸侯，听察天下，研究国家大事的地方。周代的帝王就曾在泰山建过明堂，延续到了汉代，汉武帝又在泰山修起了规模更大的明堂，汉以后这一政治传统废止了，但它留下的故事却记载到了史书中。

汉明堂遗址现为一高大的圆形土台，土台西侧有河水南流，再西有古泉一眼，泉水长流汇为池。其旁有一碑，上题"明堂泉"三字。《水经注》说，汉武帝封禅泰山时，先是选择了周明堂故址，后又嫌其"险狭不显"遂移址到了此处。但是汉武帝当时已经并不知道明堂的形制了，于是就有济南人公玉带献上了据说是黄帝时的明堂图，图中有一殿，四面无壁，茅草覆顶，四周环以流水，上有楼，从西南入……汉武帝允准了，命人照图办理。以前这里曾有元人题刻"明堂故基"四字和乾隆《汉明堂》诗碑，现均已不存了。如今游人来此寻古访幽，唯见土台高筑，天地悠悠，草丛中、农田里大批汉时的残砖断瓦依稀透露出2000多年前，这片土地上所发生的事情。

汉代帝王封禅

汉武帝刘彻(前156－前87年)是一位被史家誉为"雄才大略"的皇帝。他于公元前140年即帝位，时年17岁，共在位54年。他一生中共8次来到泰山，5次修封。西汉自建立以来，就不断遭到匈奴人的骚边，汉高祖畏于匈奴人的强悍，对之实行"和亲政策"，时常给以大量财物，但仍未能解决根本问题，边患成了西汉王朝的心腹之患。元鼎六年(前111年)，武帝下诏征涉西方、北方，并亲帅大军，"勒兵十八万骑，旌旗经千余里，威震匈奴。"大大地削弱了匈奴势力，安定了北方边界。于是，他再也抑制不住埋藏在心中很久的封禅愿望，于元封元年(前110年，因封禅而改此年号)三月来到泰山。可是来得太早了，泰山草木尚未萌芽，于是，他先令人上山立石，自己则带大部队东行到了东海。四月还泰山，先于梁父山禅地，梁父山在今泰安新泰市境内，离著名的徂徕山不远，又来到了泰山之东，按照祭祀太一神的仪式举行了封礼，他修建的封台高九尺，阔一丈二尺，下面秘埋了祷神的玉牒书。封礼之后，武帝独带了霍去病之子霍嬗上了泰山极顶，再行封礼，其过程也是秘密的。第二天，武帝自岱阴下山，按照祭祀后土的礼节，再禅泰山东北的肃然山，开创了两封两禅的先例。典礼完毕，汉武帝在山下周明堂旧址接受群臣朝贺，宣称自己见到了天帝显现的祥瑞征兆，已得到神灵的保佑。第二年，武帝即根据济南人公玉带所献的《明堂图》，在泰山东面建成了这座明堂，就有如图中一样，是那种四面无墙壁，茅草覆顶，四面修水道，以水环之的那种古怪建筑，并起名叫做"昆仑"。此后，汉武帝到泰山封禅，这里就成了接见朝臣和封疆大吏的地方。

汉武帝封禅泰山同秦始皇一样都是秘密举行的，他上泰山所带随从甚少，所以《史记》和《汉书》都语焉不详，说不出个一二三来。实际上，汉武帝和秦始皇都有着浓郁的迷信思想，对于封禅求仙他甚至比秦始皇来得更

汉明堂·玉泉寺天池峰

为急切。早在即位之初，就有方士给他献炼丹之术，说丹砂可以化为黄金，黄金做成食具能益寿，益寿就能见到蓬莱仙人，见到仙人再封禅则长生不死，还说黄帝当年就是这样的。这正中武帝下怀，他之所以频繁征战又频繁封禅，乐此不疲，内心深处就是在效法黄帝。汉武帝多次封禅，而尤数第三次最为壮观，传说是"山上举火，下悉应之"，很有些远古时代"柴望"的意味。前面我们曾提到过的传说，就是此时西王母自天而降，给了他五岳真形图，汉武帝大喜过望，视若珍宝，回西安后铸了"神鼎"，神鼎上的四句话"登于泰山，万寿无疆，四海宁谧，神鼎传芳"这便透露出了他封禅的最主要动机之一，就是想万寿无疆，万岁，万万岁。但是他并没有"万寿无疆"，倒是自秦以来的求仙之道，由于屡试不灵，不再成为以后皇帝封禅的追求了。之后，西汉被王莽篡政，新皇帝无暇顾及此道。

到了公元25年，刘秀推翻王莽新政，建立东汉王朝。刘秀从西汉末年严重的社会危机和农民起义的刀光剑影中走过来，深知缓和阶级矛盾、恢复生产和稳定社会秩序的重要性，他称帝后采取一系列措施，如释放奴隶、安顿流民、组织军队屯田、精兵简政、兴修水利等等，使政权获得稳定，经济有所发展，获得了"中兴"之誉。于是就有大臣建议他封禅泰山，酬报天神，刻石记功了。而光武帝此时的头脑还比较清醒，他自以为政绩不佳，尚无封禅资格，就下诏说："即位三十年，百姓怨气满腹。吾谁欺，欺天乎？"并解释说：孔子曾说过，泰山比林放一类的人懂礼仪，不会接受身份不适合的人的祭祀，我又何必去玷污七十二位帝王封禅的历史呢？如果有人再敢阿谀奉承，就要割去他的头发，罚他去屯边。但是颇富戏剧性的是，时隔不久，他又表示要封禅泰山了，反差如此之大是什么原因呢？大概是他早就心存封禅之想，只是尚有自知之明，羞羞答答不愿说出来，推让推让反倒显得自己是个"明君"。二是封建皇帝也知道，欺民尚可，欺天则是不敢的，所以心中的底气并不是很足。三是继求仙问道衰微后，另一种迷信方式"谶（chen）纬"又出现了，一切重大行动都要通过谶纬来决定，而谶纬彼时并没有显示他可以到泰山封禅。但是，既然该做的"秀"已经做了，再扭拗自己意愿已经没有必要了，封禅的强烈愿望已是日甚一日，于是经过一番谋划，封禅总算找到了理论根据。

该来说一说谶纬了。谶纬是什么呢？谶纬学说兴盛于西汉末年，"谶"为宗教预言，即以谶语来预决吉凶，原为方士之术；"纬"则是以宗教观点解释儒家经典。如汉成帝时，方士甘忠可造了一部《天官历包元太平经》，声称"汉家逢天地之大终，当更受命于天。"就是说汉家的时运就要完了，要重新得到天的认可。哀帝即位后，听信了这些说教，以为"汉历中衰"，不能再打"汉家"的旗号了，于是下诏改元，将建平元年改为"太初元年"，他也不再称汉帝，改称"陈圣刘太平皇帝"。他心想这样就符合了更受天命之意，岂知社会危机依旧，"谶纬"成了一出闹剧。

其间，王莽出现了，他出于夺取政权的需要，大力倡导谶纬，要更替汉家的天下，谶纬便更加堂而皇之地登堂入室了。刘秀的封禅便是谶纬迷信的

第五天

继续。建武三十二年(56年)正月，刘秀夜读谶书《河图会昌符》，内有"赤刘之九，会命岱宗，不慎克用，何益于承。诚善用之，奸伪不萌"的话，其中"赤刘之九"就是谶语。而"河图"是什么呢？前面我们曾经提到过它。《易经·系辞上》有记载："河出图，洛出书，圣人则之。"说是七八千年前的某一天，黄河里跃出一匹龙马，它把身上的毛变成一块玉版，献给了伏羲。玉版上有排列复杂的点，"一六居下，二七居上，三八居左，四九居右，五十居中"，相传伏羲依照河图，观天象，察地理，揣摩远近事物，画出了八卦图。后来的人们就用河图来预测未来，指导行动了。顺便说句洛书，"洛出书"则说是大禹治水时，感动了神龟。神龟便驮着背上的洛书来到洛河边献给了大禹，大禹同样根据神龟背上的点数，制定出了治理天下的九章大法。所谓"圣人则之"，就是圣人遵循的意思。早在战国时期，方士、阴阳家就大力研究河图洛书，写出了一系列著作，他们就把金、木、水、火、土对应五德，国家的兴盛衰亡是五德循环的结果。汉朝自认为是火德，而"赤"即表示火德，"九"则是指刘汉的第九世孙，推算下来正是光武帝刘秀。刘秀终于找到了封禅泰山的根据，群臣投其所好，说在《河图赤伏符》、《河图古今篇》、《孝经钩命诀》等谶书中有36处示喻光武帝要进行封禅的预言。谶语即天命，不可违背，终于遂了刘秀的封禅之愿，可见其中真是用尽了心机。

刘秀于建武三十二年(56年)正月二十八日从洛阳出发，路过曲阜祭祀孔子，二月十二日驾至泰山。跟随他封禅的有太尉赵熹、高密侯邓禹、孔子后裔褒成侯等王侯百官及十二位少数民族的"蕃王"。少数民族首领从封泰山，这大概是第一次。又准备了10天，兵丁整治好了山道，石工立起了刻石。二月二十二日清晨，刘秀乘轿上山，行了封禅大礼。下山时暮色已深，百官队伍连绵20余里，摸索到山下时天已放亮。两日后禅梁父。四月大赦天下，更年号为中元元年。光武帝所立石刻大量引用谶书语句来证明自己"受命于天"，满篇都是"赤帝九世"、"帝刘之九"、"九世会昌"、"天地扶九"、"道在旧世之王"……可见刘秀的封禅泰山是在颇费苦心地借泰山来确立自己的统治地位，以求巩固东汉的政权。

光武帝上山大事铺张，随员甚多，史书记载详细，有些文章写得文辞并茂，除了记述封禅外，还兼记民俗风情、水色山光，为泰山留下了宝贵的历史资料。

此后，有史书记载，汉章帝元和元年(84年)、汉安帝延光三年(125年)均于春二月东巡泰山，拜岱宗，祀明堂，举行封禅大典。

再之后，到了东汉末年黄巾起义，军阀乘机割据，遂成三国之势，继之南北朝，直至隋朝统一，已是400年过去。其间也有议封禅者，如三国时有人劝魏明帝封禅，明帝大为惶遽，说闻此言，令我汗出流足——吓得出汗太多，都流到了脚上。隋文帝开皇九年，朝野皆请封禅，文帝下诏曰："以薄德而封名山，用虚言以干上帝，非我所闻。"开皇十四年，百官上表，固请封禅，他又说："滋事体大，朕何德以堪之？但当东巡，因祭泰山耳。"终于未能封禅，只不过来泰山祭祀了一下天地。而实际上隋文帝时代是很强盛的，人口数量超过了李世民的"贞观之治"，综合国力指数更超过贞观之治时期的62倍。隋文帝是一个清醒的难得的皇帝。

如我们所知，再次把封禅推向高潮的已是盛唐了，而汉明堂此时也早就不复存在了。

周明堂

仍乘泰佛公路汽车北去可至玉泉寺。周代帝王封禅泰山时所修建的周明堂遗址就在附近不远的地方，那里是大津口乡的明家滩村，而历史上此村曾叫明堂村，后讹为明家滩了，这是所谓先秦72代封禅泰山的帝王中留下的唯一遗迹了。对于周明堂，战国时儒家的经典著作《周礼·冬官考工记》曾有过详细的记载。西汉戴德编的《大戴礼·盛德篇》记录得更明白：周"明堂九室，室有四户（门）八牖（窗），（共）三十六户，七十二牖。宫三百步……又云堂方百四十四尺，坤之策也；屋圆径二百一十六尺，乾之策也"。看来规模不小。早在公元前314年，齐宣王就要拆毁周明堂，孟子进谏说："夫明堂者，王者之堂业。王欲行王政，则勿毁之矣。"（《孟子·梁惠王下》转引自周郢《泰山通鉴》）。不知道孟子的进谏管用了没有，不过，现在周明堂几乎踪迹全无了，到此只能通过地形和四周环境，来揣测文王或武王当初为何选择到这偏僻局促的地方来聚会诸侯、上达天听？这个疑问两千年前就人提出过，要不我们就不去了吧。

国 之 魂 魄

周代封禅

就听听我在车上给大家讲讲那过去的事情吧。

我们知道，舜死后，禹接替了政权，建立了中国第一个奴隶制王朝——夏朝；禹死后，其儿子启即位，传统的"禅让"制——简单地说就是异姓之间和平接班的制度——就此终止，还记得元代杜仁杰在《天门铭》中曾说过这事吗？从禹到桀，传了14代，大约统治了500年；夏之后是商，由汤开始建立，到纣灭亡，共17代，约600年左右。夏商两代，奴隶主把奴隶视若牲畜，不仅平时像牛马一样役使他们，而且在祭祖和祭神时用奴隶做牺牲，实行人祭。上世纪70年代，在河南安阳的一次考古挖掘中，一次就发现了1178具用作牺牲的奴隶遗骸，其中男性青壮年都被砍去头颅，未被砍头的多为妇女和儿童，全是被捆绑活埋的。其中年龄最小的儿童只有6岁，乳牙尚未脱去，天灵盖还没长满。那时奴隶的生命没有保障，生活极其痛苦，造反、起义便在所难免了。

大约公元前11世纪，武王姬发通过武力推翻了商政权，建立了西周王朝。西周的统治者基本上继承了夏、商以来的奴隶主贵族的统治思想，把上帝视为至高无上的主宰者，呼之为"天"。而人间的最高统治者则是受天之命而统治天下的"天子"。但是天子似乎也不是一成不变的——先是由商取代了夏，后又由周取代了商，变革了天命，发生了史书上说的"汤、武革

第五天

299

命"。这样的事实使最高统治者感到了"天命靡常"，甚至还以此来警告那些过于骄纵专横的贵族们，要他们明白"天不可信"，不要一味地依仗"天命"而为所欲为。当然，在当时的历史条件下，他们是不可能从根本上否定天命的，而且还要大力维护天命。于是就在不动摇"天命"的前提下，强调"人事"的重要性，提出"顺乎天而应乎人"的观点。就是既要顺从天意，又要适应人心，这样才能维持"天命"。因此，天子既要"敬天"，又须"保民"。这比简单的"天命"观虽然前进了一步，但周朝统治者仍要封禅祭天，仍要修建明堂。只是在他们心目中，开始有了"民"的观念，还认识到了"小民难保"，对"民"的作用不得不有所警惕了。周公就曾说过："天惟时求民主"（《尚书·多方》）。又说："民之所欲，天必从之"（《左传》襄公三十一年引《秦誓》）。还说："天听自我民听"（《孟子·万章上》）。把天意与民心直接联系起来，认为天意就是民心的集中表现，于是便给"天命"赋予了新的实际内容。统治者要保持"天命"，就必须"保民"；"保民"还须"明德"。这就要求统治者加强自我克制，重视"德"的命题。这些形成于西周时期的"敬天"、"保民"、"明德"的统治思想，不仅在当时推进了生产力的发展，而且对后世产生了很大影响，受到了孔子的极力推崇。孔子终生奔走就是要"克己复礼"，也就是要恢复周礼，从而使战乱的春秋时代也能够做到"敬天"、"保民"、"明德"，而不是一味地厮杀。话说回来，这一时期的封禅就是"敬天"的产物，所以从这个角度讲周代的封禅是有着一定的积极意义的，而且也影响到了后世，如前面我们说的，唐代玄宗的封禅就明显地有着这一时期的烙印。而秦始皇及汉代的皇帝们为一己之利玩弄的"秘而不宣"的封禅，则又另当别论了。至于宋真宗赵恒，他玩的"天书"的把戏简直是与刘秀的谶纬异曲同工，刘秀是他的老师——不过宋代的皇帝也有好处，他们对知识分子好像比较宽容，好像较少杀知识分子，所以人们敢说话，于是记录下了宋真宗的那些不太光彩的事。

封禅在历史上无可否认地提高了泰山的地位，对国家的统一产生过积极作用，但是在今天它已全然不值得炫耀了，今天我们把它从尘封的历史回收站中激活，只是为了了解一下泰山历史的一个文化现象，一个曾经轰轰烈烈的客观存在，而它却不能再使泰山的形象增高哪怕一寸了。行了，到这里我们就算是把封禅这一页翻过去了，我也再不会说这些事了。朋友们到泰山来玩，本想放松放松，却听我喋喋不休地说皇帝，说封禅，恐怕早就不耐烦了。噢，你们还没烦？其实我自己倒说够了，那就让我们最后同皇帝们说一声"掰掰"吧！

——可是在泰山你不说皇帝还能说什么呢？

啊？

黄巢墓

离大津口不远处的柳埠镇附近狼虎谷内相传有黄巢寨和黄巢墓。黄巢是山

汉明塔·玉泉寺 天烛峰

东曹县人，唐代乾符二年(875年)随王仙芝在鲁西南率众起义。王仙芝战死后黄巢当了首领，攻城克地，众至百万，于881年进入长安登皇帝位，国号大齐年号金统。但仅两年半后，官军攻下长安，起义军便由胜利走向了失败。黄巢败退山东，部众丧亡殆尽，只好率眷属余众不足千人逃至泰山狼虎谷，此处就是黄巢退守山东后率部于884年(唐中和四年)创建的重要山寨之一，海拔600多米，峰高谷深，山势险峻，山寨的东北寨门处有高3.5米、宽2米、长约50米的残墙，还有乱石垒砌的半穴式房基6间。峰巅有擂鼓石、石臼、旗杆窝等，并曾发现有金属兵器、陶瓷碎片等。南寨门有无字碑一块，高约1.5米，宽近1.3米，传说是起义军立石后尚未来得及刻字就被迫撤离了。因官军步步进逼，眼看大势已去，黄巢与将士、家人皆自杀。自此以后泰山百姓将狼虎谷改名为黄巢峪，附近的村子也改名为黄巢村。据说，当年黄巢他们自杀后，老百姓挖了个大坑掩埋了他们的尸体，但又被官军掘了出来，留下的仍是一个大坑。千百年了，当地百姓就称此坑为黄巢墓。哦，原来是个坑，而且有学者考证说黄巢墓并不在这里，要不，也不去了吧。

玉泉寺

玉泉寺在泰山正北，谷山前，故又称谷山寺，距岱顶约10公里，这里不仅有古寺、清溪、名泉、"一亩松"等著名景观，而且古老的齐长城离这里也不远。而且从玉泉寺还有一条登岱顶的路，只是清末以后，玉泉寺衰落了，游人久不至此，枉惜了天地造化。1993年，玉泉寺得以修复，重建起了大雄宝殿、山门、院墙，风水宝地再度别开洞天，人们到这里来寻古访幽，自有一番别样的乐趣。

古人认为，修建佛寺丽刹，有三个重要的条件，一是"必去人境远为胜"；二是必依山之名而尊者为胜"；第三个条件最为重要："然山作面南观，虽拔地倚天，其氛翠变态，终不至奇邃，必之于其阴又绝胜也。"玉泉寺就恰恰具备了这三个条件，这里村庄稀落，人烟不多；离岱顶又近，充分借得了名山之势；而且关键是它处于岱阴，幽奥神秘，俨然是神仙住的地方。

大雄宝殿

在玉泉寺殿址上，新复修的大雄宝殿巍峨高大，殿内塑了释迦牟尼及十八罗汉像。大殿前有高高的台阶，显得很是雄伟。

古银杏

山门石阶旁两株古银杏树最为壮伟，

树高近40米，胸围7米有余，为泰山银杏之最，奇怪的是两棵银杏均为雌株，附近30华里内并无雄株，但老树仍能结果，让人感叹这种被称作"活化石"的古老树种的生衍能力。

党怀英谷山寺记碑

关于古寺的来历，寺西侧山腰金代泰和元年(1201年)，学士党怀英撰文并隶书、篆额的《谷山寺记》碑讲了一个故事。碑文说——此地"尝有猎人行猎莲花峰，遇罗汉像，而终日无所获，每遇之必然。猎夫怒，将积薪焚之。"——架起柴禾去烧这个罗汉。而第二天，罗汉像却坐到了更高更险的地方，薪火已不可及。猎人惊愕不已……后来，便建起了玉泉寺，究竟怎么回事呢？一会儿碑文就会告诉我们。

我们在岱庙讲"大金重修东岳庙之碑"的时候，曾提到过一个擅长篆籀的才子党怀英。在岱庙的碑廊中又见到了党怀英撰文、书丹并篆额的"重修天封寺记碑"。现在，我们终于该来说说他了。党怀英，金代的著名诗人，早年随父亲的朋友由原籍陕西来到泰安，曾因"应举不得意，遂脱略世务，放浪山水间。"隐居于徂徕山，筑起竹溪庵，读书吟诗。现在庵址附近还有石刻"竹溪"二字，即传为怀英所篆书。因他长期生活在泰安，史书上称他为"泰安州奉符人"，少年时他与辛弃疾一同拜在蔡伯坚门下读书，后来辛南渡归宋，而党则留在金朝做了官。他于大定十年(1170年)中进士，为官颇有政声，为文亦有成就，现代史学家郑振铎说他是金明昌年间"掌一代文柄者"，金代学者赵秉文更称他"诗似陶(潜)谢(灵运)，奄有魏晋；篆籀入神，李阳冰(唐书法家)后，一人而已"。党怀英的诗文具有敏锐的观察力和娴熟的表达技巧，对金代的文学发展产生了一定影响。其碑的全文为

汉明堂·玉泉寺·天地峰

谷山寺记

前翰林学士承旨、中大夫、知制诰、上护军、冯翊郡开国侯、食邑一千户、食实封壹佰户、致仕党怀英撰并书篆额。

佛法自西方来，天下名山胜境化为道场，兴废因缘自有时运。尝读元魏《高僧传》，得僧意胜迹之详而异之。意之寂也，以天帝之召，及期遂行，此其余缘当有复兴之日矣。

泰山南向而东骛，繇东迤北曰"大小岘"，其下曰"天津河"，环地百有余顷，山势四围，盖"汉之明堂在山之东北址"，此其地也。道左二里许，耕垦之余，瓦砾被之，与沈存中之说"高丽制度，瓦皆有纹"者合。又西北行六七里，山光丛丛，高下隐见一峰，巍然秀拔，而下围曰谷山也，沿涧少北，今寺基矣。尝有猎人行猎莲花峰侧，遇罗汉像而终日无所获，每遇之必然。猎夫怒，积薪将焚之。明日迁坐于高险，薪燎不可及，猎夫愕而悔谢。是夕，山下老稚三四，同梦异僧久隐莲花峰，有猎者之厄，或问为谁，盖曰"意云"。耆老十余辈，更相诱率，凡一再行，当石掩奥处果访得之，乃扶舆而下。至今所，忽重不可动，而峰岭重复掩抱，可兴寺场。众悟遂止焉。粤自兵乱，荒山重泽，残扰殆遍，废置始末，不可详究。惟土人名之曰

"佛谷"者旧矣，盖意之逝也，有灵感之异，土人以是命名。

继有僧善宁，远涉荒梗，首至谷山旧址，破屋废圮而已。独山色如旧，出没起伏，益远则益秀。善宁独喜雅契，宿心于是。日趋山下，丐菽粟，携火具，结茅而休焉。往来山坂无难色，暇日舂筑溪涧，勤苦作劳而无怠意，短褐芒屦，从事如初。自是涧隈山胁，稍可种艺，植果数千株，迨于今充岁用焉。斋粥所须，日益办具，凡三十余年，则谷山初祖也。天眷二年四月间，诣官言寺之旧地，东至于黑山分水岭，南至于恩谷岭，西至于张远寨，稍北至返倒山领。有司可其请。

其后僧法朗继之，锄理荒险，不避寒暑，经营成就，复三十余年，则谷山第二祖矣。今崇公，寺缘契合，四方有识翕然归向，工役趋作日盈百数，殿基琢石高逾数丈，若是者三四焉，采塑图饰不与也。州城之东隅曰柴水院，惟许存上院积贮之物，其余住持摄度申理，徒弟皆不许也。崇公经画作劳，能继二祖，此寺当兴时矣。盖意之去来也皆异，则其成也必闳，其久也必振。今谷山寺尚仍旧名，计其岁月盖七百有余岁矣，是复兴之数云。呜呼异哉！泰和元年五月九日记。

劝缘住持沙门智崇立石。度僧九人：广琳、广靖、广玮、广宝、广颢、广兴、广纯、广敏、广彬，宣秘大德等故法兄三人：智思、智照、智源，废僧八人：祖显、祖正、祖了、广佑 、广琛、广安、祖义、广珍，各办化缘执役寺事。

第一段是党怀英的名衔，因此时他已"致士"，即辞官，所以称作"前翰林学士……"

碑文大意是

佛教从西方传来，天下名胜之地都成为佛教诵经布道的地方，其兴废盛衰自有各自的时运。曾读过北魏释慧皎所撰的《高僧传》，知道了僧意(名字叫"意"的和尚)的事迹详情而感到诧异。意死的时候，因为天神的召唤，虽然及时去了，但遗留的因缘，仍有复兴之日。

泰山地形坐北朝南，山峦向东蔓延，其东北方向有"大岘山"和"小岘山"，山下有"天津河"。(这里的)这片土地有一百多顷，四面环山，大概就是《水经注》中所说的"汉代明堂在山的东面"的地方了。路南二里左右，农耕的土地中，残砖碎瓦遍地皆是，与沈括说的"古代礼俗制度中高贵华丽的瓦都有花纹"是相符合的。再向西北行六七里路，山峦重叠，隐约可见一山峰，(叫莲花峰)，巍然峻拔，其下就是谷山了。沿山涧北行不远，就是玉泉寺的基址了。

以前，曾有猎人在莲花峰下打猎，遇到了一个罗汉像，竟整天一无所获。后来每次遇到都是这样，猎人恼火了，找来柴草打算焚烧他。但是第二天罗汉像移坐到了高峻险阻的地方，柴火烧不到了。猎人大为惊讶，忙向罗汉认错道歉。当天晚上，村里的三四个老人小孩都做了同样的梦，梦见一个奇异的和尚长期隐居在莲花峰，遇到了被猎人火烧的灾难。有的还在梦中问他是什么人，回答说是"意"。

于是，村中的老人十多个，相互引导，几次进山查找，果然在岩石掩蔽的深处找到了罗汉像。于是抬着他盘旋而下。来到了玉泉寺现在所在的地方，忽然重得抬不动了。而此处峰岭环抱，景色特异，是兴建寺庙的好场所。众人顿时领悟，便停下不再抬了。由于兵乱，高山大泽毁坏殆尽，其兴建与毁坏的过程便不得而知了。惟有山民说这里叫"佛谷"，年代已经很久远了。大概自僧意逝世，降锡莲花峰，山民有所感应，所以就把此处称作佛谷了。

接着，有和尚善宁，长途跋涉，不顾艰难险阻，第一个来到了谷山旧址，只见此处已是破房败舍、断墙残垣而已。但是山色依然美好，峻峰独耸，层峦起伏，越远处越加秀丽。善宁与泰山景色一拍即合，决心在这里当和尚了。从此，他每天下山乞讨粮米，带着取火的工具，在简陋的茅棚里居住下，来来往往于山上山下从不感到劳苦，休息的时候，用箕畚取土运石修筑田堰，一刻不停地劳作而毫无倦意。他身着短衣草鞋，始终如一地从事着这一事业，在河涧的弯曲处，山的缓坡上，开出土地，逐渐地可以种植了，于是栽下栗树几千株，收获足够一年的费用了。寺里的生活所需，一天比一天完备，共经历了三十多年，他成了谷山寺的初祖。金熙宗二年四月，他又到官府申诉（归还）原来的庙产土地，东至黑山分水岭、、南至恩谷岭、西至张远寨、北至返倒山岭。官府同意了他的请求。

善宁之后，僧法郎继承，治理荒芜的薄地，不避寒暑，经营有成，又过了三十年，成为玉泉寺的第二祖。现在的主持僧智崇，与佛法有缘，天下各地有识者　结汇聚此地，到玉泉寺来修庙的工匠每天超过百人，大殿精凿的基石有好几丈高，数座大殿都是如此，而且这还不包括从事彩绘的匠人。泰安城东有专门为玉泉寺供应生活用品的下院柴水院，只准存放上院（玉泉寺）积蓄的物资，其余的用途则由住持集中管理，徒弟皆不许用。崇公治理谋划勤劳操作，继承了二祖的衣钵，此寺必定能兴盛起来。想到僧意的过去和未来都很奇异，其成就必定宏大，今后必定振兴。今谷山寺仍然沿用过去的名字，计算它的历史大概有七百多年了，该到了振兴的时候了。

以下是立石者，都是僧人。

杜仁杰重修谷山寺记碑

后来寺院毁于战乱，金初，有僧人善宁、法朗、崇公等相继来此，决心修复，每天下山乞食，住在茅棚中而无难色；从不休息，勤苦劳作而无怠意，终于植下了数千株栗树，垦出了种菜的田地，渐渐自给有余。三十余年后，谷山寺终于兴起，成为泰山名刹。

杜仁杰曾勒石记述此事：

重修谷山寺记

宣差东平路行军万户、都总管严忠济书，前须城县令、五翼总领信昌篆额。

凡选树道场，必去人境远为胜，必依山之名而尊者为胜。然山作面南观，虽拔地倚天，其氛翠变态，终不至奇邃，必之于其阴又绝胜也。是刹焉乃在泰山之北，及讦诸居者曰，殊不类尘世。吁异哉！，可谓具此三美者焉，非有大福慧孰能选是，非有大志力孰能继而树是？

初寺之未基也，维意公荒之；既基矣，维宁庐之；既庐矣，维朗增而广之；既广矣，维崇又文而弘之；厥后以拿兵日久，主者不一其心，百稍复灌莽之天措哉。今僧谨，夏腊不满三旬许，巍巍然迥出伦辈，诚法中龙象，人天之具瞻也。居无几，疏海目以来，可饮可溉；窒坤漏以园，可蔬可果；夷天险以田，可麦可禾。废其工疑有神物阴佐其役，不然则胡人能胜天也，如此哉。后之来者有能如谨兴废继绝，葺旧辟新，即是谷山第一祖也，又何必重以老少先后次第分别为。一日，谨来拉予以游所谓谷山寺者，至则恍连兜率，不盈尺，阆风玄圃，盖不数也。尝谓世之为浮屠者，例置精舍于城府间，致使上乘居之，几何其不淆为下愚反首迷途者矣。如欲立超三界，一到谷山便知喧静移人淹速之度何如也。若夫山川之光怪，寺缘之隆替，有竹溪翁之文石具在，故不复云。岁舍上章阉茂立春后三日。齐人杜仁杰记。

昭勇大将军、泰安州刺史、兼知军事张郁、宣差都总管府参议、知泰军节度使、兼提控修护林庙事、都功德主王玉汝立石。

岱宗高源刻。

文的大意是：

修建佛寺选址，远离闹市最好，依靠尊崇有名的山更好。但是如果在山南面，虽通天拔地，其氛围受到尘世影响，也就不至于特别幽邃了。所以在山阴才是最佳的地方。这座寺在泰山之北，这里居住的和尚，与普通人大不相同。奇异啊！可以说这里具备了"三美"。没有大的福德智慧谁会选择这里，没有大的意志力，谁又能在这里坚持下来发扬光大？

当初还没有寺址的时候，是意公显灵，开拓了这片宝地；之后，善宁在此居住，打下了基础，法朗又增而广之，扩大了规模，智崇又加以修饰，弘扬了佛法。后来兵乱既久，住持不能精诚团结，几乎使寺院又回到了荒榛之中；现在的住持普谨出家不足三十年，道德高尚远远超出同辈，实在是佛界的佼佼者，受到天下人的敬仰。他来这里后不久，就开凿了清泉，即可饮用又可浇地；填塞了田园中的空洞，即可种蔬菜又可植果树；削平险峻的山陵改造成农田，即可种麦又可种谷。看他的工程量如此之大，好像有神鬼来帮助他干，不然谁能够战胜天呢？如果后来的继承者都能像普谨这样振兴荒废的事业，修旧辟新，就应该是谷山寺的第一祖，又何必以老少次序论资排辈呢？

一天，普谨来拉我去游谷山寺，到了以后仿佛觉得到了佛语中所说的"兜率"天上菩萨的住所。这里地方很小，看来不是所谓昆仑山上神仙住的地方。曾听说世上当和尚的，大都愿在城市中建造佛寺，供上等的和尚居住，他们又有多少不同于普通百姓而非迷途者呢？如果想超脱尘世，一到谷山就知道繁闹与安静对于人的潜移默化的转变将起到如何的作用了。至于此处山川的光怪陆离，寺庙的兴盛衰败，有竹溪翁党怀英的石碑在，我就不重复说了。

最后是立石者的官衔与名字，他叫王玉汝，后面是一大串职务，无一遗漏地都列上了，就像今天人的"名片"。其实古代人也是有名片的，那时叫"刺"，不过只是在用的时候，譬如求见某人时临时写一张，不像现在一印一大把见谁都给，扬名效益远不如今天。于是他们就想出了这个办法，把名字刻在石头上，弄得好可以保存几百年。不过虽然如此，我们也不知道这个王玉汝是何许人了，而且他在这个石头名片上也忘了留他的电话和邮箱，联系不上了。其实，历史的记忆是有筛选的，自从有人类以来，地球上的匆匆过客数得过来吗，但是又有几人被历史记住？尽管古今之人都想留名，其实用不了几年便皆作烟云了，而真正留下名来，被泰山作记住的人物都是对社会和民族做出了贡献的。

这两篇碑文的文笔，有高下之分，可谓党润而杜涩。但是党怀英所说的僧意的故事，实在无法理解了，权作为一个浪漫的传说来听听罢了。但是，两块石碑，虽叙事角度不同，却有一个共同之处，那就是都真实地记述了不同时代的僧人的艰苦创业的事迹。泰山上古迹遍布，并因之成为了世界的文化遗产，人们是否知道泰山的大多数庙宇以及它的盘道古路、桥梁石坊、古树老藤都是我们的前人用极其艰辛的劳动换来的。实际上，古人给我们留下的遗产并不仅仅是这些物质的存在，还包括着古人出于信仰而无怨无悔、百折不挠，奉献终身的一种精神。靠着这种精神，中华大地上才产生了像敦煌石窟、乐山大佛以及像泰山这样的人文与自然高度和谐，充满着人类智慧的一批人间奇迹。这种精神对于一个民族来说是弥足珍贵的，所以它就吸引了文人的目光，引起了社会精英的重视，他们热情地著文立碑，正是对这种精神的褒扬。后面我们还会看到，泰山很多古代遗存，都是数十年如一日、锲而不舍地勤苦劳作而建设起来的，历史记住了这些拓荒者和文明的创造者，他们不仅受到了他们同时代人的赞颂，而且也给现今时代的我们留下了一笔宝贵的精神财富，这不也是一种泰山精神吗？

"玉泉"碑

寺东曾有甘泉，党怀英题碑"玉泉"于其旁，如今泉水已涸，只留下了美名与石碑。再东有历代住持石造墓塔数幢，造型大同小异，高僧的法名、年号隐约可辨，他们已在寂寞中度过了不知多少年的时光。

一亩松

寺北面的山坡上生长着一株古松，因其树冠极大，人称"一亩松"，实际测得该树冠幅为897.8平方米，折合1.3亩。一亩松已有500余年树龄，树干基部，几条粗壮侧根裸出地面，状似龙爪，向东、西、北三个方向延伸；南面由于雨水冲刷，地表土流失，露出的内部根系紧紧抓住岩石。这些裸根，遇土入土，遇石裹石，咬定青山，使人感叹。

泰山北路登山古道

从玉泉寺登泰山极顶的小道较为平缓，相传是泰始皇封禅泰山后"从阴道

汉明塔 玉泉寺 天烛峰

一亩松

下，禅于梁父”所走过的路。道旁林木葱茏，有着众多著名景点，如古松“定阳针”、金丝洞、黑闼石屋、半边山、看月岩以及船石等。当年，济南、历城、德州及河北省的香客多由此路上山，山道上至今还留有卖饭棚、铜器行、王家泉等地名和遗迹。

金丝洞

又名金矿洞，明《泰山道里记》说它：“在谷山顶西北，有洞二：其在东者，悬崖上下二穴，水自崖顶下注；其在西者，一穴幽暗出水，人不能入。洞外多裂石纹，皆结紫石英。”明《岱史》始称之金丝洞，并说元初道士邱处机曾在此炼丹。

天烛峰景区

让我们返回，去天烛峰吧。前面我们说了太多的文化，一路上几乎都没有静下心来感受一下大自然，因为我们走着走着就会碰到文化，不多说几句好像对不住这个“文化”似的。去天烛峰！到那里就好了，那里风光极美，而且几乎一切都是清新自然的，没有人的刻意加工。那里不仅保持着泰山景观“雄”的特征，还兼有着黄山之秀、峨嵋之俊、华山之险、雁荡之俏。只有从天烛峰登上过泰山的人，才能真正读懂泰山，才能知道泰山作为“天下第一山”，除了帝王的活动、文人的题咏乃至成为中华民族精神的象征之外，还有着其自身内在的足以唤起各个阶层、各种不同需求的人的美感与灵感的无穷内蕴与魅力。

艾洼村

我们来到了一个古老的小村庄，明代时这里叫"艾峪"，又叫"艾窝"、"艾滩庄"，因村边洼地多生艾草得名。艾洼村西，道路两旁核桃树、栗树、柿树成林，大的大概都有几十年、上百年树龄了。不少老的核桃树树皮被环剥一圈，有的已被环剥了数次，树干上一个环一个环的。据说采取这种措施，可以防虫，也可减少养分回流，能够增产。

扫帚峪村

走出果树林，又来到一个更小的村庄叫扫帚峪，据说过去这里生长着很多扫帚苗，村中人家多以绑扫帚出售为业。也有的说是我们将要去的峪谷，外面大、里面小，其形就像扫帚而得名。登山将从这里开始。

天烛胜境坊

进山路口处，一座新修的大方古朴的花岗岩石坊面东而立，坊额大书"天烛胜境"四字。石坊既界定了从此处开始经后石坞再至岱顶的大片区域为"天烛峰景区"，又是泰山这一带景呈多样，而以奥深为主的"奥区"的门户。

从这里看泰山，除了可见山半腰有几尊高耸的岩峰外，似也没有什么奇特——几座圆圆的山包横在眼前，形成为大山深邃处的天然屏障，不使之过早吐露峥嵘，过早显现异姿。于是我们想到了红门路的几座起屏障作用的建筑物原来是在向大自然学习，是"师法自然"的产物呵。好吧，我们在桃花源没有机会亲身走进纯粹自然的泰山，让我们今天来补上那个遗憾吧。

长寿泉

石坊北面，有一泉叫"长寿泉"，因为泉水富含多种矿物质，长期饮用对人体有益，所以使得饮用此泉的扫帚峪村民中八九十岁的长寿老人颇多而得名。

开心石

长寿泉北修竹婆娑，四季常青。坊南有一巨石状若心形。上端劈裂多瓣，使人想到"心花怒放"的成语，故人称其为"开心石"。

天烛峪水库

由石坊西去，山道仅宽2米左右，石阶也只是用未经细凿的条石铺成，山野情调十分浓郁。山道南侧是"天烛峪"深涧，一小石坝截断峪水，此即天烛峪水库，水因至清而无鱼，今人戏称之为"天然矿泉库"。

会仙峪

穿过大片的果树林，山道即遇北面来水的"胡家峪"沟，发展旅游后人们给它新取的名字叫"会仙峪"。沟上的桥很奇特，仅是垒砌了数个石墩，而墩上没有桥面，溪水从石墩之间流过，人则从石墩之上跳过。走惯了平路的人，离了喧嚣的闹市来此跳一跳山涧的石墩，确是十分"开心"。

声声亭

越过会仙峪，石阶逐渐陡起。此处的山道与中路不同，不是沿溪修筑，而是修到了山脊上。石道陡峭，攀之艰难，正当人们挥汗叹息时，一座小亭进入眼睑，此是一木亭，为服务游人而建，亭上匾额书"声声亭"三字。亭名起得好！此处水声鸟声树涛之声，声声入耳，于景确是贴切；而且声声谐音"升升"，暗喻着登山要"升升"，修养要"升升"，事业要"升升"……

仙鹤湾

前行，忽闻滔声大作，一条瀑布从山涧跌下，瀑布比起山前的黑龙潭飞瀑来倒也没什么可奇之处，但它下面的潭却颇有名气，因其状如仙鹤，头、项、身、腿均十分逼真，所以在明代时人们即称其为仙鹤湾了。

三折瀑

在此隔涧南望，那座高耸的山叫"马山"，马山石壁高约百米。如果是大雨季节，马山峰上就会扯下一条极其伟岸的瀑布，瀑布石崖高达百米，宽约20-40米。 站在涧对岸小道上观瀑，瀑比人高的一段有数十米，好像此水源自蓝天；在人之下的一段又有数十米，天上之水似乎直接注入了大地深处。瀑崖因山势三曲三拐，像一个特大的草书"之"字，顺崖而下的瀑流被称作"三折瀑"。每当雨后，循着瀑水的泄下，小心翼翼地探视深涧，瀑布跌处有碧水一湾，比山前的黑龙潭还要阔大。初到此来的游人无不为这巨瀑而惊讶，但是更使人称绝的景致还在后面呢。

小泰山

沿天烛峪深涧南侧再上，曲曲折折的山道也犹如一个又一个的"之"字。山道变换莫测，先是把人带过了天烛峪溪谷，接着又把人带到了三折瀑的最上一个折拐处，这里是一片巨大的石坪，比长寿桥处的石坪还要大得多，瀑流在此稍缓，人们可藉水中的石墩跳过瀑布。继续上行，到了马山顶峰之后，人们才知道马山之侧更有高山，瀑水便是自那儿发源。这座山不是泰山主峰，其状却酷似主峰，且比主峰更为险峭，人称"小泰山"。

"山香"

继续前行，人走得愈高山涧便显得愈深。此间松树甚多，无名山花布满山崖，空幽的大山，茫茫的林海，晴高的蓝天，悠悠的白云，山的信息是如此丰富而又迷离，即使人们调动起全身所有感官也似应接不暇。是的，此刻，一种大山特有的香气弥漫在峰岭沟壑之中，这种山香不是具体的野花的甜甜的香

第五天

味，也不是松树的苦苦的香味。是水的香味吗？不是，水是无味的；是云的香味吗？不是，云也是无味的。但是人们确实闻到了一种城市中没有、乡村中也没有的山的香味儿，去过大海的人仿佛会觉得这同大海的那种莫名的味儿有些相像，但也不是，这里没有大海的那种丝丝的微腥。山香到底是种什么感觉？我们形容不出来，但吸着它，便觉得沁心入脾，头脑特别清醒，身体格外有劲，闻也闻不够。大山的香味太抽象了，人们无法表达它；然而，这无穷的山香却在热情地努力使你感受到它，通过你的鼻子，通过你的心，甚至通过你的皮肤，使你觉得温馨，觉得兴奋而又沉静。只有吸着这带香味的空气，你才能够真正同大自然融为一体，物我两忘。

沐浴在这满山皆香的空气中，阳光温和地洒下，脚下的山道长满小草，暄暄的，犹如踏在毯上。游人分散在大山中显得极少，而鸟儿却很多，不同颜色的鸟儿唱着各自的歌，但它们又像是形成了默契，各种不同的声音奏出了一组组优美的和弦。望着这山景，人们才明白大自然是不能用画来形容的，眼前的这一切谁能用笔画得出来？你能画得出这几百种不同层次的绿，这几十种不同浓淡的红，这千变万化的云，这横看成岭侧成峰的立体山势，这隐在巨涧中的湾湾清泉吗？大自然呀，难怪人们始终忘不了你，要回归你，要拥抱你，因为只有你才是无可替代的，才是人们在生活、创造中的物质与精神上的动力和源泉。

汉明堂 玉泉寺 天柱峰

望天门

望天门

欣赏着、思考着，望天门到了。这里离天烛胜景坊2.5公里，距岱顶也是2.5公里，路程走了一半。 望天门原是一座天然石门，或许古人为了行走方便把它开凿得更大，但后来便看不出凿修的痕迹了。石门左边的巨石与山体连在一起，而右边的危岩则是从深涧中高高拔起，人称山呼台。见了这个天然门，岱顶上月观峰的"西天门"、日观峰的"东天门"，真如小巫见大巫，相形失色了。其实这个门才真应当叫做泰山的东天门。近年，人们在望天门上建起了过街阁一处，为全石结构，与周围环境尚称和谐。

由望天门东边的陡坡上来，穿过望天门，马上又有陡坡下去，站在望天门中间可谓站到了一个小小的制高点上。回首来路，山道早隐于丛林中，不见了；再向远处看，泰山余脉层层叠叠，一道一道的梯田直上山顶，梯田里栽着各种果树，想是早已果实累累了吧。

大天烛峰

从望天门西看，近处天烛峪的北面矗立着的是"大天烛峰"，此峰因其陡峭高拔似烛入天，并区别于西边远的"小天烛峰"而得名。又因远看像一个硕大的牛心，故自古山民又把它同亦像牛心的小天烛峰相区别，呼之为"大牛心石"。其实，这座峰远看确也几乎就是一整块巨石，峰南临涧的石面便至少有两个足球场大，十分壮观，使人一下就想起了西岳华山北坡那兀立千仞的石壁。

国 之 魂 魄

一线瀑

再往西，天烛峪大峡谷突然升起近百米，又一道巨流自天而降，形成三叠之瀑，最上端的一叠，由于岩石被水长期切割，形成深沟，瀑水从这一狭长的石沟中涌下，远观似一线，人称"一线瀑"。一线瀑之上峪北侧即小天烛峰，峰依九龙岗，岗上之水又从小天烛峰旁流下，于是又是瀑布。瀑布面北，亦有近百米长，古时人称此为"千尺瀑"、"千丈瀑"。但这名称仅仅形容其长，俗而无内蕴，今人认为不如叫"天烛瀑"好。不错 那高垂的白练不就是通天的巨烛流下的蜡瀑吗？

这里是一片石头与水的世界。石崖巨大，铺天盖地，色白、光滑，远看没有一丝风化的迹象，甚至连一条长草的缝也没有，然而流水的吟唱却在证明着石头是有生命的。"松石为骨，清泉为心"，这就是泰山！泰山在这里向人们敞开了它博大的胸怀，人们终于懂得了它之所以如此稳重，如此不摧的道理：它的骨头是硬的，它的脊梁是硬的，没有什么力量可以使它动摇，更不用说使它弯腰、使它低头。泰山又是充满生机的，听到远处那淙淙瀑流的如鸣如诉了么？它在讲着泰山的故事，这故事已讲了几千万年，而且还要永远讲下去。

天烛峰景观如此壮丽，历代文人墨客多有到此来一饱眼福、一抒情怀的，

311

但是这里的石头上却没有他们的片语只字。因为这里太美了，无须再用他们的笔来点景、增景了，这里也太大了，谁又能有如椽的笔写出万丈的字来与之匹配呢？即使把山前的清摩崖——像"乾隆的印章"那么巨大的石刻搬来，在这里也不过是小得犹如一幅丈二的大画上点了一个指尖大的小印，反而使画失色。古人明白这一点，便只好"述而不作"了，于是我们才有了这一片任人驰情的保持着原貌的泰山。我们希望将来的人也都能够明白这一点，永远地保留这里的大自然本色。

松涛

站在望天门，岱顶已在目中，后石坞通往岱顶北天门的缆车也看得真切了。向前走，进入了一片华山松松林。株株新松树干笔直，胸径粗若水桶，树皮特别光滑，还长着犹如桦树般的那种美丽的大眼睛。而最为奇特的是，那拂面的油光闪亮的松针是软的。在人印象中，松针一根一根是硬的，否则怎么叫"针"，但当你带着这种印象去摸华山松的叶子时，你会突然感到这是极绵极柔的少女的秀发，使你觉得妙不可言。走进松林深处，阳光便只能从密密的松叶留下的缝隙中筛下，照在脚下小路上，形成一个个圆圆的光斑。

朋友们，快！你们感觉到了吗？一种你从未听过的极其美妙的声音仿佛从天外传来，感觉到了吗？……

——是的，您说得对，的确太奇妙了。

告诉你们吧，这就是"松涛"……

——欧耶！

——哇塞！

松涛的声音极为纯净，没有一丝杂音，音高与音的强度基本不变，而且声音极其悠长，没有中断与起伏。更令人不可思议的是，这种声音的美妙绝不仅仅在于"悦耳"，因为当你在还未真切地听清它时，你的整个身体就已同它的频率共振了，你的每一条神经，甚至每一个细胞都从中感到了巨大的愉悦与满足，你会很快陶醉于其中。我们在后石坞没有听到，没想到在这里遇上了，多么美妙的松涛啊，这个世界上没有任何声音同它雷同，任何乐队也无法模仿它。松涛声的奇绝不亚于泰山的日出与云海，它是可遇不可求的"天上之音"。朋友们，泰山的空气那么香，松的涛声那么美，大自然对你的馈赠是如此慷慨，我们的心中充满了喜悦，全身充满了活力，登此大山，获此享受，还有何求？

嘿，这位朋友说他真的很爱泰山了，噢？你们都有同感？不过我还没问呢。大家别怕我尴尬，我没有忘记我说过的话，我领了朋友们的好心了。

——您误会了。几天下来我们真的感到游泰山就像读一本起伏跌宕的书，泰山的文化真是太厚重了，泰山的自然美也超出了我们的想象，好像只有第一天有些平淡，之后越来越好，所以我们说的都是由衷的，我们真切感到了心灵的充实和精神上的享受。

汉明堂玉皇寺天烛峰

——尤其是我们在泰山认识了那么多优秀的古今人物，我们同他们交流，感到了一种发自心底的快乐，一种激荡人心的民族自豪感，感到浑身都是劲。

是啊，现在人们普遍认为旅游是为了暂时离开工作、离开城市，取得身心的放松和某种快乐，这的确是非常好的。但是如果能够在获得轻松的同时又能感到充实与鼓舞则更好了。打个比方吧，就好比您的工作是一副沉重的担子，您出来玩一趟把担子放下了，暂时轻松了，但是旅游结束，您又回到了原来的环境中，担子依然很沉重，所以这轻松只是极其短暂的。而如果旅游使您的精神获得了高度充实，甚至世界观都因此发生了某种变化，您就会感到浑身充满了使不完的劲，那么当您再次挑起了那副担子时，您便举重若轻了。这种轻松岂不是更高级吗。

——是吗？其实这几天，我们始终感受到您一直在努力地证明着您说过的话，在证明着泰山与泰山旅游的不同寻常，所以在南天门，在玉皇顶，在看日出的时候，甚至在桃花源缆车上，我们都感受到了泰山的美，都在等着您的提问，可是您为什么把那些机会都放过了呢？

因为我们还没有走进泰山的灵魂。

——啊？

山道继续向西，松林漫漫无际，道旁景色步移形变：将军山如大将披甲，罗汉峰像巨石叠罗汉，神舰山似破浪的巨舰……而且此处还有自古即被人们提及的"五女圈石"。《岱史》记载说远古时这里曾"夜有呼号相力声，及朝巨石垒成圈，传为五仙女为之。"由于年代久了，多少年来人们早已不知道五女圈石位于何处，也不知道石头的作用了，时下甚至有人推测是古代先民柴、望祭祀泰山的地方，更增加了这里的神秘色彩。这一带还因"巨石环列，秀丽异他处"，而被古人认为是"仙人牧地"。那都是神话传说，今天，我们肯定看不到仙人在此放牧了，但是在这秀丽的地方，可以见到山民垒起的石凳，石凳上定期撒盐，便有牛前来舔食，当地称作"唉牛"，是泰山的一种牧牛方法。游人有时也会看到山崖上有牛形单影只，悠哉悠哉，而附近并没有牧牛人，还以为牛走丢了。其实不是的，平时牛在山上并无人管理，但只要十天八天地定期"唉"它们一次，牛们便都会聚拢来，一头也不少。这种牧牛的方法在泰山至少已有上千年的历史了。但仙人是如何放牧我们就不知道了，是不是像美猴王那样把马撒出了御马监，使其自由游荡？千百年来，泰山曾产生了无数优美的神话，而这些神话都有着同泰山一样古老的历史。

泰山神话

此刻我并不想掺进什么"文化"来破坏这大自然的清美，我只不过想给大家讲一个故事。泰山神话是东夷人集体创造的最初形态的原始文化意识，也是有关泰山崇拜与信仰及历代帝王祭祀、泰山宗教、泰山民间俗神产生的源头。由于儒家思想的影响，中国古代人较早地把目光从神转到了人，从浪漫转向了

第五天

现实，因此神话并没有很好地发育起来。但是在泰山，古代神话以及后来演变成的传说故事却几乎没有中断过。

上古时代人们一方面感激大自然的惠泽，一方面又对自然的灾难无可奈何，大自然的变化对他们来说是如此神秘，如此莫测。生活在华夏大地东方的东夷人需要一位超人的大神来抵御灾难，来主宰一切，这位大神就是东夷人的祖先太昊伏羲氏。伏羲"蛇身人首"，几乎无所不能，大凡人间发明，均有其首创之功。他还另有一项了不起的神功，就是能缘着天梯使天、人沟通。天梯，一是高山，一是大树。高山乃昆仑山，《山海经》载："西海之南，流沙之滨，赤水之后，黑水之前，有大山，名曰昆仑山"，"昆仑虚八百里，高万仞……"昆仑究竟在何处，谁也不知道，《尔雅·释丘》说："是昆仑者，高山皆得名之。"有学者认为，昆仑山就是泰山经过想象加工的产物，而且他们把《山海经》所述昆仑山的地理环境与泰山一带的山川形势作了一番比较研究，发现赤水即相当于沂水，流沙相当于泗水，黑水相当于大清河，从而得出了上古时期的昆仑山就是泰山的结论。而大树即"建木"。《山海经·海内经》说：建木"青叶紫茎，玄花黄实，名曰建木，百仞无枝。上有九欘，下有九枸，其实如芒。太昊爰过，黄帝所为。"又说"建木在都广"，都广即泰山南侧不远处的曲阜穷桑、太昊伏羲氏的发祥地。可见那个高山的"天梯"就是泰山。这种天、人之间沟通的神话，反映了氏族时代东方民族渴望了解自然并驾驭自然的愿望，有着很大的进步意义。

坏了，这又是文化，泰山文化太多了，不小心就碰了头。

山道蜿蜒而上，路旁峭壁越来越陡，涧边松树越来越老，及至登上一个陡坡，此处感到眼熟，对了，又到了后石坞了。后石坞不必去了，我们可以原路返回，登山看景，上山和下山的观感是全然不同的。我们也可以不走回头路，乘后石坞缆车至岱顶，再乘南天门的缆车到中天门，然后乘汽车返回到泰城。请朋友们决定吧。

314

泰山

第六天

游泰山南麓王母池、普照寺、三阳观

丽区

今天我们要游览的地方是泰安城和泰山的结合部。

泰山历史悠久,泰安城也历史悠久。在漫长的历史发展过程中,古老的泰安城由于帝王封禅、民众礼神、文人骚客的游历需要而渐渐地发展起来,并渐渐地形成了山不压城,城不占山,而又"山城一体"的独特格局。

经过千百年的营建,如今,代表着"天"的山和代表着人间的城,巧妙结合,浑然一体,城仰山势,山借城辉,自然与人文景观相得益彰,古代遗存与当代作品互映成趣,形成了十分壮丽而意味无穷的景观群。人们把山与城的结合部,东起中溪王母池,西至西溪大众桥,并由一条环山公路联接起的一带名胜区称作泰山的"丽区"。这个"丽"字不仅仅说这一带是美丽的,而且是壮丽的,特别壮丽!走着瞧吧。

王母池

环山路东首坐落着王母池,或称王母祠,是一组依山傍水、高下相间、玲珑紧凑的古代建筑群。《泰山述记》记载:"王母池本名'瑶池',俗名王母池。池上为群玉庵,祀王母,下临虬在湾,前有飞鸾泉。"《岱史》也说:"黄帝建观岱岳,遣女七人,云冠羽衣,修奉香火,以迎西王母,故名。"黄帝的事太久远了,但三国时曹植就有"东过王母庐"的诗句,足见王母池由来久矣。

王母池山门额书"王母池"三字,刻于道光九年(1829年),隶书,徐宗干

315

题。王母池为三进式庙宇，平面呈长方形，南北长73.6米，东西宽53米，面积3900平方米，由大门、王母池、王母殿、东西配殿、东西耳房、悦仙亭、七真殿和蓬莱阁组成。

大门一间，进门中为石桥，桥下池水清冽。池虽不大，但烘托了"王母池"的气氛，使庙宇有了灵气。池西有王母泉，呈圆形，水深、直径各约1米多，水质甘冽，大旱不涸，至今供庙内饮用。

跨桥沿阶而上是中院，北为正殿3间，前后步廊式，上悬"灵昭四方"匾额，内祀明铸王母铜像。东、西各有配殿3间，东配殿有后窗，可观梳洗河水景。此院内有腊梅数株，每至腊月迎寒开放，精神分外抖擞。

过王母殿东侧的穿堂耳房便至宽阔的后院。后院南面紧靠王母殿后墙有四柱叠梁攒尖方亭一座，称"悦仙亭"，意取西王母约会群仙之处。北面再起高台，台上为前廊后殿的七真殿，前廊5间，硬山卷棚顶，殿为3间，硬山五脊顶。

七真殿前廊的四根石柱上刻有两副对联，其一为：

> 朝游北海暮苍梧，
> 袖里青蛇胆气粗。

其二为：

> 三醉岳阳人不识，
> 朗阴飞过洞庭湖。

对联刻于光绪十四年，落款题名残不可识。两副对联其实是一首诗，也是说吕洞宾的。自宋以来，吕洞宾的故事广为流传，这里讲的故事是：吕洞宾游岳阳，说自己是卖药的，但药极贵，一粒千金，以致三天都无人问津。于是吕洞宾登上岳阳楼，自己把药吃了，突然间竟腾空飞起，众人骇然，羡慕万分，纷纷要买他的药。但吕洞宾却说：道就在眼前，成仙并不遥远，你们与之擦肩而过，有什么办法呢？于是就吟此诗而去了（《吕祖全传·岳阳货药》）。

此两联的大意为：

> 日出时还在渤海游历，日暮时又来到湖南苍梧山；身佩着青蛇剑，胆气格外豪壮。

> 我曾多次到岳阳卖药，但无人识得我的仙丹；我只好高唱着仙歌飞过洞庭湖畔。

七真殿里曾有明代塑像吕洞宾、铁拐李、何仙姑和吕洞宾的4个弟子焦成广、苗庆、纪肖唐和柳树精。李健吾在《雨中登泰山》中曾盛赞道："站在龛里的两个小童和柳树精对面的老人，实在是少见的传神之作。一般庙宇的塑像，往往不是平板，就是怪诞，造型偶尔美的人，又不像中国人，跟不上这位老人这样逼真、亲切。无名的雕塑家对年龄和面貌的差异有很深的认识，形象才会这样栩栩如生。"以李健吾的学识能这样夸它，看来足可同灵岩泥塑好有一比，然而如此精妙的艺术品却毁于文化大革命，令人痛惜。现在人们看到的是后来重塑的，一般般了。七真殿东有阁一座，东向歇山卷棚顶，两檐飞挑在外，是为"蓬莱阁"，为观水色而建。

王母池同前述斗母宫的建筑属于同一种类型，都是依山临水而建，都有专为观水而修的房舍，与周围环境十分协调，显得格外宜人。因此自古以来，从曹植、李白到元好问，无不有诗提到它，王母池的确是一个极好的去处。

王母池附近曾有过众多的古建筑，且历史悠久，经过历代重修，达到了几乎完美的境界，因此倍受历代垂青，游人甚多。但后来，很多庙宇如老君堂、后土殿等都已不存在了。

八仙桥

王母池建在中溪西畔，溪旁曾建有王母梳洗楼，中溪之水至此便改名为"梳洗河"。河上原有一座王母桥，早废。建国后又在河上筑一石桥，取名"八仙桥"。

吕祖洞

桥东北立壁下有一石洞，称"吕祖洞"，相传吕洞宾曾在此炼丹。洞内曾有吕祖石像，文革中毁。吕洞宾，名吕岩，号纯阳子，唐京兆人。咸通中及第，当过县令。后修道于终南山，遂不知所终。元明以来成为八仙之一，道家正阳派称他为"纯阳祖师"，故俗称"吕祖"。 洞内石壁上嵌有碑碣，其上层诗文为：

> 昔日曾游此，如今九十春。
> 红尘多少客，谁是识予人。

回回翁题。

此诗作于宋绍圣五年(1098年)。

诗的大意是：

> 往昔我曾来这里游玩，转眼已过去了九十年。
> 人世间匆匆走过了多少人，又有几个能识我的容颜？

其下层诗文为：

> 昔年留字识曾来，事满华夷遍九垓。
> 无赖蛟虬知我字，故留踪迹不沉埋。

回公再书。

此诗作于宋政和六年(1116年)。

诗的大意是，当年(绍圣五年)我写诗曾说"谁是识予人"，如今识我的人(蛟虬)已经到来，而且已广为人知传遍了国内外。因为蛟龙已知道了我并知晓了我写的诗，所以我要记述下此事，使之不被淹埋。

所谓"回回翁"、"回公"，均为吕洞宾自称。据《泰山纪事》载，"昔吕公题诗(即上层五言诗)石壁，有虬常对诗顶礼。一昔吕公至，挥笔点其额，遂化龙飞去。"下层七言诗记述的就是此事。也因为此，吕祖洞东面的小山称"飞虬岭"，洞下梳洗河中的水湾称"虬在湾"。其实，说是吕洞宾的题诗，但稍一分析便可知，吕洞宾在唐会昌间(841－846年)游泰山时已60多岁，而到了绍圣五年，已过去了300多年，并不是诗文中所说的90年，因此可见此诗只是北宋时期的好事者附会吕洞宾的神话传说而作，并非吕洞宾亲题。

吕祖洞内外还有"洞天福地"、光绪《重修吕祖祠记》碑、嘉庆《重修吕祖祠记》碑、"观涛"等一批题刻石碑。

虎山公园

王母池北是建国后建于虎山上的虎山公园。虎山,被附会为传说中当年孔子过泰山侧,见妇人哭于墓并发出"苛政猛于虎"的感叹的地方。公园很美,有古代庙宇,有山、有水、有高大的虎山阁,还有亭、桥、堤、廊等小品。游人登泰山多要到此来看一看,看看那当年孔子所走过的"圣堤",看看那貌似凶恶但却已无丝毫能耐的雕塑的老虎,再看看那满山遍野的果树和新建的生态园,定会思绪万千……

虎山水库

吕祖洞之北是修于上世纪50年代的虎山水库,水库的大坝同龙潭水库的坝一样也为顶溢式,所不同的是坝上又建了一条近百米长的观澜桥,每至雨季,6个桥墩把水分为七派,形成7条瀑布,奔涌而下,气势可谓磅礴,只有见过的人才知道,人造的景观只要恰到好处,也是十分动人的。这虎山水库与西溪的龙潭水库一东一西,一虎一龙,扼守着山前的两条溪谷,积起了两泓碧波,就像是在泰山脚下镶上了两块晶莹的绿翡翠。

游泰山南麓王母池、普照寺、三阳观

318

泰山

五岳之碑

虎山水库之西有修建于上世纪80年代的"五岳之碑",碑的截面呈五边形,分做5个面,每面分别刻着介绍各岳的文字和五岳真形图的符号,碑首则是五个握在一起的拳头,象征五岳联合起来共同发展。1985年,五岳间成立"五岳年会",并在泰山召开了第一届会议,建起了该碑,以后每年轮流在各岳召开,为促进五岳的保护、研究、旅游开发起到了积极的作用。

五岳是五座兄弟山,让我们边走边说,来了解一下五岳的情况。

五岳作为中华名山,在中国人的心目中有着独特的地位,古人认为"寰宇中山者万,而以五岳为最","石磴丹梯如紫宫,寰中五岳最称雄"。五岳的得名早在先秦典籍中就有了记载,其中,有些山的历史甚至可以追溯到三代,而传说更是把它们和开天辟地的盘古连在了一起,东岳是盘古的头,中岳是盘古的腹……人们把最好的词汇赋予了它们:"嵩"、"衡"、"恒"、"华"、"泰",意即高大、稳重、恒定、华美、平安……历代的最高统治者自然也对这五座大山优礼有加,将之钦定为"岳",并频往巡守、游历、甚至封天禅地。五岳在远古时还被当作中国地域四至的标志,就相当于国家的"界桩"。五岳在当时实际上是共同具有着"国山"的地位。数千年来,五岳不但始终受到帝王的礼敬,得到了中央政权的精心建设与呵护,留下了众多的历史遗迹,而且吸引了无数文人墨士的目光,并为之写下了数之不尽的歌赋词章。五岳是中华民族的精神家园。

可以不夸张地说，五岳伴随着中华5000年文明史，几乎记录下了我们这个民族前进的每一个脚步，真正是中华民族历史文化的缩影。而且，五岳的自然形体高大雄伟、风光峻奇秀丽，这是它们早期即备受古人青睐，并长期在此活动留下了灿烂文化的主要因素，而丰厚的文化又构成了国内任何名山所无法企及的五岳的最主要的特征。古人对五岳的美早就有着深刻的认识和独到的把握，在他们的笔下、心中，五岳就是中华大好河山的代名词，他们把五岳的美表现得淋漓尽致，有一些至今仍是脍炙人口的绝唱。

五岳有着兄弟般的共同基因，这五座最古老、最高大、最能代表中国人精神世界的大山从来都是密不可分的。人们用极其简练的语言，把五岳的特征概括得极为到位，古人评价它们为"中岳奥、南岳秀、北岳奇、西岳险、东岳雄"，以及"泰山如坐、华山如立、恒山如奔、嵩山如卧、衡山如飞"等等，几乎概括了所有大山的美。我觉得只要能够称得起"岳"，就肯定是不同凡响的——到下一个景点还有十几分钟的路程，我来不及具体说其他四岳了——但能否听我说一说现在已不在五岳之中的"古南岳"？

——古南岳？我们不知道，请讲讲。

汉代以前的南岳不是如今湖南的衡山，而是皖南的天柱山，后来国家的疆域扩大了，才又向南移了几百公里，改成衡山了。古人为什么选天柱山作南岳，而不是选那座与天柱山同在一个省的号称使岱宗逊色的那座山呢？因为天柱山实在是壮观极了。天柱山在阳光的照射下那山上的石头竟像玉一般地辉映着光芒，而天柱山的主峰几乎没有任何游人攀登上去过，甚至为了见一眼主峰都必须得穿过一条450米长，称作"神秘谷"的大峡谷。大峡谷不知何年巨石崩落，壅塞了山谷，人们上山只能从巨石叠压的缝隙中穿行了。这些缝隙被称做"洞"，据说共有54个。于是登山的道路成了迷宫，前一个洞、后一个洞、左一个洞、右一个洞，而且有的洞狭窄，须侧身方能过，有的则甚低，非弯腰爬行不可。小洞出来，柳暗花明；大洞出来，更上一重天。我不知道天下还有哪座山能比这里更具奇趣，更"幽"？人们在这里穿行着、攀缘着，手足并用，同山结合得是如此亲密——人完全融进了大山，同大山成为了一体，所以当人们最终穿过了峡谷的时候，那兴奋得心情简直无法形容，人们欢呼着、拥抱着洁白的山石，甚至把脸都贴到了山石上留影，那场面感人极了。天柱山极大，游人上山，先乘汽车、再换乘两条索道、然后攀高崖、钻山洞，千般手段使尽，而主峰还是连让你见上一眼都不肯，它非得要给你最后的惊喜——最后当人们终于钻出山洞，走到了山路尽头的时候，所有的人都惊讶了：在这里视野顿然开阔，天空突然显得如此之大。蓝天之下，白云之上，一座巨大的山峰——主峰天柱峰凌空兀立在了人们的眼前，天柱峰也是巨石组成，也是净白的石头在阳光下闪闪发光；但是它与人们却隔着一条极深的涧，涧中云雾飘渺，而对面的山峰浮在云中简直就像仙山一般，可望而不可及，让人真的不敢断定它是人间的景色还是天上的仙境。天柱峰高且陡，十分威严，峰巅有8个大字："孤立擎霄"、"中天一柱"，据说那是题字的人请采药人用绳索攀上去刻的，而一般人是上不去了。其实这高大的主峰就是不该再让人攀登了，它

国之魂魄

嘲大天

是一根擎天的巨柱，它要托举着天……天柱山如此美好，以致古代好多好多的文人来了就不想走了，他们希望在此住一辈子。可是这么美的古南岳后来怎么被人忘记了呢？以至余秋雨老师写下了令人慨叹的《寂寞天柱山》。

——天柱山厉害！余秋雨写过泰山吗？

真遗憾，据我所知，他没写过泰山。我曾不止一次地想过，如果余秋雨能够来泰山，以他的学问、目光和生花之笔来写一写泰山的话，不知该有多么好。他文章里写的地方都是他所去过的，可惜他生活在江南，除了写他的家乡一带，就光往远处跑了，泰山不近不远的，他好像竟没来过。

——台湾作家李敖还写过泰山呢。

李敖吗？大名鼎鼎，我知道他。他说500年内没有一个人用白话写文章能超过他，鲁迅、胡适、周作人、梁实秋等都不在话下。当然这谁也不会相信，当笑话听吧。但是当有记者问起他季羡林先生如何时，他竟说季老只是北大一个"很弱的教授"，且！这就未免过分狂傲，使我有话要说不吐不快了。

——怎么？

李敖的东西我也看过一些，我不认为他写过泰山，他写的是封禅，抄的《史记》、《汉书》什么的，没什么新鲜观点，印象不深了。李敖政治中人，但给人印象最深的却是他把好多心思都用在了"且"上，他有一本书就叫"且且且"。且，名词，祖也，不能再深入解释了，越深了越浅。

——我们不懂，你搞什么玄？

无须乎懂。这个字虽古但本来就很浅，过去我们有的地方对某人某事表示不满不屑时，有句民间口头语就叫"且(去声)！"不过用在这里似乎只剩下了远古的影子，它早就成了语气词只有其音而其义甚微，同李敖指的不一样了。碰巧我刚才不留神就用了一次，不过仍感非大雅之属，抱歉。说回来，如果李敖仅仅是做这方面的学问也就罢了他还想去实践想要搞这个搞那个，若是他喜爱好的女人也是人之常情但他还说最想死在人家丈夫的枪下。这倒是一种传统的人生选择，叫作花下死做鬼也风流。我想，鲁迅先生今天要还活着肯定会打他板子，倒不是因为他看不起自己，而是会很生气地说：呔！莫误人子弟，把眼球挪开脐下三寸！

呀，对不起，说多了。

——走路也是走路，闲谈吧，说说没关系。

说真的，要说领导某种解放的潮流实在也不用再烦劳李敖这位70岁的老人了，他无须再有这种勇气，因为有些中国人，不用往远处说，在金瓶梅醒世姻缘传时代就已经解放得一蹋糊涂了，而他今天即使死在了人家枪下他老人家也只能算是死在了人家拳头下的西门大官人们再传30辈的徒孙了。所以这种性格与取向的人大概是既不喜欢山，也不喜欢水，尤其是不会喜欢泰山的。泰山是何等的尊严，自然也就不能指望着他来写泰山了。至于对"白话文"的掌握，他是21世纪夜郎的活标本，他偏居一隅，缺少最基本的现代汉语的感觉，同有些满口"国语"加闽南话客家话的普通台湾香港同胞比比也许还算是好的，而对季羡林教授，他大概连望其项背的份都没有，与余秋雨教授的思想文笔比起来我觉得也是判若天壤。

——看来你是余秋雨的粉丝。

粉丝？哈，好词。我觉得余秋雨先生的确很不一般。如果说鲁迅在那个时代是要摧毁一个旧世界的话，他则是满怀激情地希望建设一个美好的新社会，一个强大的国家。他们不能相提并论？不，有些方面是能够作比较的，不过在这里没法多说了，我只是希望他能继续多写文章，别封笔，甚至写写泰山。泰安农村有句俗语说：听蝲蝲蛄叫唤还能不种豆子了吗？真的，叫它们嚼两口又有什么关系？无非是减点产而不至于绝产吧。

——你自己的观点？

当然是我个人的看法，包括几天来我说的一切，大家尽可批评。

——季羡林教授怎么这么厉害？他同泰山有什么关系？

何止厉害！他同泰山渊源极深。

——能给我们讲讲他吗？

我想我一定会的。

——李敖可惨了。可见泰山也真是厉害，隔着海峡也能照镜子。

耶，你也学会了"镜子"？看来快出徒了。其实，除了岱庙里的那块碑外，第一个说"泰山是面镜子"的是当代作家汪曾祺先生，就在他的著名散文《泰山片石》中，大家读过吗？我可不敢贪天功。

马上就要到我们要去的景点了。还想和大家再谈一座山，那就是大家曾去过的闽北的武夷山。武夷山给人的印象的确是美极了：天是蓝的、山是红的（丹霞地貌）、树是绿的、水是清的、历史是悠久的——山上的悬棺洞窟至今还是谜，宋代儒学大师朱熹长期在此讲学……武夷山的山上山下很多建筑物的门柱上都挂着同一内容的对联，联曰："东周出孔丘，南宋有朱熹；中国古文化，泰山与武夷"（复旦大学教授蔡尚思先生拟）。说得好啊，但是如果他们把后一句改为"中国古文化，天下惟武夷"，又将会怎样呢？所以，最后我想说的是武夷山的胸怀是宽广的。其实，我想所有的山都应该有这样的胸怀，要不"仁者"何以会"乐"之呢？

范老墓

好了，到了"范老墓"了。这里是环山路与普照寺路的十字路口，墓在路西。范老即范明枢(1866－1947)，泰安城徐家园人，曾留学日本，回国后积极发展教育事业，因思想激进，被国民党山东当局以共产党嫌疑逮捕，后被冯玉祥营救出狱，共同创办大众小学。抗战爆发后，为挽救民族危亡，范明枢不顾年迈，奋起参加抗日活动，组织成立泰安各县抗敌救援会、泰安县民众抗敌总动员委员会并亲任主任。1938年7月7日，范明枢在泰山东麓西麻塔村召开了"抗日周年纪念大会"，慷慨陈辞，感动了所有与会者，使泰安地区的抗日烽火愈燃愈烈。之后，他一直为抗战奔走，先后被选为山东宪政促进会会长、山东参议会议长，赢得了"抗日寿星"、"抗日老英雄"的称号。1946年，范明枢以81岁高龄加入了中国共产党，实现了自己的夙愿，次年病逝于山东乐陵县，1950年移葬于此。范老一生追求真理，坚持正义，晚年抗日奋不顾身，登上了人生的"绝顶"，受到了人们的敬仰。

范老墓碑上有林伯渠题词"革命老人永垂不朽。"林伯渠(1886－1960)，原名林祖涵，湖南临澧人。1921年1月经李大钊、陈独秀介绍加入上海的中国共产党早期组织，成为中共最早的党员之一。建国后历任中央人民政府秘书长、全国人民代表大会副委员长等。

又有谢觉哉的"永远是人民的老师。"谢觉哉(1883－1971)，湖南省宁乡人。中国当代政治家、著名法律工作者，1925年加入中国共产党，参加过长征。建国后历任内务部长、最高人民法院院长、全国政协副主席等。

——怎么是"人民的老师"呢？小平同志不是称自己是人民的儿子吗？

这句话不大好懂。不知道谢老的那个时候是不是认为"人民"就是"群众"、"民众"的同义词？再早的时候，古汉语中"人民"是"人"与"民"的并列词组，相当于"百姓"、"黎民"、"黎元"……而没有现在的概念。以今天的理解，题词中若把"老师"二字改成"学生"才更妥，"永远是人民的学生"，多么了不起啊！要不然把"民"改成"们"也凑合，"人民"这个概念是抽象的。

辛亥革命滦州起义纪念碑

此碑在十字路口东，碑体全部用泰山石建成，象征革命烈士的死重于泰山；底座方形，高1.1米 边长11米，意寓滦州起义发生在1911年；碑座方形，分三层，层层抹角，有高拔俊杰的意思；碑体四角用长条石镶嵌，南向大书"辛亥革命滦州起义纪念碑"，上置冰盘式出檐；碑首顶部也有一冰盘式盖石，象征着高洁。文革时碑文被凿掉，代之以"无产阶级文化大革命胜利万岁"，改革开放后，再次凿掉这行字，重新刻上原文时，碑身凹了下去，变得就像猪食槽。

此碑是冯玉祥为纪念参加辛亥滦州起义的死难烈士于1936年9月而建的。1911年(清宣统三年)，中国爆发了伟大的资产阶级民主革命，因为该年以干支计为辛亥年，故名。辛亥革命是在清王朝日益腐朽、外国侵略进一步加深、中国民族资本主义初步成长的基础上发生的。其目的是推翻清朝的专制统治，挽救民族危亡，争取国家的独立、民主和富裕。领导辛亥革命的是中国资产阶级的政党同盟会及其领袖孙中山。这次革命结束了中国长达2000年之久的君主专制制度，为中华民族迈向新的文明开辟了道路。由于辛亥革命的主要发生地在南方，以及其他的种种原因，发生在河北省滦州(今河北滦县)的这次起义，长期以来没有人研究，甚至没人提及。滦州起义以及在起义中牺牲的年轻将士几乎被人们遗忘殆尽了，很多事情都变成了谜。然而，这在当时绝对是一个大事件，在中国近代史上也应是一个大事件，作为中国人我们不应该忘记它。因此可以说，这座纪念碑矗立在这里，绝不仅仅是一处普通的景点，它是中国前进的历史中一座不容忽视的里程碑。冯玉祥参加了这次起义，当年他29岁。关于滦州起义的情况，我们在下一个景点再作较详细的介绍。

普照寺与泰山佛教

十字路口北去就是至"六朝古刹"普照寺的路。普照寺是泰山南麓现存唯一一处规模较大、保存完好的佛教寺院。

汉末以来，佛教通过丝绸之路和海上通道进入中国，至魏晋南北朝时期广泛传播。从佛教传入之初，到完全"化"为中国的宗教，直至封建社会末期，在泰山都占有一定的地位。泰山以寺院众多、高僧辈出、宗派纷呈而长期成为齐鲁佛教区的中心。泰山佛教的兴衰对应着中国佛教的际遇，这方佛门净土，也给泰山的"神山"形象增添了异域色彩。我们前面已经提过，最早到泰山传播佛教的是天竺高僧佛图澄的弟子郎公。前秦苻健皇始元年(351年)，郎公在泰山东北麓的昆瑞山建郎公寺，并讲经布道，很快发展到"上下诸院十有余所，长廊延袤千有余间"(梁·慧皎·《高僧传》)。当时，北方朝代频繁更替，社会动荡不安，但几乎每个朝代的统治者都向这位和尚表示敬意，于是他得以在泰山先后建起了灵岩寺、神通寺、光华寺、玉泉寺等。隋唐时代，特别是唐太宗"贞观之治"以后，佛教在中国进入了鼎盛时期，产生了天台宗、律宗、净土宗、法相宗、华严宗、禅宗及密宗等中国佛教宗派。这一时期，泰山更是梵音四起，伽蓝毗邻，相继又创建了藏佛寺、普照寺、法华寺、竹林寺、天封寺等禅院。宋代，宋真宗封禅泰山后，道教盛极一时，泰山神被捧为"天齐仁圣大帝"，佛、道矛盾激烈起来，有的寺院甚至被强行改为道观。但是，佛教自有一套方法来扩大影响。佛教传入中国后，其地狱观念也逐渐流行起来，至唐末，佛教中的十殿阎罗之说同盛行的泰山治鬼观念一拍即合，于是佛教的地狱学说便全盘移植到泰山，构成了泰山的冥府地狱系统。其中最为典型的象征就是地狱与人间的界河——奈河。泰山西麓黄溪河之水流入泰城后即更名为奈河，清代顾炎武《山东考古录·辨奈河》说："其水在蒿里山之左，有桥跨之，曰奈河桥，世传人死魂不得过。"在古代民众意识中，人死后都要跨过奈河通往冥府。这条河在现实生活中是没有的，但在泰山却得以附会，长期以来形成了以泰安城为人间，过了奈河至蒿里山是鬼域，而登上泰山则是极乐天堂的说法。道教的泰山治鬼说与佛教的地狱观念契合得如此密切，正是佛、道两家相互斗争又相互融合的具体表现。宋以后，佛教的某些基本教义又为儒家吸收，泰山道教也渐渐并入儒、释。虽然泰山儒学历代不息，占主导地位，佛教又时兴时衰，但还是对泰山产生了很大影响，涉及到泰山历史文化的各个角落，在乡风民俗、人们的精神生活上都打上了烙印，其中一部分还以物化的形态保留下来。在斗争和融合的复杂过程中，三者彼此之间相互吸收精华，排除糟粕，经过消化改造，创出新的思想体系，从而丰富了民族的传统文化，这就是我国名山普遍存在的"三教合一"现象。而这一现象在泰山，又特别是在这里表现得则更为突出——前面是佛教名刹普照寺，普照寺西北近在咫尺处就是泰山最为著名的儒家书院——泰山书院，后又称五贤祠，五贤祠北去不远即为道家的三阳观了。儒、释、道如此和睦相处，此处的确是很典型的。

冯玉祥小学

从十字路口上得坡来，左侧有"冯玉祥小学"旧址，大家奇怪，小学也能作为景点介绍？下面我将会讲这一段故事的。

"三笑处"刻石

继续前行，路旁多树，并有刻石数处，其中一石上刻有"三笑处"三字。此3字最早出自佛教"虎溪三笑"的故事，后来人们将其与孔子附合起来，说是孔子游泰山时遇到一位90多岁的隐士荣启期，荣启期身披鹿皮，腰束草绳，正在笑容满面地弹琴唱歌。孔子便问道："先生为何笑得这般快乐呢？"荣启期回答："使我快乐的事太多了，天生万物，以人最为尊贵，我能生而为人，值得一笑吧；人又分为男女，男尊女卑，我能作为男人，又值得一笑吧；有的人寿命短，甚至夭折于母腹或者襁褓之中，而我有幸活到90多岁，更值得一笑了……贤德之士的处境通常是贫寒的，死亡是人生的最终归宿，我于通常处境中走向人生的最终归宿能不快乐吗？"孔子听了深有感触地说："讲得好！你真是个能自我宽慰的人！"这个2000多年前的荣启期的确有一套，他是个"人生比较学"的大师，你想，他如果一味同职称比他高的"正高"、"副高"比，同地位比他高的主任、局长比，同老板比，同"海龟"比，同比尔·盖茨、李嘉诚比，而又不懂见贤思齐，恐怕甫说笑出来了，愁也早就愁死了。反过来，他还必须有赖以糊口的一技之长并传诸后代，否则，儿孙们很容易就变成了阿Q。

普照寺

香烟缭绕处便是普照寺了。寺前有溪水流过，一座平板石桥横跨溪上，称作"子午桥"。《泰山述记》载："普照寺，唐宋时古刹。金大定年间奉敕重建，额曰'普照禅林'。"后人习称它为六朝古刹，是因为相传寺中的松树为六朝时所植。

这里曾有过两位有名的主持：一是明永乐年间高丽 今朝鲜 僧满空禅师，他为中朝文化交流做出了贡献，现寺西尚有满空塔遗存，二山门下的《重开山记》碑记录了他重兴普照寺的经过；另一位是清代康熙年间高僧元玉，他是一位诗人，在寺东修筑了石堂，因此又号"石堂老人"，他曾在石堂东侧附近的溪谷荷花荡中题景12处，各是长短句，颇见文采。元玉有以泰山为题材的诗集《石堂集》刊行。

经过历代僧人的营建，普照寺成为房舍严整、环境十分清幽秀丽的地方，清代和尚奂林有《普照寺》诗一首，把这一景观描述得颇为真切："门前几曲流水，寺后千寻碧峰。鸟语溪声断续，山光云影玲珑。"

普照寺是泰山保存最完好的佛教寺院。寺为四进式院落，南北长82米，东西宽75米，面积6150平方米，以一山门、二山门、大雄宝殿、摩松楼为中轴线，左右配以楼、亭、庑、殿及僧房、禅堂等。

一山门面阔3间，宽7.7米，二柱五檩五架梁，五脊筒瓦硬山顶。门前有石狮一对，下有须弥座。

山门外石柱上有今人王鲁湘所撰对联：

长松筛月不辨今古，

黑豆未芽何分儒佛。

说的就是泰山儒、佛和平共处的意思。

山门内两侧有钟鼓楼，砖石结构，通高7.7米，分上下两层，上层砖砌，四壁各开一六角形窗，四角攒顶。钟楼内的铁钟铸于清嘉庆二十二年（1817年）。

一山门与二山门之间小庭院中立有石碑数通，其在二山门东边的分别是清光绪年间的《重修普照寺碑记》、明正德六年的《重开山记》、清康熙年间的奉敕重修碑。西面是一面碑壁，上面镶着重修三贤祠的碑记，以及间，二柱五檩五架梁，筒瓦卷棚顶，4根角柱在墙内半显，中装棋盘式大门。二山门内即为第二进院落，院内花树繁茂，起到了空间的过渡作用，此处东侧有门通向东禅院，东禅院分为前后院。前院有正房、东厢房、角门等；后院有大门、正房、东厢房、南房等。西侧有门与西院相连。再上为三进院落，大雄宝殿就坐落在此处。

大雄宝殿建在高台基上，内置释迦牟尼鎏金铜像，背衬火焰佛光，殿为四柱七檩五架梁，前后廊式，五脊硬山顶。有东西配殿各3间。院中银杏双挺，古松如盖。正殿东有垂花门通后院，垂花门起引导作用，修得玲珑雅致。

筛月亭

由垂花门循台阶而上，即见一石柱方亭，其额曰"筛月亭"，亭名取古诗"长松筛月"之意，是烘托它旁边六朝古松的衬景。亭中有方形石桌，敲击桌面不同部位则声音也不同，人称之为"五音石"。亭的石柱上镌满对联，皆是清人之笔，分别是：

> 曲径云深宜种竹，空亭月朗正当楼。(东野崇阶)
> 引泉种竹开三迳，援释归儒近五贤。(徐宗干)
> 收拾岚光归四照，招邀明月得三分。(沈毓寅)
> 高筑两椽先得月，不安四壁怕遮山。(王青黎)

四副对联均是写月、写楼、写竹的，但意境有所不同，徐宗干的一句"援释归儒近五贤"再次点出了泰山儒佛的关系。

摩松楼

亭北为摩松楼，二层五开间，楼下供奉着弥勒佛；上层为五架梁九檩前廊式，檐檩、垫板、阑额均施彩绘。站在二楼廊下，凭栏可触及古松枝叶，楼因此得名。

楼门旁有联：

> 高不自鸣，看碧岫烟云若隐；
> 老当益壮，问青松岁月几何？

对联的字面意思是：

泰山高而不得意洋洋，筛月松古仍老当益壮。其实其中暗喻的是人的一种精神，暗示人要有泰山及泰山松一样的品格。

六朝松

普照寺内有著名古松两株，一株在摩松楼前，相传为六朝时是所植，距今已至少一千五六百年了。《岱览》说："寺中古松童童，称'六朝松'"。该松粗大壮伟，主干微向西南方向弯曲，高11.5米，基部围径330厘米，胸围270厘米，主干上分出东西两枝，再分出无数分枝，盘曲密叠，其气势犹如展翅大鹏，犹如一个撒空的密网，阳光、月光照耀其上，筛下细碎的金斑、银斑，故此松又称"筛月松"。想起我们所见过的岱庙盆景"小六朝松"，今天终于见到了它的"真身"，怎么样，此松比起岱庙的小六朝松来如何？

普照寺临城而不喧，居山而不寂，先得了三分地利；在建筑设计上，更是匠心独具，整个建筑群楼台错落，廊舍严整，由山门而起，步步升高，至摩松楼达到了完美的终结；在气氛上也是由严肃庄重而逐渐转化为开朗轻松。在进深仅仅80余米的空间中要做到这一点确是难能可贵的，所以普照寺也不愧为泰山古建筑中的佳作。

郭沫若咏普照寺六朝松诗碑

松下有石碑一块，上刻郭沫若所题《咏普照寺六朝松》诗：

六朝遗植尚幢幢，一品大夫应属公。
吐出虬龙思后土，招来鸾凤诉苍穹。
四山有石泉声绝，万里无云日照融。
化作甘霖均九域，千秋常愿颂东风。

郭诗的时代特色很浓，本意是歌颂"东风"的，但还是捎带着替六朝松鸣了不平，欲为其夺个"一品大夫"的桂冠。

一品大夫松

而被人们称作"一品大夫"的古松，就在摩松楼西侧的菊林院中。此树高仅三米，胸围110厘米，但冠大如棚，形状十分奇特，与关帝庙西院的那株老松属同一个品种，在泰山并不多见。相传此松为清代寺僧理修同师傅所植，故初名为"师弟松"。理修常以松为伴，曾诵一偈："僧栽松，松荫僧，你我相度如同生。松也僧，僧也松，依佛门，论弟兄。"后来有人见此树卓而不群，便题刻"一品大夫"立于树下。但是它比起六朝松来无论是年代还是形状仍然差得远了，因此有了郭氏的诗句。

国之魂魄

石堂院

摩松楼东为"石堂院"，有正房3间，五檩五架梁，仰瓦单脊硬山顶，一门两窗；东耳房两间，将正房和东厢房连在一起形成了一个方整的院落。

元玉国泰民安铭

院中有一自然石，上刻元玉像，石后有元玉所题偈　语《国泰民安铭》：

愿天下人泰，泰山始是泰；
愿天下人安，泰安始是安。
若是一人不安，便是泰安不安；
若是一人不泰，便是泰山不泰。

佛教的"普度众生"即作如是观。地藏王菩萨的那句话"只要还有一人下地狱，我就不成佛"也是这个意思。马克思主义好像有一个观点说"无产阶级只有解放全人类才能最终解放自己，"这个"全人类"大概即包括所有的人，而不是从中剔出5%的"牛鬼蛇神"来，踏上一只脚叫他们永世不得翻身。人类思想史上好的东西总是相通的——说远了，对不起。

菊林院

摩松楼西为"菊林院"，有正房5间，门上额为"高僧满空禅师纪念

冯玉祥
(1882—1948)

堂"，杨辛教授题。纪念堂正中祀满空禅师坐像。门柱上的题联据说出自元玉，也有人说是徐宗干：

> 松日好青，竹日好绿；
>
> 天吾一瓦，地吾一砖。

天地是我的一瓦一砖，很有禅意，大概就是元玉和尚的作品。

菊林院是一个美丽的花园，内有青竹千杆，老梅数株，每至春天腊梅怒放，幽香溢满古寺；又有桂花香飘八月，令游人陶陶然也。

修德井

花园内有一井，据说为满空禅师所凿，常年不涸，丰水季节井水可溢出井口，为泰山名泉。

冯玉祥在泰山

普照寺是泰山有名的古刹，但是，最使普照寺具有历史价值和纪念意义的是20世纪30年代，一位平民出身，以百姓为父母，为泰安民众做了大量好事的爱国将领及他的全家曾先后两次在此赋居过3年。这位将领不仅在泰安人民中口碑丰彪，而且还在这一带留下了众多的有着中国人传统中固有的亮节高风、凛然正气的历史遗存。他就是冯玉祥先生。

冯玉祥(1882－1948)，安徽巢县人，字焕章，幼时家贫，只读过一年零三个月的私塾，15岁时即入淮军当了兵。从这一年起，他开始读书，他读的第一本书是《封神演义》，后又读了《绣像彭公案》、《施公案》、《三国演义》等，因识字不多，一部书要读多遍，从此就爱上了读书。到了20岁，他开始读《操法》、《阵法》，他自己说："得暇即读，有时彻夜不睡，偷偷地就着灯前读。初时十句不过懂三句，其余都茫然不解，于是各处找人求教"（转引自蒋铁生：《冯玉祥年谱》，下同）。其后，他还开始学习英语、练习书法，读书范围大为扩大，仅1923年就读了《清史纂要》、《通鉴辑览》、《白话文苑》、《曾文正公全集》、《西洋史》、《新世界奇谈》、《近世文集》、《孙子选注》、《林肯传》、《东坡志林》、《隶体举要》、《曾文正公杂记》、《论语》、《武侯全集》、《中国历史问答》、《老子》、《曾胡治兵语录》、《孔子家语》、《孟子要略》、《建国方略》、《孙中山演说词》、《将吏法言》、《少年丛书》、《四库简易解》、《说苑》、《左文襄公家书》、《筹蒙刍议》、《饮冰室全集》、《公民鉴》、《百科全书》、《梁任公讲演集》、《不怕死》、《万国历史》、《曾文正公年谱》、《湘军记》、《大学衍义》、《史记》、《白话历史》、《威廉振兴荷兰事略》、《军人国文》、《社会鉴》、《中国历史》、《德国富强之由来》、《儿童教育鉴》、《东周列国志》、《喻道琐谈》、《平民教育》、《宪法释义》、《资治通鉴》等。还请沙明远讲授《易经》、《书经》、《左传》、《群书治要》、《我师录》；请王瑚讲授《孙子兵法》、《大学》等。而且每年都是这么多，除了社会科学外，他还学习自然科学，甚至像法国儒勒·凡尔讷的科幻小说《神秘岛》、《海底两万里》、《格兰特船长的儿女》、《八十天环绕地球》等他也都统统读遍了，简直让人叹而观止，一般的人是根本做不到的，甚至一年连其中的一部也读不完，譬如《曾文正公全集》，曾文正公就是曾国藩，这可是部大书，光里面的书信就海了去了，你们说厉害不厉害？

——赫，厉害。耶？你也出徒了。

没错，我跟你学到了"厉害"这个万能词，你是我的"厉害先生"。这是开玩笑，其实我有好多东西都是跟着游客朋友们学的。

冯玉祥21岁时，对散漫废弛的淮军失去了希望，改投北洋军。此后他通过了多次考试，每次几乎都考第一名，官职逐年提升，曾先后任北洋陆军第十六混成旅旅长，第十一师师长，陕西、河南督军及陆军检阅使等职。

1915年，袁世凯称帝，冯玉祥不顾袁世凯的威胁利诱，联络蔡锷，率部加入了讨袁护国的行列。1917年张勋复辟，冯玉祥举义兵，通电讨张。其后他还坚决反对段祺瑞的军事独裁，多次通电声讨。

1924年在第二次直奉战争中冯玉祥发动北京政变，推翻了北洋军阀曹锟政府，改其部队为国民军，亲任总司令兼第一军军长。1926年9月，当国民革命军攻抵武汉时，在五原(今属内蒙古自治区)誓师，宣布部队集体加入中国国民党。1931年九一八事变后，东北三省沦陷，冯玉祥反对蒋介石的不抵抗政策和独裁统治，积极主张共赴国难、收复失地，但腐朽的蒋、汪政府令他大

第六天

329

为失望。

　　1932年，冯玉祥51岁，这一年，他声明不当内政部长，以养病为由，携妻子儿女，于3月24日来到泰山，秘密策划抗日救国的大计，直到10月7日离开。冯玉祥到泰山后，汪精卫就给他汇来大洋二万元。他回电答复不收，电文说："年来国家财政万分困难，人民生计日益艰苦，甚至终日劳动犹不得一饱。其原因虽多，大概由于连年执政者半耗于不为民生之建设，半耗于任意享受或赠送，动辄百万、数十万，最少数万。受赠者以为来得太易，则任意挥霍，奢侈不已；而理财者反铢铢必较，竭力搜刮。如此现象，每一念及，痛心之至。先生出而执政，乃为御侮图存，是否能够御侮，当属另一问题，惟一文钱都是人民的血汗，不可滥用而养成奢侈之风，务请竭力昌率而行之。弟养疴泰山，鲜用巨款，留五百元足矣"。

　　这年4月，在冯玉祥的营救下，被韩复榘以共党嫌疑而被捕入狱的革命老人范明枢获释出狱。范随即又向冯报告了还有七位共产党员仍在狱中，并被认定为"共党首要分子"判了死罪，生命岌岌可危。冯玉祥知情后，立即派人将名单送交韩复榘，并写下"爱国无罪，刀下留人"八个字。韩只好将七人的死刑改为暂缓执行，后又改为五年有期并提前一年"取保释放"了。

　　1933年5月他与中国共产党合作，在张家口组织民众抗日同盟军，自任总司令，吉鸿昌为前敌总指挥，打响了向日本侵略者反击的第一炮，一举攻下康保，攻占宝昌，收复沽源，初战告捷，全国民心为之振奋。但蒋、汪对冯的抗战却一味阻挠，说这是一条死路，冯玉祥回电："我决心抗日，本来就是找死，但是死在抗日旗帜下，良心是平安的。"继而又收复了多伦，抗战节节胜利。而此时蒋、汪又发出了联合通电，给冯玉祥加了"擅立各种军政名义，妨害中央边防计划，煽动赤焰，滥收土匪"的罪名，并集结大军重重包围同盟军。为了不打内战，冯玉祥忍痛收束军事，于1933年8月17日再次来到泰山，一直住到1935年9月30日。

　　这次在泰山期间，他请了共产党的理论家李达及北京、山东许多专家教授如老舍、吴组缃、李伯峻、赖亚力、范明枢等为师，攻读马列著作和《春秋》、《左传》等历史书籍，写下了大量的读书笔记，悟出了"若不信辩证唯物论则我民族不能复兴"的道理。

　　冯玉祥一面学习，一面到民众中考察，了解他们的疾苦、意愿，全力帮助他们解脱困苦。他看到山区人民祖祖辈辈没有学上，不识字，连山顶的店铺都没个匾牌，只是挂个棒槌、笊篱……作幌子，算帐也是靠数榛子。穷人的日子难得温饱，走投无路，却又去烧香求神。于是他深有感触，吟有一首诗："泰山古庙多，巨石伴松柏，为求财与福，香客常成伴……女子虽缠足，忍泪登高坡。纯洁幼儿心，已被迷信侵。军旁多乞妇，伸手讨馍哭。慈悲爹娘叫，无人把钱掏。教育不猛进，国弱大众贫……"而他请来的先生们也深深地看到了这一点，写了很多文章。作家吴组缃在他的《泰山风光》中这样描写过泰安人："他们的样子打扮都大同小异：干枯的瘦黑的脸，敝旧的深

游泰山南麓王母池、普照寺、三阳观

色的棉衣。有仅仅只穿一件黑布棉袍的；有棉袍上面再套一件庞大的黑布马褂的。有戴毡帽的，有戴瓜帽的。衣褶里、帽子上满是灰土。有些没戴帽，裸着一头缙色头发(间或还拖着辫子的)；有些老年的，焦焦的口唇盖着一丛蓬松黄胡子。胡子上，头发辫子上，也是沾着一层灰土。有的拄着龙头木拐，手里拿着一些粗劣的玩具之类；有的肩上背着一只小小的褡裢，里面装着干粮、铜钞；有的拦腰系一根带子，背后歪插着一根旱烟袋。他们眼眶深陷，放着钝滞呆板的黯光，脸是板着的，严肃而又驯善。在街上挨挨挤挤的走着，每一个步子都跨的郑重，而且认真，他们也不笑，也不说话，除非在货摊论价的时候……"及至看到一些洋货铺摊子摆着的洋玩具——那小小东洋佬"咯哒"、"咯哒"地翻起杠子来，"看的人松开板着的丑脸，笑得那种傻样子。"文章还写了香客如何拜神，山民如何扮作乞丐无所不用其极地挡住香客硬讨钱。封建社会的末期，腐朽的统治阶级造成的国家落后，文明衰退，已使国人变得如此愚昧。极度的贫穷已使他们麻木得连笑都不会了，尊严也不要了。这样的中国人能不挨打受穷吗？事实上，从当时大量的文章中，我们遗憾地看到了当时伴随着泰山的只是进香磕头求神许愿看相算卦开店接客经营点香纸山果之类的小生意和大量的乞丐，所以直至建国前，泰安作为一座古城，在商业、民族工业、城市建设等方面均没有得到良好的发展，而且教育落后，真正意义上的文化氛围已十分淡薄了。

这一切，冯玉祥当然全看在眼里，心中着急。于是他决定办学校，千方百计聘请教师，动员群众，拿出南京国民党政府给他的本来就很少的费用，在方圆几十里的范围内一举创办了14所小学，皆取名为"大众小学"(最初叫"武训小学")。刚才我们看到的"冯玉祥小学"就是其中的一所，是为了纪念这位将军，改为今名的。除了办教育，冯玉祥还大力呼唤科学，把附近的两座小山，分别命名为"东科学山"和"西科学山"。科学与教育正是当时甚至以后很长一段历史时期中，中国所最缺的啊！不是吗，到了二十世纪九十年代，也就是说六十年之后，当中国共产党中央委员会郑重提出"科教兴国"的战略方针时，我们仍然感到了新鲜，感到了振奋与鼓舞。

为了解决山区人民旱季吃水的困难，他出资开凿了"大众泉"(也叫"朝阳泉")；为了解决山区人民的行路难，他又出资建起了"大众桥"……他的心中始终装着"大众"，而他自己呢，一日三餐粗粮咸菜，穿布衣，女儿也是穿着补钉衣服同大众的子弟同在一个教室里学习。(放一张全家合影的照片)他在泰山还送给山民果树和茶树苗数十万株，帮助山民摆脱贫困；他资助孤儿院的贫儿，救济遭遇水灾的难民，为百姓申张正义……冯玉祥在泰山的所做所为，使我们的耳边再次响起了范仲淹那句掷地有声的名言："先天下之忧而忧，后天下之乐而乐！"

抗日战争胜利后，他继续反对内战、独裁、卖国的政策，并与李济森等发起成立中国国民党革命委员会。1946年冯玉祥出国考察水利，1948年九月，响应中国共产党号召，回国参加新政治协商会议筹备工作，途中，轮船突然失火，其女冯晓达推门跑出，被烈火卷去，冯玉祥冲出舱门，也被浓烟熏倒。父女一同遇难震惊了中外，中共中央毛泽东主席和人民解放军朱德总司令发出唁电："惊悉冯先生及令媛不幸遇难，至深痛悼，冯先生置身民主，功在国家。尚希勉抑哀思，并为实现冯先生遗志而奋斗。"1949年9月1日，冯玉祥逝世一周年纪念大会在北京举行，毛泽东亲题挽词，周恩来、李济深、郭沫若先后致悼词。1953年10月15日，冯玉祥骨灰安放仪式在泰山举行，毛泽东、朱德、周恩来等再次题写挽词。1982年9月，由原西北军爱国将领提议，经中共中央批准，在北京举行了纪年冯玉祥将军诞辰100周年大会。会前，邓小平亲切接见了冯玉祥将军的亲属，他说："今天我们在一起纪念冯玉祥先生诞辰100周年，冯玉祥是很值得我们纪念的人物，他一生有相当长的时间为国家和人民做了许多好事，他也是同我们党长期合作的朋友。"

讲这么多冯玉祥干什么呢？我要铺垫一下，因为我们真正要说的故事还在后头。

辛亥滦州革命烈士祠

普照寺东北，凌汉峰和黑虎峪之间有庭院一座，此即"辛亥滦州革命烈士祠"，其中所祀奉的不是佛道神灵，而是冯玉祥先生隐居泰山时于1933年出资修建、供奉参加辛亥滦州起义而牺牲的将士英灵的祠堂。祠中烈士们为了推翻帝制，实现共和，献出了年轻的生命……

辛亥滦州起义，是辛亥革命的重要组成部分，在中国近代史上产生过重要意义，其不同形式的纪念祠在全国曾有多处，但经过抗日战争以及"文革"后大多被毁坏，因此，泰山的这座已成为目前全国保存得最完整的一处了。

祠为三进院落，中有享堂、后殿，两侧有配房。院中古柏森森，腊梅丛丛，巨大的山石也自然地保留了原处，显得古拙肃穆。

冯玉祥先生在泰山纪念馆

2005年，为纪念冯玉祥先生，弘扬他的爱国主义精神，泰山管理委员会在烈士祠建立了"冯玉祥先生在泰山"纪念馆，将冯玉祥诗画碑、周恩来贺冯玉祥六十大寿碑等文物移此陈列保护。

冯玉祥训政碑

烈士祠大门西侧有冯玉祥的"训政碑"。此碑是民国十八年(1929年)，泰安县长姚冠廷立。当时全国很多地方都刻有此碑立于民众聚集之处，如今绝大多数已不存在了，据说，除了泰山这一处外，河南洛阳关林中尚有一块与此碑形制、尺寸相同者。碑文为：

一、我们一定要把贪官污吏土豪劣绅扫除净尽。

二、我们实为人民建设极清廉的政府。

三、我们为人民除水患，兴水利，修道路，种树木及作种种有益的事。

四、我们要使人人均有受教育、读书识字的机会。

五、我们训练军队的标准是为人民谋利益。

六、我们的军队是人民的武力。

冯玉祥题词石碣

训政碑旁有冯玉祥所题石碣四块，依次是：

如不打倒日本帝国主义中国必亡。

不平等的社会是似人的社会。——"似人"即"非人"。

大欺小强凌弱富压贫男轻女均非人也。

若不信辩证唯物主义则我民族不能复兴。

卧虎石

享堂东南的巨石叫"卧虎石"，其上有关西扬绍麟撰文的《建祠记》，于右任的题烈士挽词及邱山宁的《泰山颂》等刻石。

杨绍麟建祠记刻石

此题记宽近2米，长约6米，隶书字径15厘米，其文为：

癸酉冬，余游泰山，时值革命烈士祠落成，得参与焉。烈士为王公金铭、石公从云、郭公茂宸、张公敬舆、郑公振堂及辛亥乱州起义者共十六人。虽被难之情形死事之先后不同，要皆为国为民重义而赴难者，其磅礴之豪气，光明之荣史，诚不可淹没也。是以冯公焕章，节衣缩食，不惜巨资，筑祠以祀。祠在凌汉峰下，购地集材，凿石补凹，营造殿宇，开辟马路，植松柏梅花数千株。山环水抱，雄伟辉煌，大有史阁部梅花岭之风韵。并赖王君作舟、陈君世奎、王君安禄、胡君硕府等，夙夜辛勤，监督修造，自秋徂冬，历五阅月始竣工焉。似此义举，不特使诸烈士享祀东岳，与泰山并垂不朽，且可昭示来兹，使后世之人闻风兴起。呜呼壮哉！今夫拥厚资而建洋楼于租借地者，以彼例此，其贤愚不肖，有江何如？余因有所感，挥毫横涂于卧虎石，以志不忘。

中华民国二十二年十二月，关中杨绍麟题。

文中除了介绍如何修建烈士祠外，还特别指出革命烈士为社会进步牺牲生命，而有的人却在租界内修建别墅，享受荣华富贵，其反差是何等巨大。

邱山宁泰山颂刻石

卧虎石南侧还有冯玉祥部下、邱山宁将军的《泰山颂》：

泰山何其雄，万象都包容。

泰山何其广，万象都归纳。

泰山何尊严，万有都包含。

一切宇宙事，皆作如是观。

这位将军说得何其好！泰山有着博大的胸怀，不辞细土才能成其大，要干成一件真正的事，当好一个真正的人，必须要有泰山一样的气度。

"梅花岗"刻石

西南也有巨石，上有冯玉祥先生的大字隶书"梅花岗"三字，显然是对应辛亥广州起义同盟会72烈士"黄花岗"的。

享堂

在烈士祠正中，三开间，四面出廊甚大，四角有檐柱支撑，檐下形成宽廊。柱上有联：

英魂未泯凌汉峰下青未了，

将军宛在梅花岗上爱国情。

为当代学者蒋铁生所拟。

现享堂改为"冯玉祥生平陈列室"，中间置冯玉祥半身塑像，四面墙上为其各个时期的照片及活动情况。

正殿

穿过享堂，后面为正殿三间，前廊式，门上匾额大书"功同泰岳"四字，门柱上又有今人题联：

一片忠忱光日月，

千秋灵爽镇云山。

殿中龛台上立有烈士牌位，上书"辛亥革命滦州起义诸先烈之灵位"。殿内立有冯玉祥撰文的《泰安辛亥滦州起义烈士祠记》碑、《郭松龄将军被难记》碑、《郑金声将军被难记》碑、《张绍曾将军被难记》碑以及宋哲元撰文的《郑振堂烈士之碑》。这些石碑记录了中国近代史上好多值得记述的事件，而见诸文字的历史却对此阙如了。面对石碑，抚而读之，其中的人物皆慷慨感人，令人唏嘘。而且，碑中所记事件都是当事人所亲历，所以应是宝贵的历史记录。虽然此处纪念的英雄不是共产党人，距离我们的时代似乎也比较远了，但是他们同样是为了中国的进步、社会的发展而献出了宝贵的生命。作为历史唯物主义者，我们不应当忘记他们，因为他们都是中华民族的精英、是响当当的中国人！

泰安辛亥滦州起义烈士祠记碑

正殿内，冯玉祥先生亲自撰写的《泰安辛亥滦州起义烈士祠记》，是泰山历史文化宝库中的不可多得的瑰宝，请读一读吧，它给人的感受，不亚与泰山上的任何一座碑。而且没怎么上过学但大量读过书的冯玉祥先生的文笔也绝不逊色于任何一个"文人"。

碑文如下：

清政不纲，舆情鼎沸。革命之说入，弥漫于百粤长江流域间，勃兴而不可遏。华北处京畿严视下，莫由首倡，而区区滦州一隅，独振臂而起。虽大举未成，其百折不屈，再接再厉之精神激荡一时，民气使清室镇抚之力俱□，终至逊位。在事诸贤以身殉志，视死如归，其英烈为何如耶。顾二十余年来，兵

334

泰山

诸泰山南麓王母池、普照寺、三阳观

戎扰攘，百务不遑，致毅魄忠魂无由表著，议者憾焉。癸酉秋，玉祥退居泰山之普照寺，念先烈之不可终湮也，拟筑崇祠，岁时致祀，用妥死事者之灵，而以其功为来者告诸同志赞焉。乃于泰山之麓，辟地三亩，背山而面南，为奠斝荐馐之所。功将竣，张君之江、石君敬亭、周君子衡述滦州起义始末，属玉祥为之记！呜呼！玉祥与三君子固尝躬与其役者，追维往事，怆焉兴悲，虽不能文，顾可默而息乎？不得已而应命。

　　方滦州革命之初起也，事孕于奉天新民府。陆军第二十镇驻此，其统制为张君绍曾，玉祥与死事最烈之王君金铭、施君从云隶焉，其余多健拔瑰奇之士。创武学研究会，以玉祥领会而外人不知也。宣统三年辛亥举于滦州。王君金铭为七十九标七十九标第二营管带，玉祥则是年八月，秋操未及行，而武惊，急诏辍操，敕诸军待命。峙势者，为吴君禄贞所领之第成第二十协，皆磨厉以须以觇二十镇南征，张统制按兵不欲奉天经滦而西，将恃以扑灭革留。当轴益惶遽失措，则命危，而未知吴与蓝、张三人招蓝来议大计，以张部为第吴部为第三军，张自滦州蓝则为张之后援，左右进社，意以为咄嗟间事耳。奉火车骤停，张知有备，扶危定倾，首重人心，奏纲十九条为要□，宣誓太明谕，不欲南征也。清廷谋去三人之计遂由此萌。大臣，蕃矩楹代其军；所以夺其兵柄而已。吴而殒；张知事无可为，张、吴，亦脱身逸，可当之革命锋芒为顿而第二十镇中下级之进而不懈。朝议以众，以弱其势。以余则移之永平，以以他军监视之，由少安矣。适白君雅命，密赍北洋军抵滦，促各部速

长，席籍以掩革命之酝酿，行秋操大典，移第二十镇第一营管带，施君从云为为八十标第三营管带。昌起义之檄至，举朝震当是时，与第二十镇为鼎六镇，蓝君天蔚所领之混时变。已而有朝命，以第行。适清廷大购军火，由命军者也。狩为二十镇截吴驰至滦，致抚慰以解其者，固早有凤契。至则密一军，蓝部为第二军，而西，吴自保定而北，迫，会师北京，以覆清未几而谋泄，京汉、京持重而不敢发，则托言请实行立宪。且以政庙，以昭大信，非得大震，温旨报可，而继而授张为长江宣抚以吴为山西巡抚，皆赴任至石家庄，被狙遮释兵去；蓝鉴于而一时烜赫、锐不息。然三人既去，同志淬厉益坚，猛为隐忧，乃分散部七十九标驻滦州，八十标驻海阳，各是声气隔绝，已雨奉中山孙总理政府大都督印绶发，冀以牵制南

国之魂魄

第六天

下之师。且曰："烟台有义军，特由海道北上袭山海关，断京奉路。"王、施二管带闻之大喜，王星夜来海阳与玉祥密议，俟烟台义军至，则滦州、海阳同时举兵，先击各部偏师，直抵京津，大功举矣。讵所谓烟台义军者，久不闻而密谋泄，事既危，王、施毅然设北洋军政府于滦州，推王为大都督，施为总司令，玉祥为总参谋长，白为参谋，通电全国，宣布独立。于是滦州之革命旗帜复张，时十一月十四日也，难既发，永平镇总兵王怀庆轻骑减从，来滦宣抚。王、施迎之车站，责怀庆以大义，且曰："能助吾，则愿以大都督相让。"怀庆慨允。翌晨迎之入城就职，怀庆从骑五六人耳，则以队前后拥护之，踵相接，中途怀庆勒马盘旋不能进，曰："马有目疾，善惊，请护者少远，则或前行。"众甫退数武。而怀庆鞭马疾驰，从者随之，顷刻电逝，虽弹发已不能及矣。怀庆逸，则滦州将被攻。王、施谋先发制人，直扑京津。议既定，队将发，而第三营管带张建功□凭城固守，队官孙谏声、葛盛臣力战殉焉。葛既受弹仆地，犹大呼前进；孙则通猛甚，多所杀，为敌恨，既死，剖其腹，悬诸城。王、施以队为殿，以防张，余则挥之尽登车，复乘夜西进。是时怀庆已密布重兵，且拆铁路以待。车至雷庄脱轨，王、施下车率队以战，锋锐甚。队官张宗棠，身被数创，犹伏地指挥，以壮士气，全军且战且高呼革命万岁，声势激昂。云霾月黑，淮军与第三镇兵自相残杀而不能辨也。以此激战彻夜，怀庆将不支，忽鸣号停战，遣人来乞开和解会议。众以怀庆诈不可从，王、施顿足呼曰："苟不往，是示怯也，往而议成则可减杀伐之苦，不成尚可战，死何俱哉！"白亦请往，众谢曰："君为使者，何往为？"白曰："难由我作，其何能辞？"遂率队百余人从。比至，而怀庆匿不见，伏发劫从者，缴其械，而执王、施、白三人戕之。临刑，神色不变，大骂怀庆以诡计陷人非丈夫，且欢呼曰："我辈得死所矣。"弁目黄云水亦骂贼死。怀庆纵兵屠杀，余营皆败，比海阳之军接滦州檄，而玉祥已被诱拘标部不得应，惜哉。于！以知革命青年志勇而性直，动为人所愚，玉祥亦被削职押解回籍，同志皆获遣去矣。是役也，虽未奏全功，而声势所播，举国骚然，清廷凶□，知人心去而不可挽回也，始逶迤退位，共和藉以告成，非诸烈士之精诚有以致之哉！今者新祠落成，英魂有托，馨香俎豆，当与□岳为无穷。而玉祥独念，同志捐躯，非为国乎。昔以清政不纲，以亡厥国，后之执政柄者，将若国何乃？"九·一八"之祸变猝来，御侮无□，致岩疆坐陷，寇患日深。新民府为吉辈革命策源之区，今已沦为异域，而奉、吉、黑、热四省且继陷焉。长城之藩篱尽撤，华北之屏障已危，揆之诸烈士革命初衷，宁非深负！玉祥握笔至此不禁涕泣沾襟，为诸先烈痛哭矣。顾人心不死，国终可强，今海内志士扼腕不平，期有以恢复失土，以雪斯耻。烈士有灵，傥能潜躯默佑，助其成功，此则玉祥与诸同志深所祷祀者。于！可悲已！

中华民国二十有二年十一月。冯玉祥记，王易门书。

碑文用文言文写成，声情俱在，较为通俗易懂，惟个别地方残了几个字，可能影响阅读，要不就请听我用白话再说一遍如何：

清朝政府政治黑暗腐败，人民极度不满，群情激愤。革命的学说进入中国后，很快就在长江以南传播开来，革命的浪潮势不可挡。华北地区处于清朝中央政府的严密监视下，难以首先倡导起义，唯独地处偏僻的小小滦州，却振臂而起！起义虽然没有成功，但其百折不挠，再接再厉的精神

泰山

却振奋了全体国民，全民的意志使清廷彻底失去了镇压或安抚的能力，皇帝终于退位了。参加起义的诸位贤能之士，为理想而牺牲，视死如归，其壮举是何等的英烈！

回顾二十年来，兵事繁忙，很多事情都没有来得及做，以致烈士的英雄壮举未能得到表彰，人们谈起来都感到深深遗憾。1932年我隐居泰山普照寺，想到先烈不可永久淹没，打算修建祠庙，每年祭祀，以安慰死者之灵，并使人们知道他们的事迹。于是在泰山之麓，辟出三亩地，背山朝南，作为祭奠烈士的地方。工程即将完工时，张之江、石敬亭、周子衡三君嘱托我记述滦州起义的始末。哎呀！我与三君子都曾亲自参加了起义，追思往事，悲伤不油然从心中升起，我虽不善文章，又怎能沉默不语呢？不得已而从命吧。

州革命的发生，最初发起于沈阳新民府。当时陆军第二十镇驻此，其统帅是张绍曾，我与牺牲最惨烈的王金铭、施从云皆从属其下，其余的也大多是强壮杰出的英雄之辈。当时创立了武学研究会，我任会长，并以此作掩护酝酿革命，外人却一概不知。宣统三年（1911年）举行秋季军训，将第二十镇调往滦州。王金铭为七十九标第一营管带，施从云是七十九标第二营管带，我则是八十标第三营管带。这年八月，秋训还未开始，武昌起义的消息传来，震惊了朝廷，便紧急命令停止秋训，各部待命。那个时候，与第二十镇成鼎立之势的，一个是吴禄贞君所统领的第六镇，一个是蓝天蔚君统领的混成第二十协，皆厉兵秣马以待时变。接着命令下来，调二十镇南下镇压，张绍曾按兵不动。就在这时，清朝政府购买了大量军火，由沈阳经滦州西运，要用此来扑灭革命的烈火，也被二十镇截留了。当朝大臣更加惊慌失措，命令吴禄贞紧急赶赴滦州，说好话进行调解，而不知吴、蓝、张三人早就有了默契。吴到了二十镇之后，秘密将蓝招来商议革命大计，决定以张部为第一军，蓝部为第二军，吴部为第三军，张自滦州向西，吴自保定向北，蓝则作为张的后援，左右夹击，会师北京，推翻清朝。并以为这是易如反掌的事情了。

但是没过多久密谋就暴露了。京汉、京沈铁路突然停运，张绍曾知道当局已有了准备，慎重起见不再发兵，而是借口平息危难，首先要重视人心，启奏朝廷实行立宪制度。并且要求以政纲十九条为要旨，在太庙宣誓以示信天下，如得不到朝廷的明确指示，将不欲南征。朝廷大为震惊，却以温和的语言批准了奏请，但免去三人军职的打算却由此萌生。不久，就任命张绍曾为长江宣抚大臣，蕃矩楷取代了他的职务；吴禄贞则改任山西巡抚，目的就是夺了他们的兵权。吴赴任途中刚到石家庄，就被暗杀身亡；张知道大势已去，急忙弃了兵权脱身而去，而蓝接受了张、吴的教训也连忙脱身隐退。一时轰轰烈烈、锐不可挡的革命锋芒受到重创。

虽然三位将领离开了，但是二十镇的中下级的同志却磨炼得更加坚强，继续斗争而不止步。朝廷认为这是隐患，就把军队分散以削弱其力量。以七十九标驻滦州，其余的则调往永平，以八十标驻海阳，并都用其他军队来监视着。于是信息隔绝，稍微安定了一些。就在这时候，白雅雨君奉孙中山总理的命令，秘密带着北洋军政府大都督的官印来到滦州，督促各部快速发兵，希望牵制南下的军队，并且说："烟台有起义的军队将

第六天

337

由海路北上，袭击山海关，掐断京奉铁路。"王金铭、施从云二位管带听后大喜，连夜赶到海阳与我密议，说等到烟台的起义军到来，则滦州、海阳同时起兵，先打击非主力部分的军队，各个击破，然后直达京津，则大功就告成了。

谁知道所谓烟台的起义军，久久等不到消息，而密谋又再次泄露了，事情危机了。王、施二位毅然在滦州设立北洋政府，推举王金铭为大都督，施从云为总司令，我为总参谋长、白雅雨为参谋，通电全国，宣布独立。于是滦州革命的旗帜再次高高举起。这一天是(1911年)十一月十四日。

起义后，永平镇总兵王怀庆轻车简从，赶到滦州招抚。王与施到车站迎接，晓以大义，并且说："如果你能帮助我们，我们愿以大都督相让。"王怀庆痛快地答应了。第二天早晨，迎接王进城就职，他的骑兵随从只有五六人，全都前后紧紧地护卫着他。行至中途，王怀庆勒住马说："我的马眼睛有毛病，容易受惊，请护卫者离得远一些，才能向前走"。护卫者稍稍退了半步，王怀庆就策马疾驰，从者也紧随其后，恰似迅雷不及掩耳，顷刻间不见了踪影，即使子弹也追不上了。王怀庆逃走，滦州必将被攻。王金铭、施从云计划先发制人，直扑京津。决定了以后，队伍准备出发，而第三营管带张建功却阻止军队前进，队伍中军官孙谏声、葛盛臣大怒，与之力战牺牲。葛盛臣中弹后，还在大呼着前进，孙谏声则更加勇猛，杀敌甚多，为敌所恨，牺牲后，被剖腹悬到了城墙上。继而王金铭与施从云亲自殿后，以防张追击，其余的则尽上火车，乘夜西进。但此时王怀庆已埋伏下重兵，拆毁了铁路，等待起义军的到来。火车行至雷庄脱轨，王、施下车亲自率队作战，几乎势不可挡。军官张宗棠身上数处受伤，仍倒在地上指挥战斗，以鼓舞士气。全军一面战斗，一面高呼革命万岁，群情激昂。此时云浓月黑，淮军与第三镇自相残杀而不能分辨敌我。一直激战了一夜，王怀庆渐渐不支。

忽听停战的号声，王派人来议和。众人都说王欺诈不可信，而王金铭、施从云则急切地高声说道："如果不去，是表示害怕了。去了谈成，可以免除杀伐之苦；谈不成，还可以战。死有什么可怕的！"白雅雨也请求前往。众人感激地说："你是孙总理的使者，为什么也要去？"白说："这次劫难是由我引起的，我怎能推辞。"于是率领一百多人前往了敌营。

到了王怀庆帐下，王却隐匿不见，竟再次发起埋伏缴了他们的械。并要对王、施、白三人执行死刑，临刑前，三人神色不变，大骂王怀庆施诡计害人不是个东西。并且面带笑容地高呼："我们死得其所了！"低等军官黄云水也大骂贼军而死。王怀庆于是纵兵屠杀，各路起义军落败。

等到滦州的急报传到了海阳，我已经被诱骗押拘到标部而无法接应，真是可惜可叹呀。呜呼！觉醒了的革命青年志高而英勇，但性情率直，动辄为人所骗，我也被削职押解回了原籍，其他同志也全被遣散。这次战斗，虽然未能获胜，但消息传遍了全国，举国人民反对清朝的呼声更高，革命斗争风起云涌。清朝政府虽然凶残，但也知人心已去不可挽回，不得不选择退位，共和国终于建成。如果没有诸位烈士的精诚与牺牲，又怎能

取得这个结果呢！

今天新祠落成，英魂有托，供品飘香，烈士的英名应当与泰山一样永存天地之间。

我常常自己沉思，同志们的牺牲不是为了国家吗？由于清政府的腐败，所以自取了灭亡，后来的掌握了国家政权的人，应当怎样对待国家与人民呢？"九·一八"事变突然发生，却抵抗无力，国土逐渐陷落，寇患日益加深。沈阳新民府是我们滦州起义的策源地，也落入了日寇的铁蹄之下，辽宁、吉林、黑龙江、热河四省相继沦陷。长城既没能阻挡住敌寇，华北的屏障也已岌岌可危。这岂不是深深辜负了众多烈士当初革命的初衷！写到这里，我握着笔不禁泪流满面，泪水打湿了衣衫，我为先烈们悲伤地痛哭啊。但是，只要人心不死，国家终会强大的，如今海内志士热血沸腾，希望收复失地，报仇雪耻。先烈们若是地下有知，再以灵魂佑助我们成功，则是我及我的同志们所深深祈祷的。啊！悲伤啊！

碑看完了。是的，悲伤啊！现在几乎没有人还记得什么"滦州起义"、什么"王、施、白"，甚至对辛亥革命也知之不多了。

但是泰山没有忘记这一切。在这泰山之麓，读了这篇碑文，我们可能会有所思考，也可能会肃然起敬，或许还会对"舍生取义"、"视死如归"、"舍我其谁"、"赴汤蹈火"、"明知山有虎，偏向虎山行"、"虽千万人，吾往矣"……这一类的中国词语有了更深的了解。中国，是一个不乏英雄的国度！

或者，也许以我们今天的想象，那些地位已不低的年轻军官们的举动令人不可思议，他们生活在朝廷的羽翼下，只要维护朝廷的利益，即使不去贪污受贿、贪赃枉法、跑官买官投门子发大财，而只是老老实实地混日子，肯定也会衣食无忧做个人上之人，犯得上以蛾扑火吗？我们的思维显然已同英雄有了差距。如果没有这些人，没有他们为了整个民族的未来，为了民主、自由、大同，义无反顾地选择了死，选择了抛妻别子，选择了用热血去唤醒民众，我们又怎能摆脱帝制，社会又怎能前进呢？"泰山是面镜子"——请允许我多次地重复这句话——追古思今真令人感慨良多。

张绍曾将军被难记碑

此碑刻于1933年农历十二月，是冯玉祥先生为张绍曾烈士撰写的被难记，由河北书家邓长耀正书。此文内容深刻，其意义决不仅仅在于纪念张绍曾烈士，而是对专制独裁社会及其统治者进行了入木三分的剖析与无情鞭挞。碑文为：

故上将军张公讳绍曾被难记

岁癸酉季秋，玉祥有感于辛亥滦州起义诸同志爱国之忠，死事之烈，既建祠于泰山南麓以致祀，又刊石记其功。因有念：夫所以造成诸烈士之才以应事变者，则陆军第二十镇统制张公绍曾也。握一师之众，而致健拔瑰奇之士七八十人，包容而涵育之，志由公导，事由公倡，名由公著，夫而后诸同志效忠于国，慷慨一瞑而不返顾矣。乃未及，公亦被狙于天津。死虽有先后，事虽有显微，要其致志一也。玉祥独怪公有致死之道数矣。当辛亥驻军

339

滦州也，一师长之职耳，武昌役起，命其南征，而按兵不动，违抗朝旨，一也；截流大宗军火，使清廷抵革命之势顿消，二也；电请实行立宪，以十九信条相要胁，迫其宣誓太庙，三也；朝命任为长江宣抚大臣，乃弃而不顾，四也。凡此，皆足以干专制之诛而反幸免。此于清廷为有大罪，于民国则有伟功；乃不死于锋镝之下，而死于宴谈之间；不死于专制淫威之朝，而死于共和告成之后。何哉？假共和之名，而行专制之实，比年为例，愈演愈凶，且有专制之朝所徘徊审顾而不敢也者，而共和时代则悍然行之而无所忌惮，则国民何往而不危。矧其抱谠直之怀，时时议当轴长短以触其忌乎？夫公之被难也，在辞国务总理后数年矣。退居津门，闻一日，被人邀，宴谈间突有黑衣三人入，以枪击公而殒，从容引去。此黑衣为何方主使不问可知。唐元和之际，宪宗莅朝，方议讨淮西，举朝震慑而不敢言，独宰相武元衡、裴度力主其议，遂有贼刺二人，元衡死而度伤。公之被狙亦即此类，夫何足怪？或曰，公之死非第以谠论，亦以阴助玉祥，为人所侦耳。玉祥一介武夫，置身戎马，无丰功显德于天下，不知何所取重于公，而必舍身命以为玉祥助。或又曰，玉祥所为，成败莫论，要为爱国，故公怜玉祥百战崎岖，不欲使中道颠踬，助之以冀成功。然则，公之所重者，爱国耳；所主者，公理耳。而终以此杀身，痛哉！自古神奸巨慝，莫不有所假借以兴，一旦攫取大权而居高位，则本质现而恶焰张，结党营私，排除异己，睥睨一切，莫敢谁何，独有一二谠直之士从容议其后，则不得尽售其欺，故必假借权术以事铲除，然后钳制天下之口，可以为所欲为矣。如是，则一人之欲遂，而举国之元气凋，人才散，一日大难当前，危机四伏，勇者无所尽其力，智者无所用其谋，错愕彷徨，不知为计。向之奔走左右、盘踞要枢者，皆杞柳弱质，非穹宫巨厦栋梁材也，何所恃而不危！诒遗万世，旋且亡国败家随之，岂非一念之思之所致哉？夫人才与时相消长，古人闻鼓鼙而思将帅，其虑患也深而培养有素。故《棫朴》作人，周用以昌；及其衰也，人才消亡，日蹙百里，诗人痛焉。今自"九一八"事变兴，方数千里之国土拱手与人，岂止百里，然无足与谋收复计者，痛将若何！公因玉祥而死，无由以报公知。然玉祥非怯懦以避事者，一息尚存，此去不容稍懈，维公鉴焉。今与谋同志议祀公于泰山之烈士祠，英灵所照，傥有闻忠义而兴起者乎？道屈于一时而伸于百世，自古为然矣。公讳绍曾，字敬舆，姓张氏，世居大城县。至公之家事渊源与历中外伟划宏规，皆见于张君之江辈围攻所刊行状，兹不赘述焉。

中华民国二十有二年十二月。

冯玉祥记，河北省静海县邓长耀熏沐书丹。

张绍曾(1879－1928)，字敬舆，曾任北洋政府黎元洪时代的国务总监，是辛亥革命中有所作为的民主斗士。张绍曾生活的时代正是我国社会制度发生重大变革的时期。在阶级矛盾、民族矛盾日益尖锐，资产阶级民主革命蓬勃发展的形势下，他出国留学，接受了革命思想。辛亥革命时期他率先响应，积极支持武昌起义，为促进北方民主革命的发展、加速清王朝的灭亡作出了贡献。中华民国建立后，他赞助共和反对复辟，维护统一，反对分裂；主张和平，反对军阀混战，以致引起军阀嫉恨而遭到暗杀。

碑文梗概是：

1933年阴历九月，我因有感于辛亥滦州起义诸同志的爱国之忠勇，牺牲之壮烈，在泰山之麓修建了烈士祠，并刻石纪念他们。我以为，之所以造就了这些德才兼备的英雄，是因为第二十镇统制张绍曾将军培育教导有方也。滦州起义，由一师之长的张公倡导发起，尔后诸同志义无反顾慷慨就义，还没有来得及建祠纪念这些英烈，张公又在天津惨遭暗杀。死虽有先后，死法也不相同，但意义是一样的。我所诧异的是张公早就有着种种致死的因素：当初，张公驻滦州，武昌起义发起，朝廷命其南征，他按兵不动违抗朝旨是其一；截留大宗军火，使清廷镇压革命的力量顿然消失是其二；致电清朝政府，以"十九条"施加压力，迫使朝廷退位是其三；朝廷任命他为长江宣抚大臣，却抗旨不从是其四也。这一切对于清廷皆构成死罪，对民国却有着丰功，但可悲的是，他没有死于疆场，却死在宴会之上；没有死于专制淫威的封建王朝，却死在共和国告成之后。为什么呢？这是因为假借共和之名，而行专制之实，比起专制朝代的顾虑徘徊而有所不敢为来，则更显得悍然行事而无所顾忌。这样，民国怎能使人不感到危险呢？更何况，那些胸怀坦荡之人，时常批评当政岂不是更加触及他们的忌讳吗？

张公的罹难是在他辞去国务总理几年之后（张绍曾在1923年曾任国务总理），退居天津，在一次饭局中被三个黑衣人枪击殒命的。黑衣人为谁主使，不问即知。就犹如唐朝元和年间，宪宗与大臣们商议讨伐欲谋反的淮西吴元济，以削弱藩镇割据势力，结果满朝皆惊，惟有宰相武元衡、裴度全力支持，后来就有贼去刺杀二人，致元衡死而裴度伤。张公的被刺就属此类，这样看来就没有什么可怪的了。有人说张公之死并非仅仅是说了公道话，而是暗中帮助冯玉祥，我一介武夫，半生戎马，并无丰功伟德于天下，不知张公为何看重于我而替我说话。实际上，我奋力斗争，力求使革命不致中途变质，张公当然是希望我成功的。然而，张公所重视的是爱国，所主张的是公理，因此而招致了杀身之祸，令人何其痛哉！

自古至今，凡是大邪大恶的人，莫不是假借某种名义才得以兴起，而一旦大权在握身居高位后，就会显出丑恶的本质变得十分嚣张，他会以极其恶毒的手段排除异己，并蔑视一切，为所欲为，而没有谁敢说半个不字。纵然有一两个耿直之士提出了自己的看法，使其不能尽售其奸，他就必然会用权术予以铲除，然后钳制天下之口，使之可以横行无忌。如果真的是这样，则一个人的欲望实现了，而国家凋敝了，一旦大难当前，身边将无智勇之人，过去那些奔走于左右，阿谀逢迎，并身居要职者皆是些无用的佞臣。"九·一八"事变发生后，几千里国土拱手让人，但是却没有大智大勇的人能提出收复的计策，我心中的痛又将怎么述说？

张将军为国而死，我感激的心情没有办法使将军知道了，但我不是怯懦怕事的人，一息尚存，必将一往无前，请将军明察。如今，我们在泰山修建纪念英雄的烈士祠，英灵所照，难道会没有受烈士之忠义而感动的壮士奋起吗？

真理往往会被歪曲于一时，而伸张于后世，自古至今都是这样的。

关于张公的身世、家庭等，张之江已为之写了文章，我就不再多说了。

郭松龄将军被难记碑

为时间计，我们不再全读碑文，仅就碑文内容加以简单介绍，权当把七十多年前冯玉祥先生讲过的故事再用更直白的语言讲述一遍吧。关于郭松龄，一般资料称之"……(1884－1925)北洋奉系将领，历任奉军第六师师长、第三军副军长之职。1925年11月，张作霖与冯玉祥部作战期间，与冯秘密联合，将所部改称国民第四军，回师沈阳，进攻张作霖，12月下旬，兵败被杀"（《辞海》，1979年版）。

郭松龄并非辛亥革命中人，但也被放到了纪念祠中，其何许人也，如上所述吗？冯玉祥是这样说的：

我的军旅生涯30多年了，身经百战，所见的为国捐躯者多了，但是没有像郭松龄将军牺牲得如此壮烈的。他们夫妇二人同时殉难，也无后代，如果不是深知他牺牲的缘由，很可能不仅他的忠义得不到表彰，甚至还会遭到后世的非议，那就更悲惨了，因为这并不是关系到一时或一个人的，所以我就不避浅陋，将之公诸于世，以使得天地之正气不灭，并提供给后来者参考。

郭公松龄，字茂宸，沈阳人，陆军大学毕业，性格刚毅果敢，勤苦耐劳，不苟言笑。民国初年，他在奉系张作霖手下为参谋，接着又任东北讲武学堂教官，他的学生张学良对他十分钦佩。张学良毕业后任卫队旅旅长，聘他为参谋长，军事上多听取他的意见，这也是张、郭合作的开始。之后，边界多战事，松龄屡建奇功，学良倚重之如左右手。1922年，爆发了奉、直战争，郭松龄以山海关战役之功升任二旅旅长，而张学良任六旅旅长。当时，二旅、六旅设司令部，指挥权归郭松龄。其军队训练有素，为奉军之冠，嫉妒者千方百计向张作霖进谗言，均被学良化解。1934年，直、奉再开战争，张学良任第三军军长，松龄任副军长，出力甚多，战胜了吴佩孚。张作霖乘胜向长江南北扩大势力，取得了直（直隶，河北）、鲁、苏、皖四省，并使李景林督河北、张宗昌督山东、杨宇霆督江苏、姜登选督安徽。郭松龄竭力奉劝作霖，应以东北三省为重，固守边防，而不要在关内燃起战火，兄弟阋于墙。作霖不听。1925年，奉军改编，郭与学良共领第七师并两个加强炮兵旅。实际上，军权皆归郭一人所有，他的志向、权力、地位都可以说是满意了。

此时，日本国举行军事大演习，张作霖派郭前往观摩，到了日本后，他发现张居然与该国有密约，不惜以东三省的重要利益为代价，换取军火以供内战之需。郭公大惊，再三思索后认为："以张作霖的做法，东三省无异于名存实亡了，这是卖国济私的行为。我怎么能够辅佐卖国之人，助纣为虐，而不抢救东三省呢？但是欲救三省，仅靠动嘴说服是不行了，必须使张作霖退职下野。"想到此，郭松龄为爱国热忱所驱使，主意已定，即使冒倒戈的恶名也在所不顾了。

张作霖得到了关内四省，势力大为扩张。而孙传芳则联合江浙等五省兵力予以反击，杨宇霆、姜登选相继败退，奉军势力动摇。张作霖急电召郭回国，

342

泰山

欲使其举兵讨孙。然郭公痛心内战，称病住进天津奥国医院，暗中联系河北督军李景林斡旋止息内战，北京附近的战争形势稍稍缓和了。其间，河南军队长驱直入保定威胁奉军。张作霖大怒，斥责郭与李景林主和贻误战事，并命令李击溃豫军以自赎其责，郭则调集所部回滦州侯命。

郭松龄知道事情紧急了，急忙密招部将商议，告之内战不息，东三省必危。诸将领深为激动，推举郭为东北国民军总司令，与西北国民军遥相呼应。所谓西北国民军，正是我所统领的军队。郭公既就职，于是就发出了迫使张作霖下野的电报，这一天是1925年11月22日。此时，郭松龄的司令部共下辖5个军，军长全是奉军的旧人。

通电发出后，张作霖果有悔悟之心。此时郭军攻打山海关，作霖兵败，军力损失过半，山海关被夺，继而又连克连山、锦州、义县、新民屯……势如破竹。居民箪食壶浆以迎其军。作霖知道已无力抵抗，有心要下野，但部下不同意，尤其是杨宇霆阻力最大，不惜一切与某国定密约，借外援以巩固其位。于是日本关东军公然借口说南满铁路沿线有约定，120里内不得行军，郭军遂为日本军队所阻。而此时，郭军已进抵兴隆店，据沈阳只有几十里了，张作霖正准备烧掉住宅逃跑。但因日军的阻挡，郭军无法前进，以致热河、吉林、黑龙江的奉军大举集结，郭军遂败。这时有人劝郭松龄到日本公使馆暂避。郭大怒曰："这是什么话！我为民族的生存而战，怎能在日本人的卵翼下苟活？"于是同夫人韩淑秀换便衣乘火车出走，至白旗堡被俘，夫妇同殉难矣。

郭松龄死后，张作霖暴其尸三天，郭面如生，目不瞑，张学良闻之抱其尸失声痛哭。郭无子，门人集资将其埋葬。

呜呼痛哉！当初郭松龄获得张作霖与日本密约的消息时，我所派出的部将韩复榘也在日本观看演习，且与郭同住一室。郭便将此事告诉了韩，并请他转告我寻求帮助。我那时正在察哈尔、绥远一带，全力开发西北，移民垦荒，以求止息内战，而且与郭并不认识，也就没有十分重视。而郭却秘密赶往包头，与我会面，慷慨陈词，谋求救国。我为郭公的诚恳所感动，决心支持他。那时我觉得就好比强盗进入了房中，有同室大喊抓贼，你能说我只要守住自己的东西就行了，管什么强盗吗？

郭松龄起兵后，我带兵到天津声援，李景林出尔反尔，发兵攻我。待我破了李后，就听到了郭松龄兵败的消息，此时支援已经来不及了，让人痛心不已。

郭松龄就义前，有一位姓方的同学去见他，他说："我的事情没有做成，是东北人民的不幸，张作霖已经将东北出卖给日本，已经名存实亡了。希望你能辅助学良，保国保民，万勿参加内战，不给敌人以可乘之机，则我死无憾矣。"郭公牺牲后，杨宇霆很快就被张学良处死了。但是据郭公牺牲才六年，学良即蹈父辙，率师入关，于是就有了"九·一八"事件的发生，东三省终于落入人手，热河也因此陷落。郭公是有远见的，仍不能救三省，至死也有遗憾啊。

过去有引狼入室者，往往投之以肉诱其前来，但是没有不为之后悔的。何况，又怎能已经知道了祸患，仍然撤消防备，听凭敌寇入侵呢？所以我认为东三省之失并非天意，而完全是人祸也。今天，我们在泰山南麓建祠堂以祀郭公，并将其事迹刻于石上，以使将来的人知道郭松龄之捐躯完全是为了国家，并没有一毫私心。这样，郭松龄公可以瞑目了。

郑金声将军被难记碑

碑文梗概是：

郑公金声济南历下人，为人慷慨豪侠，有肝胆。辛亥滦州起义时，为管，从中策划出力甚多。此后首都革命及天津南口等战役，为民请命，总是冲锋陷阵，百折不挠，人们常把他比作西汉的淮阴侯韩信。民国十五年九月十七日我在五原誓师，希望与北伐军联合起来。第二年七月任命郑将军为"援鲁军副司令"，统领曹州的姜明玉部。其亲友知道此事后纷纷前来劝他说，姜明玉的部队是大土匪改编的，纪律废驰，姜本人更是见利忘义的小人，不可去。郑将军却说，目前国家多难，我们要前怕狼后怕虎，还能干成什么事情吗？况且张宗昌统治山东，政令苛暴，人民生活痛苦不堪；即使不为了国家的安危，也应为百姓着想吧。

于是他就到了曹州，并尽量与姜明玉搞好关系，希望他能有所悔改。黄口战役时，直鲁联军倾巢来犯，郑将军全力抵抗，使敌不能进。张宗昌暗中使人行贿姜明玉，姜贼果为利所动，使用计谋把郑将军囚往济南。此时我部大败敌军，张宗昌迁怒于郑将军，欲将其处死。临刑前，喝其下跪，郑公大骂曰："死有什么可怕的，我革命将领岂能跪而受戮！贼人张宗昌祸鲁三年，罪恶累累。我生不能食其肉，死也要诛其魂。"言罢，从容就义。时民国十六年十一月六日晚十二时也。当第二年我军孙良诚部攻克曹州时，姜明玉伏诛；去年九月，张宗昌被郑将军之子继成刺杀于济南火车站。

早先，北伐之初，郑公曾说过，战争如果胜利了，我就要引退，只要能够在泰山之麓置几亩地，白天骑驴浏览山色，晚上点灯读书，我就满足了。但是郑公的这一小小的愿望还没有实现，便离开了我们，思来真令人沉痛啊！如今在泰山之阳修筑了祠堂，安放将军英魂，也算是了了郑公的心愿吧。

郑振堂烈士之碑

此碑之文由宋哲元所撰。宋哲元，山东乐陵人，曾在冯玉祥部下任师长、总指挥、热河都统；国民党时期，先后任第二十九军军长、察哈尔省政府主席。1933年曾率部在长城抗击日本的进攻；1937年"七·七"事变中曾率军奋起抗战。郑振堂即郑金声，振堂是其字。

梗概是：

郑公振堂，在民国十六年革命军北伐战争中，任第八方面军副总指挥出师鲁西，不久即被土匪姜明玉出卖，押解给张宗昌。张宗昌欲使郑公投降，千方百计说服他，而郑公则大骂宗昌，誓死不屈，最后从容就义了。冯玉祥将军与郑公为生死之交，自滦州起义以来，即同心协力于历次革命战争。郑公殉难后，冯将军曾痛哭着说："今后失去了一个血性男儿了，我也失去了左右手。"郑公遇难后五年，其嗣子继成君将张宗昌击杀于济南报了父仇。又过了一年，冯将军旅居泰山，在泰山之麓为之建祠，这将使英烈的忠义事迹传之千秋万代，并且永远激励国人的精神。

以下有诗数百言，追述郑振堂生平，最后两句为：

岱岳长峨峨，河水长悠悠。山河永不改，正气兴千秋！

对于这些烈士，当时的其他人又是怎样评价的呢？

烈士祠题碣

大殿山墙上嵌"舍生取义，杀身成仁"、"豪气凌云"、"如生"、"我们应当踏着先烈的血迹继续奋斗"、"与黄花岗烈士并重不朽"等石碣。又有冯玉祥的题碣"救民安有息肩日，革命方为绝顶人"。

吉鸿昌"国魂"石碣

西山墙下部还镶嵌着吉鸿昌所题"国魂"二字，笔画粗大，字体浑圆有力，令人一望即感震撼。

吉鸿昌(1895－19340)，抗日爱国名将，原名恒立，字世五。河南省扶沟人，中共党员。1913年入冯玉祥部，骁勇善战，从士兵升至团长。1929年任第10军军长兼宁夏省政府主席。1930年9月接受蒋介石收编，任第22路军总指挥兼第30师师长，奉命"围剿"鄂豫皖革命根据地，但他不愿替蒋打内战，称病去上海就医，与中国共产党中央军委接触。后组织所部起义参加工农红军未成，8月被蒋解职，强令出国"考察"，遂环游欧美，发表抗日演说。1932年回国寓居天津，秘密与中共华北政治保卫局联系，加入中国共产党，并按党的指示赴泰山联络冯玉祥出山组织武装抗日，得到响应。随即变卖家产，联络旧部，购买武器，于1933年5月与冯玉祥、方振武等在张家口建立察哈尔民众抗日同盟军，任第2军军长，率部向察北日伪军进击，连克康保、宝昌(今并入内蒙古太仆寺旗、正镶白旗、正蓝旗)、沽源、多伦四县，将日军驱出察境。而当局反诬同盟军破坏国策，令何应钦指挥16个师攻击同盟军。9月，吉鸿昌与方振武率部退至河北顺义、昌平(今均属北京)一带，战至10月中旬弹尽粮绝失败。之后他继续潜往天津从事抗日活动，1934年11月9日，吉鸿昌在天津法租界被军统特务刺杀受伤，遭法租界工部局逮捕，并引渡给北平当局，遭到残酷的逼供。面对凶残的敌人，吉鸿昌大义凛然地说："我是共产党员，受到党的教育，摆脱了旧军阀的生活，转到工农劳苦大众里头来，为人类的解放奋斗，正是我的最大光荣，我不会屈服的。"11月24日当局下令将他杀害于北平陆军监狱。刑前吉鸿昌题诗一首："恨不抗日死，留作今日羞。国破尚如此，我何惜此头？"时年39岁。

他的所作所为也正是"国魂"的体现。

东西配殿

大殿两侧有东西配殿，现皆为冯玉祥生平事迹展室。东配殿前有两株腊梅，传为冯玉祥所植，称作"将军梅"。

李维城诗刻

烈士祠东墙外嵌着长沙李维城题刻的诗，其中两句为：

> 家难国殇感若何？英雄今古本无多。
> 精魂化鹤归来日，好教秦松舞且歌。

大意是：

> 面对着家破国亡我们作何感想？
> 真正的英雄自古并没有很多。
> 烈士的英魂骑鹤归来泰山时，
> 秦松也将为他们起舞而高唱颂歌。

"家难国殇感若何？"在泰山，人们往往首先想到的就是祖国。这首诗是对生命的思索，对灵魂的拷问：真正的英雄就是要为祖国献出一切。

于右任题词刻石

祠内外的自然石上还有其他许多题刻，多是颂扬为民、为国献身的精神的。如卧虎石上国民党元老于右任的题词是：

> 催帝制之末运，奠共和之新基，
> 大烈千古，蹈死无辞。
> 与黄华之碧血兮，永照来兹。

于右任（1879－1964），陕西泾阳人，自幼才华横溢，被称为西北奇才。1924年当选国民党中央执行委员，1927年率部与北伐军在郑州会师。1927年以后，历任国民党中央特别委员会委员，常务委员和军事委员会委员等职。1928年任国民政府审计院院长，1931年任监察院院长……1949年后，长期寄居台湾，常以诗文抒发思念家乡、热爱祖国、渴望统一的情怀。末一句"与黄华之碧血兮，永照来兹"的意思是，辛亥滦州起义的烈士与广州黄花岗的烈士一样，永远照亮我们前行的途程。

刘熙众所题挽联

大门外西侧石面上有刘熙众题楷书挽联一副：

> 诸公豹已留皮，黄土泰山真并重；
> 精气虹常贯日，白衣易水至今寒。

刘熙众，冯玉祥部下。诸公指烈士祠纪念的16名烈士。"豹已留皮"即豹死留皮，比喻留美名于后世；"白衣易水至今寒"，战国燕太子丹命荆轲入秦刺杀秦王，皆白衣冠送之，至易水上，高渐离击筑（筑，一种古乐器），荆轲和而歌曰："风萧萧兮易水寒，壮士一去兮不复还！"刘熙众以此典故形容烈士就义时的悲壮场面。

李宗仁所题挽联

祠东自然石上有李宗仁挽联：

> 百世名犹存，众所瞻依，祠巍泰岳；

三代道未泯，闻兹义烈，气肃冰霜。

　　李宗仁(1890－1969)，广西桂林人，原为国民党桂系首脑，北伐战争时期任国民革命军第七军军长、第三路军总指挥、第四集团军总司令。抗战时期任第五战区司令长官兼安徽省主席……1949年1月任国民党政府代总统，12月去美国。1965年声明投向人民，回到北京，受到毛泽东主席的礼遇。

范明枢所题挽联

　　革命老人范明枢先生也为烈士题写了挽联：

就佛士庄严，看应鸣山谷，
怒发万花是乃为真生活；
替国民牺牲，能变色风云，
血溅五步方不愧烈丈夫。

　　范明枢自泰山结识了冯玉祥之后，便相互引为知己，成了忘年交，可谓人以群分。联中"血溅五步方不愧烈丈夫"，老英雄的胆魄跃然而出，读之令人易容！

冯玉祥、赵望云诗画碑

　　烈士祠院西南还竖立着48块冯玉祥题诗、当时著名画家赵望云作画的"诗画碑"，碑中反映的全是百姓疾苦、宣传抗战以及宣传教育救国、科学救国的内容。

　　赵望云，河北束鹿人，著名国画家，冯玉祥的朋友。五四运动后走向社会，用国画反映劳动人民的苦难生活。冯玉祥十分欣赏赵望云的画，邀他为美术教师，并为其画配诗。两人合作有《泰山社会写生集》、《农村写生集》。冯玉祥谦称自己的诗是"丘八"诗，"丘八"，兵也，但是他的诗却最能为百姓所接受，最有感染力。请先欣赏其中一首《浇园》(为语气贯通故，个别字词作了处理，其他所引者亦同)：

种蔬一二亩，白菜和葱韭。
茎叶枯欲死，只因干旱久。
简陋草亭下，赖有井一口。
使劲摇辘轳，酸痛腰与肘。
千摇与万摇，井水很少有。
蔬菜不得长，脸苦皮亦皱。
一家生活费，全望园中收。
靠天来吃饭，苦恼无止休。
切要靠自己，快将科学求。
多掘蓄水池，机器把水抽。
欧美人造雨，亦已有成就。
如此雨不落，大可不发愁。

　　他的诗具有很强的人民性，翻开一部《泰山通鉴》(周郢编著)，泰安历史上不是旱灾、水灾就是蝗灾、雪灾、风灾、雹灾、地震，百姓动辄"大饥"，

国之魂魄

第六天

甚至"死者相枕藉"，"人相食"，谁又来关心关心他们了？冯玉祥却给予了百姓极大的同情。此诗至今虽已时隔70余年了，现在读起来仍感到亲切：天气大旱，井中水少，园中菜蔬几近枯死，农夫心内如汤煮，冯先生亦似有沸汤在胸，他疾声大呼"快将科学求"，有了抽水机、人工降雨，农民就不必再为天旱愁苦。

还有一首《山轿》：

> 上泰山，坐山轿，好看风景好看庙。
> 一个安坐两个抬，三把椅子爬山道。
> 爬盘道，真苦劳，慢慢紧紧总不到。
> 肩头皮带千斤重，汗流气喘心急跳。
> 一劳苦，一逍遥，抬的坐的皆同胞。
> 国难当头需要管，时间劳力不白抛。
> 大名山，电车造，凡事都应用科学。

时间劳力为国用，一点一滴皆生效。

冯玉祥对抬山轿的劳工也是无限同情，希望能应用科学造出"电车"——他的思想真是超前——以解除挑夫的劳苦。如今，泰山上已经有了"电车"——先进的电缆车，但是挑山工仍然存在，挑山工肩上的担子依然有千斤重，他们走在盘道上依然汗流气喘心急跳。但是奇怪的是现今有些人特别热衷于泰山"挑夫"，一点也不同情，甚至认为这是一道风景而津津乐道之，就象他们还热衷于男人的长辫子、女人的三寸金莲一样，不知是存了什么心态。他们显然忘记了，马克思早就阐述过，先进工具的发明与使用的目的就是为了解放人本身。既然有了可以载客运货的缆车了，大多数游客都可以逍逍遥遥地乘缆车上山了，盘道上再有下苦力的挑山工，这是多么地不协调，就像今天的长江上再有人赤身拉纤，长安街上跑着黄脸的祥子……在"科技是第一生产力"的今天，有学者宣扬的"挑山工精神"也不应再是一种有价值的文化现象了。

冯玉祥称自己的诗为"丘八"诗，意思是说写得不够"文化"。我们在泰山读过的各种各样诗已经够多了吧，大家也该有些诗的鉴赏能力了，读了冯玉祥先生的诗，难道不认为这是最好的吗？冯先生的诗语言平朴，最易为人民大众所理解，那种独具的风格是没有人能模仿得来的，这是胸中万卷书的结晶。而且，冯先生眼中的一切皆能入诗，请看他的其他诗作：

《一个黑热病的孩子》，"孩子病黑热，拖延已数月。浑身似火烧，肚腹胀欲裂。……抬至医院中，大夫不矜恤。托言病无救，立刻被拒绝。茫茫无所措，抬孩停郊野。一家仅此子，心中似流血。爷爷与父母，相对只呜咽……"

《牧羊人》，"……老人涉水过河，牧羊新草坡上。诗人雅士定羡慕，好山好水任游逛……哪知牧羊人，困苦难想象。年纪已老迈，家无一日粮。挨饿受冻如丐，满肚生凄凉。生活苦，实难当，诗人雅士请尝尝。"

《山路上的洋车》，"山坡斜，路倾侧，咳呵咳呵拉洋车。幼儿后推爹前拉，气喘汗流不放手。……有坐车，有做牛，有享快乐有发愁，社会不平要改革。"

《卖大碗茶者》，"……小孙女，无爹妈，且煮涧水为生涯，洗了碗盏汲了水，当炉灶把风箱拉……老爷爷，披破褂，头发胡子已尽花，趺坐门前大声叫：大碗茶，大碗茶。今日买卖何不佳？只缘天热过客少。枉自高呼嗓音哑：大碗茶，大碗茶……"

……

这只是"丘八诗"吗？鲜活的诗句中，那无钱治病而早夭的孩子、泣不成声的爷娘，颤颤巍巍的空腹的牧羊老汉，还有那陡峭的山坡上，身不及车轮高却拚命推车的幼童，以及苦苦喊叫了一天，一碗茶也没有卖出去换不回一天果腹粮食的爷爷和孙女……我们所看到的难道不是泣血的杜甫吗？

同时我们还另有所感。前面在读冯玉祥碑文的时候我们早已领教了他的文笔，他完全可以写得出律诗古词来，不就是玩点什么平仄、对仗、粘联的雕虫技巧，再挑几个生僻的词加进去吗？好坏不说，是个秀才就会的。但他偏偏采用了这种形式来写，他就是要让老百姓一看就懂，一听就明白。他是现代的白居易。

1938年，诗画碑拓印出版，老舍先生为之作序："前几年，冯先生住在泰山……按说冯先生就该夏观日出，冬眺淞雪，每有灵感发诸诗词，岂不地灵人杰，相得益彰？可他偏爱留神山上山下的民间生活……人人引起他的同情，事事激起他的愤慨。"（此诗画碑）"图是真情，诗是真话，常来看看，总足以提醒大家"。他说得真好。就是这个老舍先生本人，后来在走过了许多弯路，说了不少非"真话"之后，最后终于被极端荒谬的现实"提醒"了，他选择了以死抗争，自沉于太平之水，也成为了一个有铮骨人。同为最优秀的中国人，老舍与冯玉祥的情感是相通的，他对冯玉祥的赞赏发自心底。他当然知道泰山是容不下风花雪月、轻歌曼词、隐身蛰居、远离世事的，所以他赞赏的"地灵人杰"的"人"，正是冯玉祥这样有着泰山般品格的用大字写成的人，也只有这样的"人杰"才能与泰山的"地灵"匹配！

周恩来贺冯玉祥先生六十寿辰碑

院内还有冯玉祥泰山花岗石雕像一座，雕像后面是1941年周恩来总理写给冯玉祥先生六十寿辰祝辞的亲笔手迹大理石碑。周恩来对将军的戎马生涯给予了高度评价，他说：

焕章先生六十岁，中华民国三十年。单就这三十年来说，先生的丰功伟业已举世闻名。自滦州起义起，中经反对帝制，讨伐张勋，推翻贿选，首都革命，五原誓师，参加北伐，直至张垣抗战，坚持御侮，在在表现先生的革命精神。其中，尤以杀李彦青，赶走溥仪，骂汪精卫，反对投降，呼吁团结，致力联苏，更为人所不敢为，说人不敢说。这正是先生的伟大处，也是先生的成功处。

……先生的德功，决不仅此，我只就现时所感到的写出。先生今届六十，犹自称小伙子，而先生的体魄，亦实称得起老少年。民国今日，尚需先生宏济艰难，为民请命，为国家效劳，以先生的革命精神，定能成此伟大事业，不负

349

天下之望。趁此良辰，谨祝先生抗战成功，前途进步无量！

关于碑文的其他内容让我们到后面再说。但纵观冯玉祥的一生，他居住泰山的这一历史时期的思想表现、追求及人生实践，因为受到了泰山的巨大影响，应是他一生中最为闪光、最值得一书的阶段，正因为如此，冯玉祥被人们称作了"泰山将军"。

冯玉祥修烈士祠字据碑

镶在东配殿的西山墙下，文曰：

立字据人，普照寺住持僧义澄。今因冯焕章先生在寺后东北隅山坡下建造革命烈士祠一所，用本寺地一大亩五分六厘(一大亩为4市亩，作者注)，并情愿捐助本寺大洋叁佰叁拾圆，作寺中常年岁修之资，本寺亦愿将该地作祠堂永远之地基。恐口无凭，立字为证。

立字据人普照寺住持僧义澄。

证明人范明枢、刘玉贵。

冯焕章先生代表王作舟。

中华民国二十二年九月五日立

如果换了国民党时期别的旧军人，可能就不这么麻烦破费了，派个连长带上五个大兵去对和尚说：和尚！将军说了，相中块地儿，赶快划出来！和尚敢不乖乖地办？或者干脆撵走和尚直接往普照寺上挂块"革命"的牌子古为今用更利索了，和尚也无可奈何。不过那就不是冯玉祥了，那样的人也不会去搞什么烈士祠，修个别墅住住岂不比住在破庙里更舒服。

游泰山南麓王母池、普照寺
三阳观

"佛"刻石

烈士祠院外南面的石上有鹿钟麟摹写的经石峪大字"佛"，其上有冯玉祥的跋："佛心慈善，但不能替人们谋福利、保国家"。

鹿钟麟(1884－1966)，字瑞伯，西北军著名将领，二级陆军上将。自北洋新军学兵营与冯玉祥相识后，随冯戎马生活近四十年，成为冯的主要助手。在"北京政变"中，率部先行入城，不费一枪一弹，仅三天就控制了北京全城。接着，带领军警等二十余人，直入清室，将中国末代皇帝溥仪驱逐出宫，废为平民。北伐后，曾任南京军事委员会委员、军政部次长及代理部长、河北省主席、兵役部部长等职。1949年1月，在天津迎来了解放，获得了安定的晚年，以一个普通公民的身份积极参加街道居民工作。1954年，毛泽东接见他时，称其为"街道工作专家"。同年，任国防委员。

"寿"刻石

"寿"字亦为鹿钟麟所写，上面冯玉祥先生的注为："人欲得寿，须要为大多数人们牺牲寿命"！望着这铿锵的语言，谁的心中也不会平静。在中国的近、现代史中，自鸦片战争始，直到五四运动以来，为了抵御外强的侵略，推翻独裁专制，争取民主、自由，求得真正的解放，不知有多少炎黄子孙，"蹈死无辞"，"牺牲寿命"，笑傲黄泉，为铸造一个崭新的中国，洒尽了最后一滴鲜血。他们是中国人的楷模，是悲壮的英雄，他们死得壮丽，比泰山还要重！

泰山与人民英雄纪念碑

于是，我们不由想起了北京的天安门广场上那雄伟的人民英雄纪念碑，据记载，当时党中央专门指示人民英雄纪念碑要用泰山花岗岩做基石——这就意味着这在天安门广场竖起了一座泰山，一座中国人心中的泰山！那上面有毛泽东撰书、周恩来手书的碑文：

三年以来，在人民解放战争和人民革命中牺牲的人民英雄们永垂不朽！

三十年以来，在人民解放战争和人民革命中牺牲的人民英雄们永垂不朽！

由此上溯到一千八百四十年，从那时起，为了反抗内外敌人，争取民族独立和人民自由幸福，在历次斗争中牺牲的人民英雄永垂不朽！

这是多么铿锵的声音，"人民英雄"几个字像滚滚春雷一样响在耳畔而久久不能逝去。抚今思古，在我们国家数千年风云际会、悲喜交叠的历史长河中，涌现出了多少气吞山河的英雄人物，每当国家危难、民族存亡的历史关头，总是他们挺身而出，抵御外侮、斗争邪恶、捍卫真理与民族的尊严，使得炎黄子孙得以世世相传绵延不息，得以最终走向理想的彼岸。

一个没有英雄的民族是悲哀的，一个有了英雄却将之忘记的民族更是哀莫大焉。而中国是崇尚英雄的文明古国，中华民族更是产生英雄的伟大民族。我们没有忘记英雄，泰山帮我们记住了这一切。

让我们回眸历史，暂且告别这物质的泰山，去瞻识几位从鸦片战争以来到抗日战争，百余年间出现的中国人皆耳熟能详的英雄们——

谭嗣同，清末人，因感愤中国的积贫积弱，参与了"戊戌变法"，要求清廷"革去故，鼎取新。"变法失败后，谭嗣同能逃却不逃，他"决心一死"。在狱中他用煤灰在墙上写下了"我自横刀向天笑，去留肝胆两昆仑。"1898年，谭嗣同受刑于京城菜市口，在屠刀挥起的一瞬间，他大呼道："有心杀贼，无力回天。死得其所，快哉快哉！"真是位中国的苏格拉底！

邹容，反封建的斗士，1905年4月的一个雨夜，年仅20岁的他死于上海租界华德路西牢。死前他写下了《绝命词》："愿力能生千猛士。"死时，这个年轻人大口吐着鲜血，手中没有放下他的笔。年轻有才的邹容著有《革命军》一书，书中说："……革命者，去腐败而存良善者也；革命者，由野蛮而进文明者也；革命者，除奴隶而为主人者也。"鲁迅评价说："别的千言万语，大概都敌不过浅近直接的革命军马前卒邹容所作的《革命军》。"

李大钊，中国接受和传播马列主义的第一人，中国共产党最主要的创始人之一。1927年4月被军阀杀害，绞杀之刑整整进行了40分钟。临行前李大钊曾留下了一幅照片：宽阔的额头分外镇定，浓眉下的双目神情泰然，方形的脸上

国 之 魂 魄

351

一片平和，只是在他那纵横着皱褶的灰布棉袍下，挂着又粗又黑的铁链……李大钊，一位宽厚仁慈的父亲，一个博学谦逊的导师，一位探寻中国何去何从的先行者，一位大丈夫！在他38岁的时候，就为了神圣的理想献出了生命。他死得如此从容，是因为他坚信他的理想一定会实现，他说过："不出十年，红旗将飘满北京……"

刘伯坚，赣南军区政治部主任，在1935年的一次战斗中，他中弹被俘。国民党军队蜂拥而上，给他戴上了沉重的镣铐，敌人带他从江西大庾一条人群集中的大街上走过。刘伯坚拖着带伤的腿，在哗啦啦的铁镣声中，高昂着头颅，望着长街两侧眼含泪水的百姓，唱出了那首曾传遍整个中国的《带镣行》："……带镣长街行，志气愈轩昂。拼作阶下囚，工农齐解放。"18天后，他壮烈牺牲。他在狱中的最后一封信是写给他的年轻的妻子王叔振的："你不要伤心，望你无论如何要为中国革命努力。"王叔振美且贤，当时以才女著称，1927年与刘伯坚结婚，刘伯坚就义后不久，她也在福建英勇地牺牲了。

赵一曼，出生在天府之国的美丽女子，为了中国的革命事业，将自己年轻的生命留在了冰天雪地的东北。她在一次与日伪军的战斗中腿骨被打折。日军把她投进监狱，百般酷刑折磨她，但她始终就是一句话："我的主义就是抗日！"当年赵一曼被党派往东北时，她的孩子才一岁，1936年8月2日，敌人把她押上一辆马车游街后枪杀。当她知道自己今生再也不能见到孩子时，心如刀绞，然而这位伟大的母亲、不屈的中国女英雄在马车上写下的最后几个字却是："我最亲爱的孩子啊，母亲不能用千言万语来教育你，就用实行来教育你。在你长大成人后，希望你不要忘记你的母亲是为国而牺牲的。"这一年她30岁。

杨靖宇，河南人，22岁就加入了中国共产党，曾五次被捕入狱而始终坚贞不屈。被党派往东北工作后，创建了东北抗日联军，担任抗日联军第一路军总司令、中央人民政府执行委员。他指挥部队与敌人作战上百次，出生入死，使日寇闻风丧胆。1940年1月，部队在一次战斗中被敌人围困，他组织人员分散突围，自己却陷入了重重包围，直到最后，同他在一起的战友全部牺牲了，他仍只身一人同敌人周旋作战。根据日军留下的档案记载，日军最终发现了他，逼近到50米处，喊话劝降，"他像根本没有听见，一味举着双枪射击，我军五人中弹。因见劝降无效，便加强了火力，一枪打中了他的左手，他仍用右手射击，一枪打中胸部遂倒地绝命。"他死后，日军解剖了他的遗体，发现他的胃已经因饥饿而严重萎缩，里面仅有一些棉花和枯草。面对杨靖宇的遗体，日寇有几点怎么也不能明白，眼前这个衣衫褴褛的人难道真是中共的高官吗？一个人怎么能够在没粮的情况下、在零下20多度的野外生存20多天？对一个濒临饿毙的人，生的希望难道没有一点诱惑吗？于是，伪通化省警务厅厅长岸谷隆一郎也不得不发出了长叹："这真是中国的一条好汉！"是的，中国的好汉！杨靖宇生前令敌人胆丧，死后也仍然震慑着敌人！有这样的好汉存在怎会容贼寇横行！

......

　　也许有朋友会说，我们是否控制不住思绪的帆而偏出了主题，这应是另一次旅游的内容啊，这些英雄不是同泰山没有直接关系吗？

　　不是的，在这里想要告诉你的是，人民英雄纪念碑用泰山石筑成，其最主要的原因就是泰山在人们的心目中总是同英雄联在一起，从2000多年前孔子、孟子的以天下为己任，"登泰山而小天下"，司马迁的"重于泰山"，到辛亥革命的"黄土泰山真并重"，再到毛泽东在他著名的文章《为人民服务》中把"人固有一死，或重于泰山，或轻于鸿毛……"赋予了全新的思想内容……泰山伟岸的身躯中一以贯之地激荡着英雄主义的气概，而我们刚才所看到的英雄们的高贵品质不正是同泰山的内在精神惊人地相似吗？这些英雄都是用泰山精神养育起来的中华好儿女。那人民英雄纪念碑基座上用泰山石刻成的一幅幅画面里所表现的正是并重于泰山的中华英雄。由此我们可以得出结论：泰山是一座英雄的山，是一座造就了中国无数英雄的山！

　　想起了泰安有一条很好的旅游促销口号"登泰山，保平安"，这平安不是山神保佑的结果，"漫教治乱问山灵"，山灵是不管用的。这平安是英雄们用生命换来的，所以它是更需要现在的人，包括每一位游人，继承英雄的遗志维护下去的。"登泰山保平安"的意义就在于此了。

　　泰山不会忘记英雄，中国人不能忘记英雄。《论语》中有："慎终，追远，民德归厚矣"的话，这句话有多种断句与解释，而我觉得它的意思是说要慎重地对待死亡，真诚地祭奠先烈，这样整个民族的风尚自然地就会质朴敦厚起来。

　　眼下，国家提倡"红色旅游"，怀念先烈与前辈，意在进一步发挥某些景点的教育作用，就有着民德归厚的意义，这对于提高整个民族的素质无疑是一个审时度势之举。这样的话题如果接着说下去会使我们的旅游变得更加沉重。当然，如果人们愿意的话，如果大家在尽兴地享受了"翠花上酸菜"、"老鼠爱大米"、"今儿个高兴高兴真高兴"……或者在过瘾地当了几回"玉米"、"笔笔"、"华仔"、"星爷"们的"粉丝"，完全"轻松"了之后，还有些余兴的话，我们不妨再次聆听一下泰山给我们发出的强大信息，那就是我们这个民族应当有着与我们民族相称的更为深邃的人文智慧，更为凝重的历史思索，更为广阔的观察视野和更为执著的超越追求。

　　在泰山，似乎只要是留下了身影的人物(除了张说等极少数几个外)，无一不是令我们深有感触的，古人的思想是如此活跃，他们深切地关注人的修养、国家的命运、民族的进步，民生的安宁，敢于批评时政、向黑暗宣战，执着于对理想的追求……这是中国人固有的优良传统。但是清末以来，国力日弱，世风日下，龚自珍发出了"万马齐喑究可哀"的无奈叹息。接着历经了民国之后的一系列战争，中国已经疲衰不堪。建国后经济刚刚有所恢复，却又遭遇了种种运动和愈演愈烈的"阶级斗争"以及人类历史上空前的十年文化大革命。一伙阴谋家，一面以险恶的手段破坏生产力，"宁要社会主义的草，不要资本主义的苗"，把人民的生活水准降到了极低点，一个贫穷的、普遍饿肚子的民族，是极易扭曲灵魂的；另一方面，他们又大肆砍杀我们民族中的所有优秀品质，仁义礼智信、温良恭俭让、真善美、廉耻、忠厚、文质彬彬、谦谦君子……统统被作为"四旧"扫除了。我们优秀的民族传统是通过几千年无数人的努力才培养起来的，正如"从善如登"，十分不容易。而它们的失去却是如此之快，完全应了"从恶如崩"的老话。改革开放给国家的发展提供了最佳的机遇，而我们碰到的难题却是信仰的消失、诚信的崩溃、激情的淡化、廉耻之心的阙如……以致改革开放初期，我们这个古老的文明民族竟要从"请、您、谢谢、对不起……"等十个字的"文明用语"从ＡＢＣ学起，何其可悲啊！甚至时至今日，党的总书记仍要亲自提出"八荣八耻"，来为党员和国民补上基础的一课。失却了信仰、激情与普遍价值观的民族怎能早日振兴？怎能同国际接轨？我们需要重新构架民族的精神——话题太大了——还是不说吧。总之，发挥旅游的、尤其是像泰山这样旅游的教育功能真的是非常必要，泰山无可替代地成为了一个再塑民族形象，再振民族雄魂的无与伦比的平台！

五贤祠

好吧。让我们继续前行，去轻松一下。烈士祠西北路旁有巨石似大象卧息，上题"卧象石"三字。卧象石西北不远，半山中有一座不大的院落，这就是泰山的古老学府——泰山书院，亦即后来所称的"五贤祠"了。

五贤祠在唐时为道教"栖真观"，宋初辟为学馆，后称"泰山上书院"。明嘉靖间祀石介、孙复神像于此，称"仰德堂"，后又增祀胡瑗，改为三贤祠；清道光七年，泰安知县徐宗干又奉宋焘、赵国麟神主于此，遂称五贤祠。五贤祠曾毁于文革，2000年修复，现分东西两院，东院为祠，西院为讲书堂。

北宋初年，范仲淹的学生孙复及石介、胡瑗为弘扬儒学，来泰山创办了书院，其规模虽不及白鹿、嵩阳、应天府、岳麓等著名的"四大书院"，但当是对于促进泰山乃至山东地区的学术发展，培养人才，改变民风仍起到了很大的作用。《泰安县志》称："泰安旧俗淳朴，士习于孙石遗风，多好经术，重气节。"孙、石之后，泰山兴办书院之风不绝，如明代李汝桂的育英书院、宋焘的青岩书院、清代赵国麟的泰山书院、徐肇显的徐公书院、许莲君的怀德书院等等，泰山的文化地位大为提高，四方士子纷至沓来，成为泰山历史的又一段佳话。

泰山书院的创始人之一孙复(992－1057)，字明复，晋州平阳(今山西临汾)人，早年丧父，少年好学。先给大家讲段故事吧，公元1027年(宋仁宗天圣五年)，范仲淹主持南京应天府(今河南商丘)南都学舍，孙复前往求学。在南都学舍中，范仲淹因见孙复贫穷，就资助了他一千钱，孙复却回家了；第二年孙复又来向老师要钱，范仲淹便又给了他一千钱，并问他为什么总是在路上跑。孙复满面凄楚地说，家中有老母亲无人赡养，必须每天挣上一百钱才能使老母温饱。范仲淹说，我看你也不是来乞讨的，但你这样风尘仆仆地奔波在路上，不但挣不了几个钱，还荒废了学业。要不我就在学舍给你找份差使，每月三千钱，你能安下心来学习了吧？孙复极为感动，拜谢了老师。从此以后他就跟着范仲淹学习《春秋》，每天不分昼夜，学业提高很快，深得老师喜爱。第二年范仲淹离开了学舍，孙复便也离开了。十年之后，范仲淹听说泰山有孙明复先生以《春秋》教授学生，德望甚高，朝廷将其招至了太学，而此人就是那个当年向他要钱的孙秀才，于是大为感慨，说"贫困对人的影响太大了，如果一个人为生计奔走到老，即使有孙复这样的才能，也终究会被淹没的。"这使我们想起了如今国家出资资助贫困家庭的学生读完小学、中学，甚至大学，这在中国历史上是亘古未有的。

孙复师从范仲淹研习《春秋》期间，不仅在学问上打下了坚实的基础，而且还认识了石介等一批年轻学子，结下了深厚的同窗之谊。朱熹在《三朝名臣言行录》中说："文正公(范仲淹)门下多延贤士，如胡瑗、孙复、石介……置灯帐内，夜分不寝……"

孙复没有做官，来到泰山后仍是"病卧山阿，衣弗衣，食弗食"，"上无斗升禄以养妻子，下无一夫之田、五亩之桑以供伏腊"。但他还是"日抱《春秋》、《周易》读诵，探伏羲、文王、周公、孔子之心"(宋石介《与董秀才书》)。孙复治学多有独到见解，开发出富有时代精神能为当世所用的儒学理论。由于他治学颇富成就，撰写出《春秋尊王发微》、《易说》、《春秋总论》、《舜制仪》、《董仲舒论》等一批论著，被世人称作"泰山先生"。

石介，前面已有了简要介绍，但故事并未讲完，这里再补充几句。前面提到，不是石介被贬濮州，未到任便死在家中了吗？他死后，夏竦等人还不罢休，还要对之加害，当时，徐州孔直温谋反，败露后被抄家，石介过去与孔直温的来往书信也被查抄出来。夏竦借此大作文章，向仁宗说石介其实没有死，被富弼派往契丹借兵去了，富弼做内应。这一招狠毒至极，宋仁宗便派官员去发棺验尸，参加石介丧事的数百人集体保证石介已死，才幸免发棺，这就是震惊全国的"斫棺"事件。欧阳修对此义愤填膺，在庆历六年(1046年)的一个秋夜，他含泪打开石介的遗著——《徂徕集》，写下了一首三百五十字的五言长诗《重读徂徕集》，诗中写道：

"我欲哭石子，夜开徂徕编。

开编未及读，涕泗已涟涟……

已埋犹不信，仅免斫其棺。

此事古未有，每思辄长叹。

我欲犯众怒，为子记此冤

下纾冥冥忿，仰叫昭昭天。

书于苍翠石，立彼崔嵬巅。"

此诗呼天抢地，感人肺腑，后人称之："英辨超然，能破万古毁誉"。

胡瑗，泰州海陵人，今江苏泰县。他是否与孙复、石介共同创建了泰山书院学者存有异议，但五贤祠东有深谷，称作"投书涧"，说的就是胡瑗的

国 之 魂 魄

355

故事。胡瑗学习十分刻苦，朱熹在《三朝名臣言行录》中说他"侍讲　胡瑗
布衣时，与孙明复、石守道　石介　同读于泰山，攻苦食淡，终夜不寝，十年
不归。得家信，见上有'平安'二字即投之涧中，不复展"。为纪念胡瑗，人
们便把这条涧叫作投书涧了。胡瑗10年不归，家书也不看的故事，竟引得乾隆
写诗一首："报来尺素见平安，投涧传称人所难。诚使此心无系恋，平安两字
不须看。"题目为《戏题投书涧》，看来还是这个万岁爷说得对，家书抵万金
啊，家书也是"书"，怎能不展读，否则真使得"城南少妇空回首"了。

　　宋焘也是泰安人，字岱倪，号青岩，明代万历进士，做过御史，是唯一一
位在《明史》中立传的泰山人物。当时神宗设置矿、税太监，残酷压榨人民，
致使民不聊生。宋焘出于对百姓的同情，也为了维护明王朝的统治，上书神
宗说"自采榷(que，专卖)役兴，民不堪命，家怨人愁，一夫振呼而乱声四
应"。但昏庸的神宗却不于理睬，再加上当时种种政治弊病，宋焘一再受挫，
历尽了无数的忧伤和痛苦后，终于弃职回籍。回到泰山后，他在山麓筑起了
"青岩居"，寄情山水，潜心读书，可是心中始终没有忘记百姓。万历三十一
年(1603年)"泰山洪水暴发，民众填沟壑者千计"(《泰安州志》)。宋焘目睹
惨状，写下了《泰山大水歌》：

> "水光迸散雨如倾，洪涛浩淼靡溪沚……
> 一望城西无片瓦，万人滚滚随流下。
> 口中犹自呼爷娘，抱木浮沉白浪打。
> 尸横荒野乱参差，破衣残骸挂树枝。
> 血水和泥相枕藉，断肢落臂谁家儿。
> 可怜死者葬鱼腹，生者无家何处宿。
> 满城尽是呻吟声，深夜唯闻乱鬼哭。"

　　这是多么惨痛的一幕啊！接着，诗人又笔锋一转，对矿税使(太监)仍无视
民间疾苦，进行残酷掠夺表示了强烈愤慨，将其斥之为吞噬人的"洪水"：

> "洪水何无情，真如矿税使，
> 令人欲生不得生，欲死不得死……"

这迸发着血泪的诗句，可谓泰山的"史诗"。

　　我的天呀，怎么又是泪水呢？还是不轻松，怎么办啊，泰山？

　　宋焘在泰山的著作有《理学渊源》、《泰山纪事》、《青岩居漫录》等。
《泰山纪事》颇有特色，记录了泰山一带的神鬼异闻，借神鬼地府来鞭挞黑暗
现实，借吕洞宾、张景岩等神侣仙迹的故事来抒发远离红尘、追寻仙境的情
怀。这些故事很多都在民间流传下来，我们在白龙祠所讲的小白龙的故事，
就出自宋焘的这本书。万历四十二年(1614年)，宋焘病逝，年仅44岁。此后不
久，阉党魏忠贤控制朝政，宋焘被削去追赠，逐出乡贤祠，以至死后二十年不
能举葬。崇祯初年阉党覆灭，宋焘才得以昭雪，并得到了泰安人民的深深怀念
和爱戴。

　　赵国麟，前面介绍过他。他是泰山最后一个被祭祀的儒学代表人物，也就
是从那时起，儒家学说及其命运在泰山、也在全国走向式微。

五贤祠刻石

五贤祠后石崖上有题刻："讲书台"、"授经台"、"千秋道岸"、"能使鲁人皆好学"等，多少让人看出了些儒家学府当年的影子。

洗心亭

祠前溪畔有石亭，额书"洗心亭"，柱子四面皆为清代人题联，似也没什么佳句。唯冯玉祥在亭内题的标语："你忘了没有？东三省被日本人侵占了去，有硬骨头的人应当去拼命夺回来！"铮铮有声。于是又想起了"愿同胞努力前进，上达极峰，独立南天门。""为问熙攘人，曾否忆国耻？""洗我国耻"、"还我山河"……直让人心热血涌。

是的，大家还记得我们在泰山所见的第一个景点中的那块石碑吗？

——记得，双龙池旁的"五三惨案"纪念碑。

对，请掂量掂量"国耻"这个词。国耻，国家既耻，则每一个国民都耻。从1928年的"五三惨案"、1931年的"九·一八事变"、1937年的"七·七事变"，直到1945年日本无条件投降，日本军国主义的铁蹄所踏之处，犯下的罪行无不令人发指：南京大屠杀，30万人死于非命；哈尔滨"七三一"细菌部队，以中国活人作试验，慰安妇，使多少姊妹同胞惨遭蹂躏，掳掠华工，华人弟兄在日本被榨干了最后一滴血，九死而几乎无一生还……于是，忧国忧民的英雄们奋起了，要雪洗国耻！他们高唱着激愤悲壮的《义勇军进行曲》：起来，起来！把我们的血肉筑成我们新的长城……我们万众一心，冒着敌人的炮火前进，前进，前进进！终于把日本帝国主义赶出了中国。后来这首歌成为了国歌，就是因为它号召全民族团结起来，战胜一切险阻，前进，前进！今天，我们的国家仍不强大，日本的某些国家领导人才敢全然不顾13亿中国人民的感情和有良知日本人的反对，悍然连年参拜供奉着侵华战犯的靖国神社——国耻又怎能忘记呢？！所以，今天我们仍然要起来！仍然要万众一心，前进，前进！用当今的语言表达，就是要振兴崛起，团结和谐，加速发展。我们今天所遇到的困难比"冒着敌人的炮火前进"小得多了，我们还有什么问题不能解决、什么阻力不能克服呢？遗憾的是，好久好久没有听到国歌的歌词了，我思念它，不知道现在的孩子们还会唱吗？我觉得，至少在每年的"九·一八"国耻日，当我们打开电视机、收音机时，可以再次听到那令人热血沸腾的吼声；至少在同一天的早晨，当国旗升起的时候，人们集体大声唱出歌词来，从而不至于忘了她啊，我们的国歌！

——您说得好。国耻我耻，国荣我荣！国家的强大的确是需要每一个国人作出奉献的，国歌的精神也是需要永远发扬的。

对！所以，我们在泰山所看到的这一切决不仅仅是历史、是文物，您说出的就正是泰山想要告诉我们的话。而且，不知大家感觉到没有，泰山精神与国歌精神是相通的。

——是。

所以，泰山至今仍被中国精英人士视为"国山"。

五贤祠对联

五贤祠的门柱上也有不少对联，其中泰安人、民国学者赵新儒所作的一副挺有意思：

名贤为圣地增光，来游莫作凡民想；

古祠与泰山并寿，到此方知学者尊。

其中最好的一句就是"来游莫作凡民想"——可以"戏解"——从前面的游历中，我们是否已感受到了的泰山的不凡，是否已被泰山震撼？如果你能够爱上泰山、能与泰山共鸣，并与之在精神上相融，则你，非"凡民"也，就不是一般的人了。否则，仅为消遣，仅为好玩，到哪里不可以逛一逛呢？我们的泰山之游已经到了尾声，种种思绪仍在胸中激荡……

冯玉祥第二次遁迹泰山时就住在五贤祠，还曾在这里为大众小学的老师画过一张画，是一帧水墨大白菜，上端有题识："白菜者，营养丰富，生长泼辣，索取甚少，贡献巨大"。其立意与鲁迅先生的笔下的"孺子牛"，吃的是草、挤出的是奶异曲同工。

三阳观

五贤祠北去约1.5公里，山坳之中即全真教派道观"三阳观"了。三阳观创建于明代，嘉靖时，东平道士王阳辉　号三阳　携徒昝复明来此凿石以居，道士德藩助资草创，万历初又行扩建，成为著名道观。明万历年间礼部尚书、文学家于慎行《重修三阳观记》碑称这里"入门三重"，"有殿有阁"，"仙圣之秘境，寰宇之大观"，"几与岳帝之宫比雄而埒胜焉，可谓非常之创述矣。"三阳观曾毁于文革，现已按原样修复。其实，我们现在所看到的三阳观与"岳帝之宫"的岱庙全然无法相提并论，三阳观并非"敕修"，也不是"地方"出资创建。民间道士三阳和他的徒弟复明，并没有指望官府甚至皇家的银两。纯粹是信仰的力量，使师徒俩先是"凿石为窟以居"，继而又沥血创业，生生不息达三十年，即使后来师傅去世了，工程也没有停止。就像谷山寺的和尚善宁、法朗三十年不辍开荒种树建寺一样。三十年中，他们早出晚归漫山遍野拣拾着能够搬动的石块，然后用民间干打垒的形式，先后建起了门阁、三观殿、真武殿、混元阁、天仙圣母殿以及道房、客室和长长的一圈围墙，这一切比起张所存修岱庙的"非易易"来，困难更要大得多了。师徒的苦行最终感动了众人，四方香火逐渐兴盛起来。万历年间，兵刑两部尚书，兼翰林院学士萧大亨闻讯来了，也深受感动了。这下好了，捐资，凿岩，开石，请工匠，大力拓展，三阳观终于有了可观规模。现在，三阳观内外尚存有碑、碣摩崖近40处，记录了建观过程和当时的社会状况，其中于慎行的《重修三阳观记》碑、萧大亨的《三阳庵新建门阁记》碑、昝复明立《钦差太监樊腾尊奉大明皇贵妃旨皇醮记文》碑，以及民国年间冯玉祥撰书的《赞满大炼师》碑等，都有一定的史料价值。

修复后的三阳观东西宽60米　南北长90米　南北高差22.5米，占地面积

5470平方米，二进院落。山门之内天井甚阔，数株古柏银杏点缀其间，同泰山上其他庙宇的局促形成反差。

混元阁

石阶之上即为混元阁。阁为两层，下层是借助近5米高的山体陡崖砌筑而成的券洞，洞口宽3.5米，深8米多。洞北端是凿山体而形成的神台，而洞两侧则对称凿有4个小的隐身洞，小洞口宽约1米，高1.9米，深近2米。二层阁室建于券洞之上的台基上，为三开间全石结构庑殿顶建筑，后檐墙建在山体上，有石阶可以登上。室内有东西向的石块发券的券洞。明间门券洞上方有石刻门额一方，书"混元阁"三字，两次间南立面有拱券窗。

混元阁两侧偏南有东西配殿各三间；偏北又有体量较小的配殿各三间。阁后有陡峭石阶踏步数十级，登上石阶即是天仙圣母的月台。月台东西长17米，南北宽5.6米，台上有古柏一株，胸径约1.2米，树形苍古优美。天仙圣母面阔三间，硬山前带檐廊建筑，面阔13米，进深8米；殿左前方有石崖，上刻"全真崖"三字。

"救苦台"刻石

三阳观山门外有石坪，上刻"救苦台"三个大字。"救苦"！耶稣是如此，释迦牟尼是如此。牺牲自己为救苦，是博大的爱心。宗教所具有的进步意义大概就在于此吧。

凌汉峰

刻石南侧有三阳及其弟子墓，北面凌汉峰风光亦佳，峰巅有南宋建炎元年(1127年)，石匠姜博士及道士孙上座起寨进行抗金活动的遗址，现还存题刻、房基、石臼等。

大众桥

从三阳观循小道西行，穿过层层树林就到了大众桥。大众桥横跨西溪，单拱铁栏，显得轻灵飘逸。

冯玉祥先生墓

桥东端正对着的是冯玉祥墓。墓为泰山花岗石砌成，正面石阶66级，取意他终年66岁，石阶共分为四段，自下而上依次为20级、14级、14级、18级，象征他的人生从弱冠从军、清末军旅、段祺瑞时期到抗战救国的四个阶段。墓壁正中上方有郭沫若先生写的"冯玉祥先生之墓"7个镏金大字，大字下是冯玉祥侧面铜浮雕头像，再下面嵌以黑色磨光花岗岩方碣，上面刻他的隶书自题诗《我》，这是他一生做人的写照，诗曰：

平民生，平民活，

冯玉祥先生墓

不讲美，不要阔。
只求为民，只求为国，
奋斗不懈，守诚守拙。
此志不移，誓死抗倭，
尽心尽力，我写我说。
咬紧牙关，我便是我，
努力努力，一点不错。

　　冯玉祥先生这样说了，也是这样做的。1941年周恩来总理在贺先生60大寿时，曾对他有过一段评价，这些话至今听起来，仍有匡扶世风的意义：
　　先生好读书，不仅泰山隐居时如此，即在治军作战时，亦多手不释卷，在现在，更是好学不倦，永值得我们效法。……对朋友同事，尤其对领袖，先生肯作诤言，这是人所难能的。先生生活一向习于勤俭朴素，有人以为过，我以为果能人人如此，官场中何至如今日之奢靡不振？！先生最喜欢接近大兵和老

百姓，故能深知士兵生活、民间疾苦，也最懂得军民合作之利，这是今日抗战所必需。先生在不得志时，从未灰过心，丧过志，在困难时，也从未失去过前途。所以先生能始终献身于民族国家事业，奋斗不懈，屹然成为抗战的中流砥柱……

泰山是一面镜子，映出了这样一位有着伟大人格的人，泰山幸甚！

名山忠骨，千秋生辉。冯玉祥将军长眠在这里，他的崇高人品和爱国精神，将与泰山同在。

游泰山，我们知道了秦始皇、汉武帝、唐玄宗，知道了岱庙、斗母宫、碧霞祠，我们更知道了什么叫泰山精神。自古以来，人们与泰山密切接触，虽然不同时代、不同阶级有赖泰山承载的并不是同一种精神内容，但是作为主流，泰山以其自身的特征，总是引导着人的向上的精神投向，并随着人的认识水平的提高，不断推陈出新，不断激地起人们新的想象与共鸣。也就是说，泰山以其高大挺拔庄严的形象，首先在影响着人，而人的意志、理想、追求又恰与泰山的属性相契合，于是无生命的山在人们心中便具有了一种"精神"，一种人的精神的象征和折射。终于，这种精神冲破了地域、时代，伴随着整个中华历史文化的长河，辐射到了更为阔远的时空，得到了整个民族的认同，具有了影响全民族的力量，成为了"华夏之魂"，变得完全不是一个"风景名胜区"的概念和一个普通的"美"字所能涵盖得了了。……

——是！也不是"厉害"这词所能涵盖的了。

是的。

至此，我们已粗粗地浏览了泰山主峰上下的几个区域，难道不是吗？在我们觉得泰山很大、很美的同时，在我们依依不舍地将要同它作别的时刻，我们是否已深切地感到了泰山这座伟大的山之所以不同于其他山的主要地方就在于，它似乎总是同国家、民族的命运、同人的修养品格有着那么一种联系，总是与时代同步前进，始终保持着巨大的感召力。正因为如此，我们在游历这座大山的时候，便每每被它所吸引、所启示，以至倾倒叹服，这就是因为它激发了人们深层次的思考，给了人以激励、鼓舞，以向上的力量，从而使人顿生豪情，发奋而起而再也不甘于平庸。这便是泰山的独特之处，也是它之所以引起全世界人民瞩目、热爱的原因。

好了，朋友们，现在，我要你们来回答我的问题了……

——我们的好导游，请不要再提了，我们为以前不了解祖国的这座伟大的山而惭愧。这6天的泰山之行，实在是一次一生难忘的旅游，胜读十年书啊。泰山令我们自豪，令我们热血澎湃，我们是真的深深地爱上了她！

谢谢！

——让我们来衷心地谢谢导游……

谢谢！谢谢！谢谢！朋友们的掌声使我热泪盈眶啊！

有的朋友也是眼含泪水了。是的，要告别泰山了，但是我看得出来，泰山啊，我们不愿离开你。你这古老国家的缩影，你这伟大民族的象征，你这值得全人类骄傲的充满着浩然之气的大山啊，我知道，每一个流着炎黄之血的正直的中国人都会深深地爱上你的！

最后，作为分别的礼物，让我再把一首诗送给大家，那就是世界文化泰斗，我们仰慕已久的季羡林老先生2005年94岁时写下的《泰山颂》：

> 巍巍岱宗，众山之巅。雄踞神州，上接九天。
> 吞吐日月，呼吸云烟。阴阳变幻，气象万千。
> 兴云化雨，泽被禹甸。齐青未了，养育黎元。
> 鲁青未了，春满人间。星换斗移，河清海晏。
> 人和政通，上下相安。风起水涌，处处新颜。
> 暮春三月，杂花满山。十月深秋，层林红染。
> 伊甸桃源，谁堪比肩。登高望岳，壮思绵绵。
> 国之魂魄，民之肝胆。屹立东方，亿万斯年。

季先生在诗中除了不屑于提专制皇帝的封禅以及神灵外，对泰山的概括是多么地准确啊。诗中的好多内容我们已经知道了，这里，我仅想再摘出几句话来与朋友们共享共勉。

"兴云化雨，泽被禹甸。"禹甸，指全中国的疆域。季老告诉我们，泰山的影响与其所惠泽的是整个中国。在季老的心中，泰山就是中国的国山。

"春满人间"、"河清海晏"，"人和政通，上下相安。风起水涌，处处新颜。"说得好啊！泰山的6天，我们几乎穿越了中国的每一个历史时期，我们看到了在这漫长的岁月里，我们这个民族的确是历经了太多太多的苦难。而改革开放后的今天，平心而论，虽然还有着种种的不尽如人意，但肯定地可以说这是中国5000年文明史中最好的时代了。季老学贯中西，自身也几乎经历了整整一个世纪的风云，他是最有发言权的，他说得不会错，泰山也已经证明了这一点，今天我们能够到处"旅游"也在证明着这一点，让我们相信他的话，一定要相信他的话，像爱护自己的生命一样，爱护、珍惜今天的好日子。

"暮春三月，杂花满山。"据我所知，季老是第一个将泰山"杂花"写进诗中的人。6天来，我们在泰山看到了太多的峻峰、飞瀑、千年古柏、百年盆景，即使我们所赞美的野花也是大有名气的连翘、野菊花、白头翁等等，但是我们却没有注意到，还有更多生长在泰山的不知名的野花就在我们脚下，它们天天伴着我们，但是我们却连一眼也没有看过它们，更没有一个字提到过它们。我们在泰山总是在仰视，即使在缆车上也不过作鸟瞰，看个大概。此刻，趁我们还没有离开泰山，朋友们，请弯下腰，弯下我们的腰来，请看看这是什么花：它的叶子只有麦粒儿大小，它的花朵更小得就像小米粒。人们不会去注意它，甚至连蜜蜂也不会光顾它，大家看，它们的身躯是那么弱小，但却在用它致密的根紧紧地抓住身下的泥土，保护着泰山不受雨水的冲刷。再看那摇曳在微风中的小紫花，花瓣是那样地单薄，似乎吹弹得破，但它们也在倔强地开放着，好似要拼尽全身的力量来为泰山献上一片春光。这些一般人叫不上名字的野花只有称之为杂花了，然而，千万年来它们枯了又荣，执着地生长在这里，它们才是地道的泰山原著民，是这里的主人。但是我们为什么就没有注意到它们，而季先生却将其引入了诗中加以咏颂呢？进而联想到人类社会，世上又有多少人不为索取，不图回报，在默默地生存着、奉献着，就像这杂花……季先生当然会想得更多，他一再推掉人们加在他头上桂冠，始终认为自己是一个普通的人，大概也自认为自己就是泰山上的一朵"杂花"……

初读此诗时，我曾想季先生为何不用"百花"或者为了调平仄并避开前面那个数词"三"，用"鲜花"、"繁花"一类的词，而用了杂花呢？旋即便明白了。我特别喜欢这个"杂"字，为此曾一遍又一遍地咏诵着这句诗，眼前便浮现起了季老清癯正气谦虚睿智的面容，随之又想起了他写下的那些平实而隐着深刻思想的大美的文章；想到了他已是耄耋之年了仍是壮思绵绵，仍在读书看报写作，关心着国家大事，向中央领导提出了构建"和谐社会"的建议……于是益发感到了先生胸怀的博大，爱心的广被，情操的高尚，目光的深远，直至心潮难平——他无愧于当今思想文化界的"泰山北斗"，他就是一座当代的泰山！

"登高望岳，壮思绵绵。"登泰山而没有所思是不可思议的，但此句诗并不是说要登上泰山来望泰山，显然不是的。写此诗时季老并没有登上泰山，他是在北京的某座医院的高楼上遥望着泰山的。季老的家乡在山东聊城临清，聊城有一座高楼叫望岳楼，自古以来聊城人就有登上此楼远眺泰山的传统，所以自古以来聊城一带便大家辈出，贤者云集。是的，登到高处去看一看泰山吧，即使看不到，即使相隔着千里万里，"泰山"也已经到了你的心中，它便会给你思索给你力量。读此句诗时我想起了温家宝总理同季老的对话，总理问他，您是不是从小时候就热爱泰山啊，季老点头。于是又想起了孔子、司马迁、杜甫、辛弃疾、赵执信……直至徐悲鸿等等中国历史上数不胜数的不朽人物，季老不正像他们一样，总在遥望着泰山，终生敬仰、向往、思念着泰山，受到泰山的巨大影响而成就为一代耀眼宗师的吗？

由此我更加感到：泰山有"两座"，一座在我们的身旁，另一座在中国所有有为人士的心中，那座"泰山"是精神的，是物质泰山的升华，她同样高耸入云，"上接九天"，激励着我们向上。在中国，还有哪座山能同泰山一样呢？故而，泰山"谁堪比肩"？

"国之魂魄，民之肝胆。"6天了，我啰里啰嗦，竭力想要指向的就是泰山的这一主题，季老只用了八个字就说出了。这句诗感人至深，再次引起了我的万千思绪：我想起了另一位泰山般的伟大人物——改革开放后，胡耀邦同志任中共中央总书记，他大力协助小平同志平反冤假错案，把无数老干部和知识分子从劫难中解救出来；他深切关心人民生活，以他瘦弱的身躯走遍了大半个中国，了解民众疾苦，帮助百姓摆脱贫困，获得了人们的深深崇敬。1981年，耀邦同志来到了泰山，泰山的高大、向上、刚毅、无所不包的形象同伟人的心胸一触即融，次年9月，他在党的十二届代表大会上作了题为《全面开创社会主义现代化建设新局面》的报告，向全国人民发出了以攀登泰山十八盘以达玉皇顶的精神大干"四化"的号召，十亿中国人民心怀着"泰山"，豪情百倍，以空前的热情投入到了文革后百废待兴的建设中……但是，后来，耀邦同志过早地走了，全国人民无比悲伤，深深地怀念他，出殡时，百万北京市民自发地为他送行，泪流满面的人群把长安街两旁堵得水泄不通……1989年4月5日，清明节，人们在天安门广场悼念耀邦同志，高悬在人民英雄纪念碑上的巨幅黑色帐幔上只写了三个大字："民族魂"！

于是我的心中再度涌现出了数千年来那与泰山肝胆相照的无数中华好儿女……想到了是他们用毕生的精力乃至生命为我们换来了祖国处处新颜的今天……此刻，谁又能再遏止住泪水，而不双涕俱下心潮汹涌呢？啊！我们的英雄，我们伟岸的巍巍泰山！

"屹立东方，亿万斯年。"这正是我们56个民族的企盼。我们坚信，只要"泰山"在，就会有泰山般的英雄在，就会有13亿"尽舜尧"的英雄人民在！我们伟大的东方之国和古老的中华民族就必能战胜一切困难，永远挺立，亿万斯年，亿万斯年！

还是要分别了，朋友们。6天的相聚，我们以泰山为媒成了真正的朋友，我们分享了泰山给予我们的心灵激荡，有了那么多共同语言。此刻，我真的不想说出再见两个字，但终须一别啊。

是的，再见吧朋友。我不会忘记大家的，也请大家永远记住——泰山！

作者附识

1、写给导游员

（1）

（下面是05年写在此文结尾处的东西，还是保留着它吧。）

写此书的目的是遵领导安排，搞一篇提供给导游员的"泰山导游词"，而它像不像导游词我却不知道。

在泰山当导游很不容易。一是泰山很大，跑上跑下十分辛苦；二是泰山的历史文化太悠久丰富了，几乎触涉到了社会的每一领域和历史的各个层面，导游员要想讲好泰山确乎不像对一个庙宇一座庭院的讲解那样，只需记住几个传说、几个故事就对付过去了；三是泰山太深入人心了，导游员不了解的，有些游客却了解，一旦说错便贻笑大方。

听说现在的导游情况是不令人满意的，有的导游员见到了"龟驮碑"就说，"摸摸老鳖的头不犯愁，摸摸老鳖的腚不生病。"而对碑文的内容却讲的很少，摸了老鳖，未必见得能消愁祛病，倒是把老鳖的脑袋和尾巴给摸得光滑锃亮了。这不仅同泰山的品位相去甚远，而且很俗。有的则稍好一些，讲什么龙生九子，老大如何，老二如何云云，虽然学问不少，却使人摸不到泰山的边际。还有，有些硬编的所谓民间故事，其品位更是等而下之，大损泰山形象，令人汗颜。泰山的导游亟需同泰山的本来面目和其深邃内涵结合起来，从总体上来一个大的提升。

古人云："山莫大于泰山，史亦莫古于泰山"（清·泰山志）。自古以来关于泰山的著作可谓汗牛充栋，如中国第一首咏诵大山的诗歌是《诗经·鲁颂》中的"泰山岩岩，鲁邦所瞻"；第一篇散文体游记是东汉应劭的《泰山封禅仪记》。而研究泰山的专著《岱史》、《岱览》，明、清《泰山志》等等，俱是鸿篇巨制。其他散见于各种文集中的诗文词赋则更是多得不可胜数……但是这一切已不为大多数当代人所知了，我们想要把这些告诉游人，当然不可能要求他们再来去钻研古文，把泰山之旅变成一个大课堂。同时，当今的泰山研究更是方兴未艾，在泰山的各个领域都取得了的突破，而我们也不能将这些成果一股脑地推给游人，使他们人人都变成泰山学者。那么，怎样才能使每一个到泰山来的客人，尽快地了解泰山、获得精神上的满足而认为不虚此行呢？我觉得只能通过一个办法，那就是"泰山不语，自能言之"——要让泰山说话。在数千年的泰山原始崇拜、封禅、游历、构建的过程中，泰山的峰、石、草、木、河、瀑，尤其是石刻、殿宇、桥亭……都沉积了大量的信息，都在以自身特有的方式向游人讲述着一个个生动的故事。只是它们与游人之间的交流需要一座桥梁、一条纽带，或者说要有一个同期声的翻译。

导游的作用就是桥梁、纽带和翻译。

但是，辛苦的导游员们似乎没有更多的精力和时间来研究泰山的语言了，那么大家都来帮忙吧，算上我一个。于是便在旧作的基础上，大大借助了一番当今专家的研究成果，凑成了这个书稿。譬如文中的大多数碑文、摩崖便是录自姜丰荣、史欣老师的《泰山历代石刻选注》、《泰山大全·泰山石刻》、《泰山石刻大观》及姜老师的部分未刊稿，而不是我自己去抄碑，否则，完成此稿可就不是几个月的事了，何况我自己也没本事从石上抄字。同样，我们的帮忙，也是希望能为导游员省点事，使你们能把自身的工作完成得更好。

其实，早在写着的时候就明白了一个道理：泰山是不可能有一部万能导游词的。泰山游客来自各个层次，导游员要满足不同游客的需要，并讲好泰山的四季风光，仅靠一套所谓解说词显然是不行的。因此，就想把这个材料写得大一点，全面一点，总之是希望尽可能地把泰山表述得准确一些，给导游们多提供一些参考资料，以使之能为大家"各取所需"。 但是，泰山的一切过于博大精深，就像一部百科全书，而我贫弱的知识和枯乏文字能力在它面前只能说是"窄小粗浅"了，挂一而漏一百万。有个成语叫什么来？大意是说你的目标若定到100米，你可能只能完成50米，如果只定到30米，那么大概就只能完成10米了。所以我就要把目标定得高一些，定到了100米，但即使如此，我能做到的大概也就是10米吧，谁又能把泰山写全呢？而之所以敢把它拿出来来印成书，主要还是期望引玉，期望能掀起一个新的泰山文化普及的热潮。

那么，导游员将如何做好自身的工作？看来，看一两本书，或者仅仅是背背现成的"导游词"是不行的，任何导游词都不能"背"！不像在博物馆里拿着根铁棍棍指着展品和图版搞讲解，否则就会显得很不得体；模仿也不妥，不同的对象、不同的时间、不同的语境，就要不同对待，如果用一个模式套下来，就会显得很傻，因此效聲也是不行的。既如此，你们是否也把目标定高点儿，至少要多读点书，多看点儿碑，多加以思考，多方位地了解点儿泰山、了解当代游人的心理。只有自己懂得多了，才能游刃有余，自由地变换、组合导游词，或深入、或浅出，把泰山的故事用自己的语言讲给大家。当然，你们天

泰山

天工作在景区第一线，所见、所闻、所感要比我多得多，有机会的时候，也教我一点吧。泰山是学不完的，让我们共勉。

2005年5月

（2）

改玩这篇稿子后心情是不平静的，我被泰山感动了。

前年写完了这篇长文，却由于某种原因在U盘里沉睡了两年而未能发表。现在终于有朋友乐意给出版了，便干脆就把它再修改一番：加进了第一人称，搞了些粘合全文的对话场景，又加了些后来知道的新内容，如季羡林先生的《泰山颂》等等，还改正了不少错误，使之变得稍微充实了些，甚至还一度把它定名为《随我游泰山》。不过它仍然不是"导游词"。

面对泰山，写写是比较容易的，读读更容易，说出来就不容易了，口语可供利用的词汇更难掌握，不下大功夫是不足以用口语表现泰山的。比如我文中有一段话："是的，要告别泰山了，但是我看得出来，泰山啊，我们不愿离开你。你这古老国家的缩影，你这伟大民族的象征，你这值得全人类骄傲的充满着浩然之气的大山，每一个流着炎黄之血的正直的中国人都会深深地爱上你的！"我原想用更近于生活的语句来表现它，但语言功力不够，虽千思万想还是做不到，否则，就难以表达情感了。这种句子是不能照搬来对游客说的，它属于文字，或者勉强属于话剧舞台，而不适于导游。导游员要把文字语言变成口语是需要经过二次创作的。所以此文只能供作参考了。

这两年在旅游局打工，结识了有学问的朋友，多少知道了一点什么叫"旅游"，而过去不懂旅游，却指手画脚地说这样不得体，那样显得傻，很无自知之明，我道歉，并还想说几句话来弥补一下我几年前的无知。只是现在为导游员写东西已不属于我的份内工作了，我本人也并不是什么真导游，没资格同大家交流，我算老几呢？那么就找个借口："以泰山的名义"吧。

对，一切为了泰山，为了民族，匹夫有责！

我感到随着旅游业的发展，"导游"很可能会变成一门独立的艺术门类，不知道现在是否有人搞过《导游艺术概论》、《导游学》之类的书，将来肯定会有的。导游是门艺术，而这门艺术同其他艺术的最大不同就在于它不是被对象所选择，而是去适应所有对象。其他的艺术门类如戏剧、曲艺、电影、电视剧、文学作品、博物馆陈列等等，在创作的前期充分考虑到最广大的潜在观众、读者的需求后，一经创作完成就定型了。观众如不喜欢看这个剧目、电影、陈列，他不买票就是了；不喜欢看这个电视剧，换频道；不喜欢看这本

367

书，合上。而如果不喜欢你这导游呢？你不可能叫他走人，因为他是冲着景点来的，不是冲着导游来的，所以导游必须适应每一个游客。这就有些近似于主持艺术，但主持人有嘉宾帮着说话，他们只需根据现场观众的情绪调动嘉宾和演员，而导游的"嘉宾"是景区，所有的话几乎都要导游员一个人说，所以导游艺术更难。

"适应"是大有文章可做的。它可以分作若干档次。最低的一个档次是搞好服务，带好路，会说这是什么，那是什么，这是最基本的，但这不是导游，只能称作"陪游"，就像现在流行的"陪读"一样，进入不了艺术的层面；好一点的是在此基础上还会讲故事侃传说，表面上挺热闹，但是失之于浅，很可能就把景点说小了，说走形了。最高的层次是艺术的导游，既称作艺术，就要进入心灵，就要打动人心。凭什么打动人心呢？实际上每个旅游载体都具有打动人心的功能。大海不打动人心？读一读《海燕》、《老人与海》、《观沧海》试试。工业游不打动人心吗？高大的车间里，光线明亮、一尘不染，只有机械臂在操作着，而工人们坐在显示屏前按动着鼠标，这不仅本身就足以使人震撼，如果再联想到它的前身，原先它只是一个翻砂的工厂，工人们抬着几百斤重的铁水倒进模型中，脸都烤得扒了皮。商业游不打动人心吗？在豪华的、商品琳琅满目的超市里人们在悠闲地选择着自己喜欢的商品，这是何等的自在。而当年，当"SURPERMARKET"超级市场这个概念传到中国时，人们觉得几乎是天方夜谭。因为中国此前的情形是：我们到商店去买东西，隔着柜台小心翼翼地说：同志，我买个暖瓶。售货员坐着织毛线，眼皮都不抬：有票吗？"票"不是钞票，而是购物票。那个时候买糖、买油、买肉、买火柴，买一切商品几乎都要票，而且有了票也不一定有货，商店的货架上往往空空如也。这么一对比，谁的心不动？更不要说名山大川了，只要你挖掘，可以说没有一处不打动人。这就为导游艺术的发展提供了极为广阔的空间。

有了这一先决条件，就要研究所"适应"的对象了，也就是说无论农民、工人、市民、学生、知识分子，你都要通过不同的方式来打动他，使他们获得精神享受，而不能只是使他们跑得满头大汗，累得两腿酸软，完了提上两袋子"旅游商品"回家。当然，这应是《导游艺术概论》或《导游学》中探讨的问题，我不说了。

泰山是最典型、最能打动人心的风景旅游区，所以也最容易调动艺术的手段来感染游客，使之与泰山产生共鸣而获得愉悦与情感的升华。我说的当然不是那种浅层次的愉悦，比如听了笑话，我们哈哈大笑，愉悦了。而我们看了好的电视剧，譬如《亮剑》，被剧中的某些情节感动得泪流满面，你能说它是痛苦而不是愉悦？笑话听过后三分钟就忘了，而好的艺术作品会使人终生不忘。泰山就有可能通过你的艺术表达而使人终生不忘。

想起曾看过一个知名的"旅游专家"的讲话稿，他要为泰山旅游作规划，他大谈封禅，还说，泰山是神山，就要把它包装得"光怪陆离"：蒿里山打上绿光，阴森森的，代表鬼蜮；山顶是神仙住的地方，要打上七彩光，使游客向往。我觉得滑稽，他太不懂泰山了。连旅游专家都无法通过正确的资料和正确的介绍来了解泰山，何况普通的游客呢？这真应引起泰安人尤其是泰安旅游从业者的深思啊。

究竟如何才能才让游客了解泰山、爱上泰山、进一步发挥泰山更高层次的旅游功能呢？这是一个老话题，实际上更应是一个大的研究课题。我的体会是，不，我的感觉是：

首先，导游员自己要尽可能地读懂泰山，对泰山有一个整体的把握。不能就事论事，"只见树木，不见森林"，降低了泰山整体的人文与自然的美学价值，使游人不知泰山的所以然。艺术是需要把握主题的。

二是要把它放到整个中国乃至世界的文化背景中去观照，尽可能描绘出泰山在中国文化史上曾发出的耀眼光芒以及它对中国历史的发展、对民族精神的形成所产生的巨大影响，这是至关重要的。因为泰山是"泽被禹甸"，而不是"光怪陆离"。艺术是需要选材的。

三是介绍泰山不仅要介绍景也要介绍人。泰山之所以在人们心目中高大，全在于它同人之间的关系。换言之，作为造物主创造的包括地质、植被等在内的"天成"的泰山是世界自然遗产；山上山下古人所遗留的具有高超技巧的建筑、大量的碑刻、人工栽植的古树等等物化的遗存是构成世界文化遗产的重要内容；而它所蕴涵的优秀的、崇高的民族精神，我认为则应当列入世界非物质文化遗产的范畴。所以如果仅仅注重景点的表象，而忽视了数千年来人在泰山活动的精神历程，也是无法了解泰山的。没有人就没有艺术。

四是要追求高境界。泰山的自然、历史文化特征和它在人们心目中的根本

形象是高大、向上、尊严……泰山的美是深沉的，它"不以小巧示人"，而是有着与中国人的优秀精神品格高度一致的傲然风骨，有着使人震撼的力量，这一点足以使游人对泰山产生深刻的情感上的共鸣。要做到作到这一点，就需要艺术的提炼。

五是泰山始终随着社会的发展而发展，它总是被时时注入着新的时代精神，它是古老的又是常新的，因此它才有着永远蓬勃的生机。要使游客了解泰山，就应当知古知今，揭示出泰山精神文化的生命力所在。艺术是紧跟时代的，即使所表达的是历史题材。

六是现在好多旅游者好像并不喜欢太多的文化，也许并不想听你高谈阔论，可是在泰山你不讲或者少讲文化又怎么可能呢？那就应当探讨点技巧了。这也是事在人为的事情，譬如在讲解中能否争取做到"景中有人，以景叙事，说景及史，触景生情"等等，自己要有"情"，才能激发游人的情趣。当然还要会表达，古人说"情动于中而形于言"，这"形于言"才是真情是否能传递于人的关键。这属于语言艺术，应是导游员的基本功。

七是导游既然是艺术，就要在"玩"中、在不动声色之中完成。"作者的观点愈隐蔽，作品的艺术性愈高"，而我在上面的长文中对泰山主题的表现有些过于急切了，经常是自己站出来下结论，像写论文似的，这显然要影响导游的艺术性。结论要游人自己得出，那样才高明。

八是对某种内容单一、主题确定的旅游载体来说，可以有较固定的导游

词，而泰山包罗万象，见仁见智，是不能以一套导游词来应万变的，泰山导游是一个随时变化的艺术表现过程。高明的主持人就能做到这一点，记得有一次在中央电视台录制《家园·泰山》专题片，主持人是赵忠祥，当时设计的主持程序是：主持人先问在座的观众——北大的学生，你们有去过泰山的吗？有的学生会举手说去过，然后主持人再问，你们去过经石峪吗？到达玉皇顶了吗？什么感受？节目就这样顺下去了。但是，当他提出第一个问题后，令人意想不到的是竟没有一个举手的，大家全没到过泰山。要是换了别的只会背主持词的新手，这下砸了，噎住了，冷场了，面面相觑了，抱怨编导为什么不事先沟通沟通了？。但赵忠祥没关系，话锋一转照样进行，仍然按原计划一个小时完成了录制。好的导游员也应有这种功夫，面对不同的对象，能够随时从肚子里拿出真家伙来。

捎带说一句，有些旅游如自驾游、自助游、休闲游、垂钓游等不在此研究范围内。

党中央提出，要大力弘扬和培育优秀的民族精神。泰山作为世界遗产和爱国主义教育基地，是中国优秀历史文化和民族精神的集大成者，是一座精神资源极其丰富的宝山。为了使泰山更好地发挥作用，使其能同游客进行完美的交流，就要靠导游员，相信你就是一个好的"精品导游"。

"会当凌绝顶，一览众山小。"我们要以泰山般的高度来做好泰山文化精神的传播，使中华民族的这一瑰宝永远闪闪发光。

370

2、写给我自己

下面，必须留出压轴的地方来作为我的"谢恩处"了。

一生要感恩的人太多了，此处所谢的只是与此长文有关友朋、老师。

感谢姜丰荣、史欣、袁爱国、王德全、刘慧、吕继祥、李京泰、蒋铁生、刘水、周郓、马东盈、刘兴顺诸先生，他们极其聪慧，治学分外努力，若没有他们的研究成果，就没有此长文。

感谢泰山风景名胜区管委会杨仁志、冯卫东、韩红梅、朱宏伟、赵金凤，泰安电视台高立新，山东甫泰集团刘岱生及我们的老弟刘荣生，泰安市国税局江勇，泰安市旅游局曲忠生、张莹、郭建华、黄月华，泰山区区委宣传部罗强等同志，他们给了我多方面的支持与帮助。还要感谢真诚的朋友李钢进、吴雪梅。

感谢作家胡立东同志。他送了我他的泰山散文集，里面的文章写得优美极了，情丰景茂，令我至为感动，于是我明白了，介绍泰山的文字是不能用"学术语言"来写的。所以从他那里我得到的不仅是书，更是受用不尽的文学启迪。

感谢米运昌同志。上世纪90年代初，我应邀为一家出版社写《世界遗产（中国部分）·泰山》，那时较之今日知泰山更少，便在不少地方抄了他的《泰山古今》，却没在书中说明，后来觉得不好意思，向他致意，他拍了拍我的臂膀说"没关系，资源共享"。窃以为此即泰山般胸襟了，故至今未忘。其实就在这篇长文中，某些段落仍然有着《泰山古今》的影子。

感谢我的老师张元勋教授。别离太久了，但我永远不会忘记当年听您讲楚辞、易经、诗经、乐府……的情形，您是那样地激情横溢，挥洒汪洋，您的学问是如此地渊博，以致在您的课堂里我获得了一生中最大的享受。记得有一次您来泰安，给我们带来了您的新作《九歌十辩》，但没想到告别时太过匆忙，我们竟没有留下。不过没关系，当年您教我的东西我都留下了，它将永远滋养着我。

感谢杨辛先生。当年他来泰安讲学时，我正迷着所谓美学，曾写了一篇长文《论博物馆陈列的美学特征》，觉得挺不赖的，请他看看。现在忘了他是否对我写的东西提出了什么意见，只记得给我写了幅四尺大字，上面的四个字是"厚积薄发"。好朋友史欣笑着对我说你明白这四个字的含义了吗？她一眼就能看透我，我也很懂得她的笑，沉思良久后我说，明白了。于是，此四字成了我的座右铭，使我一直明白到了今天。

感谢史树青先生。我爱上泰山是缘起于您。您还记得吗？那一年您来泰安讲学，我们去经石峪，名义上我是导游，因为我认识去经石峪的路，可一路上讲解的却全是您，您好像以前并没有来过泰山，但您什么都知道，读起碑来就像读报纸，而且历数古人履历就像政工干部，使我大为吃惊。在经石峪我们发现了一块扑倒的碑，拨开草莽，您惊喜地说，这是李三才的诗碑啊。您问我知不知道李三才，我摇头，您又问我读过邓拓《燕山夜话》中的《为李三才辩护》吗？哦，想起来了，上初中时作为大毒草批判过。您便讲起了李三才的故事，于是我再一次地肃然起敬了，对您，对李三才，甚至对泰山。回来后您给我写了帧条幅："曝经石旁水泠泠，镇日独来倚树听……"我裱起来挂在家里天天看，逐渐就形成了对泰山精神的初步感觉，并于91年写成了一篇东西《泰山精神论识》。当时，您还嘱我将李三才写个稿子说要带到北京去发表，我就写了《李三才与泰山经石峪》，不久它便在《北京晚报》的《百家言》栏目中刊出了，那是我第一次在大媒体上将自己的字变成铅字。

感谢我的"知识青年"弟兄张亚兴、乔树星、陈兵、颜景炘、李富祥等。亚兴兄是我们众知青的老大哥，对我备加关心，给了我巨大的精神支持。树星兄豪侠仗义，堪称今日之及时雨。他主动把电脑借给我，使我完成了打工任务及对此文的修改。陈兵兄很有文人气质，好像他若不看书不写作就难受。在农村时他的文章便在知青中传阅，而现在他仍然在写，我也仍然在读，他还不断地给我发一些网上载下的东西，我们奇文共赏析，不时地激动一番而没有冷下那一颗少年时代即渴望求得知识的心。景炘乃颜回76代后裔，为人热情，给我帮了好多忙。而更重要的是每当我见到他时总会想起他的祖先"一箪食，一瓢饮，在陋巷，人不堪其忧，回也不改其乐"的乐观主义精神，于是我也就不

国 之 魂 魄

作者赘识

371

"不堪其忧"了。富祥则常常记挂着我经常来看我，并常同我一起回顾我们十多岁即上山下乡，看似无忧无虑却是少年即识愁滋味的难忘岁月。不知其他知青有这感觉吗，即少年失学的痛苦是会伴随终生的，而我和富祥都有。要平复这痛只有读书，故富祥总是说他每天看书，我说我也看书——每一天，就这样多少年来我们相互鼓励，终于保留下了一点儿聊可称作人的起码的灵魂，也终于仗着这点儿灵魂，可以听懂一丝泰山的语言。与众弟兄们不同的是我的胞弟知识青年张用蓬。他小我两岁，同我们一起下乡时不足15岁，也被高抬成了"青年"，且被虚拟予了"知识"，竟使得我们自己也相信了。当时我们想读书，得对得起这份"知识"啊，但身边可读的书只有两本，一本是《鲁迅全集》之五，一本是《韬奋文集》第二，我们读了又读，把那些准风月谈、花边文学、萍踪寄语什么的都快背过了，以致写起信来都"倘"啊"倘"地，"颇"啊"颇"地十分文绉，觉得知识得很了。后来他开始了系统的学习，成了教育工作者，知道的肯定比我多了，我便把此文的初稿给他看，让他提意见，就像我们"颇"有知识的青年时代写了小诗小文都互相看一样。可是他不顾我的多次催促终于未能看进去，我便得出了结论：写得不好啊，没法看啊，又不好意思说啊。便下决心改正了以往兴之所至信笔写来，写完再也不愿去瞧一眼的毛病，改成了现在的样子。当然可能还是不好，还是有错。不管它了，反正我学会了修改，并从中得到了乐趣。

感激我已故的老师路宗元先生。他对泰山的爱是执着的，生前主持编辑了《泰山研究论丛》、《泰山文化丛书》，撰写了《中国泰山》、《文化泰山》等书。退休后，他还以多病之躯坚持与其他老人一起徒步考察齐长城，行程数千公里，每天笔耕不辍，取得丰硕的研究成果。他把生命献给了泰山，他的精神与为人永远是学生们要追随的。另外，此长文中关于古建筑的尺寸，宽多少米，高多少米，都是抄的《文化泰山》，其中有些虽然与主题无关，但我决不删去，我要以此来纪念我的老师；同时我在反复地修改着这篇文字，希望能把它改得好一些再好一些，我要以此来告慰在天的老师呀。

感激山东友谊出版社刘奎胜先生。若不是2003年您向我约稿《泰山游》，我可能会永远地把泰山埋进心中，更何况那时候您患脑血栓还没完全康复，说话尚不清晰，就一趟一趟地跑泰安，令我极为感动。我知道，那本书的出版您用的脑子、下的功夫比我多得多，因为我给您的是一个很粗糙的稿子。当时，我曾要在那本书的后记中对您表示谢意，您却说那是你们的本职工作，哪里有谢编辑的？给删掉了。现在终于可以表达了：真的太谢谢您了！

郑重感谢年轻的泰山学者周郢副教授。2005年此稿完成后曾拟名《华夏之魂——泰山》。他认真读过，在送还我打印稿时附有一札，很客气地说："大著《华夏之魂》拜诵一过，内容详瞻，文气沛然，实当今导游书中最为详尽之作，为了解泰山文化不可多得之系统教材。惟感部分内容稍过枝蔓，如加删并，似更见精彩。另文中个别地方管窥所及，皆用铅笔标出，以供改定时参考……"表扬的话当然纯属客气了。而他所指出的"枝蔓"的地方，现在看来却真是下笔千言离题万里了；至于他的"管窥所及"，更是使我再也找不到容

泰山

写给自己

身之处。举个例子，我在文中说"孔子的学生"柳下惠如何如何，甚至在《泰山游》中也是这样说的。而周郢用铅笔写下的几个字是：柳下惠长孔子一百多岁……直接晕了！常识性的东西都搞错了，汗出如浆啊。同时，还要借此机会向我以前的读者致歉。

诚挚感谢泰安市旅游局导游服务中心的张莹副主任。她秀外而慧中，偶然地一次听我说起了此稿，便断定这是泰安旅游市场所需的，进而鼓励我完成此书。她还曾两次通读全文，提出意见，加以肯定，给了我感动与信心，更给了此稿以见到天日的机会。

还有好多好多的亲朋，不一一提及了。有了你们的形象在前，有了你们的关心鼓励，我岂敢消沉与怠慢！谢谢你们了，衷心地谢谢！

张用衡于泰安杆石桥

2007年9月20日

图书在版编目(CIP)数据

国之魂魄——泰山／张用衡著．-济南：泰山出版社，
2008.12

ISBN 978-7-80634-656-3

Ⅰ.国… Ⅱ.张… Ⅲ.泰山-简介 Ⅳ.K928.3

中国版本图书馆CIP数字核字（2008）第008148号

著　　者　张用衡
责任编辑　戴振宇
摄　　影　张登山　张　军
装帧设计　石枕寒流设计坊

国之魂魄——泰山

出　　版　泰山出版社
　　　　　社址　济南市马鞍山路58号　邮编250002
　　　　　电话　总编室(0531)82023466
　　　　　　　　发行部(0531)82025510　82020455
　　　　　网址　www.tscbs.com
　　　　　电子信箱　tscbs@sohu.com
发　　行　新华书店经销
印　　刷　北京盛兰兄弟印刷装订有限公司
规　　格　170×230mm　16开
印　　张　23.5
字　　数　500千字
插　　页　8
版　　次　2008年12月第1版
印　　次　2008年12月第1次印刷
标准书号　ISBN 978-7-80634-656-3
定　　价　40.00元